Glücklich sein

Sonja Lyubomirsky studierte Psychologie in Harvard und Stanford und gewann bereits während ihres Studiums zahlreiche Auszeichnungen und Stipendien. Heute lehrt sie als Professorin für Psychologie an der University of California.

Mit der Frage, was Menschen glücklich macht, beschäftigt sie sich seit mehr als 16 Jahren, u. a. unterstützt durch ein staatliches Forschungsprogramm des National Institute of Mental Health.

SONJA LYUBOMIRSKY

*Warum Sie es in
der Hand haben,
zufrieden zu leben*

Aus dem Englischen von
Dr. Jürgen Neubauer

*Glück*lich
SEIN

CAMPUS VERLAG
FRANKFURT/NEW YORK

Die Originalausgabe erschien 2008 unter dem Titel *The How of Happiness. A Scientific Approach for Getting the Life You Want.* bei The Penguin Press, New York, USA.
Copyright © 2008 Sonja Lyubomirsky

Für Gabriella und Alexander,
die wichtigsten Schlüssel zu meinem Glück

MIX
Papier aus verantwor-
tungsvollen Quellen
FSC® C006701

ISBN 978-3-593-39936-2

Campus Verlag GmbH, Frankfurt am Main
Umschlaggestaltung: Guido Klütsch, Köln
Satz: Fotosatz L. Huhn, Linsengericht
Druck und Bindung: CPI – Ebner & Spiegel, Ulm
Printed in Germany

www.campus.de

Die Reise

Eines Tages hast du plötzlich gewusst,
was du tun musst, und du hast angefangen,
trotz der vielen Stimmen um dich her
mit ihren schlechten Ratschlägen,
und obwohl das ganze Haus zu beben begann
und obwohl du das alte Zerren gespürt hast.
»Kümmer dich um mich!«, schrien die Stimmen.
Doch du hast dich nicht aufhalten lassen.
Du hast gewusst, was du zu tun hast,
obwohl der Wind mit seinen kalten Fingern
an deinen Grundfesten rüttelte
und die Trauer der Stimmen dich schmerzte.
Es war schon spät, die Nacht war stürmisch,
die Straße übersät mit Ästen und Steinen.
Doch ganz allmählich blieben die Stimmen zurück,
die Sterne brachen durch die Wolken,
und plötzlich hast du eine neue Stimme gehört,
die du schließlich als deine eigene erkannt hast
und die dich begleitet,
während du hinausgehst in die Welt,
entschlossen, nur das zu tun, was du tun kannst:
entschlossen, nur das Leben zu retten, das du retten kannst.

Mary Oliver

Inhalt

Vorwort zur deutschen Ausgabe

Als ich neun Jahre alt war, wanderte meine Familie von Russland in die USA aus. In Boston angekommen, fiel mir auf, dass die Menschen in den Straßen fröhlich wirkten, sie lächelten und grüßten uns, wenn sie an uns vorübergingen. Ich dachte damals, dass die Amerikaner sehr viel glücklichere Menschen sein müssten als die Russen, die auf der Straße eher verdrießlich und mürrisch dreinblickten. In der Tat gehört zu den ersten Dingen, die Besuchern in einem unbekannten Land auffallen, wie glücklich oder unglücklich die Menschen aussehen. Doch oft trügt der Schein: Russen wirken zwar auf der Straße oft sehr viel melancholischer als Amerikaner, doch auf den lärmenden Partys in Moskauer Wohnungen kehrt sich der Eindruck um.

Ich erforsche das Thema Glück schon seit beinahe zwanzig Jahren, und bei Vorträgen stellen meine Zuhörer fast immer Fragen zum Thema Kultur. Verstehen und erleben die Menschen in Europa, Afrika, Ostasien und den USA Glück auf ähnliche Weise? Treffen meine Ratschläge, die sich vor allem auf Untersuchungen mit US-Bürgern stützen, überhaupt auf Menschen anderer Nationen zu? Diese Fragen sind durchaus gerechtfertigt, und es gibt sogar einen ganzen Wissenschaftszweig, der sich mit dem Zusammenhang von Emotionen und Kultur beschäftigt. In der Tat hat das Glück in Deutschland, Großbritannien, Israel, Südkorea oder Brasilien auf den ersten Blick ein anderes Gesicht. In den »individualistischeren« Kulturen hängt Glück mehr mit den Gefühlen und dem Selbstwert des Einzelnen zusammen und weniger mit der Harmonie innerhalb der Gruppe. Deshalb gilt das Streben nach individuellem Glück hier als erreichbares, vernünftiges und wünschenswertes Ziel. Studien zeigen, dass Asiaten positive Emotionen eher mit Zuständen niedriger Erregung wie Gelassenheit und Ruhe in Verbindung bringen, während Europäer vor allem auf Zustände hoher Erregung wie Freude und Begeisterung aus sind. Außerdem unterscheiden sich die kulturellen Regeln hinsichtlich des Ausdrucks von positiven Emotionen. Es gibt Kulturen, in denen es als unpassend gilt, ausgesprochen glücklich auszusehen, weil dies den Neid und die bösen Blicke der anderen auf sich ziehen kann.

Trotz der zahlreichen Unterschiede haben Menschen in aller Welt das tiefe Bedürfnis, glücklich sein. Angehörige verschiedener Kulturen mögen Glück unterschiedlich *definieren*, etwa als Spaß, romantische Liebe, spirituelle Erlösung, materiellen Erfolg oder ein tugendhaftes Leben. Sie mögen Glück unterschiedlich *ausdrücken*, etwa im begeisterten Engagement für einen Lebenstraum, durch Lächeln und Lachen oder in stiller Kontemplation. Und sie mögen auf unterschiedliche Weise nach Glück streben, indem sie beispielsweise Dankbarkeit entwickeln für das, was sie haben, sich ihrer Familie widmen oder die Nähe Gottes suchen. Doch ihnen allen geht es schließlich darum, glücklich zu sein. In sämtlichen Nationen, in denen Befragungen durchgeführt wurden, stand Glück ganz oben auf der Liste der Lebensziele. Und in den seltenen Fällen, in denen die Befragten angeben, nicht nach Glück zu *streben*, weil etwa kulturelle Normen, die Religion, die Geschichte oder persönliche Einstellungen dem entgegenstehen, wünschen sich die meisten ein glückliches Leben für ihre Kinder.

Auch wenn das Glück also in Ländern wie Deutschland und den USA auf unterschiedliche Weise definiert, angestrebt und ausgedrückt wird, ist die Sehnsucht nach einem erfüllten, glücklichen Leben genauso universell wie viele der Zutaten, die das Glück ermöglichen. Als jemand, der in zwei Kulturen und zwei Sprachen aufgewachsen ist und kulturelle Unterschiede genau beobachtet, bin ich überzeugt, dass Leser jeden Hintergrunds von den Glücksstrategien profitieren können, die ich in diesem Buch beschreibe.

Sonja Lyubomirsky,
Kalifornien, im Winter 2007/2008

Einleitung

Jeder von uns will glücklich sein, auch wenn wir dies nicht zugeben oder es lieber anders ausdrücken möchten. Ob wir uns beruflichen Erfolg, spirituelle Erfüllung, Selbstfindung oder Liebe und Sex wünschen, letztlich geht es uns vor allem um unser persönliches Glück. Aber nur selten wissen wir, wie viel und was wir selbst zu unserem Glück beitragen können. Doch wenn Sie einmal Ihre Überzeugungen zum Glück ganz allgemein und zu Ihrem persönlichen Glück im Speziellen hinterfragen, werden Sie erkennen, dass es tatsächlich möglich ist, ein glücklicheres Leben zu führen, dass Sie es selbst in der Hand haben und dass es vielleicht das Wichtigste und Entscheidendste ist, was Sie für sich und die Menschen in Ihrer Umgebung tun können. Ich hoffe, dass dieses Buch Sie dazu anregt.

Was ist Glück? Was ist das Geheimnis des Glücks? Können wir ein glücklicheres Leben führen? Und können wir das neue Glück festhalten? Das sind fundamentale Fragen, die ich als empirische Psychologin seit Beginn meiner Karriere erforsche. Als ich im Alter von zweiundzwanzig Jahren als Doktorandin mit meinen ersten Untersuchungen begann, hatte die Glücksforschung an der Universität keinen sonderlich guten Ruf. Glück galt als unwissenschaftliches und undefinierbares »Kuschelthema«. Doch dank des immer individualistischeren Zeitgeistes zu Beginn des neuen Jahrhunderts ist das Glück in den Sozialwissenschaften in jüngster Zeit zu einer regelrechten Mode geworden.

Ist das Glück also eine vorübergehende Marotte, wie Hula-Hoop-Reifen, Dauerwellen und Rollschuhdiskos? Diesen Eindruck könnte man fast gewinnen, wenn man sich die Flut der Artikel in Zeitungen und Zeitschriften, die Fernsehdokumentationen, Bücher, Zitate, Blogs und Podcasts zum Thema Glück ansieht, die zurzeit den Markt überschwemmt. Allerdings haben die meisten davon wenig mit wissenschaftlichen Erkenntnissen am Hut.

Viele meiner Forscherkollegen gehen deswegen auf Distanz, doch ich halte es für wichtig, sich in die gegenwärtige Glücksdiskussion einzuschalten und sie auf eine wissenschaftliche Grundlage zu stellen. Warum? Weil ich fest davon überzeugt bin, dass die Wissenschaft einen großen Beitrag zu unserem Glück und Wohlbefinden leisten kann. Für die Mehrheit der Menschen auf allen Kontinenten und in allen Kulturen der Erde ist Glück eines der wichtigsten Lebensziele, für sich und vor allem für ihre Kinder. Wenn wir glücklich sind, haben nicht nur wir selbst etwas davon, sondern auch unsere Familie, unsere Kollegen, unsere Freunde und unsere ganze Gesellschaft. Wenn wir etwas dafür tun, um glücklicher zu werden, fühlen wir uns nicht nur subjektiv besser, wir haben auch mehr Energie, sind kreativer, stärken unser Immunsystem, festigen unsere Beziehungen, arbeiten produktiver und erhöhen unsere Lebenserwartung.[1] Das Glück ist der Heilige Gral oder, um es mit Aristoteles zu sagen, »das Ziel, zu dem alles strebt … und in dem der Mensch als Mensch zur Vollendung kommt«.

Die Wissenschaft des Glücks hat es verdient, mehr als eine vorübergehende Modeerscheinung zu sein. Glücklich sein zu wollen ist ein ernst zu nehmendes, legitimes und würdiges Ziel. Bei einem Blick in die Klassiker der Literatur und Philosophie stellen wir fest, dass die Suche nach dem Glück so alt ist wie die Menschheit selbst. Viele Menschen leiden, noch mehr fühlen sich leer und unerfüllt, und es ist ein berechtigter Wunsch, ein Leben mit mehr Freude, weniger Sorgen, mehr Ruhe und weniger Unsicherheit leben zu können.

Ich beschäftige mich seit achtzehn Jahren mit dem Thema Glück, zunächst als Doktorandin in Stanford, heute als Professorin an der University of California in Riverside. In dieser Zeit hat sich die Glücksforschung als Teil einer neuen Disziplin namens »Positive Psychologie« rasant weiterentwickelt. Diese Forschungsrichtung geht der Frage nach, was unser Leben lebenswert macht. Sie wird motiviert von der Überzeugung, dass eine Psychologie, die Menschen eine positive Lebenseinstellung vermittelt und ihnen hilft, ein möglichst glückliches Leben zu führen, genauso wichtig ist wie die traditionelle Psychologie, die es sich zur Aufgabe gemacht hat, psychische Krankheiten zu lindern. Dass sich die Psychologie mit dem Wohlbefinden und der persönlichen Erfüllung beschäftigt, scheint eigentlich auf der Hand zu liegen, trotzdem haben sich die Psychologen seit der zweiten Hälfte des 20. Jahrhunderts fast ausschließlich auf psychische Erkrankungen, Störungen und die dunklen Seiten des Lebens konzentriert.[2]

Die Psychologen von heute haben jedoch ehrgeizigere Ziele. Während der letzten zehn Jahre hat die Forschung große Fortschritte gemacht, und zwar nicht nur in der Entwicklung neuer Methoden zur Behandlung der Depression, die kranken Menschen helfen, dass es ihnen besser geht, sondern auch in der Entwicklung von Methoden, die gesunden Menschen helfen, dass es ihnen ausgezeichnet geht. Wir leben in einer neuen Ära. Monat für Monat erscheinen neue Veröffentlichungen darüber, wie wir mehr Glück erreichen und dieses Glück erhalten können und wie wir ein erfüllteres, produktiveres und angenehmeres Leben führen können. Leider erscheinen diese Forschungsergebnisse vor allem in Fachzeitschriften, die in Universitätsbibliotheken ausliegen und kaum ein breiteres Publikum erreichen. In diesem Buch stelle ich die neuen Erkenntnisse zum Thema Glück zusammen, erläutere sie und zeige Ihnen, was Sie selbst tun können, um dauerhaft größeres Wohlbefinden zu erleben.

Ich bin keine klinische Psychologin, keine Trainerin und kein Selbsthilfe-Guru, sondern Naturwissenschaftlerin. Dies ist meines Wissens der erste praktische Ratgeber zum Thema Glück, dessen Autorin eigene Forschungen zum Thema Glück angestellt hat. Freunde und Kollegen haben mich lange gedrängt, dieses Buch zu schreiben, doch die Erkenntnisse sind erst jetzt so weit gereift, dass sie sich in Form von spezifischen Empfehlungen weitergeben lassen. *Glücklich sein* unterscheidet sich von vielen Ratgebern, da es eine Zusammenstellung von Erkenntnissen bietet, die Glücksforscher, inklusive meiner selbst, in ihren empirischen Untersuchungen gewonnen haben. Alles, was Sie in diesem Buch lesen, hat eine wissenschaftliche Grundlage, die Glücksaktivitäten, die ich Ihnen vorstelle, wurden von mir und meinen Kollegen entwickelt und erprobt. Wenn die Beweislage unklar ist oder ein bestimmtes Thema nicht ausreichend erforscht ist, weise ich unmissverständlich darauf hin. Theorien, Statistiken und Erkenntnisse werden durch Endnoten und Literaturhinweise belegt. Wenn Sie einen bestimmten Aspekt vertiefen möchten, bieten Ihnen die Endnoten Hinweise auf weiterführende Literatur. Wenn Sie diese als störend empfinden, ignorieren Sie sie einfach.

Vielleicht fragen Sie sich, warum es so wichtig ist, dass die Empfehlungen in einem Ratgeber wissenschaftlich fundiert sind. Doch empirische Untersuchungen haben viele Vorteile gegenüber zufälligen oder klinischen Beobachtungen. Die wissenschaftliche Methode erlaubt es, Ursache und Wirkung auseinanderzuhalten und ein Phänomen systematisch und vorurteilsfrei zu untersuchen. Wenn beispielsweise ein Zeitschriftenartikel erklärt, tägliche Meditation mache glücklicher oder ein bestimmtes Heilkraut helfe gegen Kopfschmerzen, dann lässt sich diese Behauptung nur mithilfe eines sogenannten Doppelblindexperiments, in dem Versuchspersonen zufällig einer Meditations- (oder Heilkraut-) und einer Kontrollgruppe zugeordneten werden, bestätigen oder widerlegen. Die Wissenschaft ist zwar nicht perfekt, doch ihre Erkenntnisse sind zuverlässiger als die Beobachtungen einer Einzelperson, die aufgrund ihrer begrenzten Erfahrungen und Vorurteile Rat erteilt.

Vor einiger Zeit bin ich in meiner Tageszeitung auf einen Leserbrief gestoßen, der das Thema der Wissenschaftlichkeit schön auf den Punkt bringt:

Es gibt Glaubensfragen wie etwa: »Gibt es einen Gott?« Es gibt Meinungsfragen wie etwa: »Wer ist der beste Baseballspieler aller Zeiten?« Es gibt Streitfragen wie etwa: »Sollte Abtreibung legal sein?« Und es gibt Fragen, die sich mit einem gewissen Grad an Sicherheit unter Anwendung der wissenschaftlichen Methode klären lassen und die sich empirische Fragen nennen – mit anderen Worten Fragen, die durch Beweise beantwortet werden können.[3]

Ob das Glück erlernbar ist und wenn ja, wie, ist eine dieser empirischen Fragen. Mein Kollege Ken Sheldon und ich erhielten Fördermittel vom National Institute of Mental Health, um auf wissenschaftlichem Wege zu erforschen, ob und wie wir ein glücklicheres Leben führen können. Dazu haben wir zusammen mit einer Gruppe von wissenschaftlichen Assistenten sogenannte »Glücksinterventionen« entwickelt und durchgeführt. Dabei handelt es sich um Experimente, mit deren Hilfe wir herausfinden wollten, welche Glücksaktivitäten besonders wirkungsvoll sind und warum. Der Begriff der »Intervention« stammt eigentlich aus der Suchttherapie, aber wir fanden ihn sehr passend, weil wir in beiden Fällen nur dann eine Veränderung erreichen, wenn es uns gelingt, ein

Stück weit mit der Vergangenheit zu brechen. Viele der Ergebnisse unserer Experimente finden Sie in diesem Buch wieder. Sie zeigen, dass Sie Ihr Glück tatsächlich dauerhaft steigern können, *vorausgesetzt* Sie sind bereit, die nötige Arbeit zu tun. Wenn Sie sich entscheiden, ein glücklicheres Leben zu führen, und wenn Sie sich bewusst sind, dass dies eine gewichtige Entscheidung ist, die Aufwand, Engagement und ein gewisses Maß an Disziplin erfordert, dann können Sie dieses Ziel erreichen.

Dieses Buch will Ihnen vor allem zeigen, *wie* Sie ein glücklicherer Mensch werden können. Es bietet Ihnen eine Straßenkarte mit zwölf Glücksaktivitäten, die Ihnen Wege oder Methoden aufzeigen soll, wie Sie dorthin gelangen und wie Sie genau die Strategie finden, die am besten zu Ihnen passt. Dieses Buch will Ihnen zeigen, wie diese Glücksaktivitäten funktionieren, wie Sie sie optimal anwenden und warum sie funktionieren. Schließlich geht es um die Bedeutung und Wirkung des Glücks, also um die vielfachen Vorteile für Sie, Ihre Familie und die Menschen in Ihrer Umgebung.

Aus meiner Arbeit mit Tausenden von Versuchsteilnehmern entwickle ich in diesem Buch eine Theorie der entscheidenden Glücksfaktoren. Diese Theorie ist umfassend und bietet Ihnen auf einen Blick alles, was die Wissenschaft bis heute zum Thema Glück weiß. Die verschiedenen Häppchen, denen Sie möglicherweise in verschiedenen Artikeln und Büchern begegnet sind, fügen sich in diesem Buch zu einem abgerundeten Bild zusammen.

Wenn ich davon überzeugt bin, dass wir glücklicher werden können, als wir es im Augenblick sind, dann ist dies natürlich ebenfalls wissenschaftlich fundiert. Verschiedene Untersuchungen belegen, dass wir 40 Prozent unseres Glücksempfindens durch unsere Handlungen und Gedanken beeinflussen können. Diese 40 Prozent sind das Potenzial, das jeder von uns hat, um dauerhaft ein glücklicheres Leben zu führen. Das ist keine kleine Zahl, aber auch keine übermäßig riesige, sie ist vernünftig und realistisch. *Glücklich sein* zeigt Ihnen, wie Sie diese 40 Prozent für sich nutzen können. Dabei es geht mir nicht nur darum, Ihnen zu zeigen, wie Sie aus dem Minusbereich auf null kommen, wie dies die meisten Depressionstherapien tun. Ich will Ihnen zeigen, wie Sie von null – einem vielleicht mehr oder minder befriedigenden Zustand – auf hundert kommen.

Wie Sie dieses Buch lesen sollten? Kapitel 1 und 2 stellen Ihnen die wissenschaftlichen Grundlagen des Glücksprogramms vor. Diese Kapitel beleuchten fundiert die beiden Grundfragen, die wir uns stellen: Wie kann es sein, dass ich mich selbst entscheiden kann, glücklicher zu werden? Und was genau muss ich dazu tun? Hier erfahren Sie, was wir nach Ansicht der meisten Menschen zum Glück brauchen, warum wir so oft falsch liegen und was uns nach wissenschaftlichen Erkenntnissen *tatsächlich* glücklicher macht. Unser 40-Prozent-Potenzial bietet eine Fülle von Möglichkeiten. Es ist ganz allein Ihre Entscheidung, ein glücklicherer Mensch zu werden. Voraussetzung ist, dass Sie bereit und willens sind, das nötige Engagement aufzubringen, und vor allem dass Sie wissen, wie Sie vorgehen sollen. Der erste Teil des Buches begleitet Sie zu dieser Startlinie.

Nach der Lektüre der ersten beiden Kapitel sind Sie bereit, die neuen Denk- und Verhaltensweisen kennen zu lernen, die Sie glücklicher machen. Doch wo sollen Sie anfangen? Hier hilft Ihnen Kapitel 3 weiter. Dieses kurze, aber wichtige Kapitel bietet Ihnen einen Diagnosetest, der Ihnen zeigt, mit welcher Strategie Sie persönlich ein glücklicheres Leben führen können. Dieser Test hilft Ihnen bei der Orientierung in Teil II des Buches, der Ihnen zwölf Glücksaktivitäten vorstellt. Der Diagnosetest führt Sie zielsicher zu den Aktivitäten, die am besten zu Ihrer Persönlichkeit, Ihren Mitteln, Ihren Zielen und Ihren Bedürfnissen passen. Entgegen der gängigen Vorurteile gibt es nicht *das eine* große Geheimnis des Glücks, genauso wenig wie es *die eine* Wunderdiät gibt, die alle Menschen schlank macht. Sie können selbst herausfinden, welche Strategie oder Kombination von Aktivitäten Ihnen am besten entspricht. Nach dem Diagnosetest in Kapitel 3 sind Sie so weit und können zu Teil II übergehen. Konzentrieren Sie sich zunächst auf die Aktivitäten, die am besten zu Ihnen passen und begeben Sie sich auf den anstrengenden, aber lohnenden Weg zu einem glücklicheren Leben.

Das ist jedoch noch nicht alles. Im letzten Teil des Buches finden Sie zwei weitere, sehr wichtige Kapitel. Das zehnte Kapitel stellt Ihnen fünf wichtige Methoden dar, mit denen Sie Ihr Glück haltbar machen. Außerdem erklärt es Ihnen, wie und warum die Glücksaktivitäten funktionieren. Aus der Medizin wissen wir, dass eine Behandlung besser anschlägt und die Patienten besser kooperieren, wenn sie verstehen, wie und warum die Behandlung wirkt. Dasselbe trifft auch auf unsere Glücksstrategien zu. Auch wenn Sie die Versuchung verspüren, dieses Kapitel auszulassen, lesen Sie es auf jeden Fall: Sie werden in der Umsetzung Ihrer Glücksstrategie erfolgreicher sein, ganz abgesehen davon, dass Sie mehr über das Glück erfahren werden. Das letzte, wichtige Kapitel, das Nachwort (»Wenn Sie unter Depression leiden«), ist für diejenigen Leser bestimmt, die sich in den vergangenen Wochen traurig und niedergeschlagen gefühlt haben. Wenn dies auf Sie zutrifft, sollten Sie mit diesem Kapitel beginnen.

Zum Schluss dieses Vorworts möchte ich noch etwas loswerden. Vielleicht geht es Ihnen beim Lesen so wie mir beim Schreiben, und Sie fragen sich: Warum klingen vieler dieser extrem wirkungsvollen Glücksaktivitäten so, na ja, sagen wir's doch: kitschig? Viele von uns finden Aufforderungen wie »sei zufrieden mit dem, was du hast«, »lebe im Hier und Jetzt«, »sei hilfsbereit«, »sieh das Gute« oder »lächle!« im besten Falle banal und im schlimmsten abgeschmackt. Doch viele Untersuchungen belegen eindrucksvoll, dass genau diese Strategien, wenn sie mit Einsatz und Engagement ausgeführt werden, äußerst wirkungsvoll sind. Aber warum klingen sie dann so schrecklich uncool? Warum predigen wir sie nicht an jeder Straßenecke?

Vielleicht liegt es daran, dass sich diese wirkungsvollen und komplexen Glücksstrategien nicht auf so einfache Formeln reduzieren lassen. Natürlich wären wir alle glücklicher, wenn wir tiefe und ehrliche Dankbarkeit für unsere Gesundheit, unsere Familie, unsere Freunde, unser Zuhause und unsere Arbeit empfinden würden, selbst dann, wenn nicht alles hundertprozentig perfekt ist. Aber wenn wir das auf Ratschläge eindampfen wie »Liebling, du wärst so viel glücklicher, wenn du nur dankbar wärst für das, was du hast«, dann klingt dieser Rat leicht kindisch, plump und platt. Vielleicht liegt es auch daran, dass etwas derart Persönliches und Intimes wie unsere Gefühle für geliebte Menschen in Form von Merksprüchen seltsam abgedroschen, albern und klischeehaft klingen.

Oder vielleicht sehen Sie bei dem Gedanken an »Glücksaktivitäten« Menschen vor sich, die einfach zu fröhlich und aufgeputscht wirken, um echt zu sein. In meiner Schulzeit hatte ich eine Freundin, die ihr ganzes Zimmer mit Kitschpostern mit kuscheligen Kätzchen und Sonnenuntergängen zutapeziert hatte, auf denen optimistischen Sprüche wie »I Love Life«, »Gib niemals auf« prangten. Damals war mir das unglaublich peinlich. Wenn ich mir jedoch heute diese Sprüche ansehe, die mir damals so abgedroschen vorkamen, dann muss ich feststellen, dass einige davon richtig gut sind – so gut, dass ich sie in dieses Buch aufgenommen habe. Damit will ich Ihnen nur sagen, dass Sie sich keine kitschigen Postkarten an die Wand hängen müssen, und auch nicht mit den Formulierungen in diesem Buch übereinstimmen müssen, um die Wirkung dessen zu erleben, was ich Ihnen mitgeben möchte. Machen Sie sich klar, dass das Glück viele Gesichter hat, nicht nur den allgegenwärtigen Smiley und das Inspirationsposter. Das Glück kann das Gesicht eines Menschen haben, der neugierig ist und begeistert Neues lernt. Ein glücklicher Mensch kann jemand sein, der intensiv Pläne für die kommenden fünf Jahre seines Lebens schmiedet, oder jemand, der erkannt hat, worauf es wirklich ankommt und worauf nicht. Oder es kann jemand sein, der sich darauf freut, seinem Kind am Abend eine Gutenachtgeschichte vorzulesen. Es gibt glückliche Menschen, die nach außen hin fröhlich oder gelassen wirken, und andere, die einfach beschäftigt sind. Mit anderen Worten, jeder von uns hat das Potenzial, glücklich zu sein, und jeder ist es auf seine Art und Weise. Mir geht es darum, Ihnen zu zeigen, dass die grundlegenden Strategien, mit denen Sie ein glücklicheres Leben im Alltag führen können, sehr viel einfacher sind, als Sie vielleicht denken.

Ich bin in Russland und den USA aufgewachsen und habe einige sehr unglückliche Menschen kennen gelernt. Ich habe aber auch miterlebt, wie mehr als ein Freund in einem Prozess des Wachstums, der Veränderung und der Reifung ein glücklicherer Mensch wurde und es geblieben ist. Dieses Buch ist das Ergebnis jahrelangen Nachdenkens, Lesens und Forschens über die Frage, wie wir glücklichere Menschen werden können. Ob Sie selbst glücklicher leben wollen, ob Sie jemanden in Ihrem Bekanntenkreis ein glücklicheres Leben wünschen oder ob Sie einfach nur neugierig sind, was Wissenschaftler heute über die Ursachen und Möglichkeiten anhaltenden Wohlbefindens denken – ich hoffe, dieses Buch wird Sie informieren und bereichern.

Wie Sie wirklich glücklich werden

1. Ist Glück möglich?

Wenn Sie Ihr Leben ändern wollen, beginnen Sie sofort damit,
tun Sie es in großem Stil und machen Sie keine Ausnahmen.
William James

Was glauben Sie, was würde Sie glücklicher machen? Überlegen Sie einen
Moment. Vielleicht ...

◆ eine Beziehung?
◆ mehr Flexibilität am Arbeitsplatz?
◆ ein neuer Job, mit dem Sie besser für sich und Ihre Familie sorgen
  könnten?
◆ eine größere Wohnung?
◆ ein aufmerksamerer Partner?
◆ ein Kind?
◆ ein jugendlicheres Aussehen?
◆ ein Ende Ihrer Rückenbeschwerden?
◆ ein paar Kilo weniger?
◆ bessere schulische Leistungen Ihres Kindes?
◆ zu wissen, was Sie wirklich mit Ihrem Leben anfangen wollen?
◆ verständnis- und liebevollere Eltern?
◆ die Heilung einer chronischen Krankheit oder Behinderung?
◆ mehr Geld?
◆ mehr Zeit?

Wenn Ihre Antworten so oder so ähnlich lauten, dann habe ich eine
Überraschung für Sie. Nichts davon trägt dazu bei, Sie dauerhaft glücklicher zu machen. Was nicht bedeutet, dass es unrealistisch oder naiv

wäre, zu glauben, dass Sie ein dauerhaft glücklicheres Leben führen können! Der Haken ist, dass wir meist am falschen Ort danach suchen. Vieles, von dem wir uns grundlegende Veränderungen zum Guten erhoffen, wirkt sich nach wissenschaftlichen Erkenntnissen kaum auf unser Glücksempfinden aus. Dagegen übersehen wir oft das, was uns tatsächlich persönliches Glück und Wohlbefinden bringt.

Wenn Menschen in den verschiedensten Ländern der Welt – ob in den USA, Griechenland, Slowenien, Deutschland, Südkorea, Argentinien oder Bahrain – befragt werden, was sie sich im Leben am meisten wünschen, dann nennt die Mehrheit das Glück an erster Stelle.[1] Für Menschen, die unter Depressionen leiden, ist es entscheidend, zu lernen, wie sie glücklicher werden können, doch auch für die übrigen Menschen ist es ungemein wertvoll. In diesem Buch zeige ich Ihnen, warum Ihr Wunsch nach einem glücklicheren Leben kein Hirngespinst sein muss, sondern verwirklicht werden kann.

Ein Programm für ein glücklicheres Leben

Sie haben dieses Buch in die Hand genommen, weil Sie der Ansicht sind, dass Sie im Privatleben oder im Beruf Ihr Potenzial nicht ausschöpfen, oder weil Sie sich nicht so glücklich und erfüllt fühlen, wie Sie es sich wünschen. Repräsentative Umfragen unter erwachsenen Einwohnern der USA ergeben, dass zwar etwas mehr als die Hälfte von »moderater geistiger Gesundheit« ist, dass es ihnen aber keineswegs ausgezeichnet geht – das heißt, ihnen fehlt die große Begeisterung fürs Leben und sie gehen kein aktives und produktives Verhältnis zu ihrer Umwelt ein.[2] In anderen Industrienationen ist die Lage kaum anders. Das erklärt, warum sich nicht nur klinisch depressive Menschen nach mehr Glück sehnen, sondern viele von uns: Vielleicht, weil wir nicht so glücklich sind, wie wir es gern wären. Vielleicht, weil es uns zwar ganz gut geht, wir uns aber mehr wünschen: mehr Lebensfreude, mehr Sinn, anregendere Beziehungen und erfüllendere Aufgaben. Vielleicht auch, weil wir in der Vergangenheit glücklicher gelebt haben als heute und nicht wissen, wie wir wieder dorthin kommen sollen.

Dieses Gefühl, keine Kraft zu haben, in einem Loch zu stecken oder im immergleichen Trott gefangen zu sein, kann sehr entmutigend sein.

Oft haben wir das Gefühl, dass ein gigantischer Kraftakt notwendig wäre, um uns wieder aufzurichten. Doch ich habe eine gute Nachricht. Die »Anstrengung«, die notwendig ist, um Sie aus dem Loch zu holen, muss zunächst gar nicht groß sein, und sie zeigt oft sofortige Wirkung. In einer Untersuchung brachte der Psychologe Martin Seligman von der University of Pennsylvania einer Gruppe von schwer depressiven Patienten eine einzige Strategie zur Steigerung ihres Wohlbefindens bei. Obwohl viele dieser Menschen Probleme hatten, auch nur morgens aus dem Bett zu kommen, sollten sie eine Internetseite aufrufen und dort eine einfache Aufgabe ausführen: Sie sollten sich jeden Tag an drei positive Dinge erinnern, die ihnen passiert waren, und diese notieren. Das konnten ganz einfache Sachen sein, wie »Rosalind hat angerufen, um sich zu erkundigen, wie es mir geht«, »Ich habe ein Kapitel in dem Buch gelesen, das mir mein Therapeut empfohlen hat« oder »Heute hat endlich mal wieder die Sonne geschienen«. Nach nur zwei Wochen wurden die zuvor schwer depressiven Patienten als mittelgradig bis leicht depressiv eingestuft und 94 Prozent der Versuchsteilnehmer gaben an, sich besser zu fühlen.[3]

Wissenschaftliche Untersuchungen zeigen also, dass Sie die ersten Schritte auf dem Weg zu einem glücklicheren Leben sofort gehen können. Der erste Schritt ist die Erkenntnis, dass Ihr Wunsch nach mehr Glück mehr als nur Wunschdenken ist. Es ist ein lebenswichtiges Ziel, und jeder von uns hat das Recht, dieses Ziel zu verfolgen, und die Mittel, es zu erreichen. Glück ist alles andere als Glückssache, es fällt uns nicht in den Schoß wie ein Lottogewinn, wir müssen es nicht abwarten wie das Ende einer Regenphase. Glück ist auch nichts, was wir »finden« müssen wie eine Autobahnausfahrt oder einen verlorenen Geldbeutel, wenn wir nur den geheimen Weg, den perfekten Partner oder den richtigen Job entdecken würden. Die Vorstellung, dass wir unser Glück »finden« müssen, ist weit verbreitet und hat sich in Redewendungen wie der »Suche nach dem Glück« niedergeschlagen. Das klingt so, als wäre Glück ein Gegenstand, dem man nachjagen oder den man aufspüren muss. Ich mag dieses Bild nicht. Viel besser gefällt mir die Redensart »Jeder ist seines eigenen Glückes Schmied«. Ich spreche lieber davon, dass wir unser Glück schaffen oder aufbauen, denn die Wissenschaft zeigt, dass es tatsächlich jeder von uns in der Hand hat, sein Glück selbst zu schmieden.

Glück hat keine Voraussetzungen. Um ein glücklicheres Leben führen zu können, ist es keineswegs notwendig – wie manche Psychotherapeuten behaupten –, Ihre Kindheit aufzuarbeiten, traumatische Erlebnisse der Vergangenheit zu analysieren oder Ihre typischen Verhaltensweisen im Umgang mit anderen Menschen durchzudeklinieren. Genauso wenig brauchen Sie mehr Gesundheit, mehr Geld, mehr Jugendlichkeit oder mehr Schönheit. In diesem Buch gebe ich Ihnen Strategien an die Hand, mit denen Sie sofort beginnen können. Diese Strategien steigern Ihr Wohlbefinden sofort, auch wenn Sie sich zutiefst niedergeschlagen fühlen. Zu einem dauerhaft glücklicheren Leben benötigen Sie allerdings ein langfristiges Programm. Doch ich habe eine gute Nachricht für Sie: Die Anstrengungen sind zu Anfang am größten, solange Ihnen die neuen Verhaltensweisen und Praktiken noch nicht zur Selbstverständlichkeit geworden sind. Mit der Zeit wird der Aufwand geringer, die Strategien werden zur Gewohnheit und verstärken sich selbst. Dieses Buch beschreibt ein langfristiges Glücksprogramm, mit dem Sie heute beginnen und das Sie für den Rest Ihres Lebens fortsetzen können. Der einzige Mensch, der Sie glücklich machen kann, sind Sie selbst.

Ein Hinweis zum Abschluss: Wenn Sie derzeit unter Depression leiden, kann dieses Buch eine professionelle Behandlung wie etwa eine kognitive Verhaltenstherapie oder eine Medikamentenbehandlung nicht ersetzen. Doch es kann eine wichtige Ergänzung sein und Ihnen dabei helfen, Ihren Zustand schneller, umfassender und nachhaltiger zu verbessern. Lesen Sie in diesem Fall bitte zunächst das Nachwort »Wenn Sie unter Depression leiden«.

Wissen Sie, was Sie wirklich glücklich macht?

Vielleicht haben Sie inzwischen einige Zweifel hinsichtlich meines Glücksprogramms bekommen. Wenn es so einfach ist, dauerhaft ein glücklicherer Mensch zu werden, warum sind wir dann nicht alle glücklich? Warum scheitern wir so oft schon bei dem Versuch, ein glücklicheres Leben zu führen? Ich habe den Verdacht, das liegt vor allem daran, dass wir gelernt haben, unser Glück an der falschen Stelle zu »suchen«. Die psychologische Forschung zeigt, dass wir häufig völlig danebenliegen, wenn wir einschätzen sollen, was uns tatsächlich Freude und Erfüllung bringt, und dass wir stattdessen viel Zeit und Energie auf Dinge verschwenden, die wenig bis gar nichts zu unserem Glück beitragen.[4]

Unser häufigster Irrtum ist, dass wir uns von einzelnen positiven Ereignissen – einer Beförderung, einer Genesung, einem aufregenden Rendezvous, dem Pokalgewinn unserer Fußballmannschaft oder dem Sieg unserer politischen Partei – sehr viel mehr Glück versprechen, als sie tatsächlich bringen. Der Materialismus – das Streben nach Geld und Besitz – ist ein schönes Beispiel. Warum fällt es uns (ich will mich da gar nicht ausnehmen) so schwer zu glauben, dass Geld uns nicht glücklich macht? Weil es tatsächlich stimmt, dass uns Geld glücklicher macht. Unser Irrtum besteht jedoch darin, »dass wir glauben, dass uns Geld für lange Zeit sehr glücklich macht, während es uns in Wirklichkeit für kurze Zeit ein bisschen glücklich macht«, wie ein Psychologe so schön formulierte.[5] Und während wir mit viel Energie in diese Sackgasse laufen, ignorieren wir andere, bessere Wege zum Glück.

Ich möchte Ihnen zwei Menschen vorstellen, die erkannt haben, dass die Dinge, von denen sich viele großes Glück versprechen – Reichtum, Ruhm und Schönheit – tatsächlich keine besondere Rolle spielen.

Ruhm und Reichtum

Ich lernte Neil während der Aufnahmen zu einem Dokumentarfilm über das Leben außergewöhnlich glücklicher Menschen kennen.[6] Neil wollte schon als Kind ein Rockstar werden, und allen Hindernissen zum Trotz verwirklichte er seinen Traum. Als Schlagzeuger einer erfolgreichen Folk-Rock-Band verdiente er ein Vermögen, er trat im Fernsehen auf, wurde mehrmals für einen Grammy nominiert und tourte ein Jahrzehnt lang mit seiner Band kreuz und quer durch alle Welt. Dann brach diese Welt mit einem Mal zusammen: Die Band trennte sich, die Reisen endeten, er verlor sein großes Haus, und seine Frau verließ ihn.

Wir interviewten Neil einen Nachmittag lang in seinem neuen, bauernhofähnlichen Haus, dessen Einfahrt durch einen riesigen Erdhaufen blockiert war. Der alleinerziehende Vater zweier Kinder lebt in der Nähe der Stadt Winnipeg in Kanada, in der dünn besiedelten Prärie und weit entfernt von der nächsten Schule oder dem nächsten Supermarkt. Selbst im Juli, als wir ihn besuchten, fegte ein kalter Wind über das hohe, trockene Gras. In den langen kanadischen Wintern muss es hier eisig und einsam sein, dachte ich mir. Ich stellte es mir ziemlich schwierig vor, abends nochmal eben eine Tüte Milch einzukaufen, geschweige denn zu einem Auftritt zu fahren.

Neil machte auf den ersten Blick den Eindruck eines Menschen, der sich wohl fühlt und mit sich selbst im Reinen ist, der ehrlich und liebevoll mit seinen Kindern umgeht und der sich voll und ganz seiner Musik widmet. Hat es Neil glücklich gemacht, ein Rockstar zu sein? »Ich hatte alles, Geld und Ruhm«, antwortet er. »Das habe ich jetzt nicht mehr, aber ich bin genauso glücklich. Das ändert nichts.«

Schönheit

Denise lernte ich vor einer Talkshow kennen, in der sie ihre Geschichte erzählen sollte. Denise lebt in St. Petersburg in Florida. Sie war früher Lehrerin für lernbehinderte Kinder und ist heute Hausfrau und Mutter dreier schulpflichtiger Kinder. Das Leben als Vollzeitmutter ist nicht einfach. Nach ihrem vierzigsten Geburtstag hatte Denise das Gefühl, sie habe sich gehen gelassen – sie schminkte sich nicht mehr, trieb keinen Sport mehr und sah immer müde aus. Die Jahre unter der stechenden Sonne Floridas hatten ihre Haut faltig werden lassen, und sie war der Ansicht, sie sehe älter aus, als sie war. Sie bewarb sich für eine Fernsehshow namens *Extreme Makeover*, in der sich ausgewählte Kandidaten einer umfassenden Schönheitsoperation unterziehen, und zu ihrer großen Freude wurde sie genommen.

Die Operation dauerte zwölf Stunden. Die Augenpartien und das gesamte Gesicht wurden gestrafft, die Stirn geglättet, ein Nasenhöcker entfernt, unter ihrem Kinn Fett abgesaugt und die Haut mit Laser geglättet. Der Eingriff war so gelungen, dass die Maskenbildnerin der Show überrascht war, als ich ihr erzählte, dass Denise einen kompletten Facelift hinter sich hatte. Sie hatte nichts Ungewöhnliches bemerkt!

Nach der Schönheitsoperation hatte Denise das Gefühl, eine Zeitreise gemacht zu haben. Sie sah zehn Jahre jünger aus. Sie erhielt große Aufmerksamkeit von ihrer Familie, Freunden, Fremden und den Medien. »Das hat mir natürlich gefallen«, gesteht sie. »Ich habe gelebt wie ein Filmstar, und mein Selbstvertrauen war grenzenlos.« Sie dachte daran, ihren Mann zu verlassen und ein neues Leben zu beginnen.

Ein Jahr später kam Denise wieder zu sich und erkannte, dass es ein riesiger Fehler gewesen wäre, ihre Ehe aufzugeben. Hatte die Schönheitsoperation sie glücklicher gemacht? »Ich muss zugeben, dass es schön ist, weniger Falten zu haben«, erzählt sie. Aber auf lange Sicht hat es sie nicht glücklicher gemacht. »Die Schönheitsoperation ist nichts im Vergleich zu wirklichem Glück.«

Vielleicht haben Neil und Denise sich früher gedacht: »Wäre ich nur reich…, wäre ich nur berühmt…, wäre ich nur schön… dann wäre ich glücklich.« Und sie hätten sich getäuscht. Meine Kollegen und ich haben aus subjektiven Erkenntnissen wie denen von Neil und Denise und aus einer Unmenge wissenschaftlicher Daten eine Theorie über die wirklichen Ursachen des Glücks entwickelt – eine Theorie, die entscheidende Auswirkungen darauf hat, was *Sie* für Ihr Glück tun können, und zwar von heute an. Die Geschichte beginnt in einem Dorf an der Riviera Maya.

Der Schlüssel zum Glück

Im Januar 2001 reiste ich zu einer Konferenz in ein hübsches, friedliches Hotel in einem mexikanischen Örtchen namens Akumal, zwei Stunden südlich von Cancún. Unter einem Palmendach trafen sich dort rund ein Dutzend Vertreter der damals neuen »Positiven Psychologie«, um in der warmen Meeresbrise ihre aktuellsten Erkenntnisse auszutauschen und neue Ideen zu diskutieren. Es fiel mir anfangs gar nicht leicht, mich zu konzentrieren, denn ich hatte mein zwanzig Monate altes Töchterchen bei seinem Vater in Los Angeles zurückgelassen und hatte außerdem gerade erfahren, dass ich wieder schwanger war. Doch einige der Gespräche, die ich in Akumal führte, sollten meiner Arbeit eine völlig neue Richtung geben. Eine dieser Unterhaltungen führte ich mit meinen Kollegen Ken Sheldon und David Schkade. Ich hatte den beiden vor unserem Treffen eine E-Mail geschickt und sie gefragt, ob sie daran interessiert wären, gemeinsam einen Artikel zu verfassen, in dem wir die Strategien kategorisieren würden, mit denen Menschen Glück anstreben. In unserem Gespräch erkannten wir jedoch sehr schnell, dass diese Frage bis dahin kaum untersucht worden war. Nicht nur, dass Wissenschaftler kaum eine Ahnung hatten, was Menschen alles tun, um ein glücklicheres Leben zu führen, die meisten Psychologen waren zudem zutiefst pessimistisch hinsichtlich der Frage, ob wir überhaupt in der Lage seien, unser Glück dauerhaft zu steigern. Zwei neue Erkenntnisse bewegten die Wissenschaftsgemeinde damals: erstens, dass unser Glücksniveau erblich und über die Dauer unseres Lebens hinweg weitgehend konstant ist, und zweitens, dass wir eine erstaunliche Fähigkeit haben, uns an positive Veränderungen zu gewöhnen. Daher, so die Logik, könnten wir nichts tun, um dauerhaft glücklicher werden: Jeder Glücksgewinn sei nur kurzfristig, langfristig kehrten wir immer wieder zu einem »Grundniveau« zurück.

Die 40-Prozent-Lösung

Ken, David und ich hatten jedoch unsere Zweifel daran, dass dauerhaftes Glück unmöglich sein sollte. Wir beschlossen daher zu zeigen, dass diese Behauptung völlig ins Leere griff. Im Laufe der Gespräche und der gemeinsamen Arbeit der nächsten Jahre entdeckten wir schließlich die Ursachen unseres Wohlbefindens. In unserer Zusammenarbeit fanden wir heraus, von welchen Faktoren unser Glück abhängt. Diese Faktoren haben wir im Tortendiagramm auf Seite 30 zusammengestellt.[7]

Stellen Sie sich ein Kino mit einhundert Besuchern vor. Diese einhundert Menschen stellen ein Kontinuum des Glücks dar: Einige sind außergewöhnlich glücklich, andere weniger, und ein paar sind sehr unglücklich. Der untere rechte Ausschnitt des Tortendiagramms zeigt, dass erstaunliche 50 Prozent unseres Glücksniveaus durch einen genetisch festgelegten »Fixpunkt« bestimmt werden. Diese Erkenntnis stammt aus der Zwillingsforschung, die darauf schließen lässt, dass jeder von uns mit einem bestimmten »Glücksfixpunkt« geboren wird, den wir von unserer Mutter, unserem Vater oder beiden geerbt haben. Dieser Fixpunkt ist eine Art Nullpunkt, zu dem wir nach großen Enttäuschungen oder Triumphen immer wieder zurückkehren.[8] Wenn wir mit einem Zauberstab alle einhundert Kinobesucher in genetisch identische Klone (oder eineiige Zwillinge) verwandeln könnten, dann würde sich ihr tatsächliches Glücksempfinden also immer noch unterscheiden, doch diese Unterschiede beliefen sich auf maximal 50 Prozent.

Damit wäre das Glück vergleichbar mit dem Körpergewicht. Manche Menschen sind von Natur aus schlank und halten ihr Gewicht, ohne sich allzu sehr anstrengen zu müssen.[9] Im Gegensatz dazu müssen andere

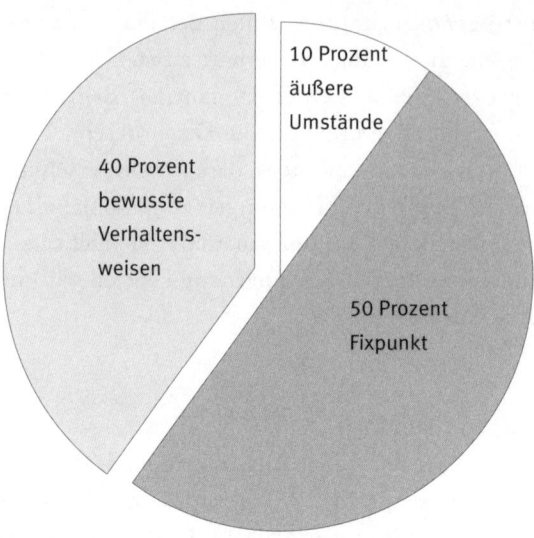

10 Prozent
äußere
Umstände

40 Prozent
bewusste
Verhaltens-
weisen

50 Prozent
Fixpunkt

extrem viel dafür tun, um die gewünschte Linie zu halten, und sobald sie ein wenig in der Disziplin nachlassen, sind die Pfunde wieder drauf. Für das Glück bedeutet diese Entdeckung, dass unser Fixpunkt – egal ob hoch, mittel oder niedrig – weitgehend festlegt, wie glücklich wir im Laufe unseres Lebens sein werden.

Vielleicht noch überraschender ist die Erkenntnis, dass nur etwa 10 Prozent unseres Glücksniveaus von äußeren Umständen abhängen – davon also, ob wir arm oder reich, gesund oder krank, hübsch oder hässlich, verheiratet oder geschieden oder was auch immer sind.[10] Wenn wir mit unserem Zauberstab die hundert Kinogänger in dieselben Lebensumstände versetzen könnten (dasselbe Haus, derselbe Partner, derselbe Geburtsort, dasselbe Gesicht und dieselben Zipperlein), dann würden sich die Unterschiede ihres Glücksniveaus lediglich um mickrige 10 Prozent verringern.

Diese Schlussfolgerung wird von zahlreichen wissenschaftlichen Erkenntnissen gestützt. Befragungen zeigen, dass die reichsten US-Bürger – Menschen mit einem Jahreseinkommen von mehr als 10 Millionen US-Dollar – kaum glücklicher sind als die Angestellten und Arbeiter, die sie in ihren Unternehmen beschäftigen.[11] Und obwohl Verheiratete im Durchschnitt glücklicher sind als Singles, wirkt sich eine Heirat kaum auf das persönliche Glück aus: Bei Umfragen in 16 Ländern beschrieben sich 25 Prozent der Verheirateten und 21 Prozent der Singles als »sehr glücklich«.[12] Es ist erstaunlich, wie wenig Einfluss unsere Lebensumstände auf unser Wohlbefinden haben, doch Menschen wie Neil und Denise wären vermutlich kaum überrascht. So unglaublich es klingen mag, dass Dinge wie Reichtum, Schönheit und Gesundheit nur kurzfristigen und sehr begrenzten Einfluss auf unser Wohlbefinden haben, die Beweise sind eindeutig, und ich werde im Verlaufe dieses Buches verschiedene einleuchtende Erklärungen dafür geben. Doch insgesamt ist es eine gute Nachricht: Wenn wir einsehen, dass die äußeren Umstände *nicht* der Schlüssel zu unserem Glück sind, versetzen wir uns in die Lage, unser Glück selbst in die Hand zu nehmen.

Doch zurück zu unserer Grafik: Wenn unsere einhundert Kinobesucher sämtlich eineiige Zwillinge wären *und* sich in identischen Lebensumständen befänden, wären sie immer noch nicht gleich glücklich. Wenn wir unsere genetisch bestimmte Persönlichkeit und die komplexen äußeren Umstände zusammennehmen, bleiben immer noch ganze 40 Prozent unseres Glücksniveaus, die wir bislang nicht erklärt haben. Was sind diese 40 Prozent? Neben unseren Genen und Lebenssituationen bleibt ein ganz entscheidender Faktor: unser Verhalten. Daher ist der Schlüssel zum Glück *nicht* der genetische Eingriff oder die Suche nach Reichtum, Schönheit und besseren Verwandten, sondern unsere alltäglichen »bewussten Verhaltensweisen«. Die Grafik verdeutlicht, welches Potenzial wir damit haben: Wir haben 40 Prozent Spielraum, um unser Glück durch unsere alltäglichen *Handlungen* und *Gedanken* zu vergrößern oder zu verkleinern.[13]

Das ist eine großartige Nachricht. Denn das bedeutet, dass jeder von uns sehr viel glücklicher werden kann, wenn wir uns nur abschauen, wie sehr glückliche Menschen handeln und denken. In meinen Forschungsarbeiten habe ich mich intensiv mit diesem brachliegenden Potenzial zur Steigerung unseres persönlichen Glücks beschäftigt, indem ich in Experimenten glückliche und unglückliche Menschen systematisch beobachtet und verglichen habe. Hier ist eine Auswahl der Denk- und Verhaltensweisen, die ich und andere Wissenschaftler an überdurchschnittlich glücklichen Menschen erkannt haben:

◆ Sie verbringen viel Zeit mit Familie und Freunden und pflegen und genießen diese Beziehungen.

- Es fällt ihnen leicht, ihre Dankbarkeit auszudrücken für das, was sie haben.
- Sie sind oft die ersten, die Kollegen und Fremden ihre Hilfe anbieten.
- Sie blicken bewusst optimistisch in die Zukunft.
- Sie genießen die Freuden des Lebens und versuchen, im Hier und Jetzt zu leben.
- Sportliche Betätigung gehört zu ihrer wöchentlichen oder sogar täglichen Routine.
- Sie verfolgen engagiert ihre Lebensziele.
- Und schließlich erleben natürlich auch diese Menschen Stress, Krisen und selbst Tragödien. Sie leiden in diesen Situationen genau wie Sie und ich, und sie reagieren genauso emotional, doch ihre Geheimwaffe sind die Ausgeglichenheit und Stärke, die sie im Umgang mit Herausforderungen an den Tag legen.

In den Kapiteln 4 bis 9 werde ich ausführlicher auf die Eigenschaften, Gedanken und Handlungen eingehen, durch die sich glückliche Menschen nach wissenschaftlichen Erkenntnissen auszeichnen.[14]

In Forschungslabors haben wir getestet, wie wir unsere Gedanken und Handlungen nutzen können, um glücklicher zu werden. Wir haben Experimente mit »Glücksinterventionen« durchgeführt, die darauf ausgelegt waren, das Glück der Versuchspersonen *über ihren genetischen Fixpunkt hinaus zu steigern und dort zu halten.*[15] In Teil II dieses Buches werde ich ein Dutzend Glücksaktivitäten im Detail vorstellen, erklären, wie sie im Alltag funktionieren, und erläutern, warum sie funktionieren. Die Liste der Dinge, die sehr glückliche Menschen gewohnheitsmäßig tun, kann natürlich sehr einschüchternd wirken. Doch es ist gar nicht unser Ziel, sämtliche dieser Punkte abzuhaken. Das kann niemand, auf kaum jemanden trifft mehr als die Hälfte zu. Sie können sich jedoch einige dieser Aktivitäten aussuchen, die für Sie funktionieren. *Sie* haben es in der Hand, und Sie können Ihr Leben von heute an auf spürbare und sinnvolle Art und Weise verändern!

Damit Ihr Glücksprogramm auch zum Erfolg wird, müssen Sie Ihre Strategie klug wählen. Wie bei jeder Anstrengung, mit der Sie Ihr Leben verändern wollen, sind manche Strategien geeigneter für Sie als andere. Im Kapitel 3 finden Sie darum einen Test, mit dessen Hilfe Sie die Strategien erkennen können, die am besten zu Ihnen passen, sodass Sie vier Glücksaktivitäten auswählen können, die Ihrer Persönlichkeit, Ihren Stärken, Ihren Zielen und Ihrer gegenwärtigen Lebenssituation am besten entsprechen. Denken Sie daran, dass es bei dem Versuch, glücklicher zu werden, allein um *Sie* geht – um *Ihre* Interessen, *Ihre* Werte und *Ihre* Bedürfnisse. Wenn Sie wissen, welche Aktivitäten in Ihrem Fall am besten wirken, sind Sie dem Ziel schon ein gutes Stück näher.

Die lohnendste Anstrengung Ihres Lebens

Vermutlich ist es selbstverständlich, dass jede große Leistung im Leben – etwa das Erlernen eines Berufs, die Beherrschung einer Sportart oder die Erziehung eines Kindes – auch großen Einsatz verlangt. Trotzdem fällt es uns oft schwer, diese Erkenntnis auch auf unsere Gefühls- und Seelenleben zu übertragen. Ohne Anstrengungen fällt uns vielleicht dann und wann ein wenig Glück in den Schoß, doch es wird so kurzlebig sein wie ein längst vergessener Neujahrsvorsatz.

Sehen Sie sich nur einmal an, wie viel Zeit und Engagement viele Menschen für Fitnesstraining, Jogging, Kickboxen oder Yoga aufbringen. Wenn Sie ein glücklicherer Mensch werden wollen, müssen Sie es ganz ähnlich angehen. Mit anderen Worten: Wenn Sie dauerhaft glücklicher werden wollen, erfordert dies unablässige Veränderungen und täglichen Einsatz und Engagement. Glück ist Arbeit, doch diese »Glücksarbeit« ist vermutlich die lohnendste Anstrengung, die Sie je unternehmen werden.

Warum glücklich sein?

Aber warum soll ich so viel Einsatz bringen, um ein glücklicheres Leben zu führen? Es gibt gute Gründe, nach Glück und Erfüllung zu streben. Glück bedeutet nicht nur, dass wir uns gut fühlen, sondern hat eine Menge positiver Nebenwirkungen.[16] Verglichen mit ihren weniger glücklichen Zeitgenossen sind glückliche Menschen geselliger, haben mehr Energie und sind großzügiger, hilfsbereiter und beliebter. Glückliche Menschen heiraten öfter, sie lassen sich seltener scheiden und haben ein großes Netz von Freunden und Unterstützern. Obwohl Woody Allen in seiner Komödie *Der Stadtneurotiker* behauptet, glückliche Menschen seien »oberflächlich und hohl« und hätten »keine Ideen und nichts Interessantes zu erzählen«, sind sie in ihrem Denken flexibler und kreativer. Sie sind produktiver am Arbeitsplatz, sie sind bessere Führungskräfte und Verhandlungsführer, und sie verdienen mehr Geld. Sie gehen besser mit Schwierigkeiten um, haben ein stärkeres Immunsystem und sind körperlich gesünder. Glückliche Menschen leben sogar länger.

Nehmen wir nur zwei Beispiele, Geld und Heirat. Der Komiker Henny Youngman sagte einmal: »Was bringt uns schon das Glück? Damit können wir uns kein Geld kaufen.« Das ist sehr lustig, aber es ist auch falsch. Eine Studie ergab, dass Menschen, die im ersten Semester ihres Studiums glücklich waren, mit Mitte 30 höhere Löhne erhielten, ohne dass sie einen Wohlstandsvorsprung gehabt hätten.[17] Eine andere Studie, die Studenten über die Dauer ihres Lebens verfolgte, ergab, dass Frauen, die auf den Photos ihrer Universitätsjahrbücher ehrliche Freude zeigten, mit größerer Wahrscheinlichkeit im Alter von 27 Jahren verheiratet waren und im Alter von 52 Jahren noch eine befriedigende Ehe führten.[18]

Das Glück ist so wichtig, dass es sich ein ganzes Land zum Ziel gesetzt hat, das Wohlbefinden seiner Bürger zu mehren. Zugegeben, es ist ein kleines Land von der Größe der Schweiz mit rund 700 000 Einwohnern. Der König von Bhutan, dem letzten buddhistischen Königreich, das sich zwischen Indien und China an die Hänge des Himalaja schmiegt, kam zu dem Schluss, dass er der Entwicklung seines Landes am ehesten nutze, wenn er das Bruttoinlands*glück* fördere und nicht das Bruttoinlandsprodukt. Dieser Nachdruck, den der Regent auf das Glück seiner Bürger legt, scheint der gesamten Gesellschaft Bhutans zugute zu kommen. Obwohl die meisten der Einwohner Bauern sind, die kaum mehr erzeugen, als sie für ihren eigenen Lebensunterhalt benötigen, haben sie alles, was sie brauchen – Essen auf dem Tisch und ein Gesundheitssystem für alle –, und weigern sich, Geld durch Unternehmungen zu verdienen, mit denen sie die Gesundheit und Schönheit ihrer Umwelt und ihre egalitäre Gesellschaft gefährden würden.

Das Glück scheint sich also positiv auf sämtliche Lebensbereiche auszuwirken. Wenn wir glücklicher sind, erfahren wir nicht nur mehr Freude, Zufriedenheit, Liebe, Stolz und Staunen, wir verbessern auch andere Aspekte unseres Lebens wie unsere Energie, unser Immunsystem, unser Engagement am Arbeitsplatz, unser Verhältnis zu anderen Menschen sowie unsere körperliche und geistige Gesundheit. Wenn wir glücklicher werden, steigern wir außerdem unser Selbstbewusstsein und unser Selbstwertgefühl. Und nicht nur wir selbst profitieren, wenn wir glücklichere Menschen werden, sondern auch unsere Partner, Familien, Freunde, Bekannte und die Gesellschaft als Ganzes.

2. Wie glücklich sind Sie – und warum?

Kennen Sie einen wirklich rundum glücklichen Menschen? Einen Menschen, der in der Lage ist, die Welt durch eine rosarote Brille zu betrachten? Jemanden, der selbst in schwierigen Momenten ruhig und gelassen bleibt? Vielleicht findet sich unter Ihren Kollegen oder sogar in Ihrer Familie so jemand. Oft beneiden wir diese Menschen. Wie machen sie das nur? Warum lassen sie sich vom Stress und den Widrigkeiten des Alltags nicht genauso ärgern und beunruhigen wie wir?

Solche Menschen können uns vor allem dann frustrieren und verärgern, wenn sie sich mit denselben Schwierigkeiten und Problemen herumschlagen müssen wie wir und trotzdem glücklich wirken. Wenn Sie beide zum Beispiel von demselben Chef schikaniert werden, der bei jeder Gelegenheit herumschreit und mit nichts zufrieden ist. Oder wenn Sie beide Medizin studieren und mit derselben erdrückenden Last von Lernstoff und Prüfungen zu kämpfen haben. Oder wenn Sie beide Ihr erstes Kind bekommen haben und unter Schlafmangel, Sorgen und der Plackerei mit Ihrem Neugeborenen leiden. In solchen Situationen fühlen Sie sich erschöpft, launisch, gereizt und vielleicht sogar unglücklich und deprimiert.

Doch diesem glücklichen Menschen scheinen die Enttäuschungen, der Stress und die Schwierigkeiten nichts anhaben zu können, er rappelt sich wieder hoch und setzt ein Lächeln auf. Er sieht eine anspruchsvolle Aufgabe, wo Sie nur Bedrohungen erkennen. Er betrachtet die Dinge optimistisch und zuversichtlich, während Sie misstrauisch sind und sich niedergeschlagen fühlen. Er sprüht vor Energie und Handlungsdrang, während Sie müde und gelähmt sind.

Wirklich glückliche Menschen

Solche Menschen können uns verwirren, einschüchtern und, ja, auch abstoßen. Sie können uns entmutigen, weil wir uns fragen, was denn nur mit uns los ist. Wie können wir nur so werden wie sie? Können wir überhaupt je so glücklich sein? Das habe ich mich auch oft gefragt, und ich bin zu dem Schluss gekommen, dass ich diese Frage nur beantworten kann, indem ich glückliche Menschen systematisch und intensiv wissenschaftlich untersuche. Wenn wir diese Menschen genau beobachten, können wir eine Menge lernen, nicht nur über sie, sondern vor allem über uns selbst.

In meinen Interviews und Experimenten habe ich Menschen kennen gelernt, die auch nach einer Tragödie oder einem schweren Rückschlag glücklich blieben oder sich rasch wieder erholten. Nehmen wir zum Beispiel die Geschichten von Angela und Ralph.

Angela

Angela ist 34 Jahre alt und einer der glücklichsten Menschen, den ich je interviewt habe – und das trotz allem, was sie mitgemacht hat.[1] In ihrer Kindheit und Jugend wurde Angela von ihrer Mutter seelisch und körperlich misshandelt, und ihr Vater unternahm nichts, um ihr zu helfen. Doch sie litt nicht nur zuhause; als Teenager war sie übergewichtig und wurde deshalb in der Schule gemobbt. Als Angela in die elfte Klasse kam, erkrankte ihre Mutter an Brustkrebs, und die körperlichen Züchtigungen hatten ein Ende. Doch die seelischen Qualen wurden schlimmer denn je, bis Angela es nicht mehr aushielt und auszog, um einen Mann zu heiraten, den sie gerade einmal drei Monate zuvor kennen gelernt hatte. Sie zogen von Kalifornien in den Norden des Landes und lebten vier Jahre lang dort. Kurz nach der Geburt ihrer Tochter Ella ließ sich Angela scheiden und zog zurück nach Kalifornien, wo sie bis heute lebt.

Angela ist alleinerziehende Mutter. Finanziell geht es ihr nicht sonderlich gut. Ihr geschiedener Mann besucht die Tochter nicht und verweigert die Unterhaltszahlungen. Um die kleine Familie zu ernähren, hat sich Angela in verschiedenen Berufen versucht. Zuletzt hat sie als Kosmetikerin gearbeitet und dort das Gefühl gehabt, endlich ihren Traumjob gefunden zu haben. Dann wurde sie plötzlich entlassen, was ihre Hoffnungen genauso ruinierte wie ihre Finanzen. Sie musste Privatinsolvenz anmelden und lebte eine Zeit lang von Sozialhilfe. Heute macht sie eine Ausbildung als Krankenpflegerin an einer Pflegeschule.

Trotz dieser zahlreichen Widrigkeiten und Herausforderungen beschreibt Angela sich als einen glücklichen Menschen. Ihre Tochter Ella, zu der sie ein sehr enges Verhältnis hat, macht ihr große Freude. Zusammen lesen sie *Die Chroniken von Narnia*, besuchen kostenlose Konzerte und kuscheln sich ins Bett, um DVDs anzuschauen. Angela weiß, dass sie Ella nicht immer das bieten kann, was andere Kinder haben, doch sie schenkt ihrer Tochter ihre ganze Liebe. Angela hat einen ansteckenden Sinn für Humor, und wenn sie über ihre Probleme lacht – wie etwa die Zeit, während der sie von Sozialhilfe lebte, oder den Tag, an dem sie ihren Traumjob verlor –, dann ist es unmöglich, nicht mitzulachen. Sie hat viele Freunde, mit denen sie Spaß hat und die sie unterstützen. Sie empfindet tiefe Befriedigung, wenn sie anderen helfen kann, mit ihren Wunden und Traumata umzugehen, denn, so meint sie, »es ist fast unmöglich, allein mit den eigenen Schatten fertig zu werden.«

Ralph

Wie Angela ist Ralph ein Einzelkind. Zwei Menschen, die ihm nahe standen, begingen Selbstmord: Sein Vater brachte sich um, als er zwölf Jahre alt war, und fünf Jahre später nahm sich sein bester Freund das Leben. Als er in die 5. Klasse ging, verließ seine Mutter seinen Vater und nahm Ralph mit. Sie zogen weit weg von allen Menschen, die Ralph kannte, und lebten bei Roy, dem neuen Freund der Mutter. Ralph hatte und hat zwar ein außergewöhnlich gutes Verhältnis zu seiner Mutter, doch Roy nahm Ralph nicht ernst, und die beiden kamen nicht miteinander aus. Ähnlich wie Angela nahm Ralph früh Reißaus von zuhause und heiratete zu schnell und zu jung. Die Ehe war schwierig und endete, als Ralph herausfand, dass seine Frau ihn betrog. Nach der Trennung war er zunächst am Boden zerstört und hatte das Gefühl, er habe mehr Tod und Verlust erlebt, als er ertragen konnte.

Heute ist Ralph einer dieser glücklichen Menschen, die alle um sich herum zum Lächeln und Lachen bringen. Nach der Scheidung rappelte er sich wieder auf, zog in eine andere Stadt, fand eine Arbeit als Sicherheitsingenieur und verliebte sich wieder. Heute ist er 43 Jahre alt, seit drei Jahren verheiratet und Stiefvater von drei Jungen. Wie hat er das geschafft? Ralph ist ein unverbesserlicher Optimist und behauptet, er habe vor allem überlebt, weil er immer das Licht am Ende des Tunnels sieht. Obwohl viele seiner Kollegen ihre Arbeit als frustrierend und belastend empfinden, sagt er, sie erlaube ihm, über den Tellerrand hinauszublicken. Und obwohl einer seiner Freunde große Probleme mit seinen Stiefkindern hat, freut Ralph sich riesig über die Chance, Vater zu sein. Eine seiner Lieblingsbeschäftigungen besteht darin, den Jungen beim Football zuzusehen. Andere Menschen würden verbittert an eine vergleichbare Kindheit zurückdenken, doch Ralph erinnert sich an die guten Zeiten.

Welcher Typ sind Sie?

So außergewöhnlich die Geschichten von Ralph und Angela klingen mögen: Es gibt eine ganze Menge ähnlicher Menschen. Aber natürlich gibt es auch viele sehr unglückliche Menschen. Jeder von uns kennt jemanden, der auch zu guten Zeiten unglücklich wirkt, chronisch schlecht gelaunt und mürrisch ist, immer nur die negativen Seiten sieht und wenig Freude am Leben zu finden scheint.

Shannon

Shannon ist so jemand. Als ich sie kennen lernte, war sie 27 Jahre alt und studierte Lehramt für Englisch als Fremdsprache. Ihr Freund war in Italien, doch er sollte in zwei Monaten zurückkehren, und dann wollten die beiden zusammenziehen. Shannon hatte eine wenig ereignisreiche Kindheit, sie kommt aus einer stabilen und einfachen Familie und hat einige gute Freunde. Mit ihrer Familie reiste sie viel durch die USA. Als Shannon in die 8. Klasse ging, schenkte ihre Mutter ihr einen Hund namens Daisy, der heute noch lebt. Shannon erzählt, Daisy sei eine ihrer besten Freundinnen.

Obwohl ihr Leben ohne Tragödien und Traumata verlief, scheint für Shannon vieles ein Problem zu sein. Den Übergang von der Schule zur Universität erlebte sie als extrem belastend und fühlte sich oft von der schweren und weniger vertrauen Materie überfordert. Im Wohnheim teilte sie das Zimmer mit einer Kommilitonin, die zwar alles in allem sehr nett war, die jedoch einige ärgerliche Angewohnheiten hatte und zum Beispiel den Fernseher gern sehr laut stellte. Shannon fühlte sich äußerst belästigt, ging auf Distanz zu ihrer Zimmergenossin und verhielt sich immer ablehnender. Als es Shannon schließlich gelang, das Zimmer zu tauschen und mit einer jungen Frau zusammenzuziehen, mit der sie sich gut verstand, war sie zunächst überglücklich. Doch schon bald fühlte sie sich zurückgesetzt, weil ihre neue Mitbewohnerin nie da war.

Shannon ist sehr aktiv. Im Sommer geht sie Bergsteigen und fährt Rollerblades, im Winter fährt sie Snowboard und Ski. Sie erzählt mir, dass sie gern unterrichtet und das Gefühl hat, dass sie genauso viel lernt wie die Kinder, denen sie zurzeit Englischunterricht gibt. Auf den ersten Blick ist also alles bestens. Shannon hat eine vielversprechende berufliche Laufbahn vor sich, sie hat einen Freund, eine stabile Familie und sogar einen Hund, den sie liebt. Trotzdem beschreibt sich Shannon als unglücklich. Sie ist mit ihren akademischen Leistungen zufrieden, doch sie hat das Gefühl, sie könne sich nicht richtig darüber freuen, da es ihr an Selbstbewusstsein mangele. Stattdessen spielt sie ihre Erfolge herunter und erklärt sie als Produkt des Zufalls oder ihrer Hartnäckigkeit. Außerdem wird sie oft von Zweifeln geplagt und meint, sie hätte vielleicht lieber etwas anderes studieren sollen. Shannon fühlt sich allein, sie hält ihr Leben für instabil und ihre Beziehungen für wenig tragfähig. Sie erinnert sich gern an ihre Kindheit zurück, weil dies die einzige Zeit in ihrem Leben gewesen sei, in der sie »wirkliches Glück« erlebt und sich unbeschwert und selbstsicher gefühlt habe. Heute hängt ihr Selbstwertgefühl sehr von ihrem Freund ab, und sie fühlt sich sehr einsam, wenn dieser nicht da ist. In solchen Momenten gibt sie gern zu viel Geld aus und isst zu viel. Wenn Shannon sich besonders unsicher und hilflos fühlt, sieht sie alles düster, sie fühlt sich niedergeschlagen und trübsinnig.

Das Glückskontinuum

Wie Körpergröße, Temperatur oder Intelligenz liegt das menschliche Glück auf einem Kontinuum, einer Skala von extrem niedrig bis extrem hoch. Shannon befindet sich am unteren Ende dieser Skala, Ralph und Angela am oberen. Jeder von uns findet sich irgendwo auf dieser Skala, und es ist wichtig herauszufinden, wo Sie stehen. Egal ob Sie unter Depressionen leiden oder einfach weniger glücklich sind, als Sie es gern wären – ehe Sie glücklicher werden können, müssen Sie Ihr persönliches Glücksniveau bestimmen und eine erste Vorstellung von Ihrem Glücksfixpunkt bekommen.

Vom antiken Philosophen Aristoteles über den Psychoanalytiker Sigmund Freud bis zum Peanuts-Erfinder Charles Schulz haben Autoren und Denker zahlreiche Definitionen des Glücksbegriffs gefunden. Nach Ansicht von Aristoteles erreicht der Mensch das Glück »durch die gelungene Ausübung seiner Vernunfttätigkeit«. Freud war der Auffassung, Glück sei eine Frage von »lieben und arbeiten«. Und Schulz behauptete schließlich, Glück sei »ein warmes Hundebaby«. Die meisten von uns wissen jedoch sehr genau, was Glück ist und ob sie sich glücklich fühlen. Wir können es vielleicht nicht definieren, aber wir erkennen es, wenn wir es sehen.

Ich verwende den Begriff »Glück«, um eine Erfahrung der Freude, der Zufriedenheit oder des Wohlbefindens zu beschreiben, die mit dem Gefühl einhergeht, dass unser Leben gut, sinnvoll und lebenswert ist. Doch wir brauchen eigentlich keine Definition des Glücks, denn wir wissen instinktiv sehr genau, ob wir glücklich sind oder nicht. Wissenschaftler bevorzugen den Begriff »subjektives Wohlbefinden«, da er sich wissenschaftlicher anhört und nicht den Ballast von Jahrhunderte alten literarischen und philosophischen Texten mitschleppt.[2] Ich nehme mir jedoch die Freiheit, die Begriffe »Glück« und »Wohlbefinden« austauschbar zu verwenden.[3]

Wie also können Sie messen, ob Sie eher ein glücklicher oder eher ein unglücklicher Mensch sind? Da es kein objektives »Glücksthermometer« gibt, verlassen sich Wissenschaftler meist auf Selbstaussagen. Für meine Untersuchungen habe ich einen einfachen Fragebogen mit vier Punkten entwickelt, den ich die »Subjektive Glücksskala« nenne.[4] Der Titel passt, da Glück eine subjektive Erfahrung ist und aus der Sicht jedes einzelnen definiert werden muss. Nur Sie selbst wissen, wie glücklich Sie wirklich sind. Mit Hilfe dieser vier Fragen können Sie Ihr gegenwärtiges Glücksniveau ermitteln und Ihren Glücksfixpunkt einschätzen (dazu später mehr).

Markieren Sie für jede der folgenden Fragen beziehungsweise Aussagen die Ziffer, die Ihrer Ansicht nach am ehesten auf Sie zutrifft. Bitte lesen Sie sich die Fragen genau durch, da die Werte von 1 bis 7 in jedem der vier Fälle eine andere Bedeutung haben.

1 Im Großen und Ganzen halte ich mich für …

… keinen sehr glücklichen Menschen. 1 2 3 4 5 6 ☒ 7 … einen sehr glücklichen Menschen.

2 Verglichen mit den Menschen in meiner Umgebung halte ich mich für …

… weniger glücklich. 1 2 3 4 ☒ 5 6 7 … glücklicher.

3 Manche Menschen sind im Großen und Ganzen sehr glücklich. Sie genießen das Leben unabhängig von ihrer Situation und machen aus allem das Beste.
Inwieweit trifft diese Beschreibung auf Sie zu?

trifft gar nicht zu 1 2 3 4 ☒ 5 6 7 trifft voll zu

4 Manche Menschen sind im Großen und Ganzen sehr unglücklich. Auch wenn sie nicht unter Depressionen leiden, scheinen sie nie so glücklich zu sein, wie sie es gern wären. Inwieweit trifft diese Beschreibung auf Sie zu?

trifft voll zu 1 2 3 4 5 6 7 ☒ trifft gar nicht zu

So berechnen Sie Ihr Ergebnis:

Schritt 1:

Summe	=	Punktzahl 1:	6
	+	Punktzahl 2:	4
	+	Punktzahl 3:	4
	+	Punktzahl 4:	7
	=		21

Schritt 2:

Glückssumme = Summe (oben) ...21... dividiert durch 4 = ...5,1...

Datum: ...21.9. 14...

Glückssumme (zweiter Test): .... Datum: ....

Glückssumme (dritter Test): .... Datum: ....

Wie Sie vermutlich längst bemerkt haben, können Sie zwischen einem und sieben Punkten erreichen. Ich habe diesen Test mit vielen unterschiedlichen Gruppen durchgeführt und je nach Zusammensetzung Durchschnittswerte zwischen 4,5 und 5,5 erzielt. Studenten erzielen für gewöhnlich weniger Punkte (im Schnitt knapp unter 5) als erwachsene Berufstätige und Rentner (im Schnitt jeweils um 5,6).[5]

Sie haben nun also Ihr augenblickliches Glücksniveau ermittelt. Wenn Sie berufstätig oder pensioniert sind und weniger als 5,6 Punkte erzielt haben, dann liegen Sie unter dem Durchschnitt. Oder anders ausgedrückt: Mehr als 50 Prozent der Menschen Ihrer Altersgruppe stufen sich selbst höher ein. Liegt Ihr Ergebnis über 5,6, sind Sie glücklicher als der Durchschnitt. Natürlich unterscheidet sich dieser »Durchschnitt« je nach Geschlecht, Alter, Berufsgruppe, Nationalität und so weiter. Sie müssen eigentlich nur eines wissen: Egal wie viele Punkte Sie erzielt haben – Sie können glücklicher werden.

Könnten Sie unter Depression leiden?

Manche Menschen sind nicht nur unglücklich, sondern leiden an schwerer oder sogar klinischer Depression. Wenn Sie vier Punkte oder weniger erzielt haben oder wenn Sie sich seit mehr als zwei Wochen niedergeschlagen fühlen, dann möchte ich Ihnen raten, den folgenden Fragebogen zur Depression zu beantworten. (Wenn nicht, können Sie diesen Abschnitt überspringen und direkt auf Seite 50 weiterlesen.) Zur Beantwortung des Fragebogens benötigen Sie weniger als zehn Minuten, und diese wenigen Minuten könnten sehr wichtig sein. Sie finden hier den international anerkannten Depressionsfragebogen des Center for Epidemological Studies, genannt CES-D.[6] Es gibt viele Möglichkeiten, Depression zu messen, und dieser Fragebogen wird für alle Menschen empfohlen, die sich nicht in stationärer Behandlung befinden.[7] Folgen Sie den Anweisungen und ermitteln Sie, ob Sie unter Depression leiden.

Depressionsfragebogen des Center for Epidemological Studies

CES-D

Bitte kreuzen Sie bei jeder der folgenden Aussagen die Antwort an, die am besten beschreibt, wie *oft* Sie sich *in der vergangenen Woche* so gefühlt oder verhalten haben.

selten oder nie	=	nie bzw. an weniger als einem Tag
manchmal oder gelegentlich	=	an 1 bis 2 Tagen
öfters oder häufiger	=	an 3 bis 4 Tagen
meistens oder ständig	=	an 5 bis 7 Tagen

In der vergangenen Woche ...	selten / nie	manch- mal / ge- legentlich	öfters / häufiger	meistens / ständig
	unter 1 Tag	1–2 Tage	3–4 Tage	5–7 Tage
Punkte:	0	1	2	3
1. haben mich Dinge beunruhigt, die mir sonst nichts ausmachen.	☐	☐	☐	☐
2. war mir nicht nach Essen zumute, hatte ich keinen Appetit.	☐	☐	☐	☐

3. hatte ich das Gefühl, selbst mithilfe meiner Familie oder Freunde, meinen Trübsinn nicht abschütteln zu können.

☐ ☐ ☐ ☐

4. hatte ich das Gefühl, ebenso gut wie andere Menschen zu sein.

☐ ☐ ☐ ☐

5. ist es mir schwer gefallen, mich auf die jeweilige Aufgabe zu konzentrieren.

☐ ☐ ☐ ☐

6. fühlte ich mich niedergeschlagen.

☐ ☐ ☐ ☐

7. empfand ich alles als anstrengend.

☐ ☐ ☐ ☐

8. blickte ich voller Zuversicht in die Zukunft.

☐ ☐ ☐ ☐

9. empfand ich mein Leben als gescheitert.

☐ ☐ ☐ ☐

10. war ich ängstlich.

☐ ☐ ☐ ☐

11. habe ich unruhig geschlafen.

☐ ☐ ☐ ☐

12. war ich glücklich.

☐ ☐ ☐ ☐

13. habe ich weniger als sonst geredet.

☐ ☐ ☐ ☐

14. fühlte ich mich einsam.

☐ ☐ ☐ ☐

15. waren die Menschen unfreundlich.

☐ ☐ ☐ ☐

| 16. | hatte ich Spaß am Leben. | ☐ | ☐ | ☐ | ☐ |

| 17. | mußte ich grundlos weinen. | ☐ | ☐ | ☐ | ☐ |

| 18. | war ich traurig. | ☐ | ☐ | ☐ | ☐ |

| 19. | hatte ich das Gefühl, dass mich die Menschen nicht mögen. | ☐ | ☐ | ☐ | ☐ |

| 20. | bin ich nicht »in Gang« gekommen. | ☐ | ☐ | ☐ | ☐ |

Bitte prüfen Sie, ob Sie alle Aussagen angekreuzt haben!

CES-D, Deutsche Version, © TH. Kohlmann & H. U. Gerbershagen

So berechnen Sie Ihr Ergebnis:

Schritt 1:
Ihre Punktzahlen bei den Fragen 4, 8, 12 und 16 müssen Sie »umgekehrt« einbeziehen, das bedeutet, wenn Sie
– »meistens / ständig« angekreuzt haben, berechnen Sie dafür 0 Punkte;
– wenn Sie »öfters / häufiger« gewählt haben, berechnen Sie 1 Punkt;
– wenn Sie »manchmal / gelegentlich« angekreuzt haben, berechnen Sie 1 Punkt; und
– wenn Sie »selten / nie« gewählt haben, berechnen Sie 0 Punkte.

Schritt 2:
Zählen Sie nun alle Punkte zusammen, die Sie bei den 20 Fragen vergeben haben. Achten Sie auf die umgekehrte Berechnung bei den Fragen 4, 8, 12 und 16.

Ihr Ergebnis (erster Test): .... Datum: ....

Ihr Ergebnis (zweiter Test): .... Datum: ....

Ihr Ergebnis (dritter Test): .... Datum: ....

Bei der Beantwortung des obigen Fragebogens können Sie zwischen 0 und 60 Punkten erreichen. Psychologen stufen Personen ab 16 Punkten als depressiv ein. Wenn Sie also 16 Punkte oder mehr erzielt haben, gelten Sie als depressiv. *Wie* depressiv, hängt von Ihrer genauen Punktzahl ab: Man unterscheidet zwischen leichten (16 bis 20 Punkte), mittelgradigen (21 bis 25 Punkte) und schweren (26 bis 60 Punkte) Depressionen.[8] Anders als der Glücksfragebogen reagiert der Depressionsfragebogen stark auf Stimmungsschwankungen und Ihre generelle geistige Verfassung, sodass Sie zu unterschiedlichen Zeitpunkten sehr unterschiedliche Ergebnisse erzielen können, selbst wenn Sie den Test im Abstand von nur zwei Wochen wiederholen.

Sollten Sie momentan unter Depression leiden oder jemals unter Depression gelitten haben, so sind Sie nicht allein. Untersuchungen zeigen, dass zu jedem beliebigen Zeitpunkt 12 Prozent aller Frauen und 9 Prozent aller Männer in Deutschland eine leichte, mittelgradige oder schwere depressive Episode durchleben.[9] Mehr als die Hälfte aller Deutschen erlebt gelegentlich milde Formen der Depression, oft infolge einer großen Enttäuschung oder persönlichen Krise wie einer Trennung, dem Tod eines geliebten Menschen, beruflichem Scheitern oder finanziellem Verlust. Das Alter, in dem Menschen ihre erste depressive Episode erleben, ist den letzten Jahrzehnten dramatisch gesunken.[10] So unglaublich es klingt, doch in den USA verursacht die Depression heute mehr Leid als jede andere Krankheit. (Damit ist die Verringerung der gesunden Lebensjahre gemeint. Weltweit kommt die Depression damit auf Platz 4, nach Geburtsfehlern, Erkrankungen der unteren Atemwege und AIDS).[11] Die Weltgesundheitsorganisation prognostiziert, dass die Depression im Jahr 2020 weltweit die zweitwichtigste Todesursache sein und rund 30 Prozent der Menschheit betreffen wird.[12]

Viele Experten gehen so weit, Depression als moderne Epidemie zu bezeichnen.[13] Die Wahrscheinlichkeit, dass jemand heute eine Episode klinischer Depression durchlebt, ist zehnmal so groß wie noch vor einem Jahrhundert.[14] Diese Entwicklung hat verschiedene Ursachen. Zum einen erwarten wir heute mehr von unserem Leben. Wir glauben, wir könnten alles erreichen und sind zutiefst enttäuscht, wenn die Wirklichkeit hinter unseren Träumen zurückbleibt. Zweitens lässt unsere immer individualistischere Kultur uns mit unserem Alltagsstress und unseren Problemen allein, was dazu führt, dass wir uns für unsere scheinbaren Mängel und Fehler anklagen. Zunehmende Arbeitsplatzunsicherheit ist ein weiterer Stressfaktor des modernen Lebens. Dazu kommt schließlich der Zerfall des sozialen Zusammenhalts: Im Vergleich zu früheren Generationen empfinden wir unseren Familien und Gemeinschaften gegenüber weit weniger Zugehörigkeit und Verbundenheit, weshalb wir weniger soziale Unterstützung und weniger starke, sinnstiftende Beziehungen erleben. Diese Faktoren tragen dazu bei, dass immer mehr Menschen heute an Depression erkranken.

Wenn der obige Test ergeben hat, dass Sie unter einer Depression leiden, dann möchte ich Ihnen empfehlen, einen Psychologen oder Psychiater aufzusuchen, um eine mögliche Behandlung wie eine Psychotherapie oder eine Medikamentenbehandlung zu erörtern. Eine mittelgradige bis schwere Depression sollte dringend von einem Spezialisten behandelt werden. Doch auch wenn Sie unter einer Depression leiden, können Sie von den Glücksaktivitäten in Teil II dieses Buchs profitieren. Überspringen Sie diesen Teil jedoch zunächst und lesen Sie zuerst das Nachwort (Seite 288), da Sie wissen sollten, wie Sie dieses Programm speziell auf Ihre Symptome, Gefühle und Bedürfnisse zuschneiden können.

Glücksmythen

Unabhängig davon, wo Sie auf den Glücks- und Depressionsskalen stehen, können Sie lernen, die Glücksaktivitäten in diesem Buch auf Ihre persönlichen Stärken und Schwächen anzuwenden, um sich dauerhaft glücklicher und erfüllter zu fühlen. Ehe Sie jedoch mit der Umsetzung dieser Strategie beginnen, möchte ich mit einigen Mythen über das Glück aufräumen.

Die größten Hindernisse auf dem Weg zu einem glücklicheren Leben sind unsere irrigen Vorstellungen davon, was uns tatsächlich glücklicher macht. Diese Vorstellungen wurden uns von Freunden, Familien und Vorbildern eingetrichtert und durch die omnipräsenten Geschichten und Bilder unserer Kultur verstärkt. Viele dieser angeblichen Quellen des Glücks sind uns so in Fleisch und Blut übergegangen, dass wir alle, Glücksforscher eingeschlossen, blind an sie glauben. An diesem Punkt kann jedoch die Wissenschaft Licht ins Dunkel bringen.

Mythos 1: Das Glück muss »gefunden« werden

Der erste Mythos besagt, dass Glück etwas ist, das wir finden müssen. Es ist irgendwo da draußen in der Welt, an einem Ort jenseits unserer Reichweite, in einem Land am Ende des Regenbogens. Wir können dorthin gelangen, wenn nur die richtigen Umstände eintreten, wenn wir den Traumpartner, den Traumjob oder das Traumhaus finden. Ich würde Ihnen raten, nicht darauf zu warten, dass dieses oder jenes passiert, damit Sie glücklich werden können. Vor kurzem bin ich über einen Comicstrip gestolpert, in dem ein kleiner Junge auf einem Dreirad zu einem Freund mit einem Drachen sagt: »Ich kann es gar nicht abwarten, erwachsen und glücklich zu sein.«[15] Wenn Sie heute nicht glücklich sind, werden Sie es auch morgen nicht sein, es sei denn, Sie nehmen Ihr Glück in die Hand und werden selbst aktiv. Wenn Sie sich klar machen, dass 40 Prozent Ihres Glücks von Ihren bewussten Denk- und Verhaltensweisen abhängen, dann erkennen Sie, wie viel Sie selbst beitragen können.

Glück ist es nicht, was wir suchen und finden müssen, denn es liegt nicht außerhalb von uns, sondern in uns selbst. Glück ist eine innere Haltung, die Art und Weise, wie wir uns selbst und unsere Welt sehen und behandeln. Wenn Sie also morgen, übermorgen und für den Rest Ihres Lebens glücklich sein wollen, dann können Sie dies erreichen, indem Sie sich bewusst für Ihre innere Haltung entscheiden und diese aktiv gestalten. Dabei will Ihnen dieses Buch helfen.

Mythos 2: Um glücklich zu sein, müssen wir unsere Lebensumstände ändern

Ein zweiter großer Irrtum ist der Glaube, das wir glücklich wären, wenn wir einen bestimmten Aspekt unserer Lebensumstände ändern könnten. »Wenn nur dies und jenes eintreten würde, dann wäre ich glücklich« oder »Ich werde glücklich sein, sobald dies und jenes passiert ist«. So denken viele Menschen, die sich an Augenblicke des Glücks zurückerinnern und meinen, sie werden nie in der Lage sein, die exakten Umstände wiederherzustellen, die dieses Glück ermöglichten. Bei mir war es die Studienzeit, vielleicht war es auch unsere erste große Liebe, die Zeit als unsere Kinder noch klein waren oder ein längerer Aufenthalt im Ausland. In Wirklichkeit tragen wir alles in uns, was wir zum Glück benötigen, hier und jetzt – es wartet nur darauf, genutzt zu werden. Wie wir dem Tortendiagramm auf Seite 30 entnehmen können, haben Veränderungen unserer Umstände, ganz gleich wie positiv und umwälzend sie sein mögen, kaum einen Einfluss auf unser Wohlbefinden.

Mythos 3: Man hat es, oder man hat es eben nicht

Eines Tages erzählt mir mein Bruder, ein Elektroingenieur, er hätte einen Artikel über buddhistische Mönche gelesen, die sich beigebracht hätten, durch Meditation glücklich zu werden. »Was für eine geniale Vorstellung!«, rief er aus. »Ich hätte nie gedacht, dass man sich beibringen kann, glücklich zu sein. Ich habe immer geglaubt, man hat es, oder man hat es eben nicht.« Die Vorstellung, dass wir glücklich oder unglücklich geboren werden, ist weit verbreitet. Viele Menschen, vor allem die weniger glücklichen, halten Unglück für etwas angeborenes, an dem man nicht viel ändern kann. Doch immer neue wissenschaftliche Erkenntnisse beweisen, dass wir im Gegenteil sehr viel tun können, um unser genetisches Programm zu überwinden.

Im weiteren Verlauf dieses Kapitels gehe ich näher auf diese drei Irrtümer ein. Beginnen wir mit den Lebensumständen und damit, wie diese uns beeinflussen und wie nicht.

Die Grenzen der Lebensumstände

Zu den Lebensumständen gehören laut Herman Melville »die Frau, das Herz, das Bett, der Tisch, der Sattel, der Kamin, das Land«. Denken Sie nur an die zufälligen, aber unveränderlichen Tatsachen, die Ihr Leben bestimmen: Ihr Geschlecht, Ihr Alter, Ihre Nationalität, Ihr Geburtsort, prägende Kindheits- und Jugenderlebnisse oder entscheidende Ereignisse in Ihrem Erwachsenenleben. Sind Sie Single, verheiratet, getrennt, geschieden oder verwitwet? Welchen Beruf üben Sie aus, wie viel verdienen Sie, gehören Sie einer religiösen Gemeinschaft an? Unter welchen Bedingungen und in welchem Stadtteil leben Sie? Leiden Sie unter einer chronischen oder akuten Krankheit? Oder, um mit Shakespeare zu fragen, haben Sie »die Pfeil und Schleudern/des wütenden Geschicks« spüren müssen?

So wichtig unsere zentralen biografischen Ereignisse für jeden von uns sind, so wenige Auswirkungen haben sie auf unser Glück – laut unseres Tortendiagramms (Seite 30) gerade einmal 10 Prozent. Diese Zahl ist das Ergebnis zahlreicher Untersuchungen, die zeigen, dass sämtliche Lebensumstände und Situationen nur für 10 Prozent des Glücksunterschieds zwischen verschiedenen Personen verantwortlich sind. So schwer dies zu glauben sein mag: Egal ob Sie mit einem nagelneuen Mercedes zur Arbeit fahren oder mit einem verbeulten alten Golf, ob Sie jung oder alt sind, ob Sie eine Schönheitsoperation vornehmen lassen oder nicht, ob Sie im kalten Norden oder im sonnigen Süden leben – Sie haben mehr oder weniger dieselben Chancen, glücklich zu sein oder glücklicher zu werden.[16] Wie kann dies sein?

Materieller Wohlstand

Beginnen wir mit dem materiellen Wohlstand, Ihrem Monatseinkommen, Ihren Ersparnissen, Vermögenswerten und Besitztümern. Aufgrund der Tatsache, dass Sie sich dieses Buch leisten konnten und die Zeit haben, es zu lesen, gehe ich der Einfachheit halber davon aus, dass Ihr Haushaltseinkommen dem deutschen Durchschnittseinkommen entspricht oder darüber liegt.[17] Damit würde der Wohlstand, den Sie heute genießen, in etwa dem entsprechen, den die reichsten 5 Prozent der Menschen vor einem halben Jahrhundert erreichten.[18] In einer Biografie über die Roosevelts habe ich vor kurzem eine Beschreibung der Lebensumstände in den USA im Jahr 1940 gelesen:[19] Rund ein Drittel aller Haushalte hatte damals kein fließendes Wasser, kein Klo und keine Badewanne oder Dusche, und mehr als die Hälfte hatte keine Zentralheizung. Wenn Sie im Jahr 1940 älter als 25 Jahre alt waren, dann hatten Sie mit einer Wahrscheinlichkeit von nur 40 Prozent einen Schulabschluss, mit 25 Prozent die allgemeine Hochschulreife und mit 5 Prozent einen Universitätsabschluss.

In einer Umfrage zu ihrer allgemeinen Lebenszufriedenheit erreichten US-Bürger im Jahr 1940 im Durchschnitt 7,5 von 10 Punkten auf der Glücksskala.[20] Seither haben sich die Zeiten erheblich geändert. Der Durchschnittshaushalt verfügt heute nicht nur über fließendes Wasser, sondern über zwei oder mehr Bäder und Zentralheizung. Die Wohnungen sind heute doppelt so groß, und auf jede Person kommen im Durchschnitt zwei Räume, ganz zu schweigen von den Mikrowellenherden, Geschirrspülmaschinen, Farbfernsehgeräten, DVD-Spielern, iPods, Computern und so weiter. Das reale monatliche Pro-Kopf-Einkommen hat sich mehr als verdoppelt. Und wo stehen die US-Bürger heute im Durchschnitt auf der Glücksskala? Bei 7,2.[21]

So sehr wir das auch glauben mögen: Der größere Wohnraum und die neuen Gerätschaften und Spielsachen scheinen uns also nicht glücklicher gemacht zu haben.[22] Wer von uns hat nicht schon einmal gedacht: »Hätte ich nur … (bitte Entsprechendes ergänzen), dann wäre ich *sooo* glücklich!« Ich habe es selbst oft gesagt: als Teenager, als ich noch kein eigenes Auto hatte; als Studentin, ehe ich mir meine erste eigene Wohnung leisten konnte; und als Mutter, ehe jedes meiner Kinder ein eigenes Zimmer hatte (sie schlafen immer noch zusammen in einem Raum).

Sehr reiche Menschen besitzen sehr viel mehr als der Durchschnittsbürger, doch nach wissenschaftlichen Erkenntnissen sind sie auch nicht viel glücklicher. Nehmen wir den früheren Disney-Chef Michael Ovitz. In der *Los Angeles Times* war zu lesen, Ovitz plane ein Wohnhaus mit 2600 Quadratmetern Wohnfläche für sich und seine Frau. Das Erdgeschoss soll 1300 Quadratmeter haben, dazu kommt ein Trakt von rund 500 Quadratmetern mit Büros und Gästezimmern, ein überdachter Tennisplatz mit 240 Quadratmetern, eine Garage für 13 Fahrzeuge, ein Yogaraum und eine Kunstgalerie.[23] Aber ich möchte wetten, wenn Mr. Ovitz meinen Glückstest machen würde, käme er auch nicht auf mehr Punkte als meine Nachbarin, die Lehrerin an der High School ist und in einer gemütlichen, aber beengten Dachwohnung lebt.

Der Preis des Materialismus

Vor ein paar Tagen habe ich die neue Werbekampagne der Kaufhauskette *Macy's* gesehen. Auf jedem der ganzseitigen Farbfotos ist dasselbe hübsche Fotomodell zu sehen, mal im Kaschmirpullover, mal in hautengen Jeans, mal mit einer eleganten neuen Handtasche. Darunter steht: »Was macht Sie glücklich?« Wenn wir uns nur diesen Pulli, diese Jeans, diese Handtasche kaufen könnten, so die Botschaft der Anzeige, dann würden wir vor Glück schier platzen! Der Architekt Frank Lloyd Wright meinte einmal: »Viele reiche Menschen sind kaum mehr als die Hausmeister ihrer Besitzungen.«[24] Auch Sie können ein Hausmeister Ihrer Besitzungen werden, wenn es Ihnen vor allem darum geht, materielle Güter anzuhäufen. Tatsache ist, dass Materialismus nicht nur nicht glücklich macht, sondern sogar stark auf *Unglück* schließen lässt. Im Jahr 1976 haben Wissenschaftler Befragungen unter rund 12 000 achtzehnjährigen Erstsemesterstudenten durchgeführt und 19 Jahre später deren Lebenszufriedenheit gemessen.[25] Testpersonen, die als Jugendliche materialistische Auffassungen geäußert und Geldverdienen als oberstes Lebensziel genannt hatten, waren zwei Jahrzehnte später weniger zufrieden mit ihrem Leben. Außerdem stellte sich heraus, dass Materialisten mit größerer Wahrscheinlichkeit unter einer Reihe von psychischen Störungen litten als Nichtmaterialisten.[26]

Einer der Gründe, warum Materialismus uns nicht glücklich macht, könnte sein, dass selbst das Erreichen unserer finanziellen Ziele nicht automatisch mehr Glück zur Folge hat.[27] Außerdem lenkt uns der Materialismus von sinn- und freudvolleren Aspekten des Lebens ab, etwa von der Pflege der Beziehungen zu Freunden und Familie, die Freude am Hier und Jetzt oder der Bemühung um einen sinnvollen Beitrag zur Gemeinschaft. Schließlich hegen Materialisten übertriebene Erwartungen an den Glücksgewinn, denen ihnen materielle Güter bescheren sollen.[28] Ein Bekannter gestand mir einmal, er habe geglaubt, er könne die Beziehung zu seinem elfjährigen Sohn verbessern, wenn er ihm einen 42-Zoll-Flachbildfernseher kaufen würde. Er irrte sich.

Kaum jemand würde behaupten wollen, dass die Anschaffung eines Fernsehgeräts, einer Tiefkühltruhe oder eines Sportwagens sein Leben spürbar verbessert hätte. (Mein Mann, der in der Küche Gemüse schnippelt, während ich dies schreibe, ruft gerade herüber, er wäre wirklich, wahrhaftig und ein für allemal glücklich, wenn wir einen freistehenden

Herd hätten.) Trotzdem geben die meisten Menschen an, wenn sie mehr Geld hätten, würde dies ihre Lebensqualität merklich steigern.[29] In einer Umfrage werden seit 1967 Jahr für Jahr die Einstellungen und Pläne von Erstsemesterstudenten in den ganzen USA erfragt. Im Jahr 2005 nahmen 263 710 Studenten aus 385 Bildungseinrichtungen teil. Eine Rekordzahl, nämlich 71 Prozent, gab an, es sei sehr wichtig, »finanziell sehr wohlhabend« zu sein, verglichen mit 42 Prozent im Jahr 1967.[30] Interessanterweise hielten es nur 52 Prozent für sehr wichtig, eine »sinnvolle Lebensphilosophie zu entwickeln«, im Gegensatz zu 86 Prozent im Jahr 1967.

Je mehr diese Studenten erreichen, umso mehr werden sie wollen. Menschen, die weniger als 30 000 US-Dollar pro Jahr verdienen, sind der Ansicht, mit 50 000 US-Dollar wären sie glücklich, und Menschen mit einem Einkommen von mehr als 100 000 US-Dollar geben an, sie bräuchten 250 000 US-Dollar zum Glück.[31] Wenn sie nur wüssten, wie sich die Superreichen fühlen. In einer Befragung unter 792 Reichen mit einem Privatvermögen von über 10 Millionen US-Dollar gab die Hälfte an, ihr Wohlstand habe sie nicht glücklicher gemacht, und ein Drittel erklärte gar, Geld schaffe mehr Probleme als es löse.[32] Obwohl Bezieher höherer Einkommen sich in Umfragen im Durchschnitt geringfügig zufriedener über ihr Leben äußern, zeigen Untersuchungen, dass diese Menschen weniger Zeit mit angenehmen Aktivitäten verbringen als ihre weniger wohlhabenden Zeitgenossen und dass sie im Alltag mehr Sorge und Ärger empfinden.[33] Ein weiser (und reicher) Mensch hat einmal gesagt: »Ich habe mir nie große Summen geliehen, denn ich war nie der Ansicht, dass ich sehr viel glücklicher werden würde, wenn ich doppelt so viel hätte.«[34]

Schönheit

Ehe ich erkläre, warum finanzieller Reichtum Sie nicht nachhaltig glücklich macht, möchte ich auf einen anderen äußeren Umstand eingehen, der ebenfalls nichts mit Ihrem Glück zu tun hat: körperliche Schönheit. Selbst ich als Wissenschaftlerin habe Schwierigkeiten zu glauben, dass ich nicht glücklicher wäre, wenn ich Figur und Gesicht eines Fotomodells hätte. Aber wäre ich das wirklich?

Die Internationale Gesellschaft der Schönheitschirurgen (International Society of Aesthetic Plastic Surgery) berichtet, dass sich jedes Jahr eine wachsende Zahl von Menschen operieren lässt. In Europa werden 33 Prozent aller weltweiten Schönheitsoperationen durchgeführt. In Großbritannien stieg die Zahl der Brustvergrößerungen, Lidstraffungen, Nasenkorrekturen und Fettabsaugungen allein im Jahr 2005 um 35 Prozent, und in Spanien, Frankreich, Deutschland und der Türkei ist der Markt noch größer. Die gesellschaftliche Akzeptanz für Schönheitsoperationen nimmt in Europa immer weiter zu: 13 Prozent aller Deutschen würden sich für die Schönheit unters Messer legen, und bei den unter 30-Jährigen ist es sogar ein Fünftel.[35] Die meisten Menschen geben an, mit ihrem Aussehen nach der Operation zufrieden zu sein – allerdings nur für kurze Zeit.[36] Der Glücksschub hält nicht vor.

Es gibt eine einfache Erklärung dafür, warum Schönheitsoperationen kein dauerhaftes Glück bringen oder warum körperliche Schönheit ganz allgemein keine größeren Auswirkungen auf unser Wohlbefinden hat: Wenn wir in uns hineinhören und überlegen, wie glücklich wir sind, denken wir nicht an unser Aussehen. Diese These wird unterstützt durch eine faszinierende Untersuchung, die sich mit der Frage beschäftigte, inwieweit Menschen im verregneten Mittleren Westen der USA und im sonnigen Kalifornien vom Wetter beeinflusst werden. Die Wissenschaftler wollten dem verbreiteten Vorurteil auf den Grund gehen, dass die Menschen in Kalifornien glücklicher seien als die im Mittleren Westen.[37] Dazu befragten sie Studenten an je zwei Universitäten in Kalifornien und im Mittleren Westen zu ihrer Lebenszufriedenheit im Großen und Ganzen sowie zu ihrer Zufriedenheit mit dem Wetter. Die erste Frage erfordert ein Urteil über das allgemeine Wohlbefinden, die zweite bezieht sich auf ein eher flüchtiges Gefühl. Es stellte sich heraus, dass sowohl die Studenten in Kalifornien als auch die im Mittleren Westen annahmen, die Kalifornier seien die glücklicheren Menschen. Das traf jedoch nicht zu. Hinsichtlich der Lebenszufriedenheit ergaben sich keinerlei Unterschiede zwischen beiden Gruppen.

Was sich sehr wohl ganz erheblich unterschied, war die Zufriedenheit mit dem Wetter. Die Studenten im Mittleren Westen waren weniger zufrieden mit dem Sommerwetter und deutlich unzufriedener mit dem Winter. Überhaupt waren die Studenten im Mittleren Westen mit zahlreichen Aspekten ihres Lebens erheblich unzufriedener, wie etwa der persönlichen Sicherheit, mit den Möglichkeiten für Aktivitäten im Freien und mit der Schönheit der Natur. Warum waren sie also im Ganzen nicht weniger glücklich als die Kalifornier? Weil, so die Wissenschaftler, das Wetter, unsere persönliche Sicherheit oder irgendein anderer Lebensumstand keine

Rolle spielen, wenn wir unser allgemeines Glücksempfinden beurteilen. Es macht zwar keinen Spaß, nassgeregnet zu werden und zu frieren, doch es macht uns auch nicht unglücklich. Ich möchte behaupten, dass dies auch auf körperliche Schönheit zutrifft. Wenn gutaussehende Menschen gefragt werden, ob sie mit ihrem Aussehen zufrieden sind, dann sagen sie »ja«. Aber wenn man sie fragt, ob sie insgesamt glücklich sind, dann hat ihr Aussehen kaum Einfluss auf ihr Urteil, wenn überhaupt.

Meine Behauptung, dass es keinen Zusammenhang zwischen Schönheit und Glück gibt, bedeutet, dass gutaussehende Menschen auch nicht glücklicher sind als ihre unscheinbaren Verwandten, Kollegen und Freunde. Und das stimmt sogar. Ed Diener unternahm eine Reihe von Studien, die diese Frage meiner Ansicht nach ein für alle Mal beantworten.[38] Diener holte glückliche und unglückliche Studenten in sein Labor, fotografierte und filmte sie und führte die Aufnahmen einer Jury vor, die deren körperliche Attraktivität bewertete. In einigen Studien bat Diener seine Testpersonen, in ihrer normalen Alltagskleidung zu kommen. In anderen sollten sie ungeschminkt erscheinen und ihren Schmuck ablegen; zusätzlich wurde ihre Kleidung und ihr Haar bedeckt. Dazu mussten die nichtsahnenden Probanden eine weiße Badekappe aufsetzen und einen weißen Laborkittel anziehen oder ihren Kopf durch ein ovales Loch in einer weißen Pappwand stecken.

Wenn Ihnen dieses Experiment merkwürdig vorkommt, dann sind Sie vermutlich nicht allein. Doch nur so konnte Diener den Zusammenhang zwischen Glück und Attraktivität messen. Sahen die glücklicheren Teilnehmer tatsächlich objektiv besser aus (zumindest nach Ansicht der Jury, die die Aufnahmen beurteilte), oder waren sie einfach überzeugter von ihrer körperlichen Attraktivität?

Die Ergebnisse waren erstaunlich. Obwohl sich die glücklichsten Teilnehmer zugleich auch als sehr attraktiv beschrieben, waren sie in den Augen der Juroren nicht attraktiver als ihre weniger glücklichen Kommilitonen. Das Ergebnis der »ungeschminkten« Experimente war noch eindeutiger. Das lässt darauf schließen, dass glückliche Menschen mehr Geschick darin haben, ihre natürliche Schönheit zu verstärken.

Unterm Strich bedeutet dies, dass gutaussehende Menschen keineswegs glücklicher sind. Natürlich werfen die Experimente die Frage auf, was zuerst da war, das Huhn oder das Ei, ob wir uns also zuerst als schön wahrnehmen oder zuerst glücklich sind. Vermutlich sehen glückliche

Menschen *alles* in ihrem Leben, ihr Äußeres eingeschlossen, positiver und optimistischer.[39] Doch für einen Außenstehenden sind sie deswegen noch lange nicht attraktiver, zumindest nicht auf einem Foto oder in einem zehnminütigen Video, und schon gar nicht, wenn sie ihren Kopf durch ein Loch in einer Pappwand stecken!

Schönheit hat also nichts mit Glück zu tun. Objektiv schöner zu sein macht uns nicht glücklicher. Sich für schöner *zu halten* ist eine ganz andere Geschichte, und die Wissenschaft nimmt an, dass dies einer von vielen Glücksfaktoren ist.

Das erstaunliche Phänomen der hedonistischen Anpassung

Wenn ich in New York bin, sehne ich mich nach Europa,
und wenn ich Europa bin, sehne ich mich nach New York.
Woody Allen

Eine der großen Ironien unseres Strebens nach Glück ist, dass wir oft viel Energie darauf verwenden, unsere Lebensumstände zu ändern, weil wir irrtümlicherweise davon ausgehen, dass uns diese Veränderung glücklicher macht. Eine Studentin nimmt nach Abschluss des Studiums einen gut bezahlten Job in einer weit entfernten Stadt an, ein geschiedener Mann in mittleren Jahren unterzieht sich einer Schönheitsoperation, und ein Rentnerehepaar kauft sich eine Apartmentwohnung mit schöner Aussicht. Leider ist absehbar, dass das Glück dieser Menschen nicht allzu lange vorhalten wird. Eine beeindruckende Zahl von Veröffentlichungen belegt, dass wir letztlich nicht glücklicher werden, wenn wir unsere äußeren Umstände verändern.

Aber warum spielen unsere Lebensumstände eine derart geringe Rolle? Der Grund dafür ist eine mächtige Kraft, die Psychologen »hedonistische Anpassung« nennen.[40]

Wir Menschen haben ein erstaunliches Talent, uns schnell an sinnliche und körperliche Veränderungen zu gewöhnen. Wenn Sie aus der bitteren Kälte ins warme Zimmer kommen, dann fühlt sich das knisternde Feuer zunächst himmlisch an, doch wir gewöhnen uns schnell daran, und schon bald empfinden wir es womöglich als unangenehm warm. Wenn sich ein schwacher, aber hartnäckiger Geruch in unserer Wohnung hält, dann bemerken wir diesen möglicherweise gar nicht mehr, bis wir eine Weile weg waren und zurückkommen. Diese Erfahrung nennt sich »physiologische« oder »sensorische« Anpassung. Das trifft auch auf »hedonistische« Veränderungen zu, also auf Dinge wie Umzug, Heirat oder Jobwechsel. Eine Zeit lang fühlen wir uns glücklicher, doch dieses Gefühl legt sich schon bald. Um von meinem konkreten Beispiel aus meinem eigenen Leben zu berichten: Nachdem ich Jahre lang blind gewesen war wie ein Maulwurf, mich mit Kontaktlinsen herumgeschlagen und einen Hass auf Brillen entwickelt hatte, ließ ich mich im Alter von 36 Jahren schließlich an den Augen operieren. Es war wie ein Wunder: Zum ersten Mal konnte ich Straßenschilder erkennen, nachts die Uhr lesen und in der Dusche meine Zehen sehen. Die Operation machte mich überglücklich. Doch schon nach zwei Wochen hatte ich mich vollständig an meine neue Sehfähigkeit gewöhnt, und der Glücksschub dieses ersten denkwürdigen Tages war vergessen. Jeder von uns kann mit ähnlichen Geschichten aufwarten: vom Umzug in ein größeres Haus, einer Beförderung, einer Schönheitsoperation oder einem Flug in der ersten Klasse. Psychologen haben dieses Erlebnis systematisch erforscht und Menschen befragt, um herauszufinden, ob wir uns an biografische Einschnitte wie Heirat, plötzlichen Reichtum oder chronische Erkrankungen gewöhnen. Die Antwort ist: ja.

Der Schritt vor den Altar, der Sechser im Lotto und das Häuschen im Grünen

Ein frischvermähltes, glückliches Paar mag glauben, dass es sich unmöglich an die Freuden der Ehe gewöhnen wird. Wenn Sie verheiratet sind, dann wissen Sie, welchen gewaltigen biografischen Einschnitt der Schritt vor den Altar bedeutet. Tatsächlich haben Untersuchungen gezeigt, dass verheiratete Menschen deutlich glücklicher sind Singles.[41] Zahllose Geschichten, auch meine eigene, belegen diese Beobachtung: Heiraten war das Beste, was ich je getan habe, und ich bin mir sicher, dass ich heute glücklicher bin als früher.

Doch psychologische Feldforschungen haben ergeben, dass dieser subjektive Eindruck so nicht stimmt. In einer bahnbrechenden Untersuchung in Ost- und Westdeutschland wurden über 15 Jahre hinweg 25 000 Menschen – Deutsche genauso wie Einwanderer und Ausländer – beobachtet.[42] Im Verlauf dieser Studie heirateten 1761 der Teilnehmer und blieben verheiratet. Mithilfe dieser spektakulär großen Datengrundlage zeigten die Wissenschaftler, dass das Jawort leider nur vorübergehende Auswirkungen auf unser Glücksempfinden hat. Nach der Heirat erleben Mann und Frau einen Glücksschub, der ungefähr zwei Jahre lang anhält, danach kehren sie wieder zu ihrem ursprünglichen Glücksempfinden, ihrem Glücksfixpunkt zurück. (Wenn Sie Frischvermählte kennen, sollten Sie Ihnen das vielleicht nicht erzählen ...)

Andere Untersuchungen haben gezeigt, dass plötzlicher Geldsegen oder der Erwerb von Eigentum ähnliche Auswirkungen hat. In einer klassischen Studie aus den siebziger Jahren befragten Psychologen einige der Glückspilze, die zwischen 50 000 und 1 Million US-Dollar im Lotto gewonnen hatten.[43] Ein Jahr nach dem Gewinn waren sie auch nicht glücklicher als normale Menschen, die keinen solchen Geldsegen erlebt hatten. Im Gegenteil, alltägliche Aktivitäten wie Fernsehen oder Essengehen bereiteten den Lottogewinnern jetzt weniger Freude als den Nichtgewinnern.

Was sind die Ursachen für die hedonistische Anpassung? Die beiden Hauptschuldigen sind die gestiegenen Ansprüche (das größere Haus, das Sie nach dem Lottogewinn kaufen, fühlt sich schon bald normal an und Sie wünschen sich ein noch größeres) und der gesellschaftliche Vergleich (die Nachbarn in Ihrem neuen Viertel fahren BMW und Mercedes, und Sie meinen, Sie bräuchten jetzt auch ein größeres Auto). So kommt es, dass sich Menschen zwar Jahr für Jahr mehr Wünsche erfüllen, dass sie aber trotzdem nicht glücklicher werden. Wie die Rote Königin in *Alice hinter den Spiegeln* erklärt: »Um am gleichen Fleck zu bleiben, musst du hierzulande so schnell rennen, wie du kannst.«

Meine Freundin Diana ist ein wandelndes Beispiel für die hedonistische Anpassung. Als sie ihren Mann heiratete, stand dieser kurz vor dem Abschluss seiner Doktorarbeit. Ein Jahr lang lebten die beiden mit dem Neugeborenen und Dianas Mutter in einer kleinen Einzimmerwohnung ohne Küche. Ich dachte damals, dass ich an ihrer Stelle das unmöglich aushalten könnte: Ihr Mann wollte seine Dissertation möglichst schnell abschließen, das Baby schrie mitten in der Nacht, und die Schwiegermutter schlief einen Meter entfernt. Einige Jahre später zog die Familie mit inzwischen drei süßen Töchterchen in den Norden von San Diego in einen Vorort mit einem städtischen Freibad und einer ausgezeichneten öffentlichen Schule. Das Haus ist hübsch und neu, es hat zwei Etagen, vier Schlafzimmer, einen großen Wohn- und Essbereich und einen riesigen Garten mit Spielgeräten für die Kinder. Einige Monate nach ihrem Umzug rief mich Diana an und erzählte mir, drei Häuser weiter stünde gerade ein Haus zum Verkauf. Es sei nahezu identisch mit ihrem, habe aber ein Schlafzimmer mehr und eine Terrasse, auf der man einen Grill aufstellen könne. Diana war wie besessen von diesem Haus und nannte einen Grund nach dem anderen, warum es besser war als ihres. Konnten sie es sich leisten? Vielleicht. Oder? Vielleicht ging es ja irgendwie…

Die schlechte Nachricht ist also, dass nach jedem positiven Ereignis die hedonistische Anpassung unserem Glück und unserer Zufriedenheit wieder einen Dämpfer verpasst. Doch es gibt auch eine gute Nachricht. Ich würde sogar so weit gehen zu behaupten, dass wir großes Glück haben, dass wir uns so schnell an neue Umständen gewöhnen können, denn diese Fähigkeit kommt uns besonders zupass, wenn uns etwas Schlimmes zustößt. Einige Untersuchungen zeigen beispielsweise, dass wir auch nach einem schweren Unfall oder einer Krankheit rasch wieder zu unserem »normalen« Glücksempfinden zurückkehren.

Sind Sie der Ansicht, dass Sie mit einer schweren Nierenerkrankung unmöglich glücklich sein könnten? Stellen Sie sich vor, Sie müssten pro Woche neun Stunden Dialysebehandlung über sich ergehen lassen und würden an eine Maschine angeschlossen, die Ihr Blut reinigt. Stellen Sie sich vor, Sie müssten sich an eine strikte Diät halten und den Verzehr von Fleisch und Salz stark einschränken und selbst die Flüssigkeitsaufnahme streng kontrollieren. Die meisten Menschen sind der Ansicht, dass sie in einer Situation wie dieser extrem unglücklich wären. Mit einer empirischen Untersuchung machten Wissenschaftler die Probe aufs Exempel.[44] Sie führten einen Test mit zwei Gruppen durch: einer mit gesunden Teilnehmern und einer zweiten mit Dialysepatienten. Teilnehmer beider Gruppen erhielten einen Palm Pilot, der sie etwa alle 90 Minuten anpiepste. Nach jedem dieser Piepser mussten die Teilnehmer eingeben, wie sie sich gerade fühlten (froh? freudig? nervös? unglücklich?). Solche Stimmungsmessungen, die über eine Woche hinweg durchgeführt werden, sind ein guter Indikator für das generelle Wohlbefinden eines Menschen, da die Bewertungen meist ungefiltert abgegeben werden. Dabei stellte sich heraus, dass die Dialysepatienten genauso glücklich waren wie die gesunden Teilnehmer. Sie schienen sich sehr gut an ihre Situation gewöhnt zu haben. Trotzdem glaubten die gesunden Teilnehmer, sie wären weniger glücklich, wenn sie sich einer regelmäßigen Dialysebehandlung unterziehen müssten. Und den Dialysepatienten fehlte die Einsicht in ihre wunderbare Anpassungsfähigkeit, und sie waren sich sicher, ohne die Krankheit wären sie glücklicher.

So erstaunlich dies klingen mag, wir gewöhnen uns sehr gut an Behinderungen wie Lähmungen, Erblindung oder den Verlust anderer wichtiger Fähigkeiten und Sinne. Nehmen wir das Beispiel des Multiple-Sklerose-Patienten Ernest, der seine Krankheit zunächst als schrecklich empfand und schließlich lernte, mit ihr umzugehen. Obwohl Ernest mit fortschreitender Erkrankung erst nicht mehr rennen, dann nicht mehr gehen und schließlich auch nicht mehr stehen konnte, »haben diese Dinge viel von ihrer Bedeutung verloren. Sie sind nicht mehr im Bereich des Möglichen, also vermisse ich sie auch nicht mehr, als wären sie möglich.« Er erklärt seine veränderte Sichtweise so: »Meine Meinungen, Vorlieben und Abneigungen haben sich ganz allmählich verändert, genau wie das, was ich für einen natürlichen Bestandteil meines Lebens halte, und das, was ich immer als unabdingbare Voraussetzung für mein persönliches Glück gehalten habe. Wenn ich schon 1956 gewusst hätte, welche Symptome ich heute habe, dann hätten mir meine Zukunftsaussichten vermutlich große Angst gemacht und jeden Mut genommen. Doch jetzt, da ich hier bin, sind sie nicht annähernd so schlimm, wie sie mir damals vorgekommen wären.«[45]

Eine Ausnahme …

Wir können und werden uns nicht an alles gewöhnen. Trotzdem ist die hedonistische Anpassung vor allem an positive Ereignisse eine Tatsache. Wir gewöhnen uns an jeden Zugewinn von Geld, Eigentum und Wohnfläche, wir gewöhnen uns daran, schön zu sein und von schönen Dingen umgeben zu sein, wir gewöhnen uns an unsere Gesundheit, und wir gewöhnen uns sogar an die Ehe. Eine Ausnahme würde ich allerdings machen: Kinder. Als Mutter zweier Kinder kann ich bestätigen, wie wunderbar es ist, das erste Mal mit dem eigenen Kind zu kuscheln. Und beim tausendsten Mal ist es immer noch – oder mindestens zu 95 Prozent – genauso schön.

Der Glücksfixpunkt

Ich hoffe, Sie haben sich inzwischen damit abgefunden, dass Ihre Lebensumstände, solange sie nicht völlig unerträglich sind, nicht für Ihr Unglück verantwortlich sind. Wenn Sie mit Ihrem Job, Ihren Freunden, Ihrer Ehe, Ihrem Gehalt oder Ihrem Aussehen unzufrieden sind, dann sollte Ihr erster Schritt zu einem dauerhaft glücklicheren Leben sein, diese Punkte abzuhaken. So schwer es sein mag, denken Sie nicht darüber nach. Erinnern Sie sich immer wieder daran, dass es nicht diese Dinge sind, die Sie daran hindern, glücklicher zu sein. Es erfordert eine Menge Disziplin und Selbstbeherrschung, und die Gefahr eines Rückfalls ist allgegenwärtig, doch es ist wichtig, dass Sie diesen verbreiteten, aber irrigen Glauben ablegen.

Eines meiner heimlichen Hobbys ist die Lektüre von Ratgeberkolumnen in Zeitungen. Vor einigen Monaten schrieb eine Frau an meine Tageszeitung und beschwerte sich über jeden Job, den sie je gehabt hatte. Im ersten waren die Kollegen gehässig und zogen hinter ihrem Rücken über sie her, im zweiten war der Chef ein arroganter Fatzke, der dritte war langweilig und so weiter und so fort. Deswegen bat sie um Hilfe bei der Suche nach einem Job, der ihr wirklich Spaß machte. Die Antwort der Briefkastentante war unverblümt: »Schuld sind nicht Ihre Kollegen, nicht Ihr Boss und nicht Ihre Arbeit – *Sie* machen etwas falsch!«

Wenn der Grund für unser Unglück nicht die äußeren Umstände sind, dann muss es wohl an den Genen liegen. Aber auch dies ist ein Irrglaube: der Mythos »entweder man hat es oder man hat es eben nicht«. Dieser Glaube ist allerdings nicht ganz so einfach zu widerlegen, denn er stimmt zum Teil. Wie unsere Grafik (Seite 30) zeigt, gehen 50 Prozent unseres Glücks auf das Konto unserer genetisch vorgegebenen Glücks- (oder Unglücks-) Veranlagung. Für eine Neigung zu klinischer Depression sind beispielsweise zu einem großen Teil die Gene verantwortlich. Doch ehe wir uns deprimieren lassen, weil wir depressiv zur Welt gekommen sind, möchte ich eine wichtige Schlussfolgerung aus dieser Erkenntnis vorwegnehmen: Wer sehr viel glücklicher werden will, sollte sich weniger unter Druck setzen. Das Leben spielt nun einmal mit gezinkten Karten. Vielmehr sollten wir uns darüber freuen, dass 50 Prozent noch keine 100 Prozent sind und wir jede Menge Spielraum für Verbesserungen haben. Aber woher wissen wir überhaupt, dass der Glücksfixpunkt für 50 Prozent unseres Glücksempfindens verantwortlich ist?

Helen und Audrey

Der wichtigste Beweis für die Existenz eines Glücksfixpunkts stammt aus der faszinierenden Forschung mit eineiigen und zweieiigen Zwillingen. Die Zwillingsforschung verrät uns deshalb so viel über die Genetik des Glücks, weil Zwillinge einen bekannten Anteil ihres genetischen Materials gemeinsam haben, nämlich 100 Prozent im Falle der eineiigen und 50 Prozent im Falle der zweieiigen Zwillinge. Wenn man also nachmisst, wie ähnlich das Glücksempfinden von eineiigen Zwillingen ist, kann man Schlüsse darauf ziehen, inwieweit Glück mit genetischer Veranlagung zu tun hat.

Eine der bekanntesten Zwillingsstudien, die sogenannte »Happiness Twin«-Studie, wurde von den Verhaltensgenetikern David Lykken und Auke Tellegen und ihren Kollegen von der University of Minnesota durchgeführt. Mithilfe des Minnesota-Zwillingsregisters beobachteten sie eine große Zahl von Zwillingspaaren.[46] Nehmen wir zwei der Teilnehmerinnen, Helen und Audrey, eineiige Zwillinge, die vor 30 Jahren in der Stadt St. Paul zur Welt kamen.[47] Nehmen wir an, wir sollten herausfinden, wie glücklich Audrey heute ist, und erhielten dazu Informationen über ihre Entwicklung in den vergangenen zehn Jahren. In dieser Zeit ist viel geschehen: Sie machte ihren Abschluss vom Carleton College in Northfield und begann eine Karriere als Grafikerin. Ihre langjährige Beziehung ging in die Brüche, und sie kam mit einem anderen Mann zusammen, mit dem sie seit zwei Jahren verheiratet ist. Das Paar zog vor kurzem nach Chicago, wo es in einer Zweizimmerwohnung lebt. Sie ist nicht religiös, beschreibt sich jedoch als »spirituellen Menschen«.

Wenn wir aus diesen Fakten erraten wollten, wie glücklich Audrey heute ist, hätten wir wenig Erfolg. Der Zusammenhang zwischen Glück und Einkommen, Beruf, Religion, und Familienverhältnissen ist schwach. In der »Happiness Twin«-Studie war das Einkommen für gerade einmal 2 Prozent der Unterschiede im Wohlbefinden verantwortlich, und die Familienverhältnisse gar nur für 1 Prozent. Wenn wir jedoch aus dem Glücksniveau ihrer Zwillingsschwester Helen, die bis heute in St. Paul lebt, auf Audrey schließen würden, dann kämen wir der Sache sehr viel näher. Selbst wenn wir uns ansehen, wie sich Helen vor zehn Jahren, im Alter von 20, gefühlt hat, kämen wir Audreys heutigem Glücksempfinden sehr nahe.

Mit anderen Worten, das durchschnittliche Glücksempfinden Ihres eineiigen Zwillings (selbst das vor zehn Jahren) erlaubt mehr Rückschlüsse auf Ihr Glücksempfinden als alle Ereignisse und äußeren Umstände Ihres Lebens zusammengenommen!

Um ihre erstaunlichen Erkenntnisse über das vergleichbare Glücksniveau von eineiigen Zwillingen zu bestätigen, mussten die Wissenschaftler auch zweieiige Zwillinge miteinander vergleichen, die wie normale Geschwister nur 50 Prozent des genetischen Materials gemeinsam haben. Wären Helen und Audrey zweieiige Zwillinge gewesen, so das Ergebnis, dann wäre es nicht möglich, von Helens Glücksniveau auf das von Audrey zu schließen. Ob Ihr zweieiiger Zwilling (oder eines Ihrer normalen Geschwister) glücklich oder unglücklich ist, sagt noch nichts darüber aus, wie glücklich oder unglücklich Sie sind. Die Tatsache, dass eineiige, nicht aber zweieiige Zwillinge ein ähnliches Glücksniveau haben, lässt darauf schließen, dass Glück stark genetisch bedingt ist. In der Tat kommen Wissenschaftler mithilfe der wachsenden Zahl von Zwillingsstudien heute zu dem Schluss, dass das Glück zu 50 Prozent erblich ist.

Bei der Geburt getrennt

Zwillingsstudien haben allerdings ein Problem: Um Schlüsse aus ihnen ziehen zu können, müssen die Wissenschaftler annehmen, dass die Zwillinge in einem ähnlichen Familienumfeld leben. Aber stimmt das? Anders als eineiige Zwillinge sehen sich zweieiige Zwillinge desselben Geschlechts kaum ähnlich und verhalten sich anders. Daher werden sie von ihrer Umwelt, ihren Eltern, Lehrern und Freunden unterschiedlich behandelt, und auch sie selbst betonen ihre Einmaligkeit. Daher leben zweieiige Zwillinge nicht in demselben Maße in derselben Umwelt wie eineiige.

Diesem Problem lässt sich mit einer anderen Untersuchung begegnen, in der Wissenschaftler Zwillinge, die gemeinsam aufwuchsen, mit solchen vergleichen, die in ihrer Kindheit getrennt wurden und ohne jeden Kontakt zueinander aufwuchsen. Diese Fälle sind nicht einfach zu finden, doch einem Forscher gelang es, mehrere solcher Zwillingspaare aufzuspüren und ihnen Fragen zu stellen.[48] Die Erkenntnisse gelten heute als Klassiker der Psychologie. Die eineiigen Zwillinge hatten ein erstaunlich ähnliches Glücksniveau, wobei es keine Rolle spielte, ob die Zwillinge zusammen oder getrennt voneinander aufgewachsen waren! Je glücklicher der eine, desto glücklicher der andere, egal ob die beiden ihre Kindheit unter einem Dach erlebt hatten oder tausend Kilometer voneinander entfernt. Das Glücksniveau der zweieiigen Zwillinge war dagegen völlig unabhängig voneinander wie das von normalen Geschwistern. Diese Erkenntnisse sind faszinierend, denn sie unterstreichen die Schlussfolgerung, dass ein großer Teil unseres Glücks genetisch bedingt ist, und jeder einen bestimmten Fixpunkt geerbt hat. Doch diese Forschung zeigt auch, dass zwar 50 Prozent unseres Glücks von diesem Fixpunkt abhängen (und, nicht zu vergessen, 10 Prozent von unseren Lebensumständen), dass uns jedoch 40 Prozent bleiben, die wir selbst gestalten können.

Ich habe mir die Zwillingsstudien ein gutes Dutzend Mal angesehen und bin jedes Mal wieder überrascht. Ich stelle mir zwei Jungen vor, die bei der Geburt getrennt werden und mit unterschiedlichen Eltern und Geschwistern, in verschiedenen Schulen und Städten aufwachsen. Ich stelle mir vor, wie die beiden sich im Alter von 30 oder 40 Jahren zum ersten Mal begegnen und sprachlos sind, wie sehr sie einander ähneln. Das Minnesota-Zwillingsregister hat viele solcher Begegnungen dokumentiert, und die Geschichten sind in aller Welt bekannt geworden. Die berühmteste ist wohl die zweier Männer, die beide James heißen, und die sich im Alter von 39 Jahren kennen lernten.[49] Am Tag ihrer ersten Begegnung maßen beide 1,83 Meter und wogen genau 82 Kilogramm. Jeder der beiden rauchte Zigaretten der Marke Salem, trank Bier der Marke Miller Lite und war ein gewohnheitsmäßiger Fingernägelkauer. Als sie einander von ihren Erlebnissen erzählten, ergaben sich einige bemerkenswerte Gemeinsamkeiten. Jeder der beiden hatte eine Frau namens Linda geheiratet, sich scheiden lassen, um dann eine zweite Frau namens Betty zu ehelichen. Jeder der beiden Jamese legte überall im Haus kleine Liebesbotschaften an seine Frau aus (auch wenn die beiden Lindas dies offenbar nicht ausreichend zu würdigen wussten). Ihre erstgeborenen Söhne hießen beide James: Einer James Alan und der andere James Allen – und beide Männer hatten einen Hund namens Toy. Jeder der beiden Männer besaß einen hellblauen Chevrolet und war damit zum Familienurlaub an denselben Strand in Florida gefahren. Ich möchte wetten, dass die beiden gleich glücklich (oder unglücklich) waren.

Bestimmen die Gene, ob wir glücklich oder unglücklich sind?
Wie wir es auch drehen und wenden, die Daten aus der Zwillingsforschung führen zu dem Schluss, dass unser Glück viel, sogar sehr viel
mit unseren Genen zu tun hat. Es sieht so aus, als würde jeder von uns
mit einem bestimmten Glücksfixpunkt geboren, einem charakteristi-
schen Glückspotenzial, das uns über unser ganzes Leben erhalten bleibt.
Wie groß dieses Potenzial ist, kann von unserer sonnigen mütterlichen
oder unserer depressiven väterlichen Linie bestimmt sein – wir werden
es nie herausfinden. Das Wichtigste an dieser Erkenntnis ist jedoch, dass
tiefgreifende biografische Einschnitte wie eine neue Beziehung oder ein
Autounfall unser Glücksniveau zwar für kurze Zeit anheben oder sen-
ken, dass wir aber wieder zu diesem genetisch vorgegebenen Fixpunkt
zurückkommen. Beweise für dieses Phänomen stammen aus Studien,
die Menschen über einen längeren Zeitraum begleiten und untersuchen,
wie sie auf positive oder negative Lebensereignisse reagieren. In einer
australischen Untersuchung wurden Versuchsteilnehmer zwischen 1981
und 1987 im Abstand von zwei Jahren befragt. Dabei kam heraus, dass
positive und negative Ereignisse (zum Beispiel »habe viele neue Freunde
gefunden«, »habe geheiratet«, »habe ernste Probleme mit den Kindern«
oder »habe meinen Job verloren«) zwar die erwarteten Auswirkungen
auf das Glücksempfinden und die Lebenszufriedenheit hatten. Doch
im Laufe der Zeit kehrten die Gefühle wieder auf ihr früheres Niveau
zurück.[50] Eine Untersuchung mit US-Studenten kam zu demselben Ergebnis: Größere und kleinere Lebensereignisse wirkten sich zwar auf das
Wohlbefinden aus, doch nur für einen Zeitraum von etwa drei Monaten.[51] Auch wenn Sie also ein Ereignis momentan erfreut oder traurig
macht, kommen Sie früher oder später wieder zu Ihrem Fixpunkt zurück. Und dieser Fixpunkt lässt sich, soweit wir wissen, nicht ändern.
Er scheint fest verankert und lässt sich nicht beeinflussen oder kontrollieren.

*Aber: Nur weil Sie keinen Einfluss auf Ihren Glücksfixpunkt haben, heißt
das nicht, dass Sie Ihr Glücksniveau nicht ändern können!*

In dem Kinofilm *African Queen* sagt Katharine Hepburn zu Humphrey Bogart: »Die Natur, Mr. Allnutt, ist dazu da, dass wir uns über
sie erheben.« Wir können uns über unseren Glücksfixpunkt erheben, genauso wie wir uns über unsere Fixpunkte für Gewicht und Cholesterin
erheben können. Obwohl es auf den ersten Blick den Anschein hat, als

unterlägen wir alle unserem genetischen Programm und könnten nur so glücklich werden, wie dieses Programm es zulässt, stimmt dies in Wirklichkeit nicht. Unsere Gene bestimmen weder unsere Lebenserfahrung noch unser Verhalten. Im Gegenteil, unser Gehirn wird durch unsere Erfahrungen und unser Verhalten in dramatischem Umfang beeinflusst und verändert. Wie ich später noch ausführlicher darstellen werde, haben wir jede Menge Spielraum, durch unsere bewussten Handlungen ein glücklicheres Leben zu führen. Selbst die am stärksten erblichen Eigenschaften wie etwa die Körpergröße, die zu 90 Prozent erblich ist (verglichen mit den 50 Prozent des Glücks), lässt sich durch Umgestaltungen der Umwelt und des Verhaltens radikal verändern. So ist beispielsweise der erwachsene Durchschnittseuropäer seit 1950 jedes Jahrzehnt um 2 Zentimeter größer geworden, bedingt vor allem durch die Verbesserung der Ernährung.[52]

Oder nehmen wir eine seltene Stoffwechselstörung namens Phenylketonurie (PKU). Die Krankheit tritt infolge der Mutation eines einzigen Gens in Chromosom 12 auf und führt, wenn sie nicht rechtzeitig erkannt und behandelt wird, zu Schädigungen des Gehirns, geistigen Behinderungen und einem frühen Tod.[53] PKU ist zu 100 Prozent erblich, da die Krankheit ausschließlich genetisch übertragen wird. Was nicht bedeutet, dass ein Kind, das mit dem beschädigten Gen zur Welt kommt, die tödlichen Symptome der Krankheit tatsächlich bekommen muss. Wenn die Eltern dafür sorgen, dass das Kind keine Eier, Milch, Bananen, den Süßstoff Aspartam und andere Lebensmittel mit der Aminosäure Phenylalanin zu sich nimmt, lassen sich die Schädigungen des Gehirns vollständig vermeiden. Die Gene des Kindes bleiben unverändert, es wird das mutierte Gen sein Leben lang mit sich tragen. Doch die Art und Weise, wie das Gen zum Ausdruck kommt, lässt sich sehr wohl verändern.

Mit dem Glück verhält es sich nicht anders. Wenn Sie mit einem niedrigen Glücksfixpunkt geboren werden, dann können Sie nichts gegen diese genetische Vorgabe machen. Aber damit diese Gene zum Ausdruck kommen, benötigen sie ein geeignetes Umfeld, wie eine Pflanze, die einen bestimmten Boden zum Wachsen benötigt. Es gibt eine Untersuchung, die zeigt, welch dramatischen Einfluss ein ganz bestimmter Umweltfaktor darauf hat, ob Menschen mit einem »Depressions-Gen« tatsächlich unter Depression leiden. Dieser Umweltfaktor ist Stress.

Das Depressions-Gen

Zu Beginn meines Studiums war ich Assistentin eines Psychologieprofessors namens Paul Andreassen. Dieser war mit einem anderen Professor namens Avshalom Caspi befreundet, der regelmäßig in unserem Labor vorbeischaute. Damals war ich sehr beeindruckt von allem, was irgendwie mit Forschung, Professoren und Universität zu tun hatte. Ich erinnere mich noch deutlich an Caspi, einen auffälligen, dunklen Typen mit langen Haaren und israelischem Akzent. Damals konnte weder er noch ich ahnen, dass er Jahre später mit seiner Frau und Kollegin Terri Moffitt eine revolutionäre Studie durchführen würde.[54] Caspi, Moffitt und ihre Kollegen am King's College in London interessierten sich für den Zusammenhang zwischen Stress und Depression. Warum führen stressreiche Erlebnisse wie etwa die Zwangsräumung einer Wohnung oder der Verlust einer Schwangerschaft bei manchen Menschen zu Depressionen und bei anderen nicht?

Sie fanden heraus, dass Depression mit einem bestimmten Gen namens 5-HTTLPR zusammenhängt, das in zwei Varianten vorkommt, einer langen und einer kurzen. Das kurze Allel ist das »schlechte«, da es dem Gehirn eine Substanz entzieht, die dieses benötigt, um depressive Symptome abzuwehren.[55] Caspi untersuchte 847 Neuseeländer im Alter von 26 Jahren und stellte fest, dass etwa die Hälfte von ihnen Träger des kurzen Allels war. Die Wissenschaftler befragten sämtliche Teilnehmer zu stressreichen oder negativen Erfahrungen innerhalb der vergangenen fünf Jahre und zu Hinweisen auf Depression während des zurückliegenden Jahres. Rund ein Viertel berichtete, drei oder vier gravierende negative Erfahrungen gemacht zu haben, und 17 Prozent hatten eine schwere depressive Episode durchlebt.

Je mehr Traumata eine Testpersonen in den zurückliegenden fünf Jahren erlitten hatte, desto größer die Wahrscheinlichkeit einer depressiven Episode. Die entscheidende Erkenntnis war jedoch, dass belastende Erfahrungen nur bei den Teilnehmern zur Depression führten, die das »schlechte« kurze Allel des Gens 5-HTTLPR trugen. Dasselbe traf auf Stress in der Kindheit zu. Teilnehmer, die im Alter zwischen drei und elf Jahren schlecht behandelt worden waren, waren mit größerer Wahrscheinlichkeit im Alter von 26 Jahren depressiv, aber wiederum nur dann, wenn sie das kurze Allel trugen.

Gene spielen also eine wichtige Rolle für die Depression – und für das Glück –, doch sie müssen zum Ausdruck kommen, beziehungsweise »ein-« oder »ausgeschaltet« werden. Die Ergebnisse der neuseeländischen Untersuchung zeigen, dass das kurze Allel des Gens 5-HTTLPR durch einen Umweltfaktor aktiviert wird, nämlich durch Stress. Das »gute« Allel scheint uns dagegen vor Stressfolgen zu schützen und widerstandsfähiger zu machen. Die Tatsache, dass viele von uns Gene tragen, die uns für bestimmte Dinge anfällig machen (sei es PKU, Herz-Kreislauf-Erkrankungen, Depression oder Glück) bedeutet also nicht, dass diese Anlage tatsächlich zum Ausdruck kommt. Wenn die Neuseeländer mit dem »schlechten« Allel des Gens 5-HTTLPR in der Lage waren, Stress zu vermeiden, oder im Stressfall die Hilfe eines Psychotherapeuten oder eines anderen emotionalen Unterstützers in Anspruch nahmen, dann kam ihre Anlage für Depression womöglich nie zum Ausdruck. Neuere Untersuchungen zeigen außerdem, dass Menschen, die das Pech haben, das »schlechte« Allel tragen, die aber das Glück haben, in einem unterstützenden familiären Umfeld aufzuwachsen oder in der Gegenwart positive Erfahrungen zu machen, *nicht* unter Depression leiden.[56] Damit die Gene also *nicht* zum Ausdruck kommen, benötigen sie ein bestimmtes Umfeld oder Verhalten. Mit anderen Worten, es mag ja sein, dass wir eine bestimmte genetische Veranlagung haben, doch ob diese Veranlagung zum Tragen kommt oder nicht, haben wir selbst in der Hand.

Was wir von Elektroden lernen können

Ein Blick in das vielleicht aufregendste Psychologielabor der Gegenwart hilft uns, besser zu verstehen, was es mit dem Glücksfixpunkt auf sich hat. Richard Davidson von der University of Wisconsin-Madison geht ebenfalls davon aus, dass jeder von uns einen natürlichen Fixpunkt hat, der bestimmt, wie aktiv oder inaktiv eine Gehirnregion namens präfrontaler Kortex ist. In einer faszinierenden Untersuchung stellte er fest, dass glückliche Menschen ein eindeutiges Aktivitätsmuster in dieser Region aufweisen und unglückliche Menschen ein anderes.

Davidson verwendete ein Verfahren namens Elektroenzephalografie (EEG), um die Gehirnaktivitäten seiner Versuchspersonen zu messen.[57] Er stellt fest, dass glückliche Menschen, die mehr lächeln und sich selbst als begeistert, wach und engagiert beschreiben, eine merkwürdige Asymmetrie der Gehirnaktivität aufweisen: Ihr linker präfrontaler Kortex ist aktiver als ihr rechter.[58] Obwohl niemand behaupten würde, dass dieser Bereich so etwas wie das Glückszentrum des Gehirns ist, besteht offenbar ein Zusammenhang zwischen dieser Region und positiven Empfindungen. Selbst Neugeborene, die etwas Schönes zum Nuckeln bekommen, zeigen gesteigerte Aktivitäten im linken präfrontalen Kortex, genau wie Erwachsene, die lustige Filme sehen. Der rechte präfrontale Kortex wird dagegen bei negativen Erfahrungen und Empfindungen aktiviert.

Aber was bedeutet das für uns, dass bei glücklichen Menschen der linke präfrontale Kortex aktiver ist als der rechte? Vielleicht nur, dass Glück in unserem Gehirn verankert zu sein scheint. Obwohl Davidsons Arbeit keine Beweise für die Existenz eines Glücksfixpunkts liefert, unterstützt sie diese These. Wenn unser Fixpunkt genetisch vorbestimmt ist, dann ist er mit großer Wahrscheinlichkeit auch in unseren neurologischen Strukturen verwurzelt.

Was das für Sie bedeutet

Einige von uns haben einfach einen höheren Glücksfixpunkt, eine fröhlichere Natur und ein höheres Potenzial für Wohlbefinden. Vielleicht scheint die Sonne für manche Menschen heller als für andere.[59] Wer einen hohen Fixpunkt hat, mag tatsächlich mehr sonnige Tage erleben und muss nicht viel dazu tun, um glücklich zu sein. Für uns normalsterbliche Menschen ist das anders. Gehen wir also davon aus, dass wir mit unserem Fixpunkt eher unzufrieden sind, und fragen wir uns erstens, wie niedrig ist dieser Fixpunkt genau, und zweitens, was können wir dagegen tun?

Die erste Frage lässt sich nur beantworten, wenn wir uns über einen längeren Zeitraum beobachten. Notieren Sie sich deshalb das Datum, an dem Sie Ihren Glückstest (Seite 42 f.) zum ersten Mal ausgefüllt haben. Das erste Ergebnis ist eine vorläufige Schätzung Ihres Fixpunkts. Vorläufig deshalb, weil der Test auch auf vorübergehende Stimmungsschwankungen reagiert. Ihr Ergebnis könnte beispielsweise durch ein Ereignis der letzten Zeit, durch Ihr Stressniveau oder selbst durch das Wetter beeinflusst worden sein. Sie sollten den Test darum ein zweites Mal durchführen, idealerweise mindestens zwei Wochen nach dem ersten Test und vor Beginn Ihres Glücksprogramms. Wenn

Sie sofort mit dem Programm beginnen wollen, machen Sie den Test einen Tag vorher. Der Durchschnitt Ihrer Ergebnisse bietet Ihnen eine Einschätzung Ihres Fixpunkts. Je öfter und in je größeren Abständen Sie den Test durchführen, desto verlässlicher ist das Ergebnis für Ihren Fixpunkt.

Was können Sie tun, wenn Ihr Fixpunkt hinter Ihren Erwartungen zurückbleibt? (Der Durchschnitt liegt bei etwa 5 Punkten, doch Sie haben sich vielleicht einen sehr viel höheren Wert erhofft.) Ich möchte noch einmal betonen, dass es ein sinnloses Unterfangen wäre zu versuchen, diesen Fixpunkt zu verändern, wenn Sie dauerhaft glücklicher werden wollen. Dieser Punkt ist definitionsgemäß fix, fest, unveränderbar und genetisch festgelegt. Wenn Sie mit braunen Augen geboren wurden, dann bleiben Ihre Augen bis an Ihr Lebensende braun. Aber wie wir gesehen haben, sind Sie nicht dazu verdammt, nach der Pfeife Ihrer Gene zu tanzen, denn diese Gene benötigen eine bestimmte Umwelt beziehungsweise Lebenserfahrungen, um zum Ausdruck zu kommen. Viele dieser Erfahrungen können Sie selbst bestimmen, mit Ihren Handlungen und Strategien können Sie 40 Prozent Ihres Glücks selbst beeinflussen. Durch diese Handlungen können wir unser Glücksniveau verändern, nicht jedoch unseren Fixpunkt. Genauso wie wir den Ausdruck unserer Augen durch unsere Mimik verändern können, während unsere angeborene Augenfarbe unverändert bleibt.

Die Chance der bewussten Handlung

Glück heißt Tätigsein. Glück ist ein dahinströmender Fluss,
kein stehender Tümpel.
John Mason Good

Viele von Ihnen kennen vermutlich das Gelassenheitsgebet des deutsch-amerikanischen Philosophen Reinhold Niebuhr, das zum Beispiel von den Anonymen Alkoholikern verwendet wird: »Gott, gib mir die Gelassenheit, Dinge hinzunehmen, die ich nicht ändern kann, den Mut, Dinge zu ändern, die ich ändern kann, und die Weisheit, das eine vom anderen zu unterscheiden.« Aber *wie* lässt sich das eine vom anderen unterscheiden?

Inzwischen sollte klar sein, worin das Geheimnis des Glücks *nicht* besteht. Es geht nicht darum, unseren genetisch vorgegebenen Glücksfixpunkt zu verändern, denn dieser ist definitionsgemäß unveränderbar, unbeeinflussbar und unkontrollierbar. Es besteht auch nicht darin, unsere Lebensumstände zu verändern. Wir mögen uns zwar kurzzeitig besser fühlen, wenn wir in eine andere Stadt ziehen, eine Lohnerhöhung erhalten oder unsere Nase richten lassen, doch dieser Glücksschub hält nicht lange vor. Wie wir gesehen haben, liegt das vor allem daran, dass wir uns rasch an positive Veränderungen unserer Lebensumstände gewöhnen. Doch oft kommen äußere Veränderungen auch gar nicht in Frage, weil sie kostspielig, schwer umsetzbar und manchmal schlicht unmöglich sind. Haben Sie beispielsweise Zeit, Geld, Lust oder überhaupt die Möglichkeiten, Ihre Lebenssituation, Ihren Arbeitsplatz, Ihren Partner oder Ihr Aussehen zu verändern?

Wenn also das Geheimnis des Glücks nicht darin besteht, den Fixpunkt zu manipulieren oder positiv auf unsere Lebensumstände einzuwirken, was bleibt dann noch? Können wir glücklicher werden und diesen Zustand erhalten? Die meisten von uns werden irgendwann im Leben tatsächlich glücklicher. Anders als gemeinhin angenommen steigt unser Glücksempfinden nämlich mit zunehmendem Alter. Eine Untersuchung mit rund 2 000 gesunden Veteranen des Zweiten Weltkriegs und des Koreakriegs, die über einen Zeitraum von 22 Jahren durchgeführt wurde, ergab, dass die Lebenszufriedenheit dieser Männer im Laufe ihres Lebens zunahm, im Alter von 65 Jahren ihren Höhepunkt erreichte und erst ab 75 Jahren wieder abnahm (siehe Grafik).[60]

Diese Nachricht macht Mut. Doch was können wir tun, um diese Zunahme zu verstärken und zu erhalten? Die Antwort gibt unser Tortendiagramm. Wir erinnern uns, dass 50 Prozent des Glücks von unseren Genen bestimmt werden, 10 Prozent von unseren Lebensumständen und 40 Prozent von dem, was wir *tun* und *denken*, also von unseren bewussten Handlungen und Strategien. Das Geheimnis liegt also in diesen 40 Prozent. Wenn wir wirklich glückliche Menschen beobachten, werden wir feststellen, dass sie nicht einfach untätig darauf warten, dass das Glück zu ihnen kommt. Sie handeln. Sie suchen sich neue Aktivitäten und Erfolge und übernehmen die Kontrolle über ihre Gedanken und Gefühle. Unsere bewussten Handlungen haben große Einfluss darauf, wie glücklich wir sind, und zwar weit über die Wirkung unseres Fix-

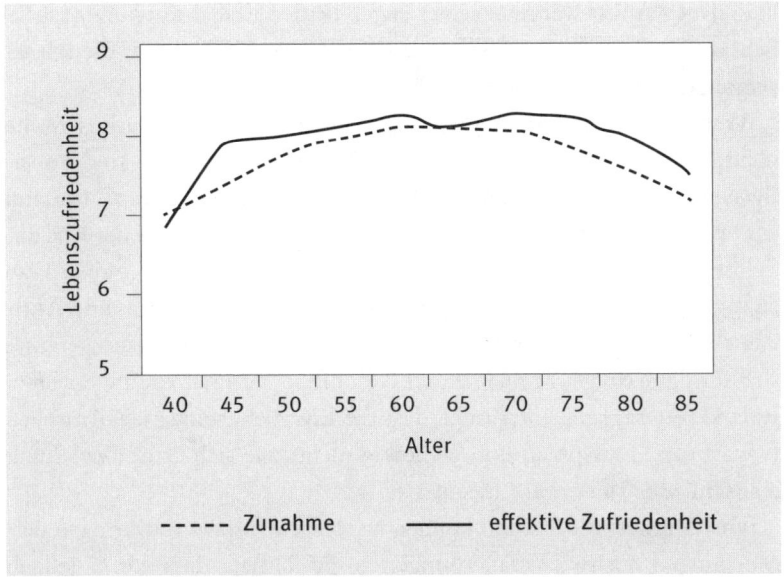

```
- - - - - Zunahme          ——— effektive Zufriedenheit
```

punkts und unserer Lebensumstände hinaus. Wenn ein unglücklicher Mensch Interesse, Begeisterung, Zufriedenheit, inneren Frieden und Freude erleben will, dann kann er das erreichen, indem er sich gute Angewohnheiten von glücklichen Menschen abschaut.

Markus und Roland: Wie Sie der Anpassung ein Schnippchen schlagen

Kommen wir zurück zu der umfangreichen deutschen Untersuchung, die 1761 Menschen von ihrer Zeit als Single bis in die Ehe begleitete. Diese Studie ergab, dass die Versuchsteilnehmer im Durchschnitt während ihrer Ehe nicht glücklicher waren als vorher und ein durch die Heirat verursachter »Glücksschub« nur zwei Jahre vorhielt. Im Durchschnitt wohlgemerkt, denn die einzelnen Teilnehmer reagierten zum Teil höchst unterschiedlich auf die Eheschließung. Greifen wir die beiden Versuchsteilnehmer Markus und Roland heraus, die im Verlauf der Studie heirateten und aus dem Durchschnitt herausfallen. Das Glücksempfinden von Markus stieg nach der Hochzeit überdurchschnittlich an; acht Jahre später war er als Ehemann immer noch glücklicher als zu seiner Singlezeit und beinahe so glücklich wie unmittelbar nach der Eheschließung. Roland dagegen war während seiner ersten beiden Ehejahre *weniger* glücklich als in seiner Zeit als Single und ist in den fünf Jahren, die seither vergangen sind, immer weniger glücklich geworden.

Was ist das Besondere an diesen beiden Männern? Markus wollte nicht, dass sich die Ehe »abnutzte«, er wollte sich also nicht an die positiven Auswirkungen gewöhnen. Also nahm er sich vor, alles zu tun, um der bestmögliche Ehemann zu sein und zu verhindern, dass die Ehe zur Selbstverständlichkeit wurde. Er denkt ganz bewusst daran, seiner Frau zu sagen, dass er sie liebt, ihr Blumen mitzubringen, gemeinsame Aktivitäten zu planen, Reisen zu unternehmen, neue Hobbys anzuregen und sich für die Erfolge, Probleme und Gefühle seiner Frau zu interessieren. Roland war dagegen enttäuscht, dass die Ehe nicht seinen idealistischen Erwartungen entsprach und bemerkte nicht, wie sich seine Beziehung langsam, aber sicher verschlechterte.

Von Markus und Roland können wir lernen, dass wir zwar dazu neigen, uns an positive Veränderungen zu gewöhnen, dass wir es jedoch selbst in der Hand haben, diesen Gewöhnungsprozess durch unseren Einsatz zu bremsen oder gar zu stoppen. Markus entschied sich ganz bewusst, die Gewöhnung an seine Ehe zu verhindern, indem er aktiv und kreativ die Liebe und Zuneigung erhielt, die er und seine Frau füreinander empfanden. Von dieser Strategie können wir lernen, denn sie ist ein gutes Beispiel für ein Ziel, das wir bewusst formulieren und für das wir uns nach Kräften engagieren können. Nehmen wir ein anderes Beispiel: Ich habe behauptet, dass ein Umzug in eine neue Gegend zwar zunächst große Begeisterung auslösen kann, dass sich jedoch irgendwann die Normalität einstellt. Das passiert zweifelsohne dann, wenn wir unsere Situation passiv hinnehmen. Aber das muss nicht so sein. Als ich von Neuengland nach Kalifornien zog, wachte ich jeden Morgen auf und sagte mir: »Was für ein wunderbarer Tag!« Aber wie im Falle des Wettermannes in der Filmkomödie *L. A. Story*, der jeden Tag verkündet: »Es wird ein sonniger Tag! Schon wieder!«, nutzte sich die Schönheit des Morgens allmählich ab. Wie die meisten Menschen gewöhnte ich mich an die herrliche Umgebung mit ihrem ewig heiteren, blauen Himmel und verlor den zusätzlichen Glücksschub, den sie mir anfangs gegeben hatte. Ich wohne noch immer in Kalifornien, doch in den letzten Jahren habe ich begonnen, mir die Ergebnisse meiner eigenen Forschung zu Herzen zu nehmen. Fast jeden Morgen jogge ich am Pazifik entlang und nehme mir ganz bewusst einige Momente, um mir den Strand und die Berge in der Ferne anzusehen und die salzige Luft tief einzuatmen. Vor einigen Tagen hielten mich einige schwedische Touristen an und baten mich, ein Foto von ihnen vor der Kulisse des Meeres zu machen. Statt mich über die Unterbrechung zu ärgern, war ich den Touristen dankbar, weil sie mir die Möglichkeit gaben, dankbar zu sein für diesen einzigartigen und besonderen Ort, an dem ich lebe.

Judith: Entscheidung zum Glücklichsein

Judith kam im US-Staat Indiana zur Welt und wuchs dort auf, doch sie lebt inzwischen seit über dreißig Jahren in der kanadischen Stadt Edmonton. Ich interviewte sie im Freien, in einem ihrer Lieblingsrestaurants. Sie ist 60 Jahre alt, einmal geschieden und hat eine erwachsene Tochter. Früher, vor langer Zeit, war Judith zutiefst unglücklich. Sie wuchs in einer zerrütteten Familie auf. Ihre Mutter schlug sie mit Rührlöffeln, Haarbürsten und allem, was ihr zufällig in die Hand kam, und hörte erst auf, wenn der Gegenstand zerbrochen war. Als Erwachsene war sie ein typisches Beispiel für das »Bermuda-Dreieck« aus Essen, Alkohol und Depression, das Susan Nolen-Hoeksema in ihren Büchern beschreibt:[61] Sie hatte Übergewicht, trank, war klinisch depressiv und hatte keinerlei Selbstbewusstsein.

Heute beschreibt sich Judith als »unglaublich glücklich«. Sie hat einen befriedigenden Job, engagiert sich in ehrenamtlichen Tätigkeiten und erzieht einen 14-jährigen Adoptivsohn. Im Alter von 52 nahm sie ein neues Studium auf. Sie ist ein spiritueller und versöhnlicher Mensch und beschreibt ihre Mutter heute als »arme Frau«.

»Ich habe mich entschieden, glücklich zu sein«, sagt Judith. »Ich habe gelernt, meine Sicht der Dinge zu ändern. Eine unglaubliche Vorstellung.« Sie ist das beste Beispiel dafür, was es bedeutet, sich auf die 40 Prozent unseres Glück zu konzentrieren, die wir selbst in der Hand haben. »Am Anfang habe ich mich vor den Spiegel gestellt und mit dem Dialekt von Barbara Streisand gesagt: ›Hallo meine Schöne!‹ Ich habe das so oft gesagt, bis ich schließlich jedes Mal lachen musste.« Das mag einfach oder banal klingen, doch für eine Frau, die sich hässlich und wertlos vorkommt, ist es alles andere als das. Judith erzählt weiter: »Ich habe alles getan, um negativen Gedanken Einhalt zu gebieten. Jedes

Mal, wenn die ›schlechten Gedanken‹ kamen, habe ich innerlich ›Stop!‹ gerufen und mir gesagt: ›Es ist alles okay.‹«

Judith hatte vermutlich einen niedrigen Glücksfixpunkt und hatte zudem von klein auf mit schwierigen Lebensumständen und schädigenden Erfahrungen zu kämpfen. Auch heute erlebt sie immer wieder kraftverzehrende Situationen. Vor kurzem beging ein guter Freund Selbstmord, und sie verlor ihren Arbeitsplatz. Doch Judith ist über ihre Lebensumstände und ihre Natur hinausgewachsen, weil sie sich bewusst vorgenommen hat, ihr Leben zu verändern, sich selbst und die Welt mit anderen Augen zu sehen, sich Selbstvertrauen zu geben und ihr optimistisches Denken zu stärken. Mit anderen Worten, sie hat sich dazu entschieden, glücklich zu sein.

Es liegt in Ihrer Hand

Die Medien bombardieren uns ununterbrochen mit den neuesten Methoden, die uns *wirklich* gesünder und glücklicher machen sollen. Es sind immer wieder andere, jede ist scheinbar besser als alle vorhergehenden, sodass es immer schwerer fällt, diesen Versprechungen Glauben zu schenken. Wenn die neue Yoga-Schule, Meditation oder Paartherapie tatsächlich so wirkungsvoll ist wie versprochen, warum halten sich dann nicht einfach alle daran und profitieren davon? Doch so einfach ist es nicht. Jeder Versuch, unser Leben in größerem Umfang zu verändern, erfordert beträchtlichen und dauerhaften Einsatz, und ich gehe davon aus, dass die wenigsten Menschen dazu bereit oder in der Lage sind. Außerdem haben alle glückssteigernden und gesundheitsfördernden Strategien eines gemeinsam: Sie geben ein bestimmtes Ziel vor, auf das man hinarbeiten und sich freuen kann. Wie ich später zeigen werde, besteht ein starker Zusammenhang zwischen persönlichen Zielen einerseits und Glück beziehungsweise Lebenszufriedenheit andererseits. Aus diesem Grund funktionieren die meisten Glücksstrategien tatsächlich, zumindest eine Zeit lang.

Vereinfacht gesagt liegt das Geheimnis des Glücks in Ihrem Verhalten, Ihrem Denken und den Zielen, die Sie jeden Tag für sich formulieren. »Es gibt kein Glück ohne Handlung.«[62] Wenn Sie ein Gefühl der Passivität und Nutzlosigkeit befällt, jedes Mal wenn Sie an Ihren

Glücksfixpunkt oder Ihre Lebensumstände denken, dann denken Sie daran, dass Sie es selbst in der Hand haben, dauerhaft ein glückliches Leben zu führen.

3. Finden Sie die Glücksstrategie, die zu Ihnen passt

*Unterschiedliche Menschen suchen das Glück
auf unterschiedliche Arten und Weisen und schaffen sich so
unterschiedliche Lebensformen.*
Aristoteles

Wenn wir 40 Prozent unseres Glücks mit unseren bewussten Handlungen beeinflussen können, welche Aktivitäten und Strategien machen uns dann glücklich? Viele Menschen suchen nach dem einen wahren und geheimen Weg zum Glück, wie die eine Wunderdiät, die hilft, wenn alle anderen versagt haben. Doch es gibt keine magische Strategie, die jedem Menschen gleichermaßen zu einem glücklicheren Leben verhilft. Jeder von uns hat ganz einmalige Bedürfnisse, Interessen, Werte, Fähigkeiten und Neigungen. Deshalb engagieren wir uns eifriger für eine bestimmte Strategie und profitieren mehr als von einer anderen. Wenn Sie ein extrovertierter Mensch sind, dann bleiben Sie eher bei einer Strategie, die Sie regelmäßig in Kontakt mit anderen Menschen bringt. Sind Sie fürsorglich veranlagt, profitieren Sie von Aktivitäten, die Ihnen die Möglichkeit geben, sich um andere Menschen zu kümmern. Manchen Menschen hilft es, an ihren Schwächen zu arbeiten, andere profitieren von Glücksaktivitäten, die ihren persönlichen Idealen entsprechen.[1]

Deshalb ist es wichtig, die passende Strategie zu finden. Das ist eigentlich auch einleuchtend. Für körperliche Fitness oder zur Suchtbekämpfung stehen ja auch zahlreiche Programme und Strategien zur Auswahl, und Sie sind gut beraten, sich für eine zu entscheiden, die Ihren Zielen, Ihren Fähigkeiten und Ihrem Lebensstil am ehesten entspricht. Bei Diäten oder Fitnessprogrammen sind wir uns bewusst, wie wichtig diese persönliche Abstimmung ist, aber in Hinblick auf unser Gefühlsleben fehlt diese Einsicht interessanterweise. Doch die passende Strategie ist absolut entscheidend. So entscheidend, dass ich behaupten würde, wenn es ein Geheimnis des Glücks gibt, dann besteht es darin, die angemessene Strategie zu finden. Mit der richtigen Wahl haben Sie den wichtigsten Schritt schon getan: Der Weg zu mehr Zufriedenheit liegt vor Ihnen.

Kriterien für die Wahl Ihrer Strategie

Bei der Wahl Ihrer Glücksstrategie geht es um eine ganz persönliche Abstimmung auf Ihre Interessen, Werte und Bedürfnisse. Wenn Sie Ihre Wahl klug treffen, sind Sie motiviert, eine bestimmte Strategie auszuprobieren und dabeizubleiben, und Sie werden dafür belohnt werden. Natürlich müssen Sie sich aufrichtig einsetzen, um von Ihrer Strategie zu profitieren. Doch selbst der größte Einsatz bringt nicht allen Menschen gleichermaßen große Erfolge. Eine der Hauptgründe, warum viele von uns auf dem Weg zu einem glücklicheren Leben scheitern, ist eine schlechte Wahl: Wir gehen entweder einen Weg, der direkt in eine Sackgasse führt, wie das Streben nach Reichtum, Anerkennung oder Schönheit, oder wir wählen eine Strategie, die nicht zu uns passt. Sie können Ihre Strategie nach unterschiedlichen Kriterien auf Ihre Bedürfnisse, Werte oder Interessen abstimmen. Die drei Kriterien, die ich Ihnen nun beschreiben will, lassen sich unabhängig voneinander oder in Kombination anwenden:

Abstimmung auf die Ursachen Ihres Unglücks Warum fühlen Sie sich unglücklich? Lew Tolstoi beginnt seinen Roman *Anna Karenina* mit der Behauptung: »Alle glücklichen Familien gleichen einander, jede unglückliche Familie ist auf ihre eigene Weise unglücklich.« Als Psychologin, die es mehr mit Individuen zu tun hat, bevorzuge ich diese abgewandelte Form: »Alle glücklichen Menschen gleichen einander, jeder unglückliche Mensch ist auf seine eigene Weise unglücklich.« Die Wissenschaft bestätigt das: Das Unglück hat viele Gesichter. Jeder unglückliche Mensch ist aus einer ganz eigenen Konstellation von Gründen unglücklich. Manche Menschen fühlen sich apathisch und außerstande, ihr Leben in den Griff zu bekommen, andere sind überzeugt, dass die Zukunft nur Schlechtes bereithält. Manche haben wenig Freude an ihren alltäglichen Aktivitäten, wieder andere sind zu schüchtern, um an gemeinschaftlichen Ereignissen teilzunehmen, oder wurden durch frühere Erfahrungen traumatisiert und aus der Bahn geworfen.

Mit spezifischen Aktivitäten können wir unsere ganz speziellen Probleme oder Schwächen angehen. Pessimisten können eine optimistischere Sichtweise erlernen, freudlose Menschen können lernen zu genießen, traumatisierte Menschen können Überwindungsstrategien lernen und so weiter.

Abstimmung auf Ihre Stärken Persönliche Abstimmung bedeutet allerdings nicht unbedingt, dass Sie Schwächen beheben müssen. Sie können auch damit beginnen, Ihre ganz speziellen Stärken, Talente und Ziele zu nutzen. Ein leistungsorientierter Mensch könnte beispielsweise davon profitieren, zentrale Lebensziele zu formulieren oder eine Wettbewerbssportart zu betreiben. Ein kreativer Mensch könnte sich dafür entscheiden, seine Dankbarkeit und Versöhnung durch künstlerische Tätigkeiten wie Malen oder Schreiben zum Ausdruck zu bringen. Unterschiedliche Menschen können das Glück auf ganz unterschiedlichen Wegen erreichen, und deshalb ist es nur normal, dass jeder von uns eigenen Aktivitäten nachgeht.

Abstimmung auf Ihren Lebensstil Denken Sie darüber nach, inwieweit die Strategie, für die Sie sich entscheiden, auf Ihre Bedürfnisse und Ihren Lebensstil zugeschnitten werden kann. Wenn Sie ein stressreiches und hektisches Leben führen, können Sie sich für Aktivitäten entscheiden, die keine zusätzliche Zeit erfordern. Wenn Sie Ihre persönlichen Beziehungen als befriedigend empfinden, nicht aber Ihre Arbeit, können Sie Tätigkeiten wählen, mit denen Sie Ihre Arbeit positiver erleben oder sich neue Möglichkeiten eröffnen können. Wenn Sie weder spirituell noch religiös interessiert sind, können Sie diese Aktivitäten einfach beiseite lassen. Und wenn Sie schon seit vielen Jahren Erfahrung mit Meditation gesammelt haben, können Sie dieses Kapitel überspringen. So wie Sie eine Diät auf Ihren persönlichen Geschmack hin abstimmen, schneiden Sie auch Ihre Glücksstrategie auf Ihre Persönlichkeit und Ihren Lebensstil zu. Es gibt genauso viele Möglichkeiten, das Glück zu erreichen, wie es zu verlieren.

Ein paar Worte zum Thema Kitsch

Bevor es weitergeht, muss ich das Thema Kitsch noch einmal zur Sprache bringen. Es ist gut möglich, dass Sie sich die Liste der Glücksaktivitäten ansehen und einige oder vielleicht auch sehr viele dieser Aktivitäten für »schmalzig« und völlig unmöglich halten. Möglicherweise reagieren Sie mit spontanem Widerwillen: »Das ist doch nichts für mich!« Ich kenne diese Reaktion nur zu gut von mir selbst. Sie ist nicht ungewöhnlich und bedeutet nicht, dass es Ihnen nicht beschieden ist, glücklicher zu werden. Es ist einfach so, dass viele von uns eine Abneigung gegen Ratschläge haben, die sentimental oder allzu einfach klingen. Wir fühlen uns nicht angesprochen von Sätzen wie »genieß die Freuden des Lebens«, »sei dankbar für das, was du hast« oder »vergeben und vergessen«, weil sie uns rührselig und naiv vorkommen. Diese Reaktionen sind echt, und ich werde auch gar nicht versuchen, sie zu widerlegen. Wenn Sie so empfinden, haben Sie glücklicherweise eine Wahl. Es gibt andere Aktivitäten, die Ihren Interessen, Bedürfnissen und Werten möglicherweise eher entsprechen. Doch selbst die scheinbar kitschigste Übung kann zur Gewohnheit werden und von Herzen kommen. Chris Peterson, Professor an der University of Michigan und einer der Begründer der Positiven Psychologie gab einmal zu, dass er sich nicht überwinden konnte, die Dankesbriefe zu schreiben, die er seinen Studenten regelmäßig als Hausaufgabe gab. Als er sich schließlich dazu zwang, versteckte er jede möglicherweise peinliche Gefühlsregung hinter witzigen Formulierungen und fühlte sich falsch und unehrlich. Ich muss nicht erwähnen, dass diese Übung nichts zu Petersons subjektivem Wohlbefinden beitrug. Also versuchte er es noch einmal. Im zweiten Anlauf, so erklärt er, sei es ihm schließlich gelungen, »von ganzem Herzen« zu schreiben.

Welche Glücksaktivitäten passen zu mir? Ihr persönlicher Test

Die Tatsache, dass es verschiedene Kriterien gibt, nach denen Sie Ihre passende Strategie zusammenstellen können, lässt das Ganze möglicherweise sehr kompliziert erscheinen. Wie sollen Sie unter den zwölf Glücksaktivitäten in Teil II dieses Buches diejenigen auswählen, die optimal zu Ihnen passen? Nach welchen Kriterien sollen Sie auswählen? Um Ihnen die Entscheidung zu erleichtern, habe ich einen Test entwickelt, der Ihnen systematische Hilfe bei der Zusammenstellung der Glücksaktivitäten bietet, die für Sie am besten geeignet sind. Nehmen Sie sich eine viertel bis eine halbe Stunde Zeit und beantworten Sie die Fragen in Ruhe, denn der Test erfordert Einsatz und Konzentration. Bewerten Sie jede der zwölf dargestellten Aktivitäten. Ihre Antworten sind der Schlüssel dessen, was Sie im Rest des Buchs lernen können. Lassen Sie mich jedoch vorab betonen, dass es kein »Test« im eigentlichen Sinne ist: Es gibt keine richtigen und falschen Antworten. Stattdessen gibt Ihnen dieser Fragebogen (nach Ken Sheldon) die Möglichkeit, sich selbst zu definieren. Die einzige Bedingung ist, dass Sie ihn ehrlich und wahrheitsgemäß beantworten.

Test zur persönlichen Abstimmung Ihres Glücksprogramms

Betrachten Sie jede der folgenden zwölf Glücksaktivitäten. Überlegen Sie, wie es wäre, wenn Sie diese über einen längeren Zeitraum hinweg jede Woche ausüben würden. Bewerten Sie dann jede der Aktivitäten, indem Sie jedem der Begriffe **Natur, Freude, Wert, Schuld** und **Situation** 1 bis 7 Punkte geben und diese Punktzahl für jeden der Begriffe bei jeder Glückakstivität notieren.

Wir tun Dinge aus unterschiedlichen Gründen. Bitte beurteilen Sie, warum Sie die entsprechenden Aktivitäten ausüben würden, und bewerten Sie dazu die fünf genannten Gründe. Verwenden Sie folgende Bewertungsskala:

| 1 | 2 | 3 | 4 | 5 | 6 | 7 |

| trifft nicht zu | | | trifft irgendwie zu | | | trifft voll zu |

Natur: Ich behalte diese Aktivität bei, weil sie meiner Natur entspricht. Ich kann sie mit Energie und Ausdauer verfolgen.

Freude: Ich behalte diese Aktivität bei, weil sie mir Freude bereitet. Sie erscheint mir dauerhaft interessant und anspruchsvoll.

Wert: Ich behalte diese Aktivität bei, weil sie mir wertvoll erscheint und ich mich mit ihr identifiziere. Ich gehe ihr gern nach, auch wenn sie mir nicht immer Spaß macht.

Schuld: Ich behalte diese Aktivität bei, weil es mir peinlich wäre oder ich mich schuldig oder unsicher fühlen würde, wenn ich sie aufgäbe.

Situation: Ich behalte diese Aktivität bei, weil man es von mir erwartet oder weil mich die Umstände dazu zwingen.

1 Entwickeln Sie Ihre Fähigkeit, Dankbarkeit zum Ausdruck zu bringen: Sie drücken entweder gegenüber sich selbst oder einem anderen Ihre Dankbarkeit aus für das, was Sie haben, oder Sie danken Menschen, denen Sie nie wirklich gedankt haben.

Natur	Freude	Wert	Schuld	Situation
4	7 _13_	7	6	4

2 Seien Sie optimistisch: Sie führen ein Tagebuch, in dem Sie sich die bestmögliche Zukunft für sich selbst konkret ausmalen und lernen, die positive Seite jeder Situation zu erkennen.

Natur	Freude	Wert	Schuld	Situation
5	4 _13_	4	2	2

3 Vermeiden Sie Grübeleien und soziale Vergleiche: Sie lernen Strategien, um weniger über Ihre Probleme nachzugrübeln oder sich mit anderen zu vergleichen.

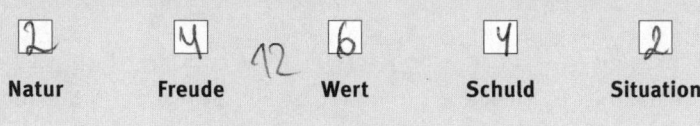

Natur	Freude	Wert	Schuld	Situation
2	4 _12_	6	4	2

4 Seien Sie hilfsbereit: Sie tun anderen Menschen Gutes, ob Freunden oder Fremden, direkt oder anonym, spontan oder geplant.

☐ 7	☐ 7	☐ 2	☐ 2	☐ 2
Natur	**Freude**	**Wert**	**Schuld**	**Situation**

20 *16* *4*

5 Pflegen Sie Ihre sozialen Beziehungen: Sie kümmern sich um eine Beziehung, die Sie stärken möchten und investieren Zeit, um diese Beziehung zu kitten, auszubauen, zu stärken und zu genießen.

☐ 6	☐ 6	☐ 2	☐ 2	☐ 2
Natur	**Freude**	**Wert**	**Schuld**	**Situation**

18 *14* *4*

6 Entwickeln Sie Bewältigungsstrategien: Sie lernen, unlängst erlebte Belastungen, Härten oder Traumata zu ertragen und zu überwinden.

☐ 2	☐ 2	☐ 5	☐ 4	☐ 5
Natur	**Freude**	**Wert**	**Schuld**	**Situation**

18 *9* *9*

7 Lernen Sie zu vergeben: Sie führen Tagebuch oder schreiben einen Brief, in dem Sie daran arbeiten, Ihren Ärger gegenüber Menschen loszulassen, die Sie verletzt oder Ihnen Unrecht getan haben.

☐ 6	☐ 6	☐ 4	☐ 2	☐ 2
Natur	**Freude**	**Wert**	**Schuld**	**Situation**

20 *16* *24*

8 Schaffen Sie Flow-Erfahrungen: Sie suchen zuhause und am Arbeitsplatz mehr Erfahrungen, in denen Sie aufgehen, die Sie fordern und alles von Ihnen verlangen.

13

☐ 4	☐ 4	☐ 6	☐ 6	☐ 7
Natur	**Freude**	**Wert**	**Schuld**	**Situation**

27 *14*

9 Genießen Sie die Freuden des Lebens: Sie achten auf die Freuden und Wunder des Augenblicks, erfreuen sich an ihnen und erinnern sich an sie zurück, indem Sie nachdenken, schreiben, malen oder anderen davon erzählen.

3	5	5	5	4
Natur	**Freude**	**Wert**	**Schuld**	**Situation**

13   9   22

10 Verwirklichen Sie Ihre Lebensträume: Sie entscheiden sich für ein, zwei oder drei wichtige Ziele und verwenden Zeit und Energie darauf, diese Ziele zu erreichen.

2	4	6	2	2
Natur	**Freude**	**Wert**	**Schuld**	**Situation**

12   4   16

11 Beschäftigen Sie sich mit Religion und Spiritualität: Sie engagieren sich stärker in Ihrer Kirchengemeinde, Synagoge oder Moschee und lesen Bücher zu spirituellen Themen.

1	1	4	2	2
Natur	**Freude**	**Wert**	**Schuld**	**Situation**

6   4   10

12 Sorgen Sie für Ihren Körper: Sie werden körperlich aktiv, meditieren, lächeln und lachen.

7	7	1	5	4
Natur	**Freude**	**Wert**	**Schuld**	**Situation**

15   9   24

Und nun bestimmen Sie Ihren »Abstimmungswert« und ermitteln die optimale Kombination Ihrer Aktivitäten gemäß der Anleitung auf der folgenden Seite.

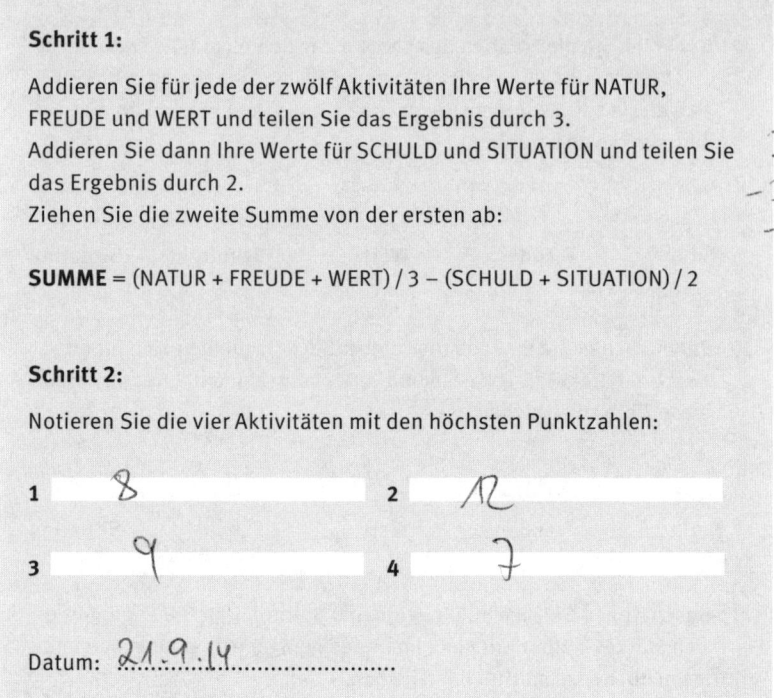

Schritt 1:

Addieren Sie für jede der zwölf Aktivitäten Ihre Werte für NATUR, FREUDE und WERT und teilen Sie das Ergebnis durch 3.

Addieren Sie dann Ihre Werte für SCHULD und SITUATION und teilen Sie das Ergebnis durch 2.

Ziehen Sie die zweite Summe von der ersten ab:

$$\text{SUMME} = (\text{NATUR} + \text{FREUDE} + \text{WERT}) / 3 - (\text{SCHULD} + \text{SITUATION}) / 2$$

38
−30
_____
8

Schritt 2:

Notieren Sie die vier Aktivitäten mit den höchsten Punktzahlen:

1 8   2 12

3 9   4 7

Datum: 21.9.14

Nach Abschluss dieses Diagnosetests haben Sie vier Glücksaktivitäten ausgewählt, die Sie in Ihrem Glücksprogramm angehen können. Möglicherweise entspricht die Liste genau Ihrer Erwartung, möglicherweise sind Sie aber auch überrascht von der Zusammenstellung und lernen auf diese Weise schon etwas Wertvolles über sich selbst. Wie dem auch sei: Je nach Energie und Motivation können Sie sich entscheiden, zunächst nur mit einer der vier Aktivitäten zu beginnen oder gleich zwei oder drei anzugehen. Wenn Sie mit Ihren Aktivitäten Fortschritte machen, können Sie weitere hinzunehmen und auch andere ausprobieren, denen Sie eine etwas niedrigere Punktzahl zugemessen haben. *Wenn Sie möchten, springen Sie nach diesem Kapitel gleich in Teil II und lesen Sie nur die Kapitel, die auf Sie zutreffen.* Die sechs Kapitel in Teil II erklären Ihnen jede Glücksaktivität im Detail.

Der Test ist deshalb sinnvoll, weil Sie sich natürlich eher dazu motiviert fühlen, eine bestimmte Aktivität umzusetzen, wenn diese Ihnen auch liegt. Sie wollen diese Strategie aus eigenem Antrieb umsetzen, weil Sie Ihnen wertvoll erscheint oder Spaß macht, und *nicht*, weil Sie sich dazu gezwungen fühlen, etwa aus Schuldgefühlen oder um jemand anderem einen Gefallen damit zu tun. Der Test ermittelt das, was Ken Sheldon als »in sich schlüssige Motivation« beschreibt, also das Engagement für ein Ziel, das mit Ihren tatsächlichen Interessen und Werten in Einklang steht.[2] Wenn Sie mit dieser Art der Motivation Ihr Leben glücklicher gestalten wollen, zeigen Sie dauerhafteres Engagement und erreichen mit größerer Wahrscheinlichkeit Ihr Ziel.[3] Je besser die Aktivität zu Ihnen passt, umso mehr tun Sie dafür und umso richtiger fühlt es sich an.

Die Untersuchung eines meiner Doktoranden bewies den Nutzen dieser personalisierten Abstimmung.[4] Nach dem Zufallsprinzip vergaben wir eine einzelne Glücksaktivität an verschiedene Versuchsteilnehmer, die sie über zwei Monate hinweg praktizieren sollten. Gleichzeitig ließen wir die Teilnehmer einen Test ausfüllen. Die Teilnehmer, die das Glück hatten, eine Aktivität zugelost zu bekommen, die zu ihnen passte,

- ◆ empfanden diese Aktivität als natürlicher und hatten mehr Spaß daran, setzten die Aktivität auch nach Abschluss des Versuchs fort und steigerten durch die Aktivität ihr Wohlbefinden.[5]

Da haben Sie's: Die richtige Wahl ist alles!

Weitere Optionen

Es hat seinen Grund, warum ich zwölf Aktivitäten in dieses Buch aufgenommen habe und nicht mehr oder weniger. Erstens habe ich mich dafür entschieden, nur Aktivitäten aufzunehmen, deren Nützlichkeit wissenschaftlich nachgewiesen ist. Zweitens sollte die Bandbreite möglichst groß sein, sodass jeder und jede die Kombination finden kann, die genau zu ihm oder ihr passt.

Trotzdem kann es sein, dass eine bestimmte Aktivität Ihnen anfangs nicht richtig erscheint, auch wenn Sie im Diagnosetest eine hohe Punktzahl dafür erhalten haben. In diesem Fall sollten Sie hartnäckig bleiben oder eine andere Aktivität ausprobieren – oder beides. Wissenschaftliche Untersuchungen zeigen, dass wir, um grundlegende Veränderungen an uns vorzunehmen, oft mehrere Anläufe vornehmen müssen. Eine Studie suchte Hunderte von Menschen, die erfolgreich abgenommen und ihr neues Gewicht mindestens fünf Jahre lang gehalten hatten.[6] Die meisten berichteten, sie hätten verschiedene Diäten und Sportarten ausprobiert, um abzunehmen, und hätten vier, fünf oder mehr Anläufe gebraucht, ehe sie schließlich Erfolg hatten. Auch deshalb ist es nützlich, aus einer größeren Bandbreite von Strategien auswählen zu können.

Lassen Sie sich aber nicht von Ihrer Liste der vier passenden Aktivitäten bremsen. Ich habe festgestellt, dass Menschen, die besonders von einer bestimmten Glücksaktivität profitieren, oft weitere komplementäre Aktivitäten finden, die ebenfalls gut zu ihnen passen.[7] Deshalb empfehle ich in Teil II nach der Beschreibung jeder der zwölf Glücksaktivitäten zwei weitere, von denen Sie profitieren können, auch wenn sie nicht auf Ihrer Liste stehen. Die erste Aktivität ist beispielsweise die Dankbarkeit. Wenn Sie hier eine hohe Punktzahl erreicht haben, sollten Sie Ihr Bestes geben, um Sie umzusetzen. Wenn Sie Erfolge erkennen, setzten Sie dies fort. Gleichzeitig können Sie eine oder mehrere der Aktivitäten Ihrer Liste hinzunehmen. Und wenn Sie feststellen, dass Ihnen »Dankbarkeit« gefällt und besonders effektiv ist, dann gibt es zwei weitere Aktivitäten, die Sie ausprobieren könnten: »Hilfsbereit sein« und »Vergeben lernen«. Dazu sollten Sie die entsprechenden Kapitel lesen.

Im Anhang (Seite 308) finden Sie zum besseren Überblick eine Zusammenstellung, welche Glücksaktivitäten gut zusammenpassen. Diese Aufstellung soll Ihnen helfen, weitere Aktivitäten zu finden, die nicht auf Ihrer Liste stehen.

Bevor es weitergeht

Wenn Sie sich vornehmen, ein glücklicheres Leben zu führen, dann ist das kein kleines Unterfangen und erfordert Ihren Einsatz und Ihr Engagement. Vielleicht wirken die ersten Schritte ein wenig einschüchternd auf Sie, doch sie werden Ihnen auch Zuversicht geben, denn die Entscheidung darüber, ob und wie Sie diesen Weg gehen, liegt ganz allein bei Ihnen. Der Test hilft Ihnen dabei, denn die Entscheidung für die richtigen Aktivitäten erhöht Ihre Erfolgsaussichten. Wenn Sie dagegen ins Blaue eine Strategie wählen, besteht die Gefahr, dass Sie keinen

Erfolg haben und aufgeben. Durch den Test können Sie Frustrationen dieser Art vermeiden und die Zusammenstellung derjenigen Strategien finden, die *für Sie* am wirkungsvollsten sind und am besten zu Ihren persönlichen Werten, Zielen und Bedürfnissen passen. Ich möchte Sie noch einmal ausdrücklich ermuntern, mit den vier Aktivitäten zu beginnen, die sich aus dem Test ergeben haben.

Wenn Sie nun gleich zu den Kapiteln mit den Glücksaktivitäten, die am besten zu Ihnen passen, springen möchten, sollten Sie auf jeden Fall anschließend auch Kapitel 10 lesen. Denn entscheidend für Ihren Erfolg ist auch, dass Sie wissen, *wie* und *warum* die Glücksaktivitäten funktionieren.

Glücks-
aktivitäten

Ehe Sie beginnen

In diesem zweiten Teil lernen Sie eine oder mehrere der Glücksaktivitäten kennen, die laut unserem Test am besten zu Ihnen passen, und beginnen mit deren Umsetzung.

Ehe Sie jedoch anfangen, sollten Sie mithilfe des folgenden Fragebogens Ihr momentanes Glücksempfinden ermitteln. Diesen Fragebogen, das »Oxford Happiness Questionnaire«[1], sollten Sie im Laufe Ihrer Arbeit mit den Glücksaktivitäten regelmäßig ausfüllen, um festzustellen, inwieweit die Aktivitäten tatsächlich wirken.

Beachten Sie: Dieser Fragebogen ermittelt nicht Ihren Glücksfixpunkt, sondern Ihr momentanes Glücksempfinden! Der Fixpunkt ist fest und unveränderlich, doch Ihr Glücksempfinden ändert sich, je nachdem was Sie tun und wie Sie denken.

Das Oxford Happiness Questionnaire

Anleitung
Sie finden im Folgenden eine Anzahl von Aussagen über Ihr persönliches Glücksempfinden.

Lesen Sie bitte jede Aussage, und geben Sie bitte an, wie sehr Sie mit dieser übereinstimmen, in dem Sie ihr einen Wert von 1 bis 6 zuordnen.

	Stimme ich überhaupt nicht zu	Stimme ich nicht zu	Stimme ich eher nicht zu	Stimme ich teilweise zu	Stimme ich zu	Stimme ich vollkommen zu
1. Ich bin nicht zufrieden mit mir, so wie ich bin.	☐ 1	☐ 2	☐ 3	☒ 4	☐ 5	☐ 6
2. Ich interessiere mich sehr für andere Menschen.	☐ 1	☐ 2	☐ 3	☐ 4	☒ 5	☐ 6
3. Ich halte das Leben für sehr lohnenswert.	☐ 1	☐ 2	☐ 3	☐ 4	☒ 5	☐ 6
4. Ich hege sehr herzliche Gefühle für andere Menschen.	☐ 1	☐ 2	☐ 3	☐ 4	☐ 5	☒ 6
5. Ich fühle mich morgens selten ausgeruht.	☐ 1	☐ 2	☐ 3	☐ 4	☒ 5	☐ 6
6. Ich bin nicht optimistisch in Bezug auf die Zukunft.	☐ 1	☐ 2	☒ 3	☐ 4	☐ 5	☐ 6
7. Ich finde die meisten Dinge amüsant.	☐ 1	☐ 2	☐ 3	☒ 4	☐ 5	☐ 6
8. Ich engagiere mich oft und bringe mich ein.	☐ 1	☐ 2	☐ 3	☐ 4	☒ 5	☐ 6

	Stimme ich überhaupt nicht zu	Stimme ich nicht zu	Stimme ich eher nicht zu	Stimme ich teilweise zu	Stimme ich zu	Stimme ich vollkommen zu
9. Das Leben ist gut.					☒	
	1	2	3	4	5	6
10. Ich glaube, die Welt ist kein guter Ort.			☒			
	1	2	3	4	5	6
11. Ich lache oft.					☒	
	1	2	3	4	5	6
12. Es gibt in meinem Leben vieles, mit dem ich zufrieden bin.					☒	
	1	2	3	4	5	6
13. Ich finde mich nicht attraktiv.		☒				
	1	2	3	4	5	6
14. Es besteht ein großer Unterschied zwischen dem, was ich gern tun würde, und dem, was ich getan habe.						☒
	1	2	3	4	5	6
15. Ich bin sehr glücklich.					☒	
	1	2	3	4	5	6
16. Ich finde viele Dinge einfach schön.					☒	
	1	2	3	4	5	6

	Stimme ich überhaupt nicht zu	Stimme ich nicht zu	Stimme ich eher nicht zu	Stimme ich teilweise zu	Stimme ich zu	Stimme ich vollkommen zu
17. Ich heitere andere Menschen oft auf.	□ 1	□ 2	□ 3	□ 4	☒ 5	□ 6
18. Ich teile meine Zeit sehr gut ein.	□ 1	□ 2	□ 3	□ 4	□ 5	☒ 6
19. Ich habe das Gefühl, wenig in meinem Leben im Griff zu haben.	☒ 1	□ 2	□ 3	□ 4	□ 5	□ 6
20. Mir fällt es leicht, etwas Neues zu beginnen.	□ 1	□ 2	□ 3	□ 4	□ 5	☒ 6
21. Ich fühle mich geistig sehr wach.	□ 1	□ 2	☒ 3	□ 4	□ 5	□ 6
22. Ich empfinde oft Freude und Begeisterung.	□ 1	□ 2	□ 3	□ 4	☒ 5	□ 6
23. Mir fällt es schwer, Entscheidungen zu treffen.	□ 1	☒ 2	□ 3	□ 4	□ 5	□ 6
24. Mein Leben hat keinen besonderen Sinn.	☒ 1	□ 2	□ 3	□ 4	□ 5	□ 6

	Stimme ich überhaupt nicht zu	Stimme ich nicht zu	Stimme ich eher nicht zu	Stimme ich teilweise zu	Stimme ich zu	Stimme ich vollkommen zu
25. Ich habe viel Energie.	☐	☐	☐	☐	☐	☒
	1	2	3	4	5	6
26. Ich kann die Ereignisse in meinem Leben oft gut beeinflussen.	☐	☐	☐	☐	☒	☐
	1	2	3	4	5	6
27. Ich habe keinen Spaß mit anderen Menschen.	☒	☐	☐	☐	☐	☐
	1	2	3	4	5	6
28. Ich fühle mich nicht besonders gesund.	☒	☐	☐	☐	☐	☐
	1	2	3	4	5	6
29. Ich habe keine besonders positiven Erinnerungen an die Vergangenheit.	☒	☐	☐	☐	☐	☐
	1	2	3	4	5	6
21. Ich empfinde oft Freude und Begeisterung.	☐	☐	☐	☐	☐	☒
	1	2	3	4	5	6

Die Punktzahl ermitteln: ☐ ☐ ☐ ☐ ☐ ☐

Die Punktzahl ermitteln:

Schritt 1:
Überprüfen Sie, ob Sie alle Aussagen bewertet haben (beachten Sie, dass die Punkte bei den Aussagen 1, 5, 6, 10, 13, 14, 19, 23, 24, 27, 28 und 29 »umgekehrt« vergeben werden)!

Schritt 2:
Addieren Sie nun Ihre Punkte für alle 29 Aussagen.

Schritt 3:
Glücksempfinden = Summe (von Schritt 2) ...111.
geteilt durch 29 = ..4,03

Ihre Punktzahl: 4,03   Datum: .....21.9.
Ihre Punktzahl: ....   Datum: ....
Ihre Punktzahl: ....   Datum: ....
Ihre Punktzahl: ....   Datum: ....
Ihre Punktzahl: ....   Datum: ....
Ihre Punktzahl: ....   Datum: ....

Im »Oxford Happiness Questionnaire« können Sie einen Wert zwischen 1 Punkt (wenn Sie sich bei allen Aussagen eine 1 gegeben haben) und 6 Punkten (wenn Sie sich bei allen Aussagen eine 6 gegeben haben) erreichen. Der Durchschnittswert liegt bei 4,3.

Notieren Sie Ihre Punktzahl und das Datum. Füllen Sie im Laufe Ihrer Arbeit mit den Glücksaktivitäten diesen Fragebogen zum Beispiel an jedem Ersten des Monats oder nach Erreichen eines bestimmten Zieles aus. Sie werden feststellen, dass Ihr Glücksempfinden sich im Zuge Ihres Programms verändert oder zunimmt.

4. Üben Sie Dankbarkeit und positives Denken

Was wir über uns und die Welt denken, hat mehr Einfluss auf unser Glück oder Unglück als unsere tatsächlichen Lebensumstände. »Die Gedanken sind eine eigene Welt, sie machen den Himmel zur Hölle, und die Hölle zum Himmel«, schrieb John Milton in *Paradise Lost*. Die drei Aktivitäten in diesem Kapitel sollen Ihnen helfen, Ihr Leben in einem positiveren Licht zu sehen – die Hölle zum Himmel zu machen, etwas zu finden, über das Sie sich freuen, und sich nicht über Kleinigkeiten aufzuregen.

Philosophen, Schriftsteller und Großmütter empfehlen die drei Aktivitäten dieses Kapitels seit langem: dankbar zu sein, die positiven Seiten zu sehen und nicht allzu viel über sich und andere nachzugrübeln. Gute Ratschläge wie »sieh nicht alles so schwarz«, »denk nicht so viel nach« und »sei dankbar für das, was du hast« sind seit Generationen bekannt. Warum sollen sie uns also heute noch etwas bedeuten? Warum sollten wir unsere wertvolle Zeit und Energie darauf verwenden, sie zu beherzigen und uns zur Gewohnheit zu machen? Und überhaupt, woher wissen wir, dass wir Dankbarkeit und Optimismus lernen können und dass sie nicht angeboren sind? Und dass wir, wenn wir sie lernen, tatsächlich glücklicher werden? Die Antworten finden Sie auf den folgenden Seiten. In diesem Buch sind nur Aktivitäten aufgeführt, deren Wirkung wissenschaftlich nachgewiesen ist. Mehr noch, ich erkläre Ihnen mithilfe neuester Forschungsergebnisse, warum diese Strategien funktionieren und wie Sie sie umsetzen sollten, um die größtmögliche Wirkung zu erzielen. In jedem großmütterlichen Rat steckt ein Körnchen Wahrheit. Ich habe die größten Körner ausgewählt, mit wissenschaftlichen Methoden überprüft und versucht herauszufinden, für wen die jeweilige Wahrheit am besten funktioniert und warum. Setzen Sie diese Aktivitäten für sich um und nutzen Sie Ihr Glückspotenzial von 40 Prozent, um sich neu zu erfinden.

Glücksaktivität 1: Entwickeln Sie Ihre Fähigkeit zur Dankbarkeit

Dankbarkeit ist so etwas wie der Königsweg zum Glück. Dankbarkeit kann vielen Menschen vieles sein: Staunen; Wertschätzung; die Erkenntnis, dass eine negative Erfahrung auch ihre guten Seiten haben kann; die Erfahrung der Fülle; Dankbarkeit gegenüber einem Menschen; Dankbarkeit gegenüber Gott; oder das Gefühl, wahrhaft gesegnet zu sein. Dankbarkeit bedeutet, zu genießen; etwas nicht als Selbstverständlichkeit anzusehen; eine schwere Erfahrung zu bewältigen; oder ganz im Hier und Jetzt zu stehen. Dankbarkeit ist ein Gegenmittel gegen negative Emotionen wie Neid, Geiz, Feindseligkeit, Sorge und Ärger. Für die meisten Menschen bedeutet Dankbarkeit jedoch nur ein »Dankeschön« für ein Geschenk oder einen Gefallen. Ich lade Sie ein, Dankbarkeit sehr viel umfassender zu verstehen.

Robert Emmons, der weltweit führende Dankbarkeitsforscher, definiert Dankbarkeit als »Gefühl des Staunens, des Dankbar-Seins und der Feier des Lebens«.[1] Sie könnten also Ihre Fähigkeit zur Dankbarkeit weiterentwickeln, indem Sie beispielsweise erkennen, wie gut Sie es mit Ihren Lebensumständen getroffen haben und wie viel schlechter es hätte laufen können; indem Sie einen früheren Mentor anrufen und ihm dafür danken, dass er Ihnen bei einer wichtigen Lebensentscheidung geholfen hat; indem Sie Augenblicke mit Ihrem Kind genießen oder indem Sie an die vielen guten Dinge in Ihrem Leben denken. Dankbarkeit zu empfinden bedeutet, die Aufmerksamkeit auf die Gegenwart zu richten und dankbar zu sein für das Leben, so wie es heute ist, und für alles, was dazu beigetragen hat.

Dankbarkeit ist sehr viel mehr als nur ein »Dankeschön«. Neuere Untersuchungen zeigen die vielfältigen positiven Auswirkungen der Dankbarkeit. Dankbare Menschen sind glücklicher, sie haben mehr Energie, sind optimistischer und empfinden nach eigenen Angaben häufiger positive Emotionen. Sie sind hilfsbereiter und einfühlsamer, spiritueller und religiöser, versöhnlicher und weniger materialistisch als weniger dankbare Menschen. Außerdem leiden sie weniger häufig unter Depression, Nervosität, Einsamkeit, Neid und Neurosen.[2] Allerdings geht aus diesen Studien noch nicht eindeutig hervor, ob Dankbarkeit wirklich die Ursache all dieser positiven Eigenschaften ist oder ob optimistische, hilfsbereite und religiöse Menschen nicht umgekehrt eher zu Dankbarkeit neigen. Um den Zusammenhang zu klären, wurden Experimente durchgeführt, die nachprüften, was passiert, wenn ahnungslose Versuchsteilnehmer Dankbarkeit zum Ausdruck bringen.

In der ersten Untersuchung dieser Art sollten die Probanden zehn Wochen lang jeden Tag fünf Dinge notieren, für die sie dankbar waren.[3] Teilnehmer einer Kontrollgruppe sollten dagegen täglich fünf Ärgernisse oder wichtige Ereignisse notieren. Die Ergebnisse waren überraschend. Im Vergleich zur Kontrollgruppe waren die Teilnehmer, die Dankbarkeit zum Ausdruck bringen sollten, am Ende des Experiments optimistischer und zufriedener mit ihrem Leben. Selbst ihre Gesundheit hatte sich verbessert, sie berichteten über weniger körperliche Beschwerden wie Kopfschmerzen, Akne, Husten oder Schwindel und trieben mehr Sport.

In anderen Untersuchungen wandten Studenten und Erwachsene mit chronischen Krankheiten die Dankbarkeitsstrategie an. Der Erfolg war ähnlich: An Tagen, an denen die Teilnehmer ihre Dankbarkeit ausdrückten, empfanden sie mehr positive Emotionen wie Interesse, Begeisterung, Freude und Stolz, waren hilfsbereiter, fühlten sich anderen verbundener und schliefen besser.

Diese Untersuchungen zeigten erstmals, dass Dankbarkeit tatsächlich die geistige und körperliche Gesundheit fördert. In diesen Studien ging es jedoch lediglich um die kurzfristigen Auswirkungen der Dankbarkeit. Bei Experimenten, die wir in meinem Labor durchführten, stand dagegen die Frage im Mittelpunkt, ob Menschen langfristig glücklicher werden können. Bei unseren ersten »Glücksinterventionen« schien die Dankbarkeit ein naheliegender Kandidat. Wir ermittelten zunächst das Glücksniveau der Versuchspersonen, ließen sie dann die Dankbarkeitsintervention durchführen und erfragten unmittelbar im Anschluss noch einmal das Glücksempfinden. Unser Experiment ähnelte dem oben beschriebenen: Unsere Teilnehmer sollten ein Tagebuch führen, in dem sie täglich fünf Dinge notierten, für die sie dankbar waren:

Es gibt viele große und kleine Dinge in unserem Leben, für die wir dankbar sein können. Denken Sie an die Ereignisse der vergangenen Woche und notieren Sie fünf Dinge, für die Sie dankbar sind.

Diese Woche bin ich dankbar für:

1. ....

2. ....

3. ....

4. ....

5. ....

Das Experiment dauerte sechs Wochen. Die eine Hälfte der Teilnehmer sollte die Übung einmal pro Woche am Sonntagabend durchführen, die andere jeden Dienstag, Donnerstag und Sonntag. Die Antworten der Teilnehmer waren breit gestreut und reichten von »Mama«, »mein gesunder Körper« und »ein Rendezvous am Valentinstag« über die »einfache Zwischenprüfung« bis zum »AOL-Messenger«.

Wie erwartet, steigerte diese einfache Übung das Gefühl der Dankbarkeit und Wertschätzung unserer Teilnehmer. Wichtiger noch, die Teilnehmer, die regelmäßig ihre Dankbarkeit äußerten, fühlten sich glücklicher. Im Vergleich mit einer Kontrollgruppe – einer Gruppe, die keine Dankbarkeitsinterventionen durchführte – stieg das Glücksempfinden der dankbaren Gruppe infolge des Experiments merklich an. Interessanterweise stellte sich dieser Effekt jedoch nur bei denjenigen Teilnehmern ein, die die Übung *einmal wöchentlich* durchführten. Die Teilnehmer, die dreimal wöchentlich in ihr Dankbarkeitstagebuch schreiben sollten, zeigten keinen vergleichbaren Erfolg. Dieses Ergebnis ist auf den ersten Blick überraschend, doch wir kamen zu dem Schluss, dass die Teilnehmer, die ihre Dankbarkeit dreimal pro Woche ausdrücken sollten, sich bald langweilten und es möglicherweise als lästige Pflichtübung empfanden, während das Experiment für die andere

Gruppe länger frisch und sinnvoll blieb. Ich komme später noch einmal auf diese Erkenntnis zurück, denn sie hat weitreichende Konsequenzen darauf, *wie* wir diese und andere Glücksaktivitäten erfolgreich durchführen können.

Acht Gründe, warum Dankbarkeit Ihr Glücksempfinden steigert

So rührselig es vielleicht klingen mag: Die Forschung zeigt, dass Sie tatsächlich glücklicher werden können, wenn Sie Ihre Fähigkeit zur Dankbarkeit weiterentwickeln.[4] Doch statt diesem Rat blind zu folgen, sollten Sie verstehen, warum und wie Dankbarkeit Sie glücklicher macht. Es gibt nicht weniger als acht gute Gründe, aus denen ich Ihnen Dankbarkeit ans Herz legen möchte.

1. Dankbarkeit hilft Ihnen, die positiven Erfahrungen Ihres Lebens zu genießen. Wenn Sie sich an den Geschenken erfreuen, die Ihnen das Leben bereitet, verhilft Ihnen Ihre gegenwärtige Situation zu größerer Zufriedenheit und Freude. Als mein erstes Kind gerade ein paar Monate alt war, kam eine ältere Frau auf mich zu, während ich mich mit dem Kinderwagen abmühte. »Das ist aber ein hübsches Mädchen«, sagte sie. »Genießen Sie diese Zeit, sie geht so schnell vorüber!« Damals fühlte ich mich überfordert und übermüdet und war ehrlich gesagt wenig dankbar für diesen ungebetenen Rat. Doch er zeigte Wirkung. Dankbarkeit für die Existenz dieses kleinen Kindes zu empfinden, gab mir die Möglichkeit, die ermüdende Arbeit zu vergessen und die Magie dieses kurzen Augenblicks zu genießen, den ich mit meiner Tochter hatte.

2. Dankbarkeit steigert das Selbstwertgefühl. Wenn Sie erkennen, wie viel andere Menschen für Sie getan und wie viel Sie dadurch erreicht haben, gewinnen Sie an Selbstsicherheit. Leider fällt es den meisten Menschen leichter, sich an Versagen und Enttäuschungen zu erinnern oder an die Verletzungen und Beleidigungen, die ihnen andere zugefügt haben. Dankbarkeit kann Ihnen helfen, sich diese schlechte Angewohnheit abzugewöhnen. Statt automatisch bei jedem Rückschlag »weh mir!« zu denken, kann Dankbarkeit Ihnen dabei helfen, sich die positiven Dinge in Ihrem Leben ins Gedächtnis zu rufen oder dankbar dafür zu sein, dass es nicht schlimmer gekommen ist.

3. Dankbarkeit hilft beim Umgang mit Stress oder traumatischen Erfahrungen. Die Fähigkeit, dankbar zu sein für Ihre Lebensumstände, ist eine gute Strategie, um belastende oder negative Lebenserfahrungen in einem anderen Licht zu sehen und zu bewältigen.[5] Menschen, die sich regelmäßig in Dankbarkeit üben, erinnern sich seltener und weniger intensiv an traumatische Erfahrungen.[6] Zum Beispiel war in den Tagen nach den Anschlägen des 11. September Dankbarkeit nach Mitgefühl das am zweithäufigsten empfundene Gefühl.[7]

Während einer persönlichen Krise, eines Verlusts oder chronischer Krankheit Dankbarkeit zu empfinden, kann Ihnen dabei helfen, sich auf die Situation einzustellen, den nächsten Schritt zu gehen und vielleicht von vorn zu beginnen. So schwer es sein mag, in Krisenmomenten dankbar zu sein, ist es vielleicht die bestmögliche Reaktion. In einem meiner letzten Kurse hatte ich einen schwerstbehinderten älteren Studenten namens Brian. Er konnte die Hände ein wenig bewegen und lenkte seinen Rollstuhl, indem er mit der gekrümmten rechten Hand einen Hebel in der Nähe seiner Schulter bediente. In einer der Veranstaltungen sollte jeder der Kursteilnehmer den glücklichsten Moment seines Lebens beschreiben. Brian erzählte: »Mein glücklichster Moment ist ein bisschen merkwürdig. Es war der Tag, an dem ich aus dem Krankenhaus nach Hause kam, nach meinem Unfall. Ich war trotzig. Ich sagte: ›Ha, ich bin noch am Leben! Ich hab dich besiegt!‹ Ich weiß nicht, wen ich damit gemeint habe. Aber ich war dankbar, dass ich wieder zuhause war. Es war vielleicht eine Kleinigkeit, aber es fühlte sich so gut an, nach vier Monaten im Krankenhaus wieder zuhause zu sein.« Die 67-jährige Inger, die nach Auskunft der Ärzte nur noch kurze Zeit zu leben hatte, beschrieb ihre Krankheit ähnlich: »Wenn Sie den Zeiger ticken hören und wissen, dass es jeden Moment klingelt und Ihre Zeit um ist, dann sehen Sie die Dinge ganz klar. Sie haben keinen Zweifel mehr, worauf es ankommt und warum Sie leben, und Sie sind dankbar für jeden Moment.«[8] Inger und Brian haben eine erstaunliche Fähigkeit zur Dankbarkeit, eine Fähigkeit, die ihnen in Gesundheit wie Krankheit gleichermaßen hilft.

4. Dankbarkeit fördert moralisches Verhalten. Wie oben erwähnt helfen dankbare Menschen mit größerer Wahrscheinlichkeit anderen, unter anderem weil sie sich der Fürsorge und Unterstützung durch andere stärker bewusst sind und das Bedürfnis verspüren, dies weiterzugeben.

Außerdem sind sie weniger materialistisch, weil sie dankbar sind für das, was sie haben, und weniger darauf erpicht sind, weitere Gegenstände anzuhäufen. Ein Überlebender des Konzentrationslagers Auschwitz wurde einmal so beschrieben: »Sein Leben war von tiefer Dankbarkeit geprägt, da er sich stets an eine Zeit erinnerte, in der er nichts hatte.«[9] In einem Experiment lernten Versuchsteilnehmer, mehr Dankbarkeit zu empfinden, und zeigten sich in der Folge hilfsbereiter gegenüber Freunden oder Fremden, selbst wenn sie dazu unangenehme oder anstrengende Tätigkeiten verrichten mussten.[10]

5. Dankbarkeit kann soziale Bande schaffen, indem sie bestehende Beziehungen stärkt und neue fördert.[11] Ein Dankbarkeitstagebuch beispielsweise kann Ihr Gefühl der Verbundenheit mit anderen Menschen stärken. Verschiedene Untersuchungen haben gezeigt, dass Menschen, die Dankbarkeit gegenüber anderen empfinden (selbst wenn sie diese nie direkt zum Ausdruck bringen), eine engere und bessere Beziehung zu diesen Menschen haben.[12] Robert Emmons erklärt, wenn Sie sich des Wertes Ihrer Freunde und Verwandten wirklich bewusst werden, dann behandeln Sie diese besser und setzen damit einen positiven Kreislauf in Gang: Feste Beziehungen geben Ihnen mehr Grund zur Dankbarkeit, was wiederum diese Beziehungen festigt und so weiter. Zudem sind dankbare Menschen auch eher optimistische Menschen, und optimistische Menschen sind beliebter und finden eher Freunde.[13]

6. Dankbarkeit verhindert Neid und den Vergleich mit anderen. Wenn Sie tatsächlich Dankbarkeit empfinden für das, was Sie haben, sei es Ihre Familie, Gesundheit oder Ihr Zuhause, dann schielen Sie weniger auf das, was die Nachbarn haben.

7. Dankbarkeit ist absolut nicht vereinbar mit negativen Emotionen und kann Gefühle wie Ärger, Verbitterung, Eifersucht oder Gier mindern oder sogar verhindern.[14] Ein Psychiater beschrieb dies so: »Dankbarkeit löst negative Gefühle auf: Ärger und Eifersucht schmelzen dahin, Angst und Defensivität schwinden.«[15] Es ist schwer, Schuld, Ärger oder Wut zu fühlen, wenn Sie dankbar sind. Die Schwester einer Freundin ist die einzige berufstätige Mutter, die ich kenne, die wirklich kein Gramm Schuld empfindet. Das liegt daran, dass sie ein Genie darin ist, Freunde

und Verwandte um Hilfe zu bitten und ihnen danach so überschwänglich und ehrlich zu danken, dass diese sich fühlen wie echte Helden.

8. Dankbarkeit hilft uns schließlich, der hedonistischen Anpassung ein Schnippchen zu schlagen. Wie Sie sich erinnern, beschreibt der Begriff »hedonistische Anpassung« unsere bemerkenswerte Fähigkeit, uns rasch an neue Ereignisse oder Situationen zu gewöhnen. Dies ist nützlich, wenn diese neue Situation unangenehm ist, aber nicht, wenn uns etwas Positives passiert. Wenn Sie den Partner fürs Leben finden, sich mit einer warmherzigen Kollegin anfreunden, von einer Krankheit genesen oder ein neues Auto kaufen, bedeutet dies zwar einen unmittelbaren Schub an Glück und Zufriedenheit. Doch leider sorgt die hedonistische Anpassung dafür, dass dieser nicht allzu lange vorhält. Anpassung an positive Veränderungen ist der Feind des Glücks, und einer der Schlüssel zu mehr Glück ist der Widerstand gegen diese Anpassung. Dankbarkeit ist eines der besten Gegenmittel: Sie verhindert, dass die guten Dinge des Lebens zur Selbstverständlichkeit werden und bewahrt uns davor, dass wir uns an positive Lebensumstände gewöhnen.

Wie Sie Dankbarkeit praktizieren können

Wenn Sie im Diagnosetest herausgefunden haben, dass Dankbarkeit eine der Glücksaktivitäten ist, die am besten zu Ihnen passt, dann fällt Ihnen das Kommende leichter, denn dann sind Sie bereits motiviert und bereit, den Einsatz und das Engagement aufzubringen, die nötig sind, um Ihre Fähigkeit zur Dankbarkeit weiterzuentwickeln. Welchen Weg Sie dafür wählen, liegt an Ihnen: Suchen Sie sich einfach mindestens eine der folgenden Möglichkeiten aus.

Das Dankbarkeitstagebuch
Wenn Sie gern schreiben, dann könnte ein Dankbarkeitstagebuch, wie ich es oben beschrieben habe, eine gute Methode für Sie sein. Wählen Sie eine Tageszeit, zu der Sie sich dem Alltag ein paar Minuten entziehen und in Ruhe nachdenken können. Das kann früh am Morgen sein, während der Mittagspause, auf dem Nachhauseweg oder vor dem Schlafengehen. Überlegen Sie sich drei bis fünf Dinge, für die Sie zurzeit dankbar sind. Das können ganz prosaische Ereignisse sein wie etwa die Tatsache, dass der Wäschetrockner wieder funktioniert, Ihre

Blumen angefangen haben zu blühen oder dass Ihr Partner daran gedacht hat, einkaufen zu gehen. Das können aber auch bewegende Erlebnisse sein, wie die ersten Schritte Ihres Kindes oder die Schönheit des Nachthimmels. Notieren Sie Dinge, die Ihnen gerade einfallen: eines Ihrer besonderen Talente oder ein Ihrer Fähigkeiten, etwas, das Ihnen an Ihrem Haus oder Ihrem Wohnort gefällt, ein Ziel, das Sie erreicht haben, oder Ihre Vorteile und Möglichkeiten.[16] Vergessen Sie nicht die Menschen, die sich um Sie kümmern, die Sie unterstützen, die Opfer für Sie gebracht haben oder die in irgendeiner Weise mit Ihnen in Berührung gekommen sind.

Meine Tests haben ergeben, dass der Erfolg in den meisten Fällen dann am größten ist, wenn Sie diese Übung einmal pro Woche durchführen. »In den meisten Fällen« bedeutet jedoch, dass einige Menschen, und vielleicht auch Sie, von einem anderen Zeitplan mehr profitieren: Vielleicht ist es für Sie sinnvoller, Ihr Dankbarkeitstagebuch täglich, dreimal wöchentlich oder zweimal im Monat zu führen. Finden Sie den Rhythmus, der Ihrem Lebensstil und Ihren Neigungen am ehesten entspricht, und lesen Sie auch Kapitel 10 zum Thema Zeiteinteilung.

Wege zur Dankbarkeit Wie Sie sich Ihre Dankbarkeit bewusst machen, hängt stark von Ihrer Persönlichkeit, Ihren Zielen und Ihren Bedürfnissen ab. Statt zu schreiben, können Sie auch einfach zu einer bestimmten Zeit an die Dinge denken, für die Sie besonders dankbar sind, oder auch daran, warum Sie dankbar sind und wie Ihr Leben bereichert wurde. Oder Sie können jeden Tag etwas ausfindig machen, das Ihnen für gewöhnlich als Selbstverständlichkeit erscheint und dem Sie keine besondere Beachtung mehr schenken. Oder Sie können sich jeden Tag einen undankbaren Gedanken bewusst machen (zum Beispiel »meine Schwester hat meinen Geburtstag vergessen«) und diesen durch einen positiven Gedanken ersetzen (zum Beispiel »aber sie ist sonst immer für mich da«).[17]

Auch Freunde und Familie können Ihnen helfen, Ihre Fähigkeit zur Dankbarkeit weiterzuentwickeln. Sie könnten sich beispielsweise einen »Dankbarkeitspartner« suchen, dem Sie erzählen, wofür Sie dankbar sind, und der Sie anschubst, wenn Sie die Lust verlieren oder es einfach vergessen. Kapitel 10 beschreibt die Vorteile eines solchen Partners genauer. Oder Sie könnten einem Besucher die Dinge, Menschen und Orte vorstellen, die Ihnen wichtig sind. Zeigen Sie ihm Ihre Comic-Sammlung, führen Sie ihn in Ihren Lieblingspark oder stellen Sie ihm Ihre Lieblingsnichte vor. Dies gibt Ihnen die Möglichkeit, die alltäglichen Dinge Ihres Lebens durch die Augen eines anderen zu sehen, sie neu zu entdecken und dankbar zu sein wie beim ersten Mal.

Gestalten Sie Ihre Strategie abwechslungsreich Halten Sie Ihre Strategie frisch, indem Sie sie vielfältig gestalten und nicht überstrapazieren. Abwechselung ist die Würze des Lebens.[18] (Auch hierzu finden Sie mehr in Kapitel 10.) Wenn Sie beispielsweise jeden Tag Ihr Dankbarkeitstagebuch führen und in eine starre Routine verfallen, dann langweilen Sie sich vermutlich irgendwann und erkennen keinen Sinn mehr in der Übung. Stattdessen könnten Sie Ihre Dankbarkeit nur nach bestimmten Ereignissen ausdrücken, etwa wenn Sie Schwierigkeiten überwunden haben oder neuen Schwung benötigen. Sie könnten auch einige Wochen Ihr Tagebuch führen, dann einige Wochen mit Freunden sprechen und schließlich einige Wochen lang Ihre Dankbarkeit mit künstlerischen Mitteln wie Fotografie, Kollagen oder Wasserfarben zum Ausdruck bringen. Oder Sie könnten sich auf unterschiedliche Lebensbereiche konzentrieren und beispielsweise abwechselnd für Ihre positiven Beziehungen, Ihr Arbeitsleben, Ereignisse der Vergangenheit, Ihre Umwelt oder das Leben selbst Ihre Dankbarkeit formulieren. Auf diese Weise bleibt Ihre Aktivität sinnvoll und fördert Ihr Glück weiter, statt irgendwann auf einer bestimmten Stufe zu verharren.

Bringen Sie Ihre Dankbarkeit direkt zum Ausdruck Dankbarkeit kann besonders wirkungsvoll sein, wenn Sie sie direkt aussprechen – ob am Telefon, per E-Mail oder von Angesicht zu Angesicht. Wenn es jemanden gibt, dem Sie besonders dankbar sind, dann machen Sie dies deutlich. Das kann Ihre Mutter, ein Lieblingsonkel oder ein alter Freund genauso sein wie ein Trainer, Lehrer oder Vorgesetzter. Schreiben Sie ihm oder ihr jetzt einen Brief, und wenn es möglich ist, lesen Sie ihm oder ihr diesen Brief bei einem Besuch laut vor. Sie können dazu einen besonderen Tag wie einen Geburtstag, ein Jubiläum oder einen Feiertag wählen, oder einen ganz beliebiges Datum. Beschreiben Sie im Detail, wie etwas, das diese Person für Sie getan hat, sich auf Ihr Leben ausgewirkt hat, und erwähnen Sie, wie oft Sie sich daran erinnern. Vielleicht finden Sie es auch beflügelnd, einem Menschen einen Dankesbrief zu schreiben, den

Sie nicht persönlich kennen, wie einer Buchautorin oder einer Politikerin, die auf die eine oder andere Weise Ihr Leben positiv beeinflusst hat. Oder schreiben Sie einem Menschen, der Ihnen im Alltag begegnet, wie Ihrem Briefträger oder Busfahrer.

Ein Freund zeigte mir den folgenden Brief, den er über dreißig Jahre nach seinem Schulabschluss an eine Englischlehrerin geschrieben hatte:

Vor allem möchte ich Ihnen sagen, dass Sie ohne Frage die Lehrerin waren, die mich in meiner Zeit an der High School am meisten beeinflusst hat. Ich bin Ihnen zutiefst dankbar für das Interesse, das Sie für mich gezeigt haben. Sie schienen damals zu glauben, dass ich etwas drauf hatte, und glauben Sie mir, damit waren Sie in der Lehrerschaft die Ausnahme. Dass Sie an meine Fähigkeiten glaubten, gab mir Zuversicht, die mir in den folgenden Jahren gute Dienste geleistet hat.

Vor allem behandelten Sie mich, einen relativ einfach gestrickten 17- beziehungsweise 18-Jährigen, wie einen Erwachsenen, und nichts gibt einem Teenager mehr Selbstvertrauen. Selbst wenn ich bedenke, dass die Siebziger eine andere Zeit waren als heute, frage ich mich oft: »Was hat sie sich nur dabei gedacht?«

Martin Seligman testete, welche Auswirkungen es auf unser Glücksempfinden hat, wenn wir Dankbarkeit auf diese Weise zum Ausdruck bringen.[19] Er führte ein Experiment mit dem Namen »Dankbarkeitsbesuch« durch, das nur eine Woche dauerte. Menschen aus allen Lebensbereichen registrierten sich auf seiner Website und hatten dann eine Woche Zeit, um einen Dankesbrief an einen Menschen zu überbringen, der sie in besonderer Weise unterstützt hatte, dem sie aber nie richtig dafür gedankt hatten. Alternativ konnten Teilnehmer an verschiedenen anderen Glücksaktivitäten teilnehmen. Die Teilnehmer, die den Dankesbrief schrieben, profitierten mit Abstand am meisten und waren sehr viel glücklicher und weniger depressiv. Das Hoch hielt eine Woche lang an und war selbst nach einem Monat noch deutlich spürbar. Diese Erkenntnisse zeigen, wie wirkungsvoll es ist, einem wichtigen Menschen direkt Ihre Dankbarkeit auszudrücken. Sie können diese Aktivität regelmäßig durchführen und beispielsweise Dankesbriefe (an dieselbe oder an unterschiedliche Personen) mit Ihrem Tagebuch abwechseln.

Es ist nicht immer nötig, dass Sie Ihren Dankesbrief tatsächlich abschicken. In einer unserer Untersuchungen fanden wir heraus, dass schon das einfache Verfassen eines solchen Briefes ausreicht, um das Glücksempfinden merklich zu steigern.[20] Teilnehmer unseres Experiments sollten verschiedene Menschen benennen, die in den vergangenen Jahren besonders gut zu ihnen gewesen waren. Versuchspersonen, die über acht Wochen hinweg jede Woche eine Viertelstunde darauf verwendeten, waren nach der Studie erkennbar glücklicher. Die Steigerung war umso deutlicher, je motivierter die Teilnehmer waren, je stärker die Aktivität ihren Zielen und Interessen entsprach und je ernster sie die Aufgabe nahmen.

In meinem Einführungskurs zur Psychologie lasse ich meine Studenten regelmäßig einen Dankesbrief schreiben. Für die Studenten ist dies eine der wirkungsvollsten und bewegendsten Übungen. Nicole, eine meiner Studentinnen, beschrieb mir, welche Erfahrung sie beim Verfassen ihres Dankesbriefes gemacht hatte:

Ich habe mich überglücklich gefühlt. Ich habe bemerkt, wie ich sehr schnell getippt habe. Es ist mir leicht gefallen, meine Dankbarkeit auszudrücken, und es war längst überfällig. Beim Tippen hat mein Herz schneller und schneller geschlagen. Als ich den Brief dann am Schluss noch einmal gelesen habe, hatte ich Tränen in den Augen und hatte das Gefühl, ich müsste gleich weinen. Meiner Mutter zu sagen, wie dankbar ich ihr bin, das hat mich so überwältigt, dass mir die Tränen übers Gesicht gelaufen sind.

Nicole erinnert sich, wie der Brief weiterwirkte:

Ein paar Tage später habe ich vor dem Computer gesessen, um an einer Hausarbeit zu schreiben. Ich war total frustriert. Weil ich nicht vorangekommen bin, habe ich die Datei mit dem Dankesbrief aufgemacht. Ich habe ihn noch einmal gelesen und ein paar Sachen ein bisschen anders formuliert. Sofort hatte ich ein Lächeln auf dem Gesicht. Es war überraschend, wie schnell meine Stimmung besser geworden ist. Ich hatte den Brief gar nicht aufgerufen, um bessere Laune zu bekommen, ich war einfach nur genervt von meiner Hausarbeit und wollte was anderes machen. Fast wie an dem Tag, an dem ich den Brief geschrieben habe, habe ich mich danach den ganzen Abend über glücklicher und weniger gestresst gefühlt. Die Wirkung dieses Briefs war erstaunlich, weil

der Brief nicht nur meine Laune verbessert hat, sondern weil es mir so lange
danach gut ging.

Sie haben also die verschiedensten Möglichkeiten, Ihre Fähigkeit zur
Dankbarkeit auszubauen. Suchen Sie sich diejenigen Anregungen aus,
die am besten für Sie funktionieren. Wählen Sie mindestens eine der
in diesem Abschnitt vorgestellten Möglichkeiten und probieren Sie sie
aus. Wenn die Strategie an Sinn und Frische verliert, zögern Sie nicht,
Änderungen daran vorzunehmen *wie*, *wann* und *wie oft* Sie Ihre Dankbarkeit zeigen wollen.

Spontane Dankbarkeit: Ein Nachsatz

So ungern ich es zugebe, doch obwohl ich den Nutzen der Dankbarkeit
von ganzem Herzen anerkenne, ist dies eine der Strategien, die mir am
wenigsten liegt. Das ist nicht weiter schlimm, denn es ist unvermeidlich,
dass jeder von uns eine Liste von passenden und eine längere Liste von
weniger passenden Aktivitäten hat. Wichtig ist, dass Dankbarkeit nach
wissenschaftlichen Erkenntnissen immens effektiv ist. Geschichten aus
meinem Bekanntenkreis unterstützen dies noch: Ich kenne viele Menschen, die berichten, wie Dankbarkeit ihr Leben verändert hat.

Obwohl also Dankbarkeit nicht zu meinen bevorzugten Glücksstrategien zählt, passierte mir während der Arbeit an diesem Kapitel
etwas sehr Überraschendes. Eines Tages, nachdem ich einige Stunden
mit der Lektüre von wissenschaftlichen Artikeln zum Thema Dankbarkeit zugebracht hatte, schrieb ich spontan eine E-Mail an meine
Kollegen und dankte darin öffentlich unserem Dekan für etwas, das
er getan hatte. Er antwortete mir postwendend und dankte mir für
meine E-Mail. Das fühlte sich großartig an. Erst später fiel mir auf,
was da passiert war: Die vielen Artikel über die Dankbarkeit hatten
auf mich abgefärbt, und ich hatte noch am selben Tag einen Dankesbrief verfasst!

Zum Weiterlesen für Sie

Wenn Sie von dieser Glücksaktivität profitiert haben, könnten Ihnen auch folgende gefallen:

◆ Seien Sie hilfsbereit (Glücksaktivität 4, S. 134)
◆ Lernen Sie zu vergeben (Glücksaktivität 7, S. 176)

Glücksaktivität 2: Seien Sie optimistisch

Allem das Beste abzugewinnen, den Silberstreif am Horizont zu erkennen, das halbvolle und nicht das halbleere Glas vor sich zu haben, sich selbst eine Chance zu geben, der Zukunft voller Zuversicht entgegenzusehen, oder einfach nur darauf zu vertrauen, dass Sie den Tag überstehen – das alles sind Optimismusstrategien. Die Entwicklung einer optimistischen Einstellung hat große Ähnlichkeit mit der Entwicklung der Fähigkeit zur Dankbarkeit. Beide Strategien helfen Ihnen, das Positive an Ihrer Situation zu erkennen. Eine optimistische Einstellung zielt jedoch weniger darauf, sich an den positiven Aspekten der Gegenwart und der Vergangenheit zu erfreuen, sondern darauf, voller Zuversicht in die Zukunft zu blicken.

Ehe ich fortfahre, möchte ich erst mit einigen verbreiteten Mythen über den Optimismus aufräumen. Optimistisch zu sein bedeutet nämlich nicht, dass Sie glauben müssen, Sie lebten in der besten aller möglichen Welten, und es heißt auch nicht, dass es in Ihrer Vergangenheit, Gegenwart und Zukunft kein Wölkchen am Himmel geben darf. Es gibt einen Unterschied zwischen »großem Optimismus« und »kleinem Optimismus«.[21] Dieser Unterschied hat damit zu tun, wie spezifisch oder »klein« Ihre positiven Erwartungen sind. »Mein Flug wird pünktlich ankommen« ist ein Beispiel für kleinen Optimismus, »wir stehen an der Schwelle zu einem Goldenen Zeitalter« für großen. Der kleine Optimismus veranlasst Menschen, in spezifischen Situationen, zum Beispiel zu Beginn eines neuen Projekts am Arbeitsplatz, konstruktiv zu handeln. Der große Optimismus vermittelt dagegen ein allgemeines Gefühl des Elans und sorgt dafür, dass Sie sich widerstandsfähig, stark und voller Energie fühlen. Ich würde noch eine weitere Form des Optimismus hinzufügen, den man vielleicht den »sehr kleinen Optimismus« nennen könnte. Damit meine ich die Gewissheit, dass Sie den Tag, den Monat oder das Jahr überstehen werden und dass es zwar Höhen und Tiefen geben wird, dass am Ende jedoch irgendwie alles gut werden wird. Für manche Menschen bedeutet Optimismus, ihre Website oder ihre Pinnwand mit Motivationssprüchen zu dekorieren,[22] doch das ist nicht nötig. Wenn Optimismus zu Ihrem Lebensstil und Ihrer Persönlichkeit passt, können Sie ihn mit Reife, Nüchternheit, Anmut und selbst Humor praktizieren.

Wie das Wort »Dankbarkeit« hat auch das Wort »Optimismus« für jeden Menschen eine ganz unterschiedliche Bedeutung. Meist nehmen wir an, optimistisch zu sein heißt, eine angenehme Zukunft zu erwarten, in der uns reichlich Gutes und wenig Schlechtes passieren wird.[23] Doch der Traum des einen kann der Alptraum des anderen sein: die Hochzeit mit Peter, ein Studienplatz für Medizin oder ein Ticket für ein Konzert der Grateful Dead würden nicht jeden gleichermaßen beglücken. Zudem können wir in mancher Hinsicht optimistisch sein und in anderer pessimistisch: Sie könnten zum Beispiel davon überzeugt sein, dass Ihre bevorstehende Knieoperation gut verläuft, und gleichzeitig denken, dass Sie sich nie wieder mit einem alten Freund versöhnen werden.

Psychologen, die sich mit dem Optimismus befassen, definieren den Begriff unterschiedlich. Die einen beschreiben ihn als die generelle Erwartung einer positiven Zukunft, also die Gewissheit, dass wir unsere Ziele (irgendwie) erreichen werden.[24] Andere dagegen sehen die optimistische Haltung eher darin, wie wir ein bestimmtes Ergebnis interpretieren.[25] Wenn wir eine unangenehme Erfahrung machen, fragen wir unweigerlich »warum«. Wenn Sie beispielsweise vergeblich versucht haben, Ihr Auto zu verkaufen, dann würde man Sie als optimistisch beschreiben, wenn Sie für Ihren Misserfolg äußerliche, vorübergehende und spezifische Gründe benennen (»Der Winter ist einfach eine schlechte Jahreszeit, um ein Auto zu verkaufen«), statt wesenhafte, unveränderliche und generelle Ursachen anzuführen (»Ich habe einfach kein Talent dafür, Menschen zu überzeugen«). Solche Erklärungen spielen eine wichtige Rolle, da sie großen Einfluss darauf haben, wie wir uns in bestimmten Situationen verhalten, ob wir Erfolg haben, mit Depression reagieren oder krank werden. Wieder andere Wissenschaftler interessieren sich weniger für das Ziel des Optimismus (»Ich werde diesen Job bekommen«), sondern dafür, welche Strategien wir anwenden, um dorthin zu gelangen. Sie beschäftigen sich mit der Frage, wie entschlossen wir unser Ziel verfolgen und was unserer Ansicht nach notwendig ist, um es zu erreichen.[26] Optimistisch zu sein bedeutet also nicht nur, daran zu glauben, dass wir an unser Ziel gelangen werden, sondern auch, dass wir eine genaue Vorstellung von dem Weg dorthin haben.

Ihr Wunsch-Ich

Laura King, Professorin an der University of Missouri, führte das erste systematische Experiment zum Thema Optimismus durch.[27] Sie bat Teilnehmer an vier aufeinanderfolgenden Tagen in ihr Labor, wo diese 20 Minuten bekamen, um aufzuschreiben, wie sie sich ihr »bestmögliches zukünftiges Ich« vorstellten. In dieser Visualisierungsübung geht es darum, sich für verschiedene Lebensbereiche die erstrebenswerteste Zukunft auszumalen. Eine 29-jährige Frau könnte sich beispielsweise vorstellen, dass sie in zehn Jahren mit einem seelenverwandten Mann verheiratet ist, zwei gesunde Kinder hat, in einer Werbeagentur arbeitet und in einem Freizeitorchester Geige spielt. So sieht ihr Leben in ihrer Fantasie aus, wenn alle ihre Träume Wirklichkeit würden. Doch »Fantasie« ist ein schlecht gewählter Begriff, denn das würde ja bedeuten, dass ihr Wunsch nichts ist als ein unrealistischer Tagtraum. Genau darum geht es nicht. Vielmehr sollten die Teilnehmer bei dieser Übung an ihre wichtigsten Lebensziele denken und sich vorstellen, was passiert, wenn sie diese umsetzen. Laura King stellte fest, dass die meisten Versuchsteilnehmer unmittelbar nach dem Experiment über eine Steigerung des Wohlbefindens berichteten, sich einige Wochen später noch glücklicher fühlten und in den kommenden Monaten weniger unter körperlichen Krankheiten litten.

Da diese Übung ein solcher Erfolg war, beschlossen wir, sie in abgewandelter Form in unserem Labor anzuwenden. Wir baten die Teilnehmer zu einer einzigen Sitzung zu uns, dann sollten sie die Schreibübung über vier Wochen hinweg zuhause fortsetzen, so oft und so lange sie wollten. Die Teilnehmer erhielten folgende Anweisung:

Sie wurden zufällig aus einer Gruppe ausgewählt, um heute und in den kommenden vier Wochen über Ihr Wunsch-Ich nachzudenken. Das bedeutet, dass

Sie sich vorstellen, wie Sie in der Zukunft leben werden, wenn alles genau so verläuft, wie Sie es sich wünschen. Stellen Sie sich vor, Sie haben hart gearbeitet, um Ihre Ziele zu erreichen, Sie haben Ihre Lebensträume verwirklicht und Ihr Potenzial voll ausgeschöpft.[28]

Wie erwartet erlebten die Teilnehmer dieser Gruppe eine signifikante Steigerung ihres Wohlbefindens verglichen mit einer Kontrollgruppe, die lediglich Details aus ihrem Alltagsleben notieren sollte. Die besten Erfolge erzielten jene Teilnehmer, die diese Übung für interessant, anspruchsvoll und sinnvoll hielten und mit Engagement ausführten. Das Experiment belegte einmal mehr, dass stetiger Einsatz nötig ist, wenn Sie langfristig von den Glücksaktivitäten profitieren wollen. Wenn Sie sich mit einer Tätigkeit identifizieren und Spaß daran haben, gehen Sie sie natürlich mit mehr Energie an. Unsere Teilnehmer waren offenbar bereit, unsere Empfehlung anzunehmen, die Übung zuhause fortzusetzen und sie zu einer persönlichen Angelegenheit zu machen. Genau darum sollte es auch Ihnen gehen, wenn Sie sich entscheiden, welche der Glücksaktivitäten Sie verfolgen wollen.

Warum funktioniert diese Visualisierungsübung so gut? Die Teilnehmer empfanden sie offenbar als motivierend, sahen einen Bezug zu ihrem Leben und identifizierten sich mit ihr. Es machte ihnen Spaß, sich auszumalen, wie ihr Leben aussähe, wenn sie ihre Ziele erreichten. Doch in dieser Übung ging es nicht nur darum, sich eine ideale Zukunft auszumalen, sondern auch darum, hier und jetzt ein Wunsch-Ich zu schaffen, dass sich an die Umsetzung dieser Vorstellungen macht. Über dieses Ich zu schreiben half den Teilnehmern zu erkennen, dass sie es selbst in der Hand hatten, sich zu verändern und wichtige Ziele zu erreichen, und dass die Verwirklichung ihrer Träume nicht von ihrem Partner, Geld oder einem glücklichen Zufall abhing.

Die schriftliche Form trägt viel zum Erfolg der Übung bei.[29] Schreiben ist eine strukturierte, systematische und regelgeleitete Aktivität und zwingt uns dazu, Gedanken zu organisieren, zu integrieren und zu analysieren. Tagträume können das nicht. Die Schriftform erlaubt Ihnen, Ihre Gedanken zusammenhängend zu formulieren und auf diese Weise neuen Sinn in Ihren Erfahrungen zu erkennen. Wenn Sie Ihre Träume niederschreiben, können Sie Ihre Prioritäten, Emotionen, Motive und Identität verstehen und erkennen, wer Sie sind und was Sie bewegt.

Diese Übung hilft Ihnen also, den größeren Zusammenhang Ihres Lebens und Ihres Weges zu erkennen. Dies kann Ihnen das Gefühl der Selbstbestimmung vermitteln, da Sie mit einem Mal sehen, wie Sie Ihre Träume verwirklichen und mit möglichen Konflikten und Hindernissen umgehen können (zum Beispiel: »Wie kann ich die Wünsche meiner Familie respektieren und gleichzeitig meinen eigenen Weg gehen?«). All dies trägt letztlich zu einer Steigerung Ihres Wohlbefindens bei.

Eine junge Teilnehmerin namens Molly schrieb mir nach der Übung, sie habe auf diese Weise zum ersten Mal ihre Ziele formuliert und festgestellt, dass sie diese tatsächlich verwirklichen konnte:

Zu Beginn der Übung war ich nervös, denn ich habe nicht so genau gewusst, was ich in der Zukunft machen oder wo ich sein wollte. Ich hatte Angst, ich hätte nichts zu sagen. Während der Schreibsitzungen ist die Zeit aber wie im Flug vergangenen, es war sehr entspannend, über meine Ziele zu schreiben. Nach den Sitzungen habe ich mich richtig gut gefühlt und war sehr zufrieden mit mir selbst. Je mehr ich über meine Ziele nachgedacht habe, umso mehr habe ich erkannt, dass sie nicht unerreichbar waren, ganz im Gegenteil. Sie waren gar nicht so weit weg. Durch die Übung habe ich erkannt, dass ich mehr tun konnte, um meine Ziele zu erreichen, und dass ich mein Wunschleben erreichen kann, wenn ich mich ein wenig anstrenge. Ich hatte nie ernsthaft darüber nachgedacht, was mir wirklich wichtig ist, was ich erreichen kann und wie viel ich tun muss, um es zu erreichen. Ich hatte nie erkannt, dass ich mir ein sicheres Leben wünsche (Liebe, Familie, Freunde, Beruf, Lebenssituation), und ich glaube nicht, dass diese Ziele unerreichbar sind.

An Molly werden zahlreiche Vorteile der Übung des »Wunsch-Ich« deutlich. Sie erkannte ihre Ziele und Bedürfnisse, wusste besser, was sie glücklich machen würde, und sah klarer, wie sie diese Ziele verwirklichen konnte. Sie ist jetzt in einer besseren Position, ihre Träume wahr werden zu lassen und, so hoffe ich zumindest, ein glücklicherer Mensch zu werden.

Warum macht Optimismus glücklich?

Die Übung des Wunsch-Ich ist nur eine von mehreren Möglichkeiten, effektiv optimistischer zu werden. Sehen wir uns nun die vielen Vorteile einer optimistischen Einstellung an. Denn wenn Sie schon bereit sind, sich für diese Aktivität zu engagieren, dann sollen Sie auch sicher sein, dass es funktioniert.

1. Wenn Sie optimistisch in die Zukunft sehen und zuversichtlich sind, dass Sie Ihre Lebensziele erreichen, dann setzen Sie sich auch für die Verwirklichung dieser Ziele ein. So können sich optimistische Erwartungen selbst erfüllen. Wenn Sie ein Ergebnis für erreichbar halten und sich eine mögliche Zukunft und den Weg dahin vorstellen können, dann halten Sie an Ihrem Plan fest, selbst wenn sich Ihnen Hindernisse in den Weg stellen oder wenn Sie nur langsam Fortschritte machen. Wissenschaftler konnten nachweisen, dass Optimisten beharrlicher sind und mehr Einsatz zeigen, wenn sie vor Hindernissen stehen.[30] Sie nehmen sich mehr und anspruchsvollere Dinge vor.[31] Optimisten geben weniger leicht auf. Das ist einer der Gründe, weshalb Optimisten im Beruf, an der Universität, im Sport und in der Gesellschaft erfolgreicher und sogar körperlich fitter sind. Und natürlich tragen Hartnäckigkeit, soziale Kompetenz, Elan, Gesundheit und beruflicher Erfolg wiederum zu Ihrem Glück bei.

2. Optimismus macht glücklicher, weil er uns motiviert, aktive und effektive Bewältigungsstrategien zu entwickeln.[32] Es ist erwiesen, dass sich Optimisten auch unter Stress ein hohes Niveau an Wohlbefinden und geistiger Gesundheit erhalten.[33] Optimistische Frauen leiden beispielsweise nach der Entbindung seltener unter Depression, und optimistische Erstsemester erleben die ersten drei Monate des Studiums weniger negativ. Optimisten machen Pläne und ergreifen die Initiative, wenn sie vor Hindernissen stehen. Sie sind gute Bewältiger: Selbst in ausgesprochen schwierigen Momenten wie angesichts einer ernsten ärztlichen Diagnose leugnen sie ihre Situation nicht, sondern akzeptieren sie und versuchen, das Beste daraus zu machen oder sogar an ihr zu wachsen. Das alles klingt zu schön, um wahr zu sein, ist aber wissenschaftlich erwiesen. Untersuchungen zeigen auch, dass Menschen, die häufig optimistische Gedanken haben, körperlich gesünder sind, vielleicht genau wegen dieser Stärken.

3. Vermutlich überrascht es Sie nicht, dass optimistisches Denken positiv stimmt, Elan vermittelt und die Moral fördert. Optimisten haben das

Gefühl, die Dinge im Griff zu haben, sie sind sowohl selbstbewusster als auch weniger depressiv und ängstlich. Es fühlt sich gut an, die eigene Zukunft in einem angenehmen Licht zu sehen. Wenn Sie sich auf etwas freuen können, haben Sie Energie und sind motiviert und begeistert. Sie sind zuversichtlich und haben das Gefühl, Ihr Schicksal selbst in der Hand zu haben. Und obendrein sind Sie bei anderen Menschen beliebter.[34] Kurzum, Sie ernten den Erfolg einer ausgezeichneten Glücksstrategie.

Wie Sie Ihren Optimismus ausbauen können

Wenn die Optimismusstrategie zu Ihnen passt, dann können Sie schon heute mit der Umsetzung einer der folgenden Aktivitäten beginnen.

Das Tagebuch des Wunsch-Ich Es gibt viele Möglichkeiten, Ihren Optimismus zu fördern, doch die beste ist nachgewiesenermaßen das oben beschriebene »Tagebuch des Wunsch-Ich«. Probieren Sie es aus, setzen Sie sich an einen ruhigen Ort und nehmen Sie sich 20 oder 30 Minuten, um darüber nachzudenken, wie Ihr Leben in einem, fünf oder zehn Jahren aussehen wird. Stellen Sie sich eine Zukunft vor, in der alles so gekommen ist, wie Sie es sich wünschen. Sie haben Ihr Bestes gegeben, hart gearbeitet und alle Ihre Ziele erreicht. Halten Sie nun schriftlich fest, was Sie sich vorstellen.

Mit dieser Übung trainieren Sie Ihre »Optimismusmuskeln«. Auch wenn es Ihnen zunächst schwer fällt, sich die bestmögliche Zukunft auszumalen, kommen Sie doch nach einiger Zeit und mit ein wenig Übung schließlich dahin. Im Akt des Schreibens können erstaunliche Dinge passieren. Der Schriftsteller William Faulkner soll einmal gesagt haben, »Ich weiß nie, was ich zu einem Thema denke, ehe ich nicht lese, was ich dazu geschrieben habe.« Im Schreibprozess können Sie zu völlig neuen Erkenntnissen über sich selbst gelangen. Ein Tagebuch ist außerdem eine gute Möglichkeit, Geduld und Ausdauer zu lernen.

Ein Tagebuch der Ziele und Meilensteine Eine Variante des »Tagebuchs des Wusch-Ich« besteht darin, langfristige Ziele zu benennen und diese in Etappenziele zu untergliedern.[35] In Ihrer ersten Sitzung könnten Sie beispielsweise festhalten, dass Sie in fünf Jahren ein eigenes Geschäft haben wollen. In den folgenden Sitzungen könnten Sie überlegen, welche Schritte Sie unternehmen können, um dieses Ziel zu erreichen. Denken Sie dabei daran, dass oft mehrere Wege zu demselben Ziel führen. Wenn Ihnen ein entmutigender oder pessimistischer Gedanke in den Sinn kommt (»Woher soll ich nur das Geld dazu nehmen?«), halten Sie diesen fest und suchen Sie nach Alternativszenarien oder anderen Lösungen. Erinnern Sie sich an Erfolge in der Vergangenheit, erkennen Sie die Stärken und Fähigkeiten, die Sie haben (und weiterentwickeln werden) und motivieren sich auf diese Weise selbst.

Erkennen Sie sabotierende Gedanken Eine weitere Strategie zur Stärkung Ihres Optimismus besteht darin, Ihre automatisch auftauchenden pessimistischen Gedanken zu identifizieren. Zum Beispiel könnten Sie für jeden negativen Gedanken einen Cent in ein Sparschwein werfen und dann versuchen, diesen Gedanken durch eine vorteilhaftere Sicht der Dinge zu ersetzen. Spontane Gedanken wie »Ich fühle mich dumm, weil ich meinem Kollegen eine falsche Antwort gegeben habe; jetzt wird er nie mehr ein Projekt mit mir machen wollen« oder »Seit dem Ende der Beziehung fühle ich mich unliebenswert und unattraktiv« sind solche sabotierenden Grübeleien, mit denen Sie sich selbst torpedieren. Notieren Sie Ihre Hemmschuhe und überlegen Sie, wie Sie sie uminterpretieren können. Stellen Sie sich dabei Fragen wie:

◆ Was könnte diese Erfahrung oder Situation außerdem bedeuten?
◆ Kann sich daraus etwas Gutes ergeben?
◆ Ergeben sich neue Möglichkeiten für mich?
◆ Was kann ich für die Zukunft daraus lernen?
◆ Habe ich dadurch neue Stärken entwickelt?[36]

Führen Sie diese Übung durch, wenn Sie gut oder neutral gelaunt sind, und halten Sie Ihre Antworten schriftlich fest. So können Sie verhindern, dass Sie in einen Teufelskreis aus negativen Grübeleien geraten (siehe auch Glücksaktivität 3).

Eine ähnliche, auf zwölf Wochen angelegte Übung für Fünft- und Sechstklässer zeigte großen Erfolg.[37] Die Kinder steigerten ihren Optimismus, indem sie lernten, pessimistische Gedanken zu erkennen (zum Beispiel: »Mein Freund hat etwas gegen mich, weil er mich heute nicht angerufen hat«), sie zu hinterfragen (»Welche Beweise habe ich, dass das wirklich der

Fall ist?«) und optimistische Alternativen zu formulieren (»Wahrscheinlich ist er zu beschäftigt.«).[38] Die Teilnehmer waren auch zwei Jahre später im Durchschnitt weniger depressiv als die Kinder einer Kontrollgruppe, was vor allem auf den erlernten Optimismus zurückzuführen war.

Machen Sie sich Optimismus zur Gewohnheit

Kern aller Optimismusstrategien sind Aktivitäten, die Ihnen helfen, die Welt aus einer positiveren Perspektive wahrzunehmen, den Silberstreif am Horizont zu sehen und zu erkennen, welche Tür sich öffnet, wenn eine andere sich schließt. Wenn Sie sich dieses Verhalten zur zweiten Natur machen wollen, dann bedeutet dies harte Arbeit und viel Übung. Doch wenn Sie diese Strategien hartnäckig umsetzen, bis sie Ihnen zur Gewohnheit werden, werden Sie sehr davon profitieren. Manche Menschen werden als Optimisten geboren, andere werden es durch Übung.

Auch wenn Sie den Eindruck haben, Ihre optimistischen Kollegen und Freunde spielten in einer anderen Liga, steckt hinter ihrem Optimismus keine Magie. Um ein Optimist zu werden brauchen Sie nur Wille und Übung. Je mehr Sie optimistisches Denken trainieren, umso leichter fällt es Ihnen. Mit der Zeit wird es ein Teil von Ihnen, und Sie werden ein anderer Mensch sein. Der positive Dreh und der Silberstreif werden Ihnen zur Selbstverständlichkeit und das optimistische Denken fällt Ihnen auch in Zeiten der Belastung, der Unsicherheit oder des Verlusts leicht.

Eine Anleitung zum Selbstbetrug?

Vielleicht sind Sie nach wie vor skeptisch. Sich dazu zu bringen, »positiv zu denken« oder »die gute Seite zu sehen« schmeckt vielen nach Naivität oder, schlimmer noch, nach Dummheit. Vielleicht sind Sie jemand, der großen Wert darauf legt, »die Dinge so zu sehen, wie sie sind« und sich selbst, die Menschen in Ihrer Umgebung und die Welt realistisch einzuschätzen. Aus dieser Sicht wäre es völlig falsch oder zumindest unrealistisch, ein negatives Ereignis in positivem Licht betrachten oder sich eine sonnige Zukunft vorstellen zu wollen. Mein früherer Mentor Lee Ross hatte eine schöne Antwort für diese Skepsis: »Optimismus ist keine Anleitung zum Selbstbetrug. Die Welt kann ein schrecklicher und grausamer Ort sein, und sie kann ein wunderbarer und reicher Ort sein.

Beides ist wahr. Es gibt nichts dazwischen, es geht nur darum, welche dieser beiden Wahrheiten Sie für sich betonen wollen.«

Optimistisch zu denken bedeutet, sich zu entscheiden, wie Sie die Welt sehen wollen. Es bedeutet keineswegs, alles Negative zu leugnen und vor unangenehmen Nachrichten die Ohren zu verschließen. Es bedeutet auch nicht, Situationen beherrschen zu wollen, die per se nicht beherrschbar sind. Interessanterweise schätzen Optimisten Risiken und Bedrohungen *realistischer* ein[39] und sind sich bewusster, dass Erfolge nicht von allein, sondern nur durch ihren Einsatz zustande kommen.

Wie so vieles im Leben sollten Sie auch den Optimismus in Maßen genießen. Optimismusexperte Martin Seligman empfiehlt einen »flexiblen Optimismus«, auf den Sie zurückgreifen können, wenn es die Situation erfordert, aber nicht, wenn »klare Sicht und Eingeständnisse gefordert sind.«[40]

Zum Weiterlesen für Sie

Wenn Sie von dieser Glücksaktivität profitiert haben, könnten Ihnen auch folgende gefallen:

- ◆ Lernen Sie zu vergeben (Glücksaktivität 7, S. 176)
- ◆ Genießen Sie die Freuden des Lebens (Glücksaktivität 9, S. 198)

Glücksaktivität 3: Vermeiden Sie Grübeleien und soziale Vergleiche

Schließen Sie mit jedem Tag ab. Sie haben Ihr Bestes gegeben. Sie haben ein paar Fehler und Albernheiten begangen – vergessen Sie sie so schnell wie möglich. Morgen ist ein neuer Tag: Beginnen Sie ihn gelassen und zu gut gelaunt, um sich mit dem Unsinn von gestern herumzuschlagen.
Ralph Waldo Emerson

Seit ich das Glück erforsche, interessiert mich auch ein Phänomen, das Psychologen als »selbstbezogenes Grübeln« bezeichnen. Meine Kollegin Susan Nolen-Hoeksema, die dieses Phänomen zwei Jahrzehnte lang untersucht hat, spricht von »zu viel Denken«. Diese Form des selbstbezogenen Grübelns heißt, zu viel, unnötig, passiv und endlos nachzudenken und sich den Kopf zu zerbrechen über Sinn, Ursachen und Wirkungen Ihres Charakters, Ihrer Gefühle und Ihrer Probleme: »Warum bin ich so unglücklich?«, »Was passiert, wenn ich meine Arbeit weiter aufschiebe?«, »Ich bin schockiert, wie dünn mein Haar geworden ist!«, »Was hat er nur mit seiner Aussage gemeint?« und so weiter und so fort.

Viele von uns denken, wenn es uns nicht gut geht, sollten wir den Blick nach innen richten und unsere Gefühle und unsere Situation analysieren, um Einsichten zu gewinnen und Antworten zu finden, mit deren Hilfe wir unsere Probleme lösen und unser Unglück abmildern können. Zusammen mit Susan Nolen-Hoeksema und einer Reihe anderer Kollegen habe ich zahlreiche Beweise gesammelt, die diese Ansicht in Frage stellen. Zahlreiche Studien aus den letzten beiden Jahrzehnten zeigen, dass sich zu viel Denken im Gegenteil in vielerlei Hinsicht negativ auswirken kann: Es nährt das Gefühl der Traurigkeit, fördert negatives Denken, behindert unsere Fähigkeit zur Problemlösung und schwächt unsere Motivation, Konzentration und Initiative.[41] Obwohl wir das Gefühl haben, uns und unsere Probleme durch die Grübeleien besser zu verstehen, trifft dies in den seltensten Fällen zu. Tatsächlich erhalten wir nur ein pessimistisches Zerrbild von uns selbst.

Kürzlich erhielt ich eine E-Mail von einer Frau namens Theresa, der jüngsten von drei Schwestern, die sich als chronische Grüblerin beschreibt: »Von uns dreien sinniere ich am meisten. Ich mache mich unglücklich, indem ich mir das Hirn zermartere, Sehnsüchte hege, Fragen hin und her wälze oder das Gefühl habe, in einer Sackgasse zu stecken.« Wenn Theresa mit ihrer Situation unzufrieden ist, weil sie beispielsweise nicht genug Kunden für ihr Steuerberatungsbüro findet, dann hilft ihr alles »warum«, »wie« und »was-wäre-wenn« nicht, sich besser zu fühlen, im Gegenteil. Die Mischung aus Grübelei und schlechter Laune ist Gift. Wissenschaftliche Erkenntnisse zeigen, dass Menschen, die in trauriger und verzweifelter Stimmung grübeln, pessimistisch und selbstkritisch sind, sich ausgeliefert und machtlos fühlen und generell alles schwarz sehen. Je länger Theresa über ihre Probleme nachdenkt, desto wahrscheinlicher sagt sie schließlich Dinge wie »Ich habe nicht das nötige Selbstbewusstsein für dieses Geschäft«, »Ich werde nie Kunden bekommen«, »Das ist genau wie damals, als ich keinen Job gefunden habe«, »Vielleicht sollte ich es einfach sein lassen« oder »Ich bin bald pleite«. Sie hat Schwierigkeiten, sich auf ihre Arbeit zu konzentrieren, kleine Probleme zu lösen und Hindernisse zu überwinden. Selbst ein Telefonanruf oder eine Routineaufgabe werden zu unüberwindlichen Hindernissen. Theresas verzerrte Selbstwahrnehmung verwandelt sich in eine sich selbst erfüllende Prophezeiung, und sie hat schließlich *tatsächlich* Schwierigkeiten, neue Klienten zu finden. Grübler sind weniger attraktive Partner und werden häufig von Freunden und Kollegen gemieden. Im schlimmsten Fall kommen diese Faktoren zusammen und führen dazu, dass Theresa weiter an Selbstvertrauen verliert und in einen Teufelskreis aus Angst und Depression gerät.

Die Beweise für die negativen Auswirkungen des Grübelns sind überwältigend. Wenn Sie zu viel denken, müssen Sie diese Angewohnheit unbedingt loswerden, um glücklicher werden zu können. Ich würde sogar behaupten, für Grübler ist eines der Glücksgeheimnisse, das zwanghafte Sinnieren abzustellen und negative Gedanken in neutrale und positive zu verwandeln. Wirklich glückliche Menschen sind in der Lage, sich in Tätigkeiten zu versenken, die ihre Energien und ihre Aufmerksamkeit von finsteren und angsterfüllten Gedanken ablenken.[42] Der Alltag ist voller kleinerer Ärgernisse, Scherereien und Rückschläge. Die meisten Menschen haben Krankheit, Zurückweisung, Versagen und manchmal sogar ein vernichtendes Trauma erlebt. Doch diejenigen, die heftig auf die Höhen und Tiefen des Lebens reagieren und Probleme haben, negative Erfahrungen abzuschütteln, sind in meinen Untersuchungen die unglücklichsten. Selbst kleinere unangenehme Erfahrungen können dazu führen, dass sich diese Menschen schlecht fühlen. Glücklicher zu werden bedeutet zu lernen, Ihre Grübeleien über kleinere und größere negative Erfahrungen abzustellen, nicht mehr über jedes Wenn und Warum nachzudenken und nicht zuzulassen, dass sie Ihr Bild von sich und der Welt verzerren.

Meine Freundin Leda machte schwere Zeiten durch, als sie ihre unheilbar kranke Mutter pflegte. Sie erholte sich jeden Tag von der anstrengenden Fürsorge, indem sie auf den Bauernmarkt ging. Leda liebt Märkte, und dieser war besonders bunt und lebendig. Sie freute sich am Anblick von reifem Obst und Gemüse, warmem Brot, frischem Fisch und den vielen anderen Waren. Sie erzählt, diese anderthalb Stunden seien besondere Glücksmomente für sie gewesen. Genauso gut hätte sie sich der Verzweiflung hingeben und den bevorstehenden Verlust des Menschen betrauern können, der ihr mehr bedeutet als irgendjemand anders auf der Welt, oder sie hätte sich in Selbstmitleid suhlen, sich Sorgen um die Arztrechnungen machen oder ihr fehlendes Privatleben beklagen können. Natürlich hatte auch Leda ihre schwierigen Momente. Natürlich musste sie hin und wieder die Arztrechnungen zusammenzählen. Doch selbst in schweren Zeiten war sie in der Lage, sich abzulenken, zu versenken, zu beschäftigen und Freude zu empfinden.

Grübeln im Labor

Grübeln bindet unsere geistigen Kräfte. Haben Sie schon einmal versucht, unmittelbar nach einer unangenehmen Begegnung oder einer schlechten Nachricht ein Buch zu lesen? Es kann Ihnen passieren, dass Sie denselben Satz immer wieder lesen, ohne es zu bemerken. Ob in der Schule, bei der Arbeit, in einem Gespräch und selbst bei Freizeitaktivitäten: Sie leiden in so einer Situation unter Konzentrationsmangel. In einer Reihe von Laborexperimenten, die ich mit Studenten durchgeführt habe, grübelten einige der Teilnehmer lange über negative Ereignisse nach, was ihre Konzentrationsfähigkeit beeinträchtigte und ihre Leistungsfähigkeit bei anspruchsvollen Alltagstätigkeiten wie Lesen und Schreiben minderte.[43] Wie zu erwarten, waren die Grübler unter den Teilnehmern die unglücklichsten.

Unsere Untersuchungen zeigten, dass ein negatives Ereignis wie die Kritik eines Professors, soziale Zurückweisung oder ein unklarer gesundheitlicher Befund dazu führte, dass einige der Teilnehmer über ihre negativen Eigenschaften nachdachten. Sie reagierten mit Trauer oder Angst, käuten das Erlebnis wieder und machten sich Sorgen über die Konsequenzen. In einem Experiment sagten wir einigen Teilnehmern, dass sie bei einem Test ihrer mündlichen Sprachfähigkeiten sehr schlecht abgeschnitten hätten. Unmittelbar danach legten wir ihnen eine Aufgabe vor, in der sie Wörter vervollständigen sollten. Könnten Sie beispielsweise die fehlenden Buchstaben der folgenden Wörter ergänzen? Lassen Sie sich nicht mehr als 15 Sekunden für jedes Wort Zeit:

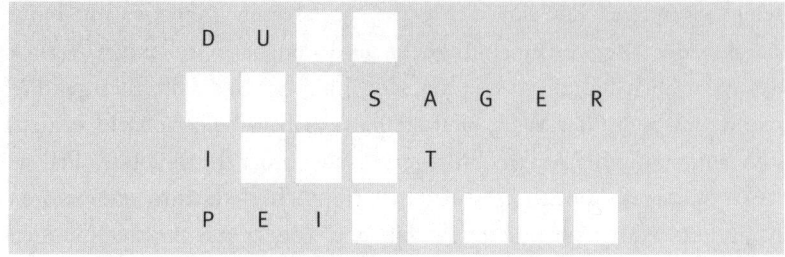

Die Teilnehmer, die kurz zuvor erfahren hatten, dass sie bei einem früheren Test »versagt« hatten, waren eher in der Lage, die Wörter »dumm«, »Versager«, »Idiot« und »peinlich« zu ergänzen als die Kontrollgruppe, die vernommen hatte, sie habe den Test erfolgreich absolviert; Die Teilnehmer der ersten Gruppe waren offenbar mit negativen, verurteilenden Gedanken beschäftigt (»ich bin dumm«, »ich bin ein Versager«). Am erfolgreichsten waren die Testpersonen, die nach Auskunft unseres Tests am wenigsten glücklich waren. Unsere glücklichsten Teilnehmer waren dagegen in der Lage, die negativen Gedanken abzuschütteln.

Wenn Sie jemand sind, der sich von jeder Kleinigkeit aus der Bahn werfen lässt, dann fordern dauernde Grübeleien vermutlich einen hohen Tribut von Ihnen. Sie sollten das Verhalten glücklicher Menschen nachahmen und versuchen, Ihre Grübeleien abzustellen.

Sozialer Vergleich

Sozialer Vergleich lässt sich nicht vermeiden. Im Alltag kommen wir gar nicht umhin festzustellen, ob unsere Freunde, Kollegen, Familienmitglieder oder sogar Filmfiguren intelligenter, reicher, gesünder, witziger und attraktiver sind als wir. Jedes Mal, wenn wir fragen »Wie war dein Tag, Schatz?«, wenn wir eine Zeitschrift durchblättern, oder wenn wir uns mit anderen über Beziehungen unterhalten, laden wir zum sozialen Vergleich ein. Solche Vergleich können durchaus sinnvoll sein:[44] Sie können uns animieren, ein ehrgeiziges Ziel zu verfolgen oder an unseren Schwächen zu arbeiten. Der Besuch in einem Klavierkonzert kann einen Amateurmusiker motivieren, mehr zu üben. Sozialer Vergleich erlaubt uns auch, unsere eigenen Schwierigkeiten zu relativieren. Eltern, die ihren untergewichtigen Säugling in einer Intensivstation für Frühgeburten besuchen, können sich damit trösten, dass die Babys anderer Eltern noch schwächlicher sind als das eigene.

Meist jedoch schadet uns die Beobachtung dessen, was andere Menschen tun oder haben. Der Vergleich »nach oben« (»er verdient mehr als ich« oder »sie ist schlanker«) können Minderwertigkeitsgefühle, Traurigkeit und ein schlechtes Selbstwertgefühl auslösen. Der Vergleich »nach unten« (»er hat seinen Job verloren« oder »ihr Krebs hat sich weiter ausgebreitet«) bewirkt dagegen oft Schuldgefühle, Angst vor einem ähnlichen Schicksal oder die Notwendigkeit, mit dem Neid und Ressentiment des anderen umzugehen. Je mehr Sie vergleichen, desto eher fällt der Vergleich zu Ihren Ungunsten aus, und je sensibler Sie für soziale Vergleiche sind, desto eher leiden Sie unter den negativen Folgen.

Soziale Vergleiche sind vor allem deshalb so ärgerlich, weil es immer jemanden gibt, der besser ist als wir, egal wie erfolgreich und wohlhabend wir auch sein mögen. Neulich hörte ich im Radio eine Geschichte, die mir das deutlich vor Augen führte. Eine Frau erzählte, sie habe ihrem Vater vorgejammert, dass andere mehr hätten als sie: »Mein Vater hat mir geantwortet: ›Schau dir die zwei Villen in der Mission Street an – zwei Paläste, die beide zig-Millionen wert sind. Aber die Villa auf der linken Straßenseite hat einen Blick aufs Meer, die andere nicht. Was meinst du, sind die Menschen in der zweiten Villa neidisch?‹«

Neid und Glück gehen nicht zusammen. Wer zu viel vergleicht, fühlt sich verwundbar, bedroht und unsicher. Der soziale Vergleich war interessanterweise das erste Forschungsthema meiner wissenschaftlichen Laufbahn. Während meiner Promotion untersuchten mein Doktorvater Lee Ross und ich Menschen, die von ihren Bekannten und Freunden als »besonders glücklich« und »besonders unglücklich« beschrieben wurden, und interviewten beide Gruppen ausführlich. Naiv wie wir damals waren, gingen wir davon aus, dass sich die glücklichen Testpersonen eher mit den weniger glücklichen verglichen und sich deshalb besser fühlten, während sich die unglücklichen mit den glücklicheren verglichen und so ihr Unglück verstärkten. Doch als wir den Teilnehmern unsere ausgeklügelten Fragen zum sozialen Vergleich vorlegten, wussten die glücklichen Teilnehmer gar nicht, wovon wir sprachen! Natürlich wussten sie, was es bedeutete, sich mit anderen zu vergleichen, denn in unseren alltäglichen Beobachtungen, im sozialen Miteinander und nicht zuletzt in den Medien werden wir mit Informationen über

Erfolge und Niederlagen, Meinungen, Persönlichkeiten, Lebensstilen und Beziehungen anderer Menschen geradezu überflutet. Doch obwohl sich der soziale Vergleich vielfach geradezu aufdrängt, schien das unseren glücklichen Versuchsteilnehmern relativ egal zu sein. Stattdessen legten sie in der Selbstbeurteilung innere Maßstäbe an und ließen sich in ihrer Selbstwahrnehmung nicht durch die Leistungen anderer beeinflussen. Deshalb verfielen sie nicht in Gedanken wie »Ella weiß so viel mehr als ich, also muss ich Mittelmaß sein«. Diese ersten Ergebnisse waren so faszinierend, dass Ross und ich weitere Untersuchungen anstellten. Im Laufe der folgenden Jahre fanden wir heraus, dass die glücklichsten Menschen sich über die Erfolge anderer Menschen freuen und für deren Misserfolge Mitgefühl zeigen. Ganz anders unglückliche Menschen: Sie lassen sich durch die Erfolge und Leistungen anderer klein machen und freuen sich über deren Misserfolge.

Sozialer Vergleich unter der Lupe

Die Untersuchungen zum sozialen Vergleich machten großen Spaß. In einem Fall holten wir glückliche und unglückliche Menschen in unser Labor und ließen sie jeweils mit einem Partner Anagramme lösen.[45] Stellen Sie sich vor, Sie nähmen an unserem Test teil. Neben Ihnen an einem Tisch findet sich ein weiterer Teilnehmer, und ich sitze Ihnen als Leiterin des Experiments gegenüber. Zu Beginn der Übung erhalten Sie und Ihr Partner je eine Karte mit drei Anagrammen, die Sie entschlüsseln sollen (beispielsweise KNARF à FRANK, MAMAGARN à ANAGRAMM und AEGLR à REGAL). Wenn einer von Ihnen seine Karte fertig ausgefüllt hat, gibt er sie zurück und erhält eine neue. Auf diese Weise sehen Sie genau, wie schnell der andere seine Aufgaben löst. Außerdem sind die Karten durchnummeriert – wenn Sie nach Karte Nummer 1 die Karte Nummer 5 erhalten, dann wissen Sie genau, dass Ihr Partner die Karten Nummer 2, 3 und 4 bewältigt hat, während Sie über Ihrer Aufgabe schwitzten, und dass Sie sehr viel langsamer sind. Außerdem bekommt jeder von Ihnen ein Notizbuch zum Lösen der Anagramme und erhält die Anweisung, für jede Aufgabe eine neue Seite verwenden. Am Geräusch des Blätterns erkennen Sie, ob der andere schneller oder langsamer ist als Sie – diesen Effekt kennt jeder, der je an einem Test teilgenommen hat.

Nun kommt aber der Haken. Ihr scheinbarer Partner ist in Wirklichkeit ein Strohmann, den ich angewiesen habe, die Anagramme entweder sehr viel schneller oder sehr viel langsamer zu »lösen« als Sie. Wie würden Sie sich in dieser Situation fühlen?

Die Ergebnisse waren dramatisch. Nach der Aufgabe fühlten sich die glücklichen Teilnehmer besser als zuvor und schätzten ihre Fähigkeiten höher ein, und zwar *unabhängig davon*, wie ihr Partner seine Aufgaben gelöst hatte. Die Selbsteinschätzung der unglücklichen Teilnehmer hing jedoch stark von der Leistung des Partners ab: War der andere besser, schätzten sie sich insgesamt sehr viel schlechter ein und fühlten sich trauriger, frustrierter und ängstlicher.

Zahlreiche Studien, die ich mit meinen Studenten durchgeführt habe, führten immer wieder zu ähnlichen Ergebnis: Je glücklicher jemand ist, desto weniger achtet er auf das, was die Menschen um ihn her tun. Einmal mehr bietet die Forschung ein Beispiel dafür, was wir von glücklichen Menschen lernen können. Der ununterbrochene Vergleich mit anderen ist untrennbar verbunden mit der Angewohnheit der Grübelei.

Wie Sie Grübeln und sozialen Vergleich abstellen können

Grübeln kann unwiderstehlich sein. Hat es Sie einmal im Griff, macht es mit Ihnen, was es will. Sie haben das Gefühl, Sie könnten nicht aufhören und müssten die Dinge allein klären. Doch wenn jemand verzweifelt, gestresst, nervös oder unsicher ist, bringt Nachdenken keinerlei Einsichten. Im Gegenteil, die Grübelei macht alles nur noch schlimmer. Susan Nolen-Hoeksema rät chronischen Grüblern daher zu folgendem Drei-Schritte-Programm gegen ihr hartnäckiges Nachdenken: Stellen Sie das Grübeln ab, entwickeln Sie Lösungen und vermeiden Sie Rückfälle.[46] Diese Schritte werden im Folgenden genauer beschrieben.

Wenn diese Aktivität zu Ihnen passt, dann wählen Sie zu jedem dieser drei Punkte mindestens eine der beschriebenen Strategien aus.

Stellen Sie das Grübeln ab Zunächst müssen Sie die Grübeleien und Vergleiche abstellen, und zwar sofort. Dabei können Ihnen nicht weniger als fünf Strategien helfen – wählen Sie diejenige, die Ihnen am natürlichsten und sinnvollsten erscheint.

1. Die erste Strategie gegen das Grübeln ist einfach, aber unglaublich wirkungsvoll: *Ablenkung, Ablenkung, Ablenkung.* Ihre Ablenkungsstrategie muss nur anspruchsvoll genug sein, um Ihre Aufmerksamkeit zu beanspruchen und zu verhindern, dass Sie wieder in Grübeleien verfallen. Am besten sind Aktivitäten, bei denen Sie sich wohlfühlen und amüsieren, die Ihre Neugierde wecken oder die Sie stolz machen. Wenn Sie sich bei Gedanken erwischen wie »Warum habe ich in unserer Schauspielgruppe nur eine Nebenrolle bekommen?«, »Ich werde nie befördert, wenn mein Chef mir nicht mehr Verantwortungen überträgt« oder »Sie hat viel mehr Freizeit als ich«, dann sollten Sie Ihre Aufmerksamkeit auf ein anderes Thema lenken: Lesen oder sehen Sie etwas Lustiges oder Spannendes, hören Sie aufmunternde Musik, treffen Sie einen Freund oder eine Freundin zum Kaffee oder treiben Sie Sport, der Ihre Herzfrequenz steigert. Es ist egal, was Sie machen, solange es Sie ganz in Anspruch nimmt und Ihnen nicht schaden kann. Manchmal reicht es schon, einfach aufzustehen und den Ort des Verbrechens zu verlassen.

Die Ablenkungsstrategie klingt so, als wäre es eine allzu einfache und kurzfristig Lösung, doch die positiven Emotionen, die Sie damit auslösen, können Ihr Denken entzerren und Ihnen eine neue, objektivere und positivere Sicht auf Ihre Situation ermöglichen. Außerdem kann Ihre Ablenkungsstrategie Ihre Ressourcen und Fähigkeiten wie Kreativität, soziale Gewandtheit und Problemlösung erweitern, die Ihnen wiederum in Zukunft weiterhelfen.[47] Selbst eine vorübergehende Verbesserung der Laune gibt Ihnen mehr Elan und Motivation, mit anderen Menschen zusammenzuarbeiten und kreativ mit Ihren Problemen umzugehen.

2. Die zweite Strategie ist die »Stop!«-Technik. Wenn Sie feststellen, dass Sie ins Grübeln geraten, *denken, sagen oder rufen Sie »Stop!«* oder *»Nein!«.* Eine Friseurin erzählte mir einmal, sie stelle sich dabei eine rote Ampel vor. Verwenden Sie Ihre gesamten geistigen Kräfte darauf, um an etwas anderes zu denken – etwa Ihre Einkaufsliste, die Vorbereitungen für Ihren nächsten Urlaub oder das, was Sie dem Klempner sagen werden, wenn Sie ihn anrufen. Diese Technik ist in vielen Situation äußerst nützlich, zum Beispiel wenn Ihre Gedanken bei einer Freizeitaktivität abzuschweifen beginnen. Eine Zeit lang kam ich jedes Mal beim Joggen ins Grübeln, und ich zwang mich, aufzuhören und meine Gedanken auf

etwas anderes zu richten. Es erfordert immense geistige Selbstbeherrschung, doch es funktioniert.

3. Die dritte Strategie habe ich von der Briefkastentante meiner Tageszeitung. Sie riet einem besessenen Leser, jeden Tag *eine halbe Stunde zum Grübeln zu reservieren*. Wenn Sie ein negativer Gedanke nicht loslässt, dann können Sie sich vertrösten: »Ich lasse das jetzt und denke später darüber nach.« Diese halbe Stunde sollten Sie idealerweise auf einen Zeitpunkt legen, an dem Sie sich nicht traurig oder ängstlich fühlen. Wenn der Zeitpunkt kommt, werden Sie oft feststellen, dass es Ihnen schwerfällt, sich zum Nachdenken zu zwingen, und dass Ihnen die Probleme, die Sie sich aufgehoben haben, gar nicht mehr so wichtig vorkommen.

4. *Sprechen Sie* mit einem mitfühlenden Menschen, dem Sie vertrauen können, über Ihre Gedanken und Gefühle. Meist genügt schon eine kurze Begegnung, um Ihnen die Last von den Schultern zu nehmen. Oft stellen Sie fest, dass ein Problem gar nicht so gravierend war, wie Sie ursprünglich dachten. Oder Sie erkennen, dass es gar nicht nötig ist, auf eine scheinbare Supermutter neidisch zu sein, weil diese sich mit denselben Problemen herumschlägt wie Sie. Aber Vorsicht. Wählen Sie Ihre Vertrauensperson sorgfältig aus: Sie muss objektiv bleiben können und darf nicht mit Ihnen zusammen ins Grübeln verfallen, denn dadurch fühlen Sie sich nachher schlechter als vorher. Und Sie sollten sehr darauf achten, die Situation nicht auszunutzen: Mit endlosem Jammern können Sie den anderen leicht ermüden und dafür sorgen, dass dieser Sie in Zukunft meidet.

5. *Schreiben Sie.* Ob Sie Ihre Grübeleien in ein hübsches Tagebuch, den Computer oder auf einen einfachen Zettel schreiben, es kann Ihnen helfen, sie zu ordnen, zu verstehen und Muster zu erkennen, die Ihnen verborgen waren. Schreiben ist eine gute Methode, negative Gedanken loszuwerden.

Unternehmen Sie Schritte zur Lösung Ihrer Probleme Wenn es Ihnen gelungen ist, Ihr Grübeln abzustellen, benötigen Sie eine neue Sichtweise auf sich selbst und auf Ihr Leben. Dieser zweite Schritt hilft Ihnen auf die Sprünge, die tatsächlichen Probleme zu lösen, die hinter Ihren Grübeleien stecken. Wenn Sie sich beispielsweise von Hemmnissen und

Verantwortungen erdrückt fühlen und nicht genau wissen, was Sie tun sollen, dann ergreifen Sie jetzt eine erste kleine Maßnahme. Vereinbaren Sie einen Termin mit einem Eheberater, beginnen Sie ein Finanzplanungsprogramm, suchen Sie im Internet nach einem möglichen neuen Job oder schreiben Sie jemandem eine E-Mail, der Sie beleidigt hat. Sie könnten sich eine Liste anlegen, auf der Sie jede denkbare Lösung für ein bestimmtes Problem notieren und dann eine dieser Möglichkeiten auswählen und in die Wege leiten. Wenn Sie sich nicht sicher sind, denken Sie an einen Menschen, den Sie schätzen und bewundern, und fragen Sie sich, was er oder sie an Ihrer Stelle machen würde. Warten Sie nicht darauf, dass sich die Dinge von selbst erledigen oder dass Ihnen jemand hilft: Handeln Sie jetzt. Selbst kleine Schritte sorgen für bessere Laune und steigern Ihr Selbstwertgefühl.

Vermeiden Sie Grübelfallen Schließlich müssen Sie lernen, in Zukunft Grübelfallen zu vermeiden. Stellen Sie sich beispielsweise eine Liste von typischen Orten, Zeiten, Situationen und Personen zusammen, die Sie zum Grübeln bringen. Wenn irgend möglich, vermeiden Sie diese Auslöser oder verändern Sie sie so, dass Sie nicht mehr ins Grübeln verfallen. Das ist ähnlich, wie sich das Rauchen abzugewöhnen: Auch Raucher müssen lernen, bestimmte Orte, Tageszeiten und Menschen zu meiden, die das Verlangen nach einer Zigarette wecken.

Eine weitere Technik besteht darin, Ihre Identität zu stärken und mehr für Ihr Selbstwertgefühl zu tun. Das ist nicht ganz einfach. Doch Sie können viele kleine Schritte unternehmen, um beispielsweise etwas Neues zu lernen oder zu unternehmen. Sie könnten Kochen, Gärtnern, Malen oder Ihren Hund dressieren – nehmen Sie sich aber nicht zu viel vor. Auf diese Weise gewinnen Sie mehr Selbstvertrauen und geben Ihrem Selbstwertgefühl ein weiteres Standbein, indem Sie Ihrer Identität eine weitere Facette hinzufügen. (»Ich habe mich immer für einen Bücherwurm gehalten und hätte nie gedacht, dass mir ein Tanzkurs so viel Spaß machen würde. Der Gedanke baut mich auf, wenn der Unterricht mal nicht so gut läuft.«)

Wenn Ihnen das nicht zusagt, lernen Sie zu meditieren. Die Meditation erlaubt Ihnen, sich zu entspannen, Distanz zu sich selbst und Ihren Grübeleien zu gewinnen, und schafft ein positives Wohlgefühl. Eine ausführlichere Anleitung finden Sie in Kapitel 9 oder in einem der zahlreichen Bücher zum Thema Meditation. Menschen, die regelmäßig meditieren, berichten, sie fühlten sich danach den ganzen Tag über weniger belastet und gestresst und insgesamt sorgenfreier.

Das große Ganze

Wenn Sie sich für die Aktivitäten gegen Grübeleien und sozialen Vergleich entschieden haben, möchte ich Ihnen zusätzlich zu diesen Empfehlungen eine Reihe weiterer Techniken aus Richard Carlsons Buch *Hundert Regeln für ein gutes Leben* empfehlen.[48] Wann immer Sie in Grübelei oder soziale Vergleiche verfallen (zum Beispiel »Wie soll ich nur diese Woche überleben?«, »Tom ist in letzter Zeit so kalt und ungeduldig«, »Der Chef hat der Präsentation von Claudia schon wieder besser zugehört als meiner«, »Ist dieses leere Gefühl im Kopf ein Zeichen für eine Erkältung?«, oder »Bin ich als einzige nicht zu dieser Party eingeladen?«), dann fragen Sie sich: Spielt das in einem Jahr noch eine Rolle? Ihre Antwort hilft Ihnen, das große Ganze zu sehen und Ihre Sorgen zu relativieren. Es ist erstaunlich, wie schnell Dinge, die eben noch wichtig und dringend erschienen, banal und irrelevant werden können. Manchmal, wenn ich eine arbeitsreiche Woche vor mir habe oder mich über eine scheinbare Zurücksetzung ärgere, sage ich mir, dass ich mich in einem Monat oder einem Jahr nicht einmal mehr daran erinnern werde, geschweige denn noch darüber aufrege. Eine extremere Variante ist die »Sterbebett-Frage«: Welche Rolle spielt es noch, wenn Sie auf dem Sterbebett liegen?

Mehr Abstand zu Ihren Grübeleien gewinnen Sie auch, wenn Sie Ihr Problem vor dem Hintergrund von Raum und Zeit betrachten. Wenn Sie ein Freund der Astronomie sind, stellen Sie sich mit all Ihren Ängsten, Sorgen und Nöten als mikroskopisch kleinen Punkt auf der Erde vor, die wiederum ein winziger Planet in unserer Milchstraße ist, die wiederum im Vergleich zum Universum kaum mehr als ein Staubkörnchen ist. Das mag albern klingen, doch versuchen Sie es, und Sie werden vermutlich feststellen, wie unwichtig Ihr Problem ist. Als mein Sohn seine Astronomiephase hatte, war ich erstaunt, wie gelassen und ruhig ich mich jedes Mal fühlte, wenn ich ihm aus einem Buch über Galaxien, Sterne und Planeten vorlas. Wie kann ich mich darüber aufregen, dass ich keinen Parkplatz finde, wenn die am weitesten entfernte Galaxie 13 Milliarden

Lichtjahre weit weg liegt und das Universum immer weiter auseinander driftet? Das mag wie Zauberei klingen, doch diese Erkenntnis wirkt tatsächlich beruhigend. Alternativ können Sie sich überlegen, dass in 150 Jahren keiner der Menschen von heute mehr da sein wird. Auch dies ist eine gute Möglichkeit zu spüren, wie wenige Dinge im Leben so wichtig sind, dass Sie Grübeleien rechtfertigen.

Wenn Sie jedoch zu dem Schluss kommen, dass die Probleme, über die Sie nachdenken, tatsächlich wichtig sind und in einem Jahr noch eine Rolle spielen werden, dann überlegen Sie, was Sie aus Ihrer Erfahrung lernen können. Indem Sie sich mit der Frage beschäftigen, welchen Gewinn Sie aus Ihrem Ärger, Stress und Leid ziehen können, lindern Sie deren Auswirkungen. Vielleicht können Sie Geduld, Ausdauer, Loyalität oder Mut lernen, oder Offenheit, Versöhnung, Großzügigkeit oder Selbstbeherrschung. Psychologen sprechen von »posttraumatischem Wachstum«[49] und meinen damit eines der wichtigsten Werkzeuge, mit denen glückliche und widerstandsfähige Menschen den unvermeidlichen Gefahren und Härten des Lebens begegnen.

Zum Weiterlesen für Sie

Wenn Sie von dieser Glücksaktivität profitiert haben, könnten Ihnen auch folgende gefallen:

- ◆ Entwickeln Sie Bewältigungsstrategien (Glücksaktivität 6, S. 159)
- ◆ Verwirklichen Sie Ihre Lebensträume (Glücksaktivität 10, S. 213)

5. Stärken Sie Ihre sozialen Beziehungen

Wenn ich nicht für mich bin, wer ist für mich?
Wenn ich nur für mich bin, was bin ich?
Wenn nicht jetzt, wann dann?
Aus dem Talmud

Die Bedeutung sozialer Beziehungen für unsere Gesundheit und unser Wohlbefinden lässt sich gar nicht hoch genug einschätzen. »Beziehungen sind der wichtigste für das Überleben des Homo sapiens verantwortliche Einzelfaktor«, schreibt ein Sozialpsychologe.[1] Das ist vermutlich nicht einmal übertrieben. In der Literatur über das Glück kann man immer wieder nachlesen, dass glückliche Menschen bessere Sozialbeziehungen haben als ihre weniger glücklichen Zeitgenossen.[2] Investition in Beziehungen ist darum eine äußerst wirkungsvolle Glücksstrategie. Dieses Kapitel beschreibt zwei Glücksaktivitäten, die auf die Verbesserung Ihrer Sozialbeziehungen zielen.

Glücksaktivität 4: Seien Sie hilfsbereit

Die moralische Dimension von Güte, Großzügigkeit und Freigiebigkeit ist unbestritten. Die Bibel ermahnt uns, wir sollten »Gutes tun, reich werden an guten Werken, gerne geben, behilflich sein« (1. Brief an Timotheus 6,18). Sie hält uns an, moralische Menschen zu werden, die den Bedürftigen zu Hilfe kommen und wenn nötig ihr eigenes Wohl für das eines anderen opfern. Für den deutschen Philosophen Arthur Schopenhauer ist das Mitleid gar »die Grundlage der Moral«.

Von Kindesbeinen an werden wir daher mit der Vorstellung von Güte und Mitgefühl geimpft. Natürlich werden wir angehalten, diese Tugenden um ihrer selbst willen zu pflegen, denn sie sind ja schließlich definitionsgemäß richtig, gut und moralisch. Doch neuere wissenschaftliche Erkenntnisse zeigen, dass gute Taten nicht nur dem Empfänger nutzen, sondern auch dem Geber. So ironisch es klingt, doch gut und großzügig zu handeln – selbst dann, wenn es unangenehm ist und wir keine Gegenleistungen dafür erwarten können –, kann durchaus in unserem eigenen Interesse sein. Das liegt daran, dass uns Großzügigkeit glücklich macht.

Die Milch der Menschenliebe ist … das Glück

Zugegeben, die Vorstellung, dass wir uns gut fühlen, wenn wir Gutes tun, ist nicht gerade neu. Schriftsteller, Philosophen und Theologen kennen diesen Zusammenhang seit Jahrhunderten. »Wenn Sie glücklich sein wollen, üben Sie sich in Mitgefühl« ist einer der Leitsätze des 14. Dalai Lama, des geistlichen Führers der tibetanischen Buddhisten. »Wahres Glück besteht darin, andere glücklich zu machen« lautet ein indisches Sprichwort. Und der schottische Essayist Thomas Carlyle schrieb: »Ohne Güte gibt es keine wahre Freude.« Das sind alles wunderschöne Gedanken, und vor kurzem wurden sie sogar wissenschaftlich bestätigt. Frühere Untersuchungen konnten zwar zeigen, dass Glück und Hilfsbereitschaft Hand in Hand gehen, aber nicht, dass es sich um einen Kausalzusammenhang handelt. Wir wissen beispielsweise, dass glücklichere Menschen öfter selbstlos handeln, dass sie viel Zeit darauf verwenden, anderen zu helfen, und dass sie am Arbeitsplatz mehr tun, als sie eigentlich müssten, um ihren Kollegen Arbeit abzunehmen, auch wenn sie selbst viel zu tun haben.[3] Diese Erkenntnis ist zwar sehr interessant, doch sie sagt noch nichts darüber aus, ob diese Menschen glücklicher sind, *weil* sie hilfsbereiter sind.

Um diese Frage zu klären, führten meine Kollegen und ich ein Experiment durch, in dem wir zwei Gruppen von Versuchsteilnehmern aufforderten, über einen Zeitraum von sechs Wochen fünf gute Taten pro Woche zu vollbringen.[4] Die erste Gruppe durfte ihre guten Taten auf die ganze Woche verteilen, die zweite sollte sie auf einen einzigen Wochentag legen. So lauteten unsere Anweisungen:

Im Alltag vollbringen wir alle gute Taten. Diese Taten können groß oder klein sein, und die Person, für die wir sie vollbringen, kann sie bemerken oder nicht. Wir werfen Geld in die Parkuhr eines Fremden, spenden Blut, helfen einem Freund bei seinen Hausaufgaben, besuchen einen älteren Verwandten oder schreiben Dankesbriefe. Vollbringen Sie in der kommenden Woche fünf gute Taten. Diese Taten müssen nicht dieselbe Person betreffen, der Empfänger kann sich dessen bewusst werden oder nicht. Die Tat kann den oben beschriebenen ähneln, muss aber nicht. Tun Sie nichts, womit Sie sich und andere in Gefahr bringen.

Jeden Sonntagabend verfassten die Teilnehmer einen »Gute-Taten«-Bericht, in dem sie beschrieben, wem sie wann und wie geholfen hatten. Die Bandbreite der guten Taten war groß und reichte von kleinen Gesten der Hilfsbereitschaft zu bedeutenderen Opfern: »habe einem Freund ein Eis gekauft«, »habe das Geschirr für einen anderen gespült«, »habe Blut gespendet«, »habe mit einer Freundin die erste Nacht in ihrer neuen Wohnung verbracht«, »habe ein Altersheim besucht«, »habe einem Fremden bei Computerproblemen geholfen«, »habe meiner Schwester übers Wochenende mein Auto geliehen«, »habe einem Obdachlosen 20 US-Dollar gegeben« und (meine Lieblingstat) »habe meinem Professor für seine harte Arbeit gedankt«.

Die Ergebnisse waren überraschend. Wie erwartet machten Großzügigkeit und Aufmerksamkeit die Teilnehmer glücklicher. Doch diese Steigerung war nur bei denjenigen erkennbar, die ihre Großzügigkeit auf einen einzigen Wochentag konzentrierten. Obwohl beide Gruppen aussagten, nach dem Experiment sehr viel hilfsbereiter zu sein, fühlten sich die Teilnehmer, die ihre guten Taten über die ganze Woche verteilten, nicht signifikant glücklicher. Wie kam das? Ich nehme an, das liegt daran, dass die guten Taten relativ klein waren und sie sich durch die Verteilung auf sieben Tage weniger spürbar vom normalen Verhalten der Testpersonen abhob. Schließlich vollbringt jeder von uns regelmäßig kleinere guten Taten, vielleicht sogar, ohne sich dessen bewusst zu sein.

Diese Untersuchung verdeutlicht, wie wichtig das richtige Timing für die optimale Wirkung der Glücksaktivität ist. In Kapitel 4 erkläre ich, warum sich Testteilnehmer glücklicher fühlen, wenn sie ihre Dankbarkeit nur einmal statt mehrmals pro Woche zum Ausdruck bringen. Sie müssen also für sich herausfinden, wie, wann und wie oft Sie eine

Glücksaktivität ausführen sollten, um den größtmöglichen Erfolg zu erzielen. Das Experiment mit den guten Taten lässt vermuten, dass Sie spürbar mehr tun sollten als sonst.

Unsere Studie war die erste, die zeigte, dass eine Strategie zur Förderung altruistischer Verhaltensweisen auch effektiv zur Steigerung des Glücksempfindens beiträgt. Seither haben wir längere und intensivere Untersuchungen durchgeführt, um herauszufinden, wie und warum diese Strategien funktionieren. Beispielsweise führten wir ein Experiment durch, in dem Teilnehmer gute Taten vollbringen sollten, und überprüften einen Monat später, ob sich ihr gestiegenes Glücksempfinden gehalten hatte.[5] Außerdem gaben wir ausgewählten Teilnehmern die Möglichkeit, flexibler mit ihren guten Taten umzugehen. Zu Beginn der Studie sollte jeder der Teilnehmer eine Liste von Wohltaten aufstellen, die er oder sie in Zukunft verstärkt vollbringen wollte und die leicht in den Alltag einzubauen waren. Zum Beispiel konnten sie eine zusätzliche Aufgabe im Haushalt übernehmen, (elektronische) Postkarten an Verwandte verschicken, jemandem beim Tragen oder Abholen helfen, ein Haustier versorgen oder dem Freund das Frühstück machen. Eine Gruppe durfte jede Woche drei beliebige gute Taten ausführen, die andere musste zehn Wochen lang bei denselben drei Taten bleiben.[6]

Diese Studie bestätigte, dass uns regelmäßige gute Taten über einen langen Zeitraum hinweg tatsächlich glücklicher machen. Doch die Vielfalt ist entscheidend: Teilnehmer, die über zehn Wochen hinweg wieder und wieder dieselben drei Wohltaten vollbringen mussten, zeigten ab Mitte der Studie sinkende Werte und kehrten schließlich zum Ausgangspunkt zurück. Diese Teilnehmer empfanden die gute Tat nur noch als lästige Pflicht, die es abzuhaken galt, also eher als glücksmindernd denn als glückssteigernd. Wenn eine Tätigkeit unser Wohlbefinden steigern soll, dann muss sie frisch und sinnvoll bleiben. Natürlich beginnen Sie Ihr Glücksprogramm aus freien Stücken, und nicht weil ein Professor Sie dazu auffordert. Sie entscheiden sich für etwas, das Ihnen sinnvoll erscheint und von dem Sie glauben, dass es Ihnen Freude bereiten wird. Das allein verleiht Ihnen Elan. Schon die Entscheidung für eine bestimmte Aktivität kann Ihre Stimmung heben, noch ehe Sie mit der Umsetzung beginnen. Doch diese Untersuchung warnt uns davor, nicht in Routinen zu verfallen. Es lohnt sich, wenn Sie Ihre Glücksstrategie interessant gestalten. (Lesen Sie dazu mehr in Kapitel 10.)

Warum machen gute Taten glücklich?

Die Psychologie erklärt, warum Hilfsbereitschaft uns glücklich macht. Großzügigkeit und Güte sorgen dafür, dass wir andere positiver wahrnehmen (zum Beispiel »der obdachlose Kriegsveteran, der zu krank ist zum Arbeiten« oder »mein Bruder bemüht sich in Mathematik, aber es fällt ihm nicht leicht«) und fördert ein Gefühl der Interdependenz und Gemeinschaft. Gute Taten verringern oft die Schuldgefühle, die Trauer oder das Unbehagen, die wir angesichts des Leids und der Probleme anderer Menschen empfinden, und erlauben uns, unser eigenes Glück wahrzunehmen und dankbar zu sein. Mit anderen Worten, wenn wir anderen helfen, dürfen wir uns vergleichsweise privilegiert und dankbar fühlen. Anderen Unterstützung und Trost zu geben, kann auch eine willkommene Ablenkung von den eigenen Problemen und Grübeleien darstellen, da Sie so Ihre Aufmerksamkeit von sich auf einen anderen Menschen lenken.

Hilfsbereitschaft verändert außerdem Ihre Selbstwahrnehmung. Wenn Sie anderen helfen, erfahren Sie sich als altruistischen und mitfühlenden Menschen. Diese neue Sicht kann Ihnen Selbstvertrauen und Optimismus vermitteln und das Gefühl geben, zu etwas nütze zu sein. Wenn Sie anderen helfen oder sich für einen guten Zweck engagieren, erkennen Sie Ihre Fähigkeiten, Ressourcen und Kenntnisse und bekommen den Eindruck, Ihr Leben im Griff zu haben.[7] Das gibt Ihnen die Möglichkeit, neue Fertigkeiten zu erlernen oder verborgene Talente zu entdecken – Sie können beispielsweise Ihre Fähigkeiten als Lehrer oder Ihre soziale Kompetenz vergrößern, Ihr Talent im Umgang mit Kindern entdecken oder ein Krankenhauses von innen kennen lernen. Dies allein kann Ihnen ein Gefühl vermitteln, etwas zu bewegen und zu leisten. Einige Wissenschaftler gehen gar so weit zu behaupten, Hilfsbereitschaft vermittele das Gefühl, dass das eigene Leben sinn- und wertvoll ist.[8]

Außerdem kann Ihre Hilfsbereitschaft eine Reihe positiver sozialer Konsequenzen nach sich ziehen. Wenn Sie anderen Menschen helfen, werden diese Sie mögen, schätzen und Ihnen ihren Dank ausdrücken. Möglicherweise erwidern sie Ihre Hilfsbereitschaft, wenn Sie jemanden brauchen.[9] Hilfsbereitschaft befriedigt das menschliche Grundbedürfnis nach Zugehörigkeit zu einer Gruppe, sie verschafft Ihnen das Lächeln, die Dankbarkeit und die Freundschaft anderer. In unserem zweiten Dankbarkeitsexperiment fanden wir Belege für diese Dynamik. Wir maßen nicht nur, wie hilfsbereit die Teilnehmer waren und wie sich ihr Glücksempfinden im Laufe der zehn Wochen entwickelte, sondern auch, inwieweit sich ihre Umwelt ihnen dankbar zeigte. Dabei stellten wir fest, dass unsere Hilfsbereitschaft uns vor allem deshalb glücklicher macht, weil wir erkennen, dass uns andere dankbar sind.

Hilfsbereitschaft macht uns also auf vielfältigste Weise glücklicher. Untersuchungen an Freiwilligen haben beispielsweise gezeigt, dass ehrenamtliche Arbeit zu einer Verringerung depressiver Symptome und einem Anstieg des Glücksempfindens, des Selbstwertgefühls und des Gefühls der Beherrschung und Selbstbestimmung führt und ein »Helferhoch«[10] auslöst. Diesen Studien gelingt es zwar nicht, Ursache und Wirkung voneinander zu trennen und die Frage zu beantworten, ob Freiwilligenarbeit glücklicher macht oder ob glücklichere Menschen mit größerer Wahrscheinlichkeit ehrenamtliche Arbeit leisten.

Doch Langzeitstudien legen den Schluss nahe, dass das großzügige Verhalten der Freiwilligen das gesteigerte Glücksempfinden bewirkt und nicht umgekehrt. Eine Studie begleitete fünf freiwillige Helferinnen über einen Zeitraum von drei Jahren.[11] Diese fünf Frauen waren an Multipler Sklerose (MS) erkrankt und hatten sich freiwillig bereit erklärt, 67 anderen MS-Patienten zu helfen. Sie lernten Techniken des aktiven und mitfühlenden Zuhörens und sollten jedem der Patienten pro Monat 15 Minuten widmen. Im Laufe der drei Jahre zeigten diese fünf Frauen ein gestiegenes Gefühl der Zufriedenheit und des Selbstvertrauens. Sie gaben an, sich stärker sozial zu engagieren und weniger unter Depression zu leiden. Sie berichteten, ihr Leben habe sich durch ihre neue Freiwilligentätigkeit dramatisch verändert. Ihre Aufmerksamkeit richtete sich nicht mehr ausschließlich auf sich selbst und die eigenen Probleme, sondern auf andere. Sie hätten gelernt, zuzuhören ohne zu urteilen, und seien offener und toleranter geworden. Außerdem gaben sie an, ihr Selbstwertgefühl sei gestiegen, und sie könnten besser mit den Höhen und Tiefen des Lebens und mit ihrer eigenen Krankheit umgehen. Eine Frau erklärte: »MS ist nicht heilbar, doch ich habe das Gefühl, ich kann mit allem fertig werden, was mir passiert.«

Bemerkenswerterweise gingen die positiven Veränderungen bei den fünf Frauen weit über den Nutzen hinaus, den die von ihnen betreuten Patienten von den Besuchen hatten. Die Frauen erlebten einen Zuwachs an Lebenszufriedenheit, der den ihrer Patienten um das Siebenfache übertraf! Der Nutzen, den die fünf Frauen erfuhren, nahm im Laufe der Zeit sogar noch zu – das ist eine unglaubliche Erkenntnis, zumal die meisten anderen Glücksinterventionen im Laufe der Zeit eher an Wirkung verlieren.

Obwohl es sich um eine nicht-repräsentative Untersuchung mit nur fünf Teilnehmerinnen handelte,[12] verdeutlichen die Ergebnisse auf eindrucksvolle Art und Weise den vielfachen Nutzen der Hilfsbereitschaft. Obwohl Freiwilligenarbeit eine besondere Form der Hilfsbereitschaft ist, die dauerhaftes Engagement innerhalb eines institutionellen Rahmens verlangt, hat sie vieles (und vor allem viele Vorteile) mit spontaneren und prosaischeren Formen der Hilfsbereitschaft gemeinsam.

Wie Sie Gutes tun können

Ich habe einige sehr selbstlose Freunde. Einer von ihnen, der mir spontan einfällt, ist immer für andere da, sagt nie nein und weiß immer, wann er gebraucht wird. Ich habe keine Ahnung, wie er es anstellt und warum ihm Hilfsbereitschaft zur Gewohnheit geworden ist. Die meisten von uns müssen jedoch bewusst einüben, was diesem Mann so leicht fällt. Andererseits haben wir Übrigen den Vorteil, dass wir mit einem bisschen Mehr an Hilfsbereitschaft unser Wohlbefinden spürbar steigern können.

Ich habe zahlreiche Bücher, Artikel und Websites gefunden, die Tipps rund um das Thema Hilfsbereitschaft geben,[13] und ich werde häufig das Gefühl nicht los, dass sie ihren Lesern mit dem Zeigefinger drohen. Vielleicht habe ich Unrecht. Ich meine jedenfalls, wenn Sie ein großzügigerer, mitfühlenderer und hilfsbereiterer Mensch werden wollen, dann werden Sie schon wissen, was Sie tun möchten. Haben Sie je ungefragt gestressten Eltern angeboten, ihre Kinder zu hüten? Haben Sie einen Freund in einer anderen Stadt besucht, weil der jemanden zum Zuhören brauchte? Haben Sie Ihr Geld oder Ihre Zeit für eine gute Sache zur Verfügung gestellt? Jemanden angelächelt, der ein Lächeln brauchte, obwohl es Ihnen in diesem Moment selbst schwer fiel? Die Möglichkeiten sind grenzenlos und finden sich überall: Sie müssen nur die Augen aufmachen.

Dazu brauchen Sie weder Talent noch Zeit noch Geld. Ihre gute Tat muss weder großartig noch kompliziert sein. Wenn Sie sich je fragen sollten, wo Sie anpacken können, schauen Sie sich nur zuhause, am Arbeitsplatz oder in Ihrer Stadt um. Manche Menschen gehen weite Wege, um sich für eine besondere Sache einzusetzen, doch diese besondere Sache kann auch Ihr Partner, Ihr Kind, Ihr Kollege oder ein alter Freund sein.

Eine junge Mutter erzählte mir von ihrem Mann, einem Cellisten, der ein städtisches Freiwilligenprogramm entdeckt hatte und nun einmal im Monat in einem Altersheim musizierte. Obwohl er viel arbeitete und wenig Zeit für seine Familie hatte, nahm er diese Freiwilligenarbeit sehr ernst und opferte ihr mehrere Stunden im Monat. Doch seine Frau war außer sich. »Wie kann er vor Fremden spielen, wenn er nicht einmal Zeit hat, sich mit seiner Tochter zu beschäftigen?«, klagte sie. Wählen Sie Ihre guten Taten also sorgfältig aus, denn jede Verhaltensänderung kann unbeabsichtigte Folgen haben, gute genauso wie schlechte. Sie müssen weder Mutter Theresa noch der Dalai Lama werden, Ihre guten Taten dürfen klein und wenig zeitaufwändig sein.

Timing ist alles Entscheiden Sie also zunächst, was Sie tun wollen, wie oft und wie intensiv. Diese Entscheidung ist von großer Bedeutung: Tun Sie zu wenig, haben Sie selbst keinen Nutzen davon. Tun Sie zu viel, fühlen Sie sich schnell überfordert, verärgert oder ermüdet. Darum möchte ich Ihnen vorschlagen, dem Vorbild meines ersten Experiments zu folgen und an einem einzigen Tag in der Woche eine neue und besondere oder alternativ drei bis fünf kleinere gute Taten zu vollbringen. Ich sage deshalb »neu und besonders«, da Sie vermutlich schon jetzt täglich viele kleinere gute Taten vollbringen und unsere Glücksstrategie eine zusätzliche Anstrengung erfordert, die Sie aus Ihrer Routine herausholt. Wenn Sie also schon anderen Autofahrern den Vortritt lassen oder einmal pro Woche in einem Krankenhaus Freiwilligenarbeit leisten, dann sollten Sie sich etwas anderes aussuchen.

Abwechslung ist die Würze des Lebens Meine Untersuchungen ergeben außerdem, dass Sie Ihre Aktivitäten aufpeppen und abwechslungsreich gestalten sollten. Wenn Sie einem Unbekannten eine Münze in die Parkuhr werfen oder im Haushalt eine zusätzliche Aufgabe übernehmen, dann fühlen Sie sich beim ersten Mal gut, doch Sie gewöhnen sich schon bald daran. Was nicht heißt, dass Sie jetzt damit aufhören sollten. Stattdessen sollten Sie eine weitere gute Tat in Ihr Programm aufnehmen. Größere Verpflichtungen, die regelmäßigen Kontakt mit bestimmten Menschen erfordern – zum Beispiel Nachhilfeunterricht, Besuche bei einem kranken Nachbarn oder Spendensammeln für einen guten Zweck –, führen möglicherweise weniger leicht zur Gewöhnung und können Ihnen (und anderen!) langfristig mehr Glück, Selbstbewusstsein und andere Ressourcen und Fähigkeiten eröffnen.

Abwechslung in Ihre guten Taten zu bringen, erfordert Einsatz und Kreativität. Ich will Ihnen ein paar Ideen nennen.

Wenn es Ihnen an Geld oder anderen Ressourcen fehlt, schenken Sie Ihre Zeit: Bieten Sie an, eine notwendige Reparatur zu übernehmen, einen Garten zu jäten, mit einem Kind auf den Spielplatz zu gehen oder jemandem bei der Steuererklärung zu helfen.

Überraschen Sie jemanden: Kochen Sie ein Essen, laden Sie ihn oder sie ins Kino ein, machen Sie ein Geschenk oder schreiben Sie einen Brief.

Sie könnten jede Woche etwas tun, das Ihnen schwer fällt. In meinem Fall ist es Höflichkeit gegenüber Anrufern, die Telefonmarketing betreiben. Jemand anders könnte es schwer fallen, einen Menschen auf der Straße oder die Kassiererin im Supermarkt anzulächeln, zu grüßen oder sich zu bedanken. Oder sich die Sorgen eines Freundes anzuhören und ihm dabei in die Augen zu sehen.

Sie können Ihr Mitgefühl weiterentwickeln und an Ihrer Bereitschaft und Fähigkeit arbeiten, Empathie für die Probleme und Sichtweisen anderer zu entwickeln. So klischeehaft es klingt, es ist gar nicht so einfach, sich in die Lage eines anderen zu versetzen und die Welt aus dessen Perspektive zu sehen. Stellen Sie sich vor, wie es sich anfühlen würde, wenn Sie Ihre Rechnungen nicht bezahlen könnten, wenn Sie Ihren Job verlieren würden, wenn Sie sich um ein behindertes Kind kümmern müssten, wenn Sie nicht lesen könnten oder wenn Sie nicht die Kraft hätten, eine Glühbirne auszutauschen. Wenn Sie jede Woche einem solchen Menschen Ihre Hilfe anbieten, kann Ihnen dies helfen, Ihre Dankbarkeit zu entwickeln und Ihr Mitgefühl zu stärken.

Mindestens einmal pro Woche sollten Sie eine gute Tat vollbringen, von der Sie niemandem erzählen und für die Sie keinerlei Gegenleistung erwarten. Fragen Sie sich auch nicht, warum andere Menschen nicht so aufmerksam sind wie Sie. Auf diese Weise spüren Sie, dass Sie nicht deshalb Gutes tun, damit andere Sie bewundern und akzeptieren, und steigern das Gefühl der Sinnhaftigkeit und des Selbstwerts.[14]

Die ansteckende Wirkung der guten Taten Neulich, an der Kasse im Supermarkt, hörte ich, wie ein junger Mann vor mir der Kassiererin beschämt gestand, dass er nicht genug Geld dabei hätte. Ihm fehlte genau

1 Dollar und 15 Cent. Ich hatte so etwas noch nie getan, doch ich bot ihm sofort das fehlende Geld an. Zunächst war es ihm ein wenig peinlich, dann bedankte er sich herzlich und ausführlich. Dieses Erlebnis war unerwartet beglückend und wunderbar. Ein Dollar ist nichts, dachte ich, doch dieser Mann war mir zutiefst dankbar. Er hatte ein breites, verschämtes Lächeln im Gesicht. Und während ich meine Einkäufe aufs Band legte, sah ich, wie er auf dem Weg nach draußen einer Frau im Rollstuhl mit ihren Tüten half.

Wenn Sie Ihre Strategie entwickeln, dann denken Sie daran, dass gute Taten oft ansteckend wirken. Der Empfänger kann erfreut, überrascht oder getröstet sein, und Ihre Aufmerksamkeit kann ihn veranlassen, die Gefälligkeit an andere weiterzugeben und so weiter. Mit anderen Worten, eine gute Tat kann zahlreiche andere anstoßen. Gute Taten wirken außerdem, wenn andere sie nur beobachten oder von ihnen hören: Sie fühlen sich berührt und verspüren ihrerseits das Bedürfnis, etwas Gutes zu tun.[15] Nachdem Fernsehzuschauer die heroischen Taten der Feuerwehrleute und Helfer nach dem Anschlag auf das World Trade Center gesehen hatten, standen viele von der heimischen Couch auf, um Blut zu spenden – die gespendete Menge stieg um das Zwei- bis Fünffache.[16]

Ein Hinweis zum Schluss: Die hier skizzierten Empfehlungen sollen Ihnen dabei helfen, möglichst viel Glück aus Ihrer Hilfe für andere zu gewinnen. Manchmal bedeutet dies jedoch, weniger zu tun oder eine Tätigkeit ganz einzustellen. Ich möchte an dieser Stelle noch einmal betonen, dass die meisten Menschen nicht mitfühlend oder großzügig handeln, weil sie sich einen Vorteil davon versprechen, sondern weil sie anderen helfen möchten. Sie leisten Freiwilligenarbeit, reparieren, unterrichten, hören zu, reinigen oder spenden, weil sie es für ihre moralische Pflicht halten. Sie sollten meine Vorschläge also mit Vorsicht genießen. Manchmal werden Sie gebeten, anderen auf Kosten Ihres eigenen Wohlbefindens zu helfen. Solange dies keine Dauereinrichtung wird und Sie unglücklich macht, sollten Sie zusagen.

Wenn Hilfsbereitschaft schadet

Die Binsenweisheit, dass gute Taten glücklich machen, hat einige wichtige Einschränkungen. Die erste ist, dass bestimmte Formen der Hilfsbereitschaft der körperlichen und geistigen Gesundheit sogar schaden können. Wissenschaftler haben sich mit den Folgen der Vollzeitpflege für chronisch kranke oder behinderte Familienmitglieder und Freunde beschäftigt. Studien zeigen, dass Menschen, die einen Partner mit der Alzheimerschen Krankheit pflegen, dreimal so häufig unter Depression leiden wie der Durchschnitt.[17] Partner von Querschnittsgelähmten berichten von körperlichem und psychischem Stress, Burn-out, Erschöpfung, Ärger und Ressentiment und leiden häufiger unter Depression als die Partner, die sie versorgen.[18] Zu der kräftezehrenden Pflege kommt häufig noch die Trauer über die verlorene Qualität der Beziehung und/oder den bevorstehenden Tod. Das heißt nicht, dass Sie sich nicht um nahestehende Menschen kümmern sollten, sondern dass Sie die Nachteile erkennen müssen, um so gut wie möglich mit ihnen umgehen zu können. Jede Art der Hilfe, die Belastungen mit sich bringt, Sie in Ihren alltäglichen Handlungen beeinträchtigt oder Sie verbittert, ist kein Weg zum Glück, auch wenn sie noch so angemessen, ehrenhaft und richtig sein kann.

Außerdem müssen Sie eine gute Tat natürlich freiwillig und selbstständig erbringen, um Ihr Wohlbefinden zu steigern. Wenn Sie gezwungen werden, jemandem zu helfen, dann können Sie sich immer noch als großzügiger und anständiger Mensch fühlen, und Sie können immer noch die Dankbarkeit des anderen gewinnen, doch diese Vorteile verschwinden leicht hinter dem Ärger, den Sie empfinden, wenn Sie sich ausgenutzt fühlen.

Bedenken Sie schließlich, dass andere Ihre Hilfsbereitschaft möglicherweise nicht wünschen. Ihre Hilfe könnte ihnen unangenehm sein und das Gefühl geben, bedürftig, benachteiligt und verpflichtet zu sein. Statt Dank ernten Sie darum möglicherweise Feindseligkeit und Ärger. Mit Ihrer Einstellung und Ihrer Herangehensweise können Sie solche Gefühle abmildern. Handeln Sie aber nie selbstgerecht und herablassend. Prahlen Sie nicht mit Ihren Fähigkeiten und Mitteln, und behandeln Sie die Menschen, denen Sie helfen, nicht von oben herab. Und wenn die Situation nicht wirklich kritisch ist, helfen Sie niemandem, der keine Hilfe wünscht.

Nachsatz: Hilfsbereitschaft und Reichtum

In Kapitel 2 haben Sie erfahren, warum Geld nicht glücklich macht, oder genauer gesagt, warum es uns nicht so glücklich macht, wie wir oft annehmen. Was also, wenn ich Ihnen erklären würde, dass mehr Großzügigkeit, Mitgefühl und Hilfsbereitschaft Sie glücklicher macht als mehr Geld? Würden Sie mir das abnehmen? Ich will jedoch gar nicht so weit gehen, dies zu behaupten, da es bislang keine wissenschaftlichen Untersuchungen gibt, die Geld und Hilfsbereitschaft direkt miteinander vergleichen. Aber es gibt eine Menge indirekter Belege dafür.

Eines der überzeugendsten Beispiele ist Bill Gates, der ankündigte, sich 2008 aus dem aktiven Geschäft bei Microsoft zurückzuziehen, um sich ganz seiner Stiftung zu widmen. Nach Auskunft des Magazins *Forbes* ist Bill Gates der zweitreichste Mann der Welt, doch er verbringt viel Zeit damit, Geld zu verschenken – mehr als die Hälfte seines Vermögens, um genau zu sein. Seit dem Jahr 2000 hat seine Stiftung, die Bill and Melinda Gates Foundation, 6 Milliarden US-Dollar für die Gesundheitsversorgung in Entwicklungsländern, unter anderem für Kinderimpfung und Forschung, sowie 2,5 Milliarden US-Dollar für Bildung ausgegeben. Es ist gut denkbar, dass er mit seinen Spenden mehr bewirkt als durch seine Arbeit als Vorsitzender von Microsoft. Warum tut er das? Ich weiß es nicht, ich kann nur vermuten, dass es ihn mindestens genauso glücklich macht, sein Geld zu verschenken, wie es zu verdienen. »Es macht Spaß, und es ist eine enorme Verantwortung«, erklärt Gates. »Aber auch die Arbeit bei Microsoft macht Spaß und ist eine große Verantwortung. Elternsein genauso. Das trifft auf viele der wichtigsten Dinge im Leben zu. Warum stehen wir sonst jeden Morgen auf?«[19]

Ein weiteres faszinierendes Beispiel ist Sherry Lansing, die erste Frau, die je ein Hollywood-Studio leitete. Sie gab den Ruhm, die Macht und den Reichtum auf, die sie als Chefin der Paramount-Studios hatte, um sich ganz der Philanthropie zu widmen. Zeitungen berichteten, ihre Geschäftspartner und Freunde seien fassungslos gewesen. Doch offensichtlich weiß sie besser als ihre Freunde, was dauerhaftes Glück wirklich ausmacht. Sie gründete eine gemeinnützige Stiftung zur Förderung der Krebsforschung und -aufklärung, sie unterstützt die Stammzellenforschung und sammelt Spenden für Menschenrechtsorganisationen. Ich nehme an, Lansing findet dies befriedigender als ein siebenstelliges Gehalt.

Wenn Sie von dieser Glücksaktivität profitiert haben, könnten Ihnen auch folgende gefallen:

◆ Schaffen Sie Flow-Erfahrungen (Glücksaktivität 8, S. 188)
◆ Genießen Sie die Freuden des Lebens (Glücksaktivität 9, S. 198)

Glücksaktivität 5: Pflegen Sie Ihre sozialen Beziehungen

In diesem Buch behaupte ich unter anderem, dass wir glücklicher werden können, wenn wir uns die Angewohnheiten von sehr glücklichen Menschen abschauen. Glückliche Menschen haben oft ein außergewöhnlich gutes Händchen für Freundschaften, Familien und intime Beziehungen. Je glücklicher jemand ist, desto größer die Wahrscheinlichkeit, dass er oder sie einen großen Freundeskreis, einen Partner und ein großes Netz an Unterstützern hat. Je glücklicher jemand ist, desto größer die Wahrscheinlichkeit, dass er oder sie verheiratet ist und eine erfüllende, dauerhafte Ehe führt. Und je glücklicher jemand ist, desto größer die Wahrscheinlichkeit, dass er mit seinem Familienleben und seinen sozialen Aktivitäten zufrieden ist, seinen Partner als seine »große Liebe« bezeichnet und von Freunden, Vorgesetzten und Kollegen emotional und in jeder anderen Hinsicht unterstützt wird.[20]

Der Zusammenhang zwischen sozialen Beziehungen und Glück geht in beide Richtungen. Das bedeutet, dass Partner und Freunde uns glücklich machen, aber auch, dass glückliche Menschen eher Partner und Freunde finden. Diese Schlussfolgerung, zu der ich und Kollegen nach zahlreichen Untersuchungen gekommen sind, gibt Anlass zu Optimismus. Das heißt nämlich, wenn Sie heute mit der Arbeit an Ihren Beziehungen beginnen, werden Sie mit positiven Emotionen belohnt werden. Ihr gestiegenes Glücksempfinden trägt dazu bei, dass Sie mehr und intensivere Beziehungen eingehen, was wiederum Ihr Glücksempfinden steigert und so weiter. Mit anderen Worten, wenn Sie diese Glücksstrategie anwenden, setzen Sie einen positiven Kreislauf in Gang.

Warum Beziehungen etwas Großartiges sind

Warum sind soziale Beziehungen so wichtig für unser Wohlbefinden? Weil sie mehrere überlebenswichtige Bedürfnisse befriedigen.

Darwins Lektion Ein Artikel mit dem Titel »The Need to Belong« (zu Deutsch: »Das Bedürfnis nach Zugehörigkeit«)[21] ist ein Klassiker der Sozialpsychologie. Die Autoren erklären überzeugend, warum wir Menschen von dem Bedürfnis motiviert werden, feste, stabile und positive Beziehungen aufzubauen. Wir widersetzen uns Trennungen oder der Beendigung von Beziehungen und Freundschaften, und wenn uns das Gefühl der Zugehörigkeit fehlt, hat dies zahlreiche negative Auswirkungen auf unsere körperliche und geistige Gesundheit. Das ist nicht weiter überraschend, denn nach Ansicht der meisten Wissenschaftler hat das Bedürfnis, soziale Bande zu knüpfen und zu erhalten, seinen Ursprung in der Evolutionsgeschichte. Ohne diese Motivation hätten die Menschen nicht überlebt oder sich vermehrt. Menschen jagten in Sozialverbänden, teilten die Nahrung und verteidigten sich gegen gemeinsame Feinde. Erwachsene, die Paarbeziehungen eingingen, zeugten Kinder, schützten diese vor Raubtieren und Naturgewalten und zogen sie groß. »Kein Mensch ist eine Insel«, erklärte der englische Dichter John Donne, und der Aufsatz »The Need to Belong« erklärt uns, warum das so ist.

Das soziale Netz Gesellschaftliche Bande sind unter anderem deshalb so wichtig, weil sie uns in schweren Zeiten Unterstützung bieten. Aus Erfahrung wissen wir, dass es keine bessere Form der Bewältigung gibt als einem Freund oder einem Bekannten von einem Problem zu erzählen. Soziale Unterstützung kann sehr konkret sein, etwa wenn ein Nachbar uns ins Krankenhaus fährt; sie kann emotional sein, wenn uns ein Freund zum Beispiel zuhört, bestätigt oder uns hilft, alternative Sichtweisen oder Lösungen zu einem Problem zu entwickeln; oder sie kann informativ sein, wenn uns etwa jemand Anlagetipps gibt. Menschen mit einem starken sozialen Netz sind gesünder und leben länger.[22] Eine faszinierende Analyse der Bewohner Sardiniens, der japanischen Insel Okinawa und der Mitglieder der Sekte der Siebten-Tags-Adventisten in Kalifornien, drei Gemeinschaften, in denen Menschen außergewöhnlich alt werden, zeigte, dass sie fünf Dinge gemeinsam hatten. Ganz oben stand die bedeutende Rolle der Familie und der aktiven Sozialbeziehungen.[23]

Lauter Liebe Als mein Sohn vier Jahre alt war, bestand er darauf, dass wir ihm jeden Abend vor dem Einschlafen ein neues Wort beibrachten. Eines Abends kamen wir zu einem ganz besonderen Wort: »Dein Wort für heute Abend ist ›Liebe‹«, sagte ich zu ihm. »Ich weiß, was das heißt!« krähte er. »Ich liebe dich, Mami!« »Aber was heißt das, dass du mich liebst«, fragte ich ihn. Er dachte nach. »Es heißt, dass ich dich ganz oft küssen will. Und dass ich immer mit dir zusammenleben will.« In zehn Jahren bereut er diese Worte vermutlich, doch es ist eine perfekte Definition. Vom Moment unserer Zeugung bis zu unserem Tod sind wir Teil von Beziehungsgeflechten. In diesen Beziehungen erleben die meisten von uns zum ersten Mal die Liebe – das Gefühl, das uns in einen stärkeren Glücksrausch versetzt als jedes andere – und finden Sinn und Ziel des Lebens. Wie jeder weiß, kennt die Liebe Höhen und Tiefen, doch die meisten von uns würden zustimmen, dass es kaum etwas gibt, das uns glücklicher macht als sie.[24]

Weniger hedonistische Anpassung Unser Tortendiagramm am Anfang des Buches zeigt anschaulich, dass alle unsere Lebensumstände zusammengenommen (Gesundheit, Reichtum, Alter, Beruf, Nationalität, Wohnort, biografische Ereignisse und Ähnliches) kaum Einfluss auf unser Glück haben. Das liegt vor allem daran, dass wir uns so schnell an Veränderungen unserer Lebensumstände gewöhnen. Wenn wir eine Lohnerhöhung bekommen oder uns den erträumten Computer, das Auto, das Haus oder den Swimmingpool angeschafft haben, passen sich unsere Erwartungen einfach dem neuen Niveau an. Wir sind im hedonistischen Hamsterrad gefangen. In einer auf 36 Jahre angelegten Untersuchung wurden Testpersonen befragt, welches Einkommen eine vierköpfige Familie benötige, um »auskömmlich« zu leben.[25] Interessanterweise nahm die Einschätzung der »Auskömmlichkeit« mit dem Einkommen der Befragten zu: Je mehr wir haben, desto mehr meinen wir zu »benötigen«.

Doch wie steht es mit unseren Freunden, unserer Familie und unseren intimen Beziehungen? Passen wir uns an sie genauso schnell an wie an materielle Güter? Die Antwort ist nein. Ein Wirtschaftswissenschaftler zeigte beispielsweise, dass unser Wunsch nach einer glücklichen Ehe und nach Kindern sich nicht verändert, wenn wir verheiratet sind und Kinder haben.[26] Mit anderen Worten, Beziehungen sind etwas Besonderes und Einmaliges, und es lohnt sich, sie zu festigen, zu pflegen und zu genießen.

Wie Sie in Ihre Beziehungen investieren können

Da 90 Prozent aller Erwachsenen irgendwann im Leben heiraten, beziehen sich meine Empfehlungen in diesem Abschnitt darauf, wie Sie Ihre Partnerschaft stärken können. Sie werden jedoch feststellen, dass Sie viele dieser Vorschläge genauso gut auch auf andere enge Beziehungen wie Freundschaften und Familienbeziehungen anwenden können. *Wählen Sie eine der folgenden Strategien aus und beginnen Sie* heute *mit ihrer Umsetzung.*

Der Eheforscher John Gottman hat Hunderte von Ehepaaren untersucht. Sein Buch *Die sieben Geheimnisse der glücklichen Ehe* ist meiner Ansicht nach der mit Abstand beste Eheratgeber, der heute auf dem Markt erhältlich ist.[27] Ich habe es Dutzenden Freunden und Bekannten empfohlen und würde es Verheirateten genauso ans Herz legen wie Beziehungsgeschädigten oder Singles, die sich eine engagierte Beziehung wünschen. Selbst wenn Sie in einer stabilen Beziehung leben, gibt es immer Möglichkeiten, diese weiter zu festigen und mehr zu genießen. In seinen Untersuchungen nimmt Gottman Ehepaare auf Video auf und analysiert, wie sie sich verhalten und miteinander umgehen. Er trifft jedes Paar über einen längeren Zeitraum, um zu sehen, wie sich ihre Beziehung weiterentwickelt. Aufgrund seiner Beobachtungen kann er mit 91-prozentiger Wahrscheinlichkeit vorhersagen, ob ein Paar zusammenbleiben oder sich schließlich trennen wird. Vielleicht sollte ich dazu sagen, dass dieses Maß an Vorhersagegenauigkeit in der Psychologie völlig einmalig ist.

Nehmen Sie sich Zeit füreinander Was also sind die Geheimnisse einer glücklichen Ehe? Das erste ist, dass die Partner miteinander sprechen, und zwar oft und viel. Erfolgreiche Paare verbringen fünf Stunden pro Woche im Gespräch miteinander.[28] Meine erste Empfehlung lautet daher: Nehmen Sie sich jede Woche mehr Zeit für Ihren Partner. Beginnen Sie vielleicht mit einer Stunde und arbeiten Sie sich dann nach oben. Nehmen Sie sich jeden Tag fünf Minuten Zeit, um Ihrem Partner Ihren Dank oder Ihre Wertschätzung für bestimmte Verhaltensweisen auszudrücken, selbst wenn Sie nur sagen: »Danke, dass du dich diesen Monat um die Rechnungen gekümmert hast.« Ehe Sie morgens auseinander gehen, finden Sie eine Sache heraus, die Ihr Partner an diesem Tag tun wird. Wenn Sie sich abends wiedersehen, führen Sie ein »Wiedersehensgespräch« in einer stressfreien Atmosphäre und hören Sie zu. Als berufstätige Mutter ist mir völlig klar, dass dies leichter gesagt ist als getan. Seien Sie kreativ. Wenn Sie in einer ähnlichen Situation sind, versuchen Sie, eine Viertelstunde vor Ihren Kindern zuhause zu sein oder erlauben Sie ihnen, fünfzehn Minuten fernzusehen oder ein Videospiel zu spielen, wenn Sie nach Hause kommen. (Die möglichen negativen Auswirkungen der Medien sind meiner Ansicht nicht vergleichbar mit den positiven Auswirkungen auf Ihre Ehe.) Wenn Kinder kein Thema sind, dann schaffen Sie eine gemeinsame Wiedersehensroutine und gehen Sie beispielsweise spazieren, setzen Sie sich zusammen auf die Couch oder trinken Sie einen Kaffee oder ein Glas Wein in der Küche, was immer Ihnen am ehesten entspricht. Das muss nicht in dem Moment passieren, in dem Sie zur Tür hereinkommen. Mein Mann brauchte beispielsweise früher immer seine Zeit, um seine Sachen wegzuräumen, herumzukrautern und die Zeitung zu lesen, ehe er in der Verfassung war, mich nach meinem Tag zu fragen. Das hat sich erst geändert, als unsere Kinder kamen.

Es gibt verschiedenste Möglichkeiten, sich mehr Zeit füreinander zu nehmen. Scheuen Sie keine Mühen, gehen Sie kreativ mit Ihrer Arbeitszeit um, nehmen Sie sich einen Babysitter, was auch immer, um einmal pro Woche mehrere Stunden Zeit für ein gemeinsames Ritual zu haben. Das kann der Donnerstagabend sein, der Freitagnachmittag oder der Sonntagmorgen. In dieser Zeit können Sie sich unterhalten oder schweigend etwas unternehmen und einfach die Gegenwart des anderen genießen. Schaffen Sie ein gemeinsames Erlebnis, fahren Sie irgendwohin, genießen Sie eine Aussicht oder sehen Sie sich ein Gebäude an, kochen Sie zusammen, lesen Sie einander Gedichte vor, gehen Sie essen oder besuchen Sie eine Sportveranstaltung.

Schaffen Sie außerdem eine medienfreie Zone in Ihrer Wohnung, die ausschließlich für Gespräche reserviert ist. Wenn Sie es genießen, zusammen Musik zu hören oder fernzusehen (und dabei diskutieren, lachen und sich über das Gesehene lustig machen), dann tun Sie das auch weiterhin. Doch den meisten von uns stehlen Fernseher und Computer die Intimität und die gemeinsame Zeit. Es ist erstaunlich, wie viele Paare sich darüber beklagen, dass ihr stressreiches Leben ihnen keine Zeit füreinander lässt, doch wenn Sie einmal nachfragen, wie viele Stunden sie jede Woche vor dem Fernseher hocken, werden Sie Augen machen. Wenn Sie sich die Frage stellen, ob Sie guten Gewissens Zeit von der Arbeit oder von Ihren Kindern abzwacken können, dann ist das keine Frage. Menschen, die einsam sind oder in unglücklichen Beziehungen leben, leiden unter ernsten Folgen wie Depression, Angst, Eifersucht, Stress und Gesundheitsproblemen. Und wenn Ihre Ehe oder Partnerschaft angespannt, feindselig oder unglücklich ist, dann leiden umgekehrt auch Ihre Arbeit und Ihre Kinder.

Bringen Sie Ihre Bewunderung, Ihre Anerkennung und Ihre Zuneigung zum Ausdruck Eine der wichtigsten Erkenntnisse aus zwei Jahrzehnten Eheforschung ist, dass in glücklichen Beziehungen positive und negative Gefühle im Verhältnis von fünf zu eins ausgedrückt werden.[29] Das heißt, dass auf jede negative Äußerung wie Kritik, Meckern oder Predigen fünf positive kommen. Machen Sie es sich zu Ihrem Ziel, dieses Verhältnis jede Woche ein wenig zu verbessern. Sie können dies erreichen, indem Sie Ihrem Partner öfter Ihre Zuneigung zeigen: mit Worten, indem Sie beispielsweise öfter »Ich liebe dich« sagen oder schreiben, körperlich oder mit anderen Verhaltensweisen. Ein Familienexperte meinte einmal zu mir: »Ein spontaner Kuss während der Hausarbeit kann Wunder bewirken.«

Bringen Sie außerdem ehrliche Bewunderung und Dankbarkeit zum Ausdruck. Die wenigsten von uns tun dies oft genug. Erinnern wir uns an die Studie aus Deutschland, die zeigte, dass wir uns nach durchschnittlich zwei Jahren an den wunderbaren Zustand der Ehe gewöhnen: Danach halten wir den anderen und unsere Beziehung zu ihm für eine Selbstverständlichkeit. Ehrliches Lob und Sätze wie »Ich bin stolz, dass du das geschafft hast« freuen Ihren Partner nicht nur, sondern spornen ihn an, mehr zu leisten. In den lebendigsten Beziehungen helfen die Partner einander, sich von ihrer jeweils beste Seite zu zeigen und ihrem idealen Selbst näher zu kommen. Dies wird auch als »Michelangelo-Effekt« bezeichnet:[30] So wie Michelangelo eine ideale Form aus einem rohen Marmorblock schälte, können Partner einander unterstützen, das Beste aus sich herauszuholen. Da zufriedene Partner eher dazu neigen, einander zu idealisieren,[31] verstärken sie die gegenseitigen positiven Wahrnehmungen, was es wahrscheinlicher macht, dass diese tatsächlich wahr werden.

Schließlich gibt es einige Übungen, die Sie jede Woche allein durchführen können, um mehr Respekt, Wertschätzung und Bewunderung für Ihren Partner zu empfinden. Sie könnten folgenden Vier-Wochen-Plan ausprobieren: Stellen Sie in der ersten Woche eine Liste von Eigenschaften zusammen, die Ihnen ursprünglich an Ihrem Partner gefallen haben oder die Sie jetzt an ihm schätzen, wie etwa Ehrlichkeit, Humor, Intelligenz, Pünktlichkeit oder Charme. Erinnern Sie sich an typische Begebenheiten, in denen eine dieser Eigenschaften zum Ausdruck kam. Ein Paar erzählte mir, das Geheimnis ihrer Beziehung sei, dass jeder der beiden meint, es besser getroffen zu haben als der andere. Überlegen Sie, warum Sie es besser getroffen haben.

Erinnern Sie sich in der zweiten Woche an eine positive Phase Ihrer Beziehung, wie etwa an die erste Verliebtheit, an eine Zeit, in der Ihr Partner Sie unterstützt hat oder an eine Hürde, die Sie gemeinsam gemeistert haben. Schreiben Sie diese Erinnerung auf. In der dritten Woche erinnern Sie sich an einen Anlass, bei dem Sie sich besonders über Ihren Partner geärgert haben oder enttäuscht waren. So schwer es ist, notieren Sie zwei oder drei Erklärungen für das Verhalten Ihres Partners, die nichts mit seinem miesen Charakter zu tun haben. Notieren Sie schließlich in der vierten Woche, welche Ziele, Werte oder Überzeugungen Sie und Ihr Partner gemeinsam haben.

Nutzen Sie die Gunst der Stunde Freuen Sie sich mit Freunden, Familienmitgliedern oder dem Partner über deren Erfolge. Nach Erkenntnis von Sozialpsychologen unterscheiden sich gute und schlechte Beziehungen nicht darin, wie die Partner auf Enttäuschungen des anderen reagieren, sondern darin, wie sie mit seinen guten Nachrichten umgehen.[32] Erinnern Sie sich an das letzte Mal, dass Ihnen etwas wirklich Gutes passiert ist, dass Sie zum Beispiel befördert wurden, einen Preis gewonnen haben, zu einer besonderen Reise eingeladen wurden oder Eintrittskarten zu einem ausverkauften Konzert gewonnen haben. Wie hat Ihr Partner reagiert, als Sie ihm die gute Nachricht überbracht haben? War er begeistert und hat sich mit Ihnen gefreut, oder hat er Ihr Glück ignoriert, daran herumgemäkelt oder die Nase gerümpft? Und wie reagieren Sie auf die guten Nachrichten Ihres Partners? Persönliche Erfolge und Glücksfälle können den anderen bedrohen, einschüchtern und Auslöser für Neid (»Wie kann das sein, dass sie nach Europa reisen darf, während ich es mir doch mein Leben lang gewünscht habe?«), Eifersucht (»Ihr Chef ist ihr wichtiger als ich.«) oder Angst (»Heißt das, dass wir schon wieder umziehen müssen?«) sein. Wenn Ihr Partner daher positiv auf Ihre guten Nachrichten reagiert, bedeutet dies nicht nur, dass er sich mit Ihnen freut, sondern auch dass er Ihre Träume respektiert und Ihre Beziehung schätzt. Die Art und Weise, wie jemand auf positive Ereignisse im Leben eines anderen reagiert, lässt Schlüsse auf die Beziehung zwischen beiden zu. Wenn eine gute Freundin oder Ihr Partner sich ehrlich mit Ihnen freut, Sie unterstützt und versteht, dann wird die Beziehung intimer und enger.

Nehmen Sie sich vor, von heute an »aktiv und konstruktiv«, also mit Interesse und Begeisterung auf die guten Nachrichten eines Freundes oder Ihres Partners zu reagieren, und sei der Anlass zur Freude auch noch so klein. Eine Studie zeigte, dass Versuchspersonen, die sich im Laufe von nur einer Woche dreimal pro Tag mit einem anderen freuten, glücklicher und weniger depressiv waren.[33] Wenn Ihnen Ihr Partner also freudestrahlend etwas erzählt, dann hören Sie zu, stellen Sie ihm viele Fragen und erleben Sie die Erfahrung mit ihm zusammen nach. Wenn Sie sich für ihn freuen, sagen Sie es, und wenn es passt, bestehen Sie darauf, es gemeinsam zu feiern und anderen davon zu erzählen. Forschungsergebnisse zeigen, dass Menschen, die sich nur im Stillen freuen, und Menschen, die desinteressiert erscheinen oder das Haar in der Suppe suchen, weniger enge, intime und vertrauensvolle Beziehungen haben.

Ändern Sie Ihr Konfliktverhalten Beobachtungen von Hunderten von Paaren haben gezeigt, dass unglückliche Paare sich vor allem durch die Art und Weise auszeichnen, wie sie in Konflikten miteinander umgehen. Gleich zu Beginn sind sie aggressiv, beschuldigen den anderen oder machen sarkastische Bemerkungen; sie kritisieren seine Person und ziehen mit Fragen wie »Was ist nur los mit dir?« den ganzen Charakter des anderen in Zweifel; sie bringen ihre Verachtung zum Ausdruck, indem sie mit den Augen rollen, über den anderen herziehen, ihn beleidigen oder klein machen; sie gehen in Verteidigungshaltung, indem sie dem anderen die Schuld geben; und sie mauern, indem sie abschalten, das Gespräch abbrechen oder sogar gehen.[34] Glückliche Paare streiten kaum weniger oft und laut, doch sie streiten anders.

Wenn die eben beschriebenen Verhaltensweisen auf Ihre Beziehung zutreffen, dann kann es schwierig sein, etwas dagegen unternehmen zu wollen. Doch ich glaube, die meisten Menschen wissen instinktiv, wie es *nicht* geht. Vielleicht brauchen Sie 30 Sekunden und ein gehöriges Maß an Selbstbeherrschung, um Ihrem Partner in die Augen zu sehen, wenn er Ihnen ein Zeichen der Versöhnung gibt; um sich über ein konkretes Versäumnis zu beschweren (»Warum hast du nicht angerufen?«), statt im Rundumschlag anzuklagen (»Du vergisst aber auch alles.«), oder um auch im Streit mit einer kleinen Geste (einem Augenkontakt oder einer Berührung, die sagt »Ich hab's verstanden«) die Verbindung aufrecht zu erhalten. Eines der Geheimnisse der glücklichsten Paare ist so einfach wie wirkungsvoll. Mitten im Streit geben die Partner einander ein kleines Zeichen, mit dem sie die Lage entspannen und einander signalisieren, dass sie sich versöhnen möchten. Ein verbreitetes Zeichen ist freundlicher Humor – oft schneiden sie ein Gesicht wie ein zweijähriges Kind. Eine andere Möglichkeit ist, Zuneigung auszudrücken oder auf den anderen einzugehen (»Ich verstehe, was du meinst«). Sie haben es oft gehört: Die besten Partner sind auch gute Freunde.

Aber: Manchmal wird Ihre Beziehung einfach nicht besser, egal was Sie tun. Dann ist es Zeit für einige schwere Entscheidungen. Wenn Ihre Beziehung Ihrem Selbstwertgefühl schadet und Sie sich erniedrigt oder missbraucht fühlen, sollten Sie unverzüglich einen Eheberater aufsuchen oder in Erwägung ziehen, die Beziehung zu beenden.

Öffnen Sie sich Auch wenn Sie und Ihr Partner sämtliche dieser Ratschläge beherzigen, heißt dies noch nicht, dass Sie eine glückliche und erfüllte Beziehung leben. Zu einer lebendigen Beziehung gehören auch gemeinsame Rituale, Träume und Ziele. Sie stellen eine enge Verbindung zwischen Ihnen her und schaffen ein einmaliges Innenleben, dass nur Sie beide teilen. Sie wachsen gemeinsam, loten gemeinsam neue Möglichkeiten aus und gehen Risiken ein, Sie hinterfragen gemeinsam Ihre Annahmen und übernehmen gemeinsam Verantwortung.

Unternehmen Sie jede Woche mindestens einmal etwas, um Ihren Partner in seinen Rollen und Träumen zu bestärken. Ihr Ziel sollte sein, den anderen mit seinen Wünschen und Interessen zu achten, auch wenn Sie diese nicht unbedingt alle teilen.

Was, wenn Sie keinen Lebenspartner haben oder wollen?
Die Forschung lässt keinen Zweifel daran, dass zwischenmenschliche Beziehungen außergewöhnlich wichtig für unser Wohlbefinden sind. Doch das müssen keine Liebesbeziehungen sein. Obwohl fast jede Untersuchung bestätigt, dass verheiratete Menschen glücklicher sind als geschiedene, getrennt lebende, verwitwete oder alleinstehende, heißt das nicht, dass sie das alleinige Anrecht auf Glück haben. Dauerhafte und intime Freundschaften tragen genauso zu unserem Glück bei wie andere Schlüsselbeziehungen, selbst solche zu Haustieren.[35] Singles, vor allem Frauen, haben oft enge, positive und dauerhafte Beziehungen etwa zu Geschwistern, Freundinnen oder Neffen und Nichten. Untersuchungen zeigen, dass Alleinstehende engere Beziehungen zu Freunden pflegen als Verheiratete und dass ledige ältere Frauen im Durchschnitt rund ein Dutzend Freunde um sich haben, die sie seit Jahrzehnten kennen. Die Beweise für das Lebensglück vieler Singles veranlassen Psychologen zu hinterfragen, ob Liebesbeziehungen tatsächlich die einzig wichtige Form der Beziehung sind.[36] Auch andere Beziehungen spielen eine große Rolle. Darum helfen Ihnen die oben genannten Strategien nicht nur in ihrer Liebesbeziehung, sondern in jeder wichtigen Beziehung.

So gewinnen Sie Freunde

Freundschaften sind keine Zufallsprodukte, sie werden gemacht. Ein bekannter Psychologe vertritt die Auffassung, jeder von uns brauche drei Freunde, auf die er sich wirklich verlassen kann. Deswegen möchte ich Ihnen nun einige Vorschläge machen, wie Sie die Zahl Ihrer Freunde vergrößern und Ihre Freundschaften pflegen können.[37] Wählen Sie fürs Erste eine Strategie aus, und wenden Sie sie so bald wie möglich an.

Nehmen Sie sich Zeit Zeigen Sie Interesse an anderen und ermuntern Sie sie. Sobald eine Freundschaft entsteht, schaffen Sie Rituale, die es Ihnen erlauben, sich regelmäßig zu treffen und auszutauschen – eine wöchentliche Verabredung im Fitness-Studio oder einem Buchclub, ein monatliches Abendessen, ein gemeinsamer Urlaub oder eine tägliche E-Mail. Auf diese Weise werden Ihnen Freundschaften genauso wichtig wie andere Aspekte Ihres Lebens. Versuchen Sie jedoch nicht, alles zu kontrollieren (überlassen Sie Ihren Freunden wenigstens jedes zweite Mal die Entscheidung, welchen Kinofilm Sie sehen wollen), und übertreiben Sie es nicht – geben Sie anderen den Platz, den sie benötigen.

Kommunizieren Sie Manchen Menschen fällt es schwer, sich zu öffnen und von ihren intimen Gedanken und Gefühlen zu erzählen. Doch für Freundschaften ist dies essenziell, besonders für Frauenfreundschaften. Erfolgen diese Offenbarungen langsam und sind sie ehrlich gemeint, schaffen sie Vertrauen und Nähe und führen zu weiterer Öffnung. Hören Sie im Gegenzug den Problemen und Geschichten Ihres Freundes oder Ihrer Freundin zu, stellen Sie Augenkontakt her, seien Sie aufmerksam und beziehen Sie sich auf das Gesagte. Halten Sie sich mit ungebetenen Ratschlägen zurück und vermeiden Sie es, das Gespräch immer wieder auf sich zurückzulenken (»Ich weiß genau, wie du dich fühlst …«). Das kann gut ankommen, muss aber nicht. Bringen Sie wie im Falle einer Liebesbeziehung von Zeit zu Zeit Ihre Zuneigung und Bewunderung zum Ausdruck, in einer Form, die Ihnen angemessen erscheint: »Ich habe dich während der Ferien vermisst«, »Wir haben immer eine Menge Spaß zusammen«, »Es freut mich so für dich, dass du schwanger bist« oder »Danke, dass du mir zuhörst«. Das mag sentimental klingen, aber wir sind erstaunlich dankbar für solche Worte. Ein russisches Sprichwort besagt: »Ein freundliches Wort ist wie ein Frühlingstag.«

Verhalten Sie sich unterstützend und loyal Helfen Sie Ihren Freunden, wenn diese es brauchen, und freuen Sie mit ihnen über ihre Erfolge. Wie im Falle der Partnerbeziehung fühlen wir uns vielleicht von den Triumphen unserer Freunde bedroht. Statt neidisch zu sein, versuchen Sie, sich im Erfolg mitzusonnen. Einige weitere goldene Regel zur Freundschaft: Stehen Sie zu Ihren Freunden, wenn diese nicht da sind, behalten Sie Geheimnisse für sich, reden Sie nicht schlecht über deren andere Freunde und erwidern Sie Gefälligkeiten.[38]

Umarmen Sie Zeitschriften und Websites empfehlen begeistert häufige Umarmungen, um Glück, Gesundheit und Verbundenheit mit anderen zu schaffen. Wenn Ihnen das gefällt, dann wird es Sie freuen, dass wissenschaftliche Untersuchungen diese Behauptung bestätigen. In einer einmaligen Studie an der Pennsylvania State University wurden Studenten in zwei Gruppen aufgeteilt:[39] Mitglieder der ersten sollten über vier Wochen hinweg pro Tag wenigstens fünf Menschen umarmen und die Einzelheiten schriftlich festhalten. Diese Umarmungen sollten von Angesicht zu Angesicht erfolgen, und beide Menschen sollten einander mit beiden Armen umfassen. Länge und Intensität der Umarmung und die Stellung der Hände blieben den Teilnehmern überlassen. Ausgenommen waren Umarmungen von Freund oder Freundin, denn es ging darum, möglichst viele verschiedene Menschen zu umarmen. Eine Kontrollgruppe erhielt die Anweisung, in diesem Zeitraum ganz einfach festzuhalten, wie viele Stunden sie täglich mit Lesen verbrachte.

Die Umarmungsgruppe (deren Teilnehmer im Durchschnitt auf 49 Umarmungen in vier Wochen kamen), reagierte mit einer erheblichen Steigerung ihres Glücksempfindens. Die Studenten der Kontrollgruppe (die es im Durchschnitt auf beachtliche 1,6 Lektürestunden pro Tag brachte) zeigten wie zu erwarten keinerlei Veränderungen. Umarmungen sind also ausgezeichnet geeignet, um Intimität und Freundschaft Auftrieb zu verleihen. Die Autoren der Untersuchung berichteten mir, einige der Stundenten, vor allem die männlichen, hätten sich zunächst geniert, doch sie hätten schließlich kreative Möglichkeiten gefunden, andere zu umarmen, zum Beispiel bei Erfolgen im Sport.[40] Versuchen Sie es einfach. Sie werden feststellen, dass eine Umarmung Stress mindern, Sie einem anderen Menschen näher bringen und sogar Schmerzen lindern kann.[41]

Zum Weiterlesen für Sie

Wenn Sie von dieser Glücksaktivität profitiert haben, könnten Ihnen auch folgende gefallen:

◆ Seien Sie hilfsbereit (Glücksaktivität 4, S. 134)
◆ Sorgen Sie für Ihren Körper (Glücksaktivität 12, S. 246)

6. Bewältigen Sie Stress, Schwierigkeiten und Traumata

Wir rühmen uns auch der Trübsale, dieweil wir wissen,
dass Trübsal Geduld bringt. Geduld aber bringt Erfahrung,
Erfahrung aber bringt Hoffnung, Hoffnung aber lässt nicht
zuschanden werden.
Römer 5, 3-5

Jeder von uns erlebt seinen Anteil an Belastungen, Widrigkeiten und Krisen. Die möglichen Ursachen sind schier grenzenlos: Der Tod eines geliebten Menschen, schwere Krankheiten, Unfälle, Mobbing, Naturkatastrophen, Terroranschläge, Gewalt, Armut, Diskriminierung, Scheidung oder Verlust des Arbeitsplatzes sind nur einige wenige Beispiele. Die Hälfte aller US-Bürger erlebt im Laufe ihres Lebens ein schwerwiegendes traumatisches Ereignis[1]; ähnliche Zahlen sind für Europa zu vermuten. Auf extreme Belastungen wie die eben genannten reagieren viele Menschen mit Depression, Angst und Verwirrung. Sie haben oft Schwierigkeiten, sich auf ihre alltäglichen Verrichtungen zu konzentrieren und leiden unter Schlafstörungen und Appetitlosigkeit. Manche Menschen reagieren so heftig auf ein traumatisches Erlebnis, dass sie monate- oder gar jahrelang nicht zu ihrem normalen Leben zurückfinden.

Ich werde oft gefragt: »Wie kann ich denn überhaupt nur daran denken, glücklicher zu werden, ehe ich nicht meine ganzen Probleme gelöst habe?« Auf diese Frage gibt es keine einfache Antwort. Glücklicher zu werden bedeutet, unser Wohlbefinden über unseren Glücksfixpunkt hinaus zu steigern. Wenn ein schreckliches Ereignis oder ein chronisches Problem dafür sorgt, dass unser Glücksempfinden unter unseren Fixpunkt sinkt, und unsere gesamte Kraft und Aufmerksamkeit beansprucht, dann geht es zunächst einmal darum, damit umzugehen. Glücklicherweise unterstützen Sie die meisten, wenn nicht alle der Glücksstrategien in diesem Buch bei der Bewältigung der tiefsten Tiefen des Lebens. Umgekehrt sind die beiden Strategien Bewältigung und Versöhnung, die ich in diesem Kapitel beschreibe, nicht nur nützliche Reaktionen auf traumatische Erlebnisse, sondern sie helfen auch beim Umgang mit den ganz normalen Schwierigkeiten des Alltags. Aus diesem Grund sind Bewältigung und Versöhnung grundlegende Glücksstrategien, die Ihnen dabei helfen, die 40 Prozent Ihres Glückspotenzials zu nutzen, die Sie selbst in der Hand haben. Ihr Verhalten und Ihre Gedanken haben großen Einfluss darauf, wie glücklich Sie schließlich werden, ganz egal, welche Leiden, Belastungen und Herausforderungen das Leben für Sie bereithält.

Glücksaktivität 6: Entwickeln Sie Bewältigungsstrategien

Wir halten die für glücklich, die aus Erfahrung gelernt haben,
die Unbilden des Lebens zu ertragen,
ohne sich von ihnen besiegen zu lassen.
Juvenal

Bewältigung ist das, was Menschen tun, um die Belastungen, das Leid und den Schmerz zu lindern, die durch negative Erfahrungen ausgelöst werden. Wenn Sie mit schwierigen oder schmerzlichen Umständen konfrontiert werden, wie gehen Sie mit ihnen um, wie gegen sie an?

Verschiedene Bewältigungsstrategien

Ihr geliebter Hund ist gestorben. Im Büro stehen Sie unter großem Druck. Ihr Baby hat einen Herzfehler und muss sofort operiert werden. Nach einem Unfall hat Ihr Auto einen Totalschaden und Sie sind nicht versichert. Ein guter Freund ruft Sie nicht zurück. Jede dieser Situationen kann belastend bis traumatisch wirken. Wie gehen Sie damit um? Psychologen unterscheiden zwei Typen von Menschen: »problemorientierte«

und »emotionsorientierte«. Problemorientierte Menschen nehmen die Situation in die Hand, wollen sie lösen und das Problem aus der Welt schaffen. Das ist natürlich nicht immer möglich. Wenn ein geliebter Mensch gestorben ist, dann gibt es nichts zu lösen. Das Einzige, was Sie in diesem Fall die Hand nehmen können, ist Ihre emotionale Reaktion. Wenn die Trauer Sie überwältigt, können Sie etwas tun, um Sie zu lindern oder durchzuarbeiten, indem Sie etwa einen Psychologen aufsuchen, mehr Zeit mit Ihrer Familie verbringen oder sich einem sinnvollen Projekt widmen. Viele Menschen wenden problemorientierte Strategien an, wenn sie das Gefühl haben, sie könnten durch konstruktive Handlung etwas verändern, und emotionsorientierte Strategien, wenn sie spüren, dass sie ein negatives Ereignis schlicht aushalten müssen.

Problemorientierte Bewältigungsstrategien Wie der Name schon sagt, geht es bei der problemorientierten Bewältigung vor allem darum, Probleme zu lösen. Nehmen wir an, Sie haben Schwierigkeiten, am Arbeitsplatz Termine einzuhalten und fühlen sich überfordert. Sie müssen Lösungen entwickeln, die Vor- und Nachteile jeder Strategie gegeneinander abwägen, sich dann für eine entscheiden und diese schließlich umsetzen. Sie könnten beispielsweise mit Ihrem Vorgesetzten über eine neue Aufgabenverteilung sprechen, Ihre Arbeitszeiten ändern oder sich eine ganz neue Arbeit suchen. Menschen, die problemorientierte Bewältigungsstrategien verwenden, leiden während und nach belastenden Situationen seltener an Depression.[2]

Dies ist in aller Kürze die problemorientierte Bewältigungsstrategie. Es folgen einige Selbstaussagen von Menschen, die problemorientierte Bewältigungsstrategien einsetzen. Sie sind einer Skala entnommen, mit der gemessen wird, wie Menschen mit Situationen umgehen.[3]

- ◆ Ich bündele meine Kräfte zur Lösung des Problems.
- ◆ Ich tue alles Nötige, eins nach dem anderen.
- ◆ Ich überlege mir verschiedene Handlungsmöglichkeiten.
- ◆ Ich stelle einen Handlungsplan auf.
- ◆ Ich lege alles andere beiseite und konzentriere mich auf das anstehende Problem.
- ◆ Ich spreche mit jemandem, der mir in dieser Situation konkret behilflich sein kann.

Emotionsorientierte Bewältigungsstrategien Die Punkte auf der Liste von eben klingen alle ganz wunderbar. Doch wenn Sie vor einer Situation stehen, die sich nicht kontrollieren lässt, oder wenn Sie von negativen Emotionen derart überwältigt werden, dass Sie sich völlig außerstande fühlen, etwas zu tun, dann ist die emotionsorientierte Bewältigungsstrategie die geeignetere und oft auch die einzige Lösung.

Es gibt zahlreiche emotionsorientierte Verfahren, einige davon verhaltensorientiert, andere »kognitiv«, das heißt, auf das Denken bezogen. Mögliche Verhaltensstrategien wären beispielsweise Ablenkung, körperliche Betätigung oder die Suche nach emotionaler Unterstützung. Menschen, die sich in angenehmen Aktivitäten betätigen – ins Kino gehen oder ein Picknick mit Freunden machen –, geben sich eine Verschnaufpause von Trauer, Angst oder Leid und sind so eher bereit und in der Lage, mit ihren Problemen umzugehen.[4] Zu kognitiven Strategien zählt der Versuch, aus einer negativen Erfahrung zu lernen oder ihr eine positive Seite abzugewinnen, die Akzeptanz der Wirklichkeit oder die Hinwendung zur Religion als einer Form von Trost. Mit Ausnahme der sozialen Unterstützung haben sich Wissenschaftler überwiegend mit kognitiven emotionsorientierten Bewältigungsstrategien befasst. Im Rest des Kapitels geht es daher in erster Linie um diese Strategie, und zwar aus gutem Grund: Die Techniken sind besonders anpassungsfähig und leicht erlernbar. Und vor allem wirken sie.

Erlernen Sie problemorientierte und emotionsorientierte Bewältigungsstrategien Je nach Situation und Person sind beide Bewältigungsstrategien sinnvoll und nützlich. Einige Wissenschaftler haben versucht, Testpersonen beide Strategien beizubringen. In einer Untersuchung erhielten Witwen und Witwer sieben Therapiesitzungen, in denen sie lernen sollten, mit ihrem Verlust umzugehen. Alle Teilnehmer gaben danach an, dass es ihnen besser gehe, doch Männer profitierten vor allem von den emotionsorientierten und Frauen vor allem von den problem-orientierten Bewältigungsstrategien, vermutlich weil es sich hierbei jeweils um die Strategien handelte, mit denen sie weniger vertraut waren.[5] Für Männer heißt das, stärker auf ihre Emotionen zu achten, und für Frauen, von Emotionen Abstand zu nehmen und Lösungen für ihre Probleme zu suchen.

Andere Untersuchungen zeigen, dass sowohl der problem- als auch der emotionsorientierte Ansatz notwendig sind, wenn es um die Bewältigung eines chronischen Problems geht. Frauen, die unter Unfrucht-barkeit leiden, nahmen beispielsweise an sechswöchigen Therapien teil, um beide Bewältigungsstrategien zu erlernen.[6] Emotionsorientierte Strategien verringerten das psychische Leid dieser Frauen, das heißt, sie waren nach Abschluss der Therapie weniger depressiv als zuvor. Pro-blemorientierte Strategien halfen ihnen, ihre Probleme zu lösen, weshalb die Mehrheit dieser Frauen später tatsächlich Kinder bekam.

Erkennen Sie die positiven Aspekte eines traumatischen Erlebnisses

Stellen Sie sich vor, Sie sind eine Mutter von vier Kindern und müssen dabei zusehen, wie Ihr Mann am Lou-Gehrig-Syndrom stirbt. Lang-sam, aber sicher verliert er die Fähigkeit, mit den Kindern zu spielen, sich selbst anzuziehen, zu essen, zu sprechen, zu nicken und zu lächeln. Lynn durchlebte diesen herzzerreißenden Verfall ihres Mannes.[7] Als das Ende näher kam, sagt sie einem Arzt: »Ich habe das Gefühl, als würde ich gleich von einem Güterzug überrollt.« Und er erwiderte: »Sie *werden* gleich von einem Güterzug überrollt.«

Lynns Antwort war, die letzten Momente mit ihrem Mann zu ge-nießen: »Ich wollte nicht das Sonnenscheinchen spielen, aber ich hatte zwanzig wunderbare Jahre mit meinem Mann. Es gibt Menschen, die nicht an einem einzigen Tag ihres Lebens so glücklich sind, wie ich es mit ihm war. Nach Charlies Tod brauchte ich sechs Monate, um zu er-kennen, dass mir dieses Gefühl für immer erhalten bleiben wird. Es ist wie der Grand Canyon. Es ist ein tiefes Loch und tut unglaublich weh, aber es ist auch schön.«

Einer meiner Kollegen verlor seinen besten Freund und Mitarbei-ter, einen genialen Wissenschaftler, durch eine plötzliche Krebserkran-kung. Mit einem Mal kam eine 27-jährige, magische Freundschaft an ihr Ende. »Ich bin der glücklichste Mensch, den ich kenne«, erklärte er unlängst auf einer Veranstaltung zu Ehren seines Freundes. »Und ich wünsche jedem von Ihnen eine so wunderbare Freundschaft, wie ich sie erleben durfte.«

Einem traumatischen Erlebnis eine gute Seite abzugewinnen bedeu-tet, in einem Verlust oder anderen negativen Ereignis einen Sinn zu er-kennen und zu sehen, dass Sie etwas Wertvolles gewonnen haben oder gewachsen sind. Obwohl es auf den ersten Blick außerordentlich schwierig oder gar unmöglich erscheinen mag zu glauben, dass Ihr Leben durch ein traumatisches Erlebnis gewonnen hat, legen viele Menschen dieses Verhalten an den Tag: Hinterbliebene genauso wie Krebskranke, Schlaganfallpatienten oder AIDS-Kranke, um nur einige zu nennen.[8] Tatsächlich berichten 70 bis 80 Prozent aller, die einen geliebten Menschen verloren haben, dass sie etwas Positives in dieser Erfahrung gefunden haben.[9]

In einer damals bahnbrechenden und heute klassischen Untersuchung berichten Frauen, die Brustkrebs überlebt haben, dass ihr Leben sich nach Ausbruch der Krankheit verändert habe, und zwar oft zum Besseren.[10] Zwei Drittel der Frauen, viele davon mit schlechten Heilungsaussichten, berichteten von dieser Erfahrung. Worin also bestand der angebliche »Nutzen« des Brustkrebses? Die Frauen sprachen von einem »Weckruf«, der sie veranlasst habe, ihre Prioritäten neu zu ordnen und zu erkennen, was ihnen wirklich etwas bedeutete. Viele gaben an, sie hätten erkannt, dass die Familie wichtiger sei als der Beruf, und hätten beschlossen, mehr Zeit in ihre wichtigsten Beziehungen zu investieren und weniger in Dinge wie Arbeit in Haus und Garten.

Interessanterweise war die Selbstwahrnehmung und die Wahrnehmung der Krankheit bei vielen dieser Frauen stark positiv gefärbt. Viele gaben an, sie seien in der Lage, den weiteren Verlauf ihrer Erkrankung zum Beispiel durch Ernährung und Sport kontrollieren zu können, obwohl dies laut Ansicht der Ärzte nicht möglich war. Viele gaben äußerst optimistische Prognosen ab und sprachen davon, sie hätten den Krebs »besiegt«, obwohl sie in Wirklichkeit im Sterben lagen. Ganze 70 der 72 Frauen, die den Krebs überlebt hatten, gaben an, sie gingen besser mit dem Krebs um als der Durchschnitt, was natürlich eine statistische Unmöglichkeit ist. Die empirischen Beweise zeigen, dass diese Einstellungen ein Zeichen einer positiven Adaption waren. Die Frauen, die diese positiven Ansichten äußerten, wurden von Onkologen und Psychologen als geistig völlig gesund und gut angepasst beschrieben. Die positiven Einstellungen der Frauen wirkten sich offenbar auch dann nicht negativ aus, wenn ihre Überzeugungen eindeutig widerlegt wurden und der Krebs zurückkehrte. Diese bemerkenswerte Fähigkeit, dem Leid eine positive Seite abzugewinnen, wurde auch bei AIDS- oder Herzpatienten festgestellt.[11]

Das Positive in einem Verlust oder einem traumatischen Erlebnis zu sehen, ist daher eine immens wirkungsvolle Bewältigungsstrategie. Manche Menschen berichten, ihre Beziehungen hätten profitiert und nach der traumatischen Erfahrung an Tiefe, Sinn und Bedeutung gewonnen. In einer Studie in einer Sterbeklinik in San Francisco gaben die Angehörigen von kürzlich Verstorbenen an, sie hätten »Unterstützung und Freundschaft erlebt, wie es sie nur gibt, wenn so etwas passiert«. Einer der Hinterbliebenen berichtete: »Ich habe viel gelernt und viel Positives durch Menschen erlebt.« Andere Angehörige finden Trost ohne Schuld, wenn ihre unermüdliche Pflegetätigkeit mit dem Tod des Patienten endet.

Wieder andere geben an, sie seien an einer traumatischen Erfahrung gewachsen und hätten eine ungeahnte Reife und Charakterstärke an sich entdeckt. Viele erkennen »Wachstum und eine neue Freiheit, meine Gefühle auszudrücken und mich zu behaupten«. Zahlreiche Menschen, die ein Trauma oder einen Verlust erlebt haben, sprechen von einer neuen und positiveren Sicht auf sich und die Welt. Sie schätzen den Wert des Lebens neu und erkennen, wie wichtig es ist, im Hier und Jetzt zu leben. Ein Hinterbliebener erkannte neu: »Gesund zu sein und das Leben in vollen Zügen leben zu können, ist ein wahrer Segen. Ich bin dankbar für meine Familie, meine Freunde, die Natur und das Leben überhaupt. Ich sehe das Gute in den Menschen.«[12] Eine Überlebende eines Flugzeugabsturzes beschrieb ihre Erfahrung so: »Als ich nach Hause kam, war der Himmel heller. Ich bemerkte, wie der Gehsteig aussah. Es war, als wäre ich im Film.«[13]

Wenn Sie den Sinn in einem negativen Ereignis erkennen, kann dies auch Ihre körperliche Gesundheit und Ihr Glücksempfinden positiv beeinflussen. Es ist eine bemerkenswerte Demonstration der Macht des Geistes über den Körper. In einer Untersuchung wurden Männer befragt, die im Alter von 30 bis 60 Jahren einen Herzinfarkt gehabt hatten.[14] Männer, die sieben Wochen nach dem Ereignis für sich einen Nutzen erkannten und beispielsweise reiften, ihr Familienleben neu zu schätzen lernten oder sich vornahmen, ihr Arbeitsleben weniger hektisch zu gestalten, erlebten mit geringerer Wahrscheinlichkeit einen weiteren Infarkt und waren mit größerer Wahrscheinlichkeit acht Jahren später bei guter Gesundheit. Männer, die andere Menschen oder Emotionen wie Stress für den Herzinfarkt verantwortlich machten, waren demgegenüber acht Jahre nach dem Ereignis weniger gesund.

Posttraumatisches Wachstum

Viele von uns kennen Friedrich Nietzsches berühmten Satz »Was mich nicht umbringt, macht mich stärker.« Die Erfahrung von Schmerz, Verlust oder Trauma kann uns in der Tat stärker machen oder uns erkennen lassen, dass wir stabiler sind und mehr Ressourcen haben, als wir angenommen hatten. Eine Frau, die ihren 83-jährigen krebskranken Vater bis zu dessen Tod pflegte, beschreibt diese Erkenntnis so:

Ich habe mich in einer Rolle erlebt, in der ich kompetent war und in der ich manchmal alle Kräfte mobilisieren musste, nur um durchzuhalten. Ich musste Ärzten und Pflegekräften erklären, was zu tun war. Jemand wie ich, die ungern Ärger zeigt und Konflikten aus dem Weg geht, ich musste mich hinstellen und vom Altersheim mehr Pflegekräfte verlangen. Aber es war notwenig, und darum habe ich es halt getan. Ich habe mich fähig, stark und dankbar gefühlt. Ich hatte keine andere Wahl, ich musste einfach wachsen.[15]

Wenn wir den Nutzen einer traumatischen Erfahrung erkennen, kann dies eine wahrhafte persönliche Verwandlung zur Folge haben.[16] Ein bedeutender Verlust kann einen Menschen in neue Rollen und ungewohnte Situationen katapultieren. Eine Witwe, die sich stets nur als »Ehefrau« begriffen hat und finanziell, emotional und sozial stark von ihrem Mann abhängig war, sieht sich plötzlich gezwungen, eine Vielzahl neuer Fähigkeiten zu erlernen. Zu ihrer eigenen Überraschung wächst sie an der Situation und tut mit einem Mal Dinge, von denen sie nicht wusste, dass sie sie konnte: Sie kauft einen Gebrauchtwagen, spielt mit ihrem Sohn Fangen, füllt eine Steuererklärung aus und geht allein auf eine Party. Sie nimmt sich anders wahr, gewinnt an Selbstvertrauen und wächst. Aber reicht das, um von einer Verwandlung zu sprechen?

Wissenschaftliche Untersuchungen lassen diesen Schluss zu. Wenn eine Herausforderung oder ein Trauma sie in ihren Grundfesten erschüttert und zwingt, ihre persönlichen Prioritäten, ihren Lebenssinn und ihre Identität zu überdenken, berichten viele Menschen von persönlichem Wachstum, Stärkung und selbst von Wohlbefinden. Wissenschaftler haben untersucht, wie Menschen mit den verschiedensten Schicksalsschlägen wie unheilbare Krankheiten, Obdachlosigkeit infolge einer Naturkatastrophe, Scheidung, Kriegsgefangenschaft, Vergewaltigung oder Frühgeburt umgehen. Diese Menschen berichten unter anderem von folgenden Verwandlungen:[17]

◆ ein neuer Glaube an die eigene Zähigkeit und damit verbundene Überlebensfähigkeit,
◆ verbesserte Beziehungen, vor allem die Erkenntnis, wer die wahren Freunde sind und auf wen man sich tatsächlich verlassen kann; manche Beziehungen bestehen den Test, andere nicht,
◆ ungezwungenerer Umgang mit persönlicher Nähe und größeres Mitgefühl mit anderen Menschen in schwierigen Situationen,
◆ Entwicklung einer tieferen, durchdachteren und befriedigenderen Lebensphilosophie.

Den letzten Punkt erwähnen vor allem Menschen, die durch ihr Trauma mit den eigenen Wertvorstellungen und denen anderer konfrontiert werden. Nicht selten kommt es vor, dass Menschen sich existenzielle Fragen über das Leben und den Tod stellen: »Was ist der Sinn meines Lebens? Warum widerfährt mir dieser Schicksalsschlag? Warum soll ich weiterleben?« Einfache und befriedigende Antworten sind selten, doch allein der Prozess der Auseinandersetzung mit diesen philosophischen und spirituellen Fragen lässt viele Menschen sehr viel bewusster leben.

Die Erforschung des posttraumatischen Wachstums hält gute Nachrichten für Menschen bereit, die mit Schwierigkeiten und Krisen konfrontiert sind. In meiner Laufbahn habe ich Hunderte, vielleicht Tausende von Grafiken gesehen, doch eine hat sich mir besonders eingeprägt, und ich bin froh, dass ich sie wiedergefunden habe. Diese Grafik (S. 167) zeigt drei mögliche Entwicklungslinien, die ein Mensch nach einer großen Herausforderung oder einem Trauma durchlaufen kann: Überleben, Genesung und Blüte.[18] *Überleben* bedeutet, dass das Funktionieren dauerhaft eingeschränkt bleibt; nach einem Trauma existieren diese Menschen nur noch vor sich hin und haben ihr Glück genauso verloren wie die Freude an Liebe, Arbeit und Freizeit. *Genesung* beschreibt Menschen, die nach einem traumatischen Erlebnis leiden und eine Zeit lang möglicherweise nicht produktiv arbeiten oder keine befriedigenden Beziehungen eingehen können, die aber schließlich zu ihrem ursprünglichen Glücksempfinden zurückkehren. *Blüte* schließlich beschreibt Menschen, die ebenfalls unter den Folgen eines Schicksalsschlages leiden, aber schließlich nicht nur zu

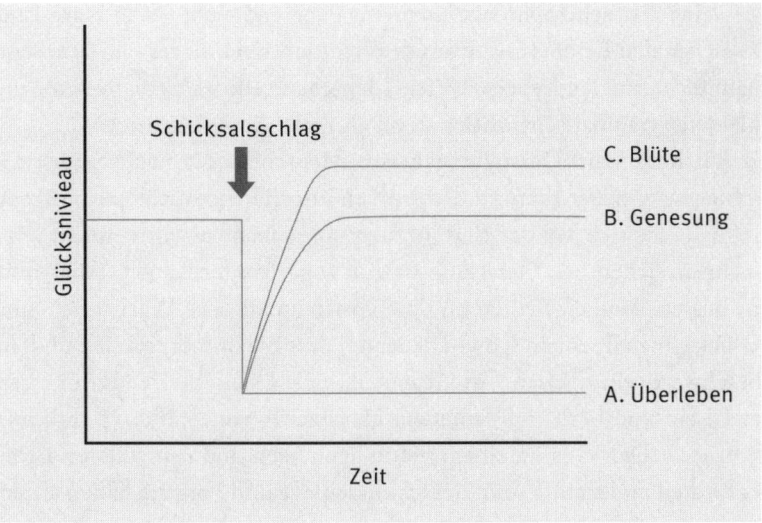

ihrem ursprünglichen Glücksempfinden zurückkehren, sondern darüber hinaus wachsen. Diese Menschen haben eine Verwandlung erfahren.

Wie schaffen sie das? Sehen wir uns ein Beispiel aus dem wirklichen Leben an, eine Professorin, die unter metastasierendem Krebs leidet.[19] Während ihrer zahlreichen Behandlungen – Operationen, Bestrahlungen, einer Knochenmarkstransplantation und Chemotherapie – lebt sie ihr hohes Tempo weiter, unterrichtet, forscht, sitzt in Ausschüssen, unternimmt Forschungsreisen und Ski- und Tauchurlaube. »Als ihr Onkologe überrascht war, dass ihr Tumor weder wuchs noch schrumpfte und zu ihr sagte ›Krebs verhält sich nicht so, er bleibt nie lange still‹, antwortete sie lachend: ›Ich lebe so schnell, da kommt der gar nicht mit.‹« Das mag übermenschlich klingen, doch auch sie berichtet von Schmerzen, Angst und Ungewissheit und erzählt, dass ihr Leben seit der Diagnose sinnvoller geworden sei. Sie sagt, sie sei selbstbewusster, gelassener und glücklicher geworden, und erklärt, ihre Spiritualität sei zu einem großen Teil verantwortlich für ihr posttraumatisches Wachstum. Heute ist sie überzeugt, dass alles, was ihr widerfährt, sei es positiv oder negativ, zu ihrem Wachstum beiträgt.

Manchmal können die Hindernisse auf dem Weg zur Blüte riesig sein und anspruchsvolle und kreative Strategien verlangen. Eine Überlebende des Holocaust wurde gefragt, wie es ihr möglich war, nach dieser schrecklichen Erfahrung weiterzumachen. Sie erwiderte, um zu überleben nehme sie »eine Art schizophrener Trennung« vor und ziehe »eine klare Linie zwischen den Erinnerungen aus dem Konzentrationslager und dem sogenannten normalen Leben«.[20] Viele Menschen nehmen nach größeren und kleineren traumatischen Erlebnissen ähnliche Abspaltungen vor.

Ich hoffe, die Darstellungen von Menschen, die nach Schicksalsschlägen zu neuer Blüte finden, wirken inspirierend, nicht entmutigend. Je mehr Sie sich bei der Bewältigung eines Traumas vornehmen, umso mehr erreichen Sie. Genesung ist gut, sogar ausgezeichnet. Aber Blüte ist besser. Denken Sie daran, dass posttraumatisches Wachstum – und Glück ganz allgemein – nicht bedeutet, dass Sie immer fröhlich und unbeschwert sein müssen. Im Gegenteil, viele Überlebende erfahren sehr viel Leid und berichten trotzdem gleichzeitig von Stärkung und Fortschritten. Der Weg zu einem befriedigenderen und sinnvolleren Leben kann steil und steinig sein. Schicksalsschläge und Verluste haben an sich rein gar nichts Gutes, doch die Auseinandersetzung damit kann positive Veränderungen bewirken.

Soziale Unterstützung

Als die 23-jährige Sylvia durch einen tragischen Unfall ihre Tochter Sierra verlor, suchte sie Trost und Unterstützung bei ihren Freunden. Trauer steht in Zusammenhang mit dem Anstieg eines Stresshormons namens Glukokortikoid, und positive Sozialkontakte sorgen nachweislich für eine Senkung dieses Hormons.[21]

Die Hinwendung zu sozialer Unterstützung und Trost, die uns andere Menschen bei Belastung, Leid und Schicksalsschlägen bieten, ist eine der effektivsten Bewältigungsstrategien überhaupt. Soziale Unterstützung macht uns nicht nur glücklicher und lindert Depression, sie wirkt sich auf positiv auf unseren Körper aus. In einer Befragung berichteten Männer und Frauen, die ihren Lebenspartner ein Jahr zuvor durch einen Unfall oder Selbstmord verloren hatten, infolge des plötzlichen Verlustes habe sich ihr Gesundheitszustand drastisch verschlechtert.[22] Doch diejenigen Witwen und Witwer, die sich nahestehenden Menschen anvertrauten, hatten weniger Gesundheitsprobleme und grübelten weniger über ihre Situation nach.

In einer Untersuchung von krebskranken Frauen stellte sich heraus, dass Patientinnen, die nach einer Operation aktiv soziale Unterstützung suchten, nachweislich mehr natürliche Killerzellen hatten.[23] Dieser bemerkenswerte Befund bedeutet, dass soziale Unterstützung das Immunsystem der Frauen anregte, den Krebs aggressiver zu bekämpfen. Entsprechend leben Krebspatientinnen, die an wöchentlichen Selbsthilfegruppen teilnehmen, durchschnittlich 18 Monate länger.[24]

Soziale Unterstützung hat also geradezu unglaubliche Wirkung – man könnte fast an Wunder glauben. Aber dies hat nichts mit Magie zu tun. Freunde, Partner, Kollegen, Vertraute, sie alle geben uns das Gefühl der Zugehörigkeit, Raum für unsere Gefühle und ermöglichen es uns zu erkennen, dass wir nicht allein sind mit unseren Sorgen. Wenn Sie mit anderen über eine traumatische Erfahrung sprechen, gibt Ihnen dies nicht nur die Chance, Ihre Erfahrung zu bewältigen und in neuem Licht zu betrachten, sondern es festigt auch Ihre Beziehung. Wie oft haben Sie über ein Problem nachgegrübelt und sich Sorgen gemacht, nur um dann zu erleben, dass die Last auf Ihren Schultern deutlich leichter wurde, nachdem Sie mit einem Freund darüber gesprochen haben? Besonders Frauen bauen auf ihre sozialen Netze, um Stress und Schicksalsschlägen zu begegnen. Von klein auf lernen Mädchen, soziale Kontakte zu schätzen und sich selbst in Beziehung zu anderen zu definieren.[25] Von diesen Beziehungen können viele von ihnen später profitieren.

Natürlich ist nicht jede Form der sozialen Unterstützung gut. Nicht jeder Mensch, bei dem Sie Hilfe suchen oder dem Sie sich anvertrauen, reagiert so, dass Sie davon profitieren, im Gegenteil, einige können Ihnen sogar schaden. Reagiert Ihr Gegenüber feindselig, macht er Sie klein, sorgt er dafür, dass Sie sich nach dem Gespräch noch elender und ängstlicher fühlen oder steigert er sich mit Ihnen in Ihre Probleme hinein, dann suchen Sie sich eine geeignetere Vertrauensperson. Untersuchungen zeigen, dass die *Qualität* Ihrer sozialen Unterstützung genauso wichtig ist wie die Frage, ob Sie Unterstützung erhalten oder nicht. Menschen, deren Beziehungen zu nahestehenden Personen durch Probleme, Konflikte oder Aggression geprägt sind, leiden emotional und körperlich.[26]

Finden Sie Sinn

Eine traumatische Erfahrung wie etwa eine ernste Krankheit, der Tod eines Familienmitglieds, der unerwartete Verlust von Status oder Arbeitsplatz oder ein Verbrechen kann unsere Weltsicht bis in die Grundfesten erschüttern. »Warum ausgerechnet ich?«, könnten Sie fragen oder »Wie kann Gott das zulassen?«. Psychologen sprechen von einer Bedrohung unserer Grundannahmen und weisen darauf hin, dass es entscheidend ist, das traumatische Ereignis und seine Bedeutungen zu verstehen und einzuordnen.[27] In westlichen Kulturen halten viele Menschen die Welt für grundsätzlich beherrschbar und vorhersagbar, sie glauben, dass guten Menschen nichts Schlechtes passiert und dass jeder bekommt, was er verdient, und verdient, was er bekommt.[28] Dieser Glaube an eine gerechte Welt, in der nichts zufällig passiert, bleibt zwar oft unausgesprochen, doch seine Wirkung ist weitreichend. Wenn einem guten Menschen etwas Schlechtes zustößt, dann stellen sich dessen Annahmen hinsichtlich Gerechtigkeit, Beherrschbarkeit und Güte der Welt als Täuschung heraus. Darüber hinaus kann ein traumatisches Ereignis das Selbstwertgefühl bedrohen (wenn beispielsweise das Opfer eines willkürlichen Gewaltaktes die Schuld bei sich selbst sucht) oder Träume zerstören (wenn zum Beispiel eine Mutter ihr Kind verliert und sich nun eine kinderlose Zukunft vorstellen muss).

Die Bewältigung eines schrecklichen Ereignisses kann es notwendig machen, dass Sie Ihre Annahmen und Überzeugungen überdenken und einen Sinn in Ihrem Verlust oder Schicksalsschlag finden. Dieser Prozess kann schwierig und schmerzhaft sein. Wie können wir Sinn in einem scheinbar völlig sinnlosen Ereignis finden? Untersuchungen haben ergeben, dass wir auf unterschiedliche Art und Weise Sinn herstellen. Wir können beispielsweise erkennen, dass das Leben kurz und zerbrechlich ist; wie ein Hinterbliebener es formulierte: »Mein Einstellung zum Leben war, dass es einen Anfang und ein Ende hat und es früher oder später jeden von uns trifft.« Oder Sie können den Grund im Verhalten des Verstorbenen suchen, wenn dieser zum Beispiel sein Leben lang ein starker Raucher war. Sie können eine Tragödie auch auf eine höhere Macht zurückführen und annehmen, dass eine Krankheit Teil eines göttlichen Plans ist.[29] Sie können einem Schicksalsschlag Sinn geben, wenn Sie anerkennen, dass manche Dinge völlig grundlos passieren, und wenn Sie versuchen, einen Nutzen darin zu finden: Sie könnten beispielsweise erkennen, dass der Tod dem Leiden eines geliebten Menschen ein Ende bereitet hat, dass die betroffene Person durch das Leid viel über sich und über das Leben im Allgemeinen gelernt hat oder dass das Ereignis dazu führte, dass sie in ihrer Umgebung Gutes getan hat. Oder Sie könnten schließlich eine traumatische Erfahrung als Zeichen deuten und beispielsweise einen Autounfall als Aufforderung verstehen, mit dem Trinken aufzuhören.

Es ist zweifelsohne unglaublich schwer, den Sinn hinter einem traumatischen und oftmals scheinbar sinnlosen und willkürlichen Ereignis zu entdecken. Menschen, denen dies jedoch gelingt, bewältigen diese Erfahrung besser. Eine Untersuchung begleitete ein Jahr lang Menschen, die vor kurzem einen Angehörigen verloren hatten.[30] Diejenigen, denen es gelang, einen Sinn in ihrem Verlust zu erkennen (egal welchen), waren ein Jahr später weniger depressiv und zeigten weniger posttraumatische Belastungsstörungen. Auch gesundheitlich profitieren Sie, wenn es Ihnen gelingt, Sinn in einem Verlust zu finden. In einer Studie mit HIV-positiven Männern, die mindestens einen Partner oder Freund durch AIDS verloren hatten, wiesen die Männer, die einen Sinn in deren Tod erkennen konnten, ein gesünderes Immunsystem auf und lebten länger.[31] Der »Sinn« beinhaltete eine neue Sichtweise ihres eigenen Lebens und ihrer selbst und löste beispielsweise den Wunsch aus, mehr Zeit mit der Familie zu verbringen, das Leben voll auszuschöpfen und mehr Risiken einzugehen oder zu einer neuen Spiritualität zu finden.

Welche Bewältigungsstrategien können Sie anwenden?
Wenn Bewältigung eine der Glücksstrategien ist, die Sie gewählt haben, dann entscheiden Sie sich für eine der folgenden drei Empfehlungen.

Finden Sie Sinn durch expressives Schreiben Seit rund zwanzig Jahren beschäftigt sich James Pennebaker mit der Frage, ob es sich positiv auf unser Wohlbefinden auswirkt, wenn wir über ein traumatisches oder negatives Erlebnis schreiben.[32] Dazu entwickelte er ein Verfahren, das seither von Dutzenden Wissenschaftlern verwendet wird, unter anderem auch von mir. Wenn Sie an einer der typischen Pennebaker Studie teilnehmen, werden Sie in ein Labor eingeladen, erhalten ein Blatt Papier (oder seit neuestem einem Computer) und werden dann gebeten, eine der schmerzlichsten Erfahrungen Ihres Lebens zu beschreiben. Sie werden aufgefordert, diese Erfahrung möglichst detailliert zu schildern und Ihre Reaktionen und Emotionen eingehend zu erforschen. Die Sitzung endet nach 15 oder 30 Minuten. Am nächsten Tag kommen Sie wieder und schreiben weiter. Das Experiment erstreckt sich über drei bis fünf aufeinanderfolgende Tage. Eine Kontrollgruppe wird üblicherweise gebeten, über ein neutrales Thema wie ihren täglichen Arbeitsablauf, ihre Schuhe oder ihre Wohnzimmereinrichtung zu schreiben.

Die Untersuchungen belegen die positiven Auswirkungen des »expressiven Schreibens« über traumatische Ereignisse der Vergangenheit. Teilnehmer, die drei Tage lang ihre tiefsten Gedanken und Gefühle zu einer negativen oder traumatischen Erfahrung in einem Tagebuch festhielten, suchten im Folgemonat seltener einen Arzt auf, zeigten bessere Immunfunktionen, berichteten seltener von Depression, erzielten bessere Noten und fanden bei Arbeitslosigkeit eher einen Job als die Teilnehmer der Kontrollgruppe.[33] Diese Auswirkungen wurden bei einer großen Vielfalt von Teilnehmern festgestellt: bei Gesunden genauso wie bei Kranken, bei Alten und Jungen, bei Armen und Reichen, und bei Menschen in Europa, Asien und Nordamerika.

Zunächst waren die Wissenschaftler der Ansicht, die positiven Auswirkungen des Traumatagebuchs seien auf eine »emotionale Reinigung« zurückzuführen: Das Schreiben erlaube uns, unsere Hemmungen abzulegen und unseren Gefühlen freien Lauf zu lassen. Diese Erklärung wird heute weithin angezweifelt. Der entscheidende Grund scheint vielmehr der Schreibprozess selbst zu sein, der uns hilft, unser Trauma zu verstehen und uns damit arrangieren. Wenn wir im Schreiben unserem Trauma einen Sinn geben, scheinen wir uns außerdem weniger oft und intensiv daran zu erinnern.

Ich habe mich oft gefragt, warum ein Tagebuch etwas so Besonderes und Wirkungsvolles ist. Warum denken wir anders über eine extrem leidvolle Erfahrung, wenn wir unsere Emotionen, Gedanken und Bilder in Worte und Sätze fassen? Nehmen wir an, jemand hat Ihr Herz gebrochen, Sie wurden überfallen oder Ihre gesunde und aktive Mutter ist an Alzheimer erkrankt. Sie stellen fest, dass dieses Ereignis Sie nicht loslässt, selbst wenn Sie sich auf etwas anderes konzentrieren sollten, und dass Sie von Bildern und Gedanken heimgesucht werden. Im Schreibprozess zwingen Sie sich, diese Bilder und Gedanken zu ordnen und in eine zusammenhängende Erzählung zu bringen. Sprache ist von Natur aus hochstrukturiert, und allein der Akt des Schreibens bringt Sie dazu, in kausalen Zusammenhängen zu denken (A könnte zu B geführt haben und das wiederum zu C) und eine Analyse zu beginnen, die zu einem besseren Verständnis führt, Sinn schafft und Ihnen das Gefühl gibt, die Dinge besser im Griff zu haben. Eine Erfahrung, die Bedeutung und Struktur hat, erscheint sehr viel beherrschbarer als ein chaotisches und schmerzhaftes Durcheinander von Bildern und Gedanken. Je mehr Kausalwörter (wie »weil«, »verursachen« oder »folgern«) oder Erkenntniswörter (wie »verstehen«, »erkennen«, »sehen«) die Teilnehmer in Pennebakers Schreibsitzungen verwendeten, umso positiver waren die Auswirkungen auf ihre Gesundheit.[34]

Wenn Schreiben uns dabei hilft, Sinn zu finden und ein Trauma aufzulösen, dann ist es nur logisch, dass unsere emotionalen Reaktionen beherrschbarer werden und wir seltener in unerwünschtes Grübeln verfallen. Wenn Sie Ihre traumatische Erfahrung in eine schriftliche Form bringen oder als Geschichte erzählen, kann Ihnen das helfen, sie zu akzeptieren. Schreiben hat außerdem damit zu tun, Gedanken auf einer Seite oder einem Textdokument äußerlich zu machen, sich ihrer zu entäußern, sie loszuwerden und hinter sich zu lassen.

Nehmen Sie sich daher für Ihre erste Übung ein Notizbuch, einen Computer, ein Tagebuch oder einfach ein Blatt Papier und folgen Sie Pennebakers Anweisungen:

Schreiben Sie in den kommenden vier Tagen Ihre intimsten Gedanken und Empfindungen über die traumatischste Erfahrung Ihres Lebens auf. Lassen Sie völlig los und erforschen Sie Ihre tiefsten Emotionen und Gedanken. Sie können Ihr Thema an Ihrer Beziehungen zu anderen aufhängen, seien es Eltern, Partner, Freunde oder Verwandte, an Ihrer Vergangenheit, Gegenwart oder Zukunft, oder daran, wer Sie waren, wer Sie sind oder wer Sie sein möchten. Sie können jeden Tag über dasselbe Thema schreiben oder über verschiedene traumatische Erfahrungen.[35]

Sie sollten an mehreren Tagen in Folge und pro Tag wenigstens 15 Minuten schreiben. Seien Sie geduldig und beobachten Sie, was Ihnen am meisten bringt.

Finden Sie durch Schreiben oder im Gespräch die positiven Aspekte einer traumatischen Erfahrung Expressives Schreiben ist eine sehr offene Angelegenheit. Sie können über einen Schicksalsschlag oder einen

Verlust festhalten, was Sie möchten, solange Sie sich darum bemühen, Ihre Emotionen ehrlich und vollständig zum Ausdruck zu bringen. Die zweite Bewältigungsübung hat ebenfalls mit Schreiben zu tun, doch sie ist etwas strukturierter. Sie können diese Übung alternativ auch mit einem Gesprächspartner durchführen. Die Übung erfolgt in drei Schritten und soll Ihnen helfen, einen positiven Aspekt in Ihrem Schmerz zu finden.

Im ersten Schritt erkennen Sie schriftlich oder im Gespräch an, dass ein Verlust oder Trauma Ihnen Leid und Schmerz verursacht hat. Überlegen Sie dann, was Sie während des Verlusts oder in Reaktion darauf getan haben, auf das Sie stolz sind. Vielleicht haben Sie einem sterbenden Familienmitglied geholfen, seine letzten Tage möglichst angenehm zu verbringen. Oder Ihre Ehe fiel auseinander und Sie haben sich trotz Ihrer Depression tapfer zur Arbeit geschleppt und sich zumindest vor Ihren Kollegen nichts anmerken lassen.

Denken Sie im zweiten Schritt darüber nach, inwieweit Sie durch den Verlust gewachsen sind. Sehen Sie das Leben anders (und sei es negativer)? Sind Sie mitfühlender, dankbarer, sensibler, geduldiger, toleranter oder offener geworden?

Überlegen Sie im dritten Schritt schließlich, welche positiven Auswirkungen das Trauma auf Ihre Beziehungen hatte. Sind einige Ihrer Beziehungen stärker geworden? Sind Ihnen manche Menschen näher, vertrauter oder eine größere Stütze geworden?

Widersprechen Sie Ihren unwillkürlichen Gedanken Diese Strategie stammt aus der kognitiven Verhaltenstherapie gegen Depression und beinhaltet, dass Sie Ihren eigenen pessimistischen Gedanken entgegentreten. Wenn uns etwas Schlechtes passiert, werden wir oft von negativen Emotionen und Überzeugungen überwältigt, die sich gegenseitig verstärken. »Ich bekomme nie einen Freund«, »Ich bin so hässlich«, »Mein Sohn respektiert mich nicht«, »Ich bin Schuld, dass unser Rendezvous gestern ein Reinfall war«, »Mein Arbeitsplatz kann jeden Tag gestrichen werden«. Diese meist reflexartigen Gedanken sind übertrieben pessimistisch, verzerrt und negativ. Eine nützliche Übung besteht darin, schriftlich dem sogenannten ABCDE-Schema zu folgen, wobei A für Auslöser, B für automatische negative Gedanken, C für Reaktion, D für Auseinandersetzung und E für Energie steht:[36]

A: Notieren Sie den Auslöser, das Ereignis oder Problem, mit dem Sie sich konfrontiert sehen (Adversity). Zum Beispiel:»Meine beste Freundin hat mich seit drei Wochen nicht angerufen.«

B: Identifizieren Sie automatische negative Gedanken, mit denen Sie auf dieses Problem reagieren (Beliefs). Zum Beispiel:»Sie hat bestimmt etwas gegen mich« oder »Ich habe Angst, dass sie mich langweilig findet«.

C: Notieren Sie Ihre Reaktion auf das Problem, also wie Sie sich daraufhin fühlen und wie Sie handeln (Consequence). Zum Beispiel:»Ich fühle mich einsam und elend« oder »Ich vergraule meine Freunde immer« oder »Ich werde dieses Wochenende nicht zu dem Abendessen gehen, zu dem ich eingeladen wurde«.

D: Setzen Sie sich mit Ihren automatischen negativen Gedanken auseinander, stellen Sie sie in Frage und suchen Sie nach anderen möglichen Ursachen für das Problem (Dispute). Zum Beispiel:»Meine Freundin ist vermutlich extrem beschäftigt – ich erinnere mich, dass sie etwas von einem großen Auftrag gesagt hat« oder »Vielleicht ist sie auch enttäuscht und wartet darauf, dass ich sie anrufe«.

E: Diese optimistischeren Erklärungen Ihres Problems können Ihnen Energie geben, Ihre Stimmung verbessern, Ihnen die Sorge nehmen und Hoffnung machen (Energize).

Das ABCDE-Schema soll Ihnen dabei helfen, Ihren übertrieben pessimistischen Gedanken zu widersprechen, statt zuzulassen, dass diese Gedanken Sie beherrschen. Vielleicht haben Sie erkannt, wie die einzelnen Elemente zusammenhängen: Unsere Reaktionen (C) auf ein negatives Ereignis (A) werden zu einem großen Teil von unseren automatischen Gedanken und Interpretationen (B) bestimmt, warum wir diese negative Erfahrungen gemacht haben und was sie für uns bedeutet. Durch eine optimistischere, hoffnungsvollere und freundlichere Interpretation (D) erhalten wir die Energie (E), unsere Reaktion (C) zu verändern.

Der schwierigste Teil ist Punkt D, die Auseinandersetzung mit unseren reflexartigen Gedanken. Um diese automatischen negativen Gedanken in Frage zu stellen, müssen Sie in die Rolle eines Detektivs schlüpfen und nach Beweisen suchen, mit denen Sie diese Überzeugungen widerlegen können. Nehmen wir an, das auslösende Ereignis ist »Mein Mann ist in letzter Zeit sehr kühl« und Sie denken automatisch »Ich gefalle ihm nicht mehr«. Beantworten Sie die folgenden Fragen, am besten schriftlich und am besten, wenn Sie in neutraler Stimmung sind.

◆ Welche Beweise habe ich für meine Interpretation?
◆ Welche alternativen Erklärungen gibt es für sein Verhalten?
◆ Selbst wenn ich Recht habe mit meiner Interpretation, was folgt daraus? Anders gefragt: Was könnte schlimmstenfalls passieren? Wie groß ist die Wahrscheinlichkeit, dass dieses Ereignis eintritt?
◆ Was könnte im besten Falle passieren? Wie wahrscheinlich ist das?
◆ Was wird meiner ehrlichen Ansicht nach tatsächlich passieren?
◆ Nutzt mir diese Interpretation? Was habe ich davon?
◆ Und schließlich, was will ich tun, um das Problem zu lösen?

Zum Weiterlesen für Sie

Wenn Sie von dieser Glücksaktivität profitiert haben, könnten Ihnen auch folgende gefallen:

◆ Lernen Sie zu vergeben (Glücksaktivität 7, S. 176)
◆ Verwirklichen Sie Ihre Lebensträume (Glücksaktivität 10, S. 213)

Glücksaktivität 7: Lernen Sie zu vergeben

Während ich an der Universität Stanford studierte, wurde Amy Biehl, die an derselben Universität ein Studium in Internationalen Beziehungen absolviert hatte und danach mit einem Fulbright-Stipendium in Südafrika über Frauenrechte und Rassentrennung forschte, im Township Guguletu nahe Kapstadt von einem Mob aus dem Wagen gezerrt und erstochen. Zwei Tage später hätte sie nach Kalifornien, zu ihrer Familie und ihrem Freund zurückfliegen sollen. Sie wusste nicht, dass ihr Freund ihr bei ihrer Rückkehr einen Heiratsantrag machen wollte. Es war eine Tragödie, die einige meiner Freunde sehr mitnahm, vor allem Eltern mit Kindern in Amys Alter. Allein die Vorstellung, was Amys Eltern durchmachen mussten, war mehr als schmerzhaft. Zwei Jahre später reisten Amys Eltern in das Township, in dem ihre Tochter getötet worden war, um sich mit den Familien einiger der Mörder zu treffen und diese zu trösten.

Sie zu *trösten*?

Vier junge Männer waren für den Mord an Amy Biehl zu 18 Jahren Haft verurteilt worden. Die Biehls kamen, um vor der Versöhnungskommission auszusagen, vor der die vier Männer ihre Reue beteuerten und um Begnadigung baten. Die Biehls unterstützten ihre Haftentlassung. Sie konnten ihren Zorn, Schmerz und Hass begraben.

Amys Vater verstarb kurz nach der Reise, doch Amys Mutter flog schließlich ein weiteres Mal nach Südafrika, dieses Mal um sich mit einem der vier Mörder, einem Mann namens Ntobeko Peni, zu treffen. Er war in großer Armut in einem schwarzen Township aufgewachsen, hatte von Kindheit an gelernt, dass die Weißen seine Feinde waren, und sah sich selbst als Freiheitskämpfer. Amys Mutter konnte Ntobeko Peni nicht nur vergeben, sie gab ihm auch eine Arbeit und damit eine Zukunft. Er arbeitet als Berater und Ausbilder für AIDS-Aufklärung an der Amy-Biehl-Stiftung, die in den Townships um Kapstadt aktiv ist. Außerdem reist er mit Amys Mutter durch die Welt, um ihre Geschichte der Vergebung und Versöhnung zu erzählen. Amys Mutter sagt, Ntobeko sei heute Teil der Familie.

Ich nehme an, dieses Beispiel kommt Ihnen genauso extrem vor wie mir. Wenige von uns würden vermutlich so weit gehen wollen wie Amys Mutter. Doch die Forschung zeigt, dass wir viel von ihr lernen können.

Was ist Vergebung?

In diesem Kapitel geht es darum, wie Sie mit verschiedenen schwierigen Erfahrungen des Lebens umgehen können. Besonders leidvoll ist es, wenn uns andere Menschen Unrecht tun, Schmerzen zufügen oder angreifen. Die Verletzung kann körperlich, sexuell oder emotional sein, sie kann eine Beleidigung, einen Übergriff, einen Verrat oder Verlassenwerden beinhalten. Es scheint natürlich, dass wir zuerst negativ auf diese Verletzungen reagieren und versuchen, es dem anderen mit gleicher Münze heimzuzahlen.[37] Zwei weitere typische Reaktionen bestehen darin, den anderen zu meiden oder Rache nehmen zu wollen. Reaktionen wie diese haben jedoch wieder neue negative Konsequenzen. Distanz und vor allem Rache machen Sie unglücklich, zerstören Beziehungen und können sich sogar negativ auf die Gesellschaft auswirken. Rache hat in der Menschheitsgeschichte bis heute viel Leid und Schrecken verursacht und zu Mord, Vergewaltigung, Plünderung, Krieg, Terror und Genozid geführt.

In diesem Buch geht es allerdings nicht um die gesamte Menschheit, sondern um einzelne Menschen, genauer gesagt um Sie. Was bedeutet Vergebung, und warum lohnt es sich, sie zu erlernen und zu praktizieren? Vergebung kann der entscheidende Faktor sein, der uns aus einem Teufelskreis aus Vermeidung und Vergeltung herausführt, in den wir allzu oft geraten. Versöhnung bedeutet, diese negativen Emotionen, die oft von Zorn, Enttäuschung und Feindseligkeit begleitet werden, zu überwinden oder abzuschwächen und sie idealerweise durch wohlwollendere Einstellungen, Gefühle und Handlungen zu ersetzen.[38] In diesem Abschnitt geht es darum, einem anderen Menschen zu vergeben; die Vorstellung, dass wir uns selbst vergeben, beschreibt einen anderen Prozess, in dem wir nicht etwa unser Bedürfnis nach Vermeidung und Vergeltung abbauen, sondern unser Selbstwertgefühl stärken.

Psychologen definieren den Begriff Vergebung ein wenig anders als die Umgangssprache, weshalb wir zunächst klären sollten, was alles *nicht* damit gemeint ist. Vergebung bedeutet *nicht* Versöhnung, das heißt, es ist nicht unbedingt eine Wiederherstellung einer Beziehung mit dem Menschen erforderlich, der uns Schaden zugefügt hat. Es hat auch nichts mit Begnadigung (also einem Ausbleiben der Strafe in einem juristischen System) oder mit Billigung (also einer Rechfertigung und Tolerierung der Verletzung, mit der jede Vergebung hinfällig würde) zu tun. Genauso wenig bedeutet Vergeben, den Täter zu entschuldigen (also auf mildernde Umstände oder »eine gute Absicht« zu verweisen) oder den Schaden zu leugnen (und damit im Freudschen Sinne zu verdrängen oder nicht wahrhaben zu wollen). Und schließlich hat es auch nichts mit »Vergeben und Vergessen« zu tun, denn es ist kein Gedächtnisverlust nötig, um vergeben zu können. Im Gegenteil, Vergebung heißt, sich mit einer Verletzung auseinanderzusetzen, und Vergessen würde diesen Prozess eher erschweren.

Wie wissen wir also, wann wir jemandem vergeben haben? Wenn Ihr Denken sich gewandelt hat und Ihr Bedürfnis, dem anderen Schaden zuzufügen, schwächer geworden ist, während Ihr Wunsch, ihm Gutes zu tun oder an der Beziehung zu arbeiten, stärker wird. Überlegen Sie, inwieweit Sie einer der folgenden Aussagen zustimmen können:[39]

◆ Das wird er oder sie mir büßen!
◆ Ich möchte, dass es ihm oder ihr schlecht geht.
◆ Ich tue so, als gäbe es ihn oder sie nicht.
◆ Ich halte so viel Abstand wie möglich.

Je mehr Sie einer dieser Aussagen zustimmen und Rache oder Distanz suchen, desto mehr müssen Sie tun, um zu vergeben.

Warum vergeben?

Wissenschaftliche Untersuchungen und persönliche Erfahrung liefern zahlreiche gute Gründe, warum wir Menschen vergeben sollten, die uns verletzen, beleidigen oder schikanieren. Ehe ich diese Gründe näher ausführe, möchte ich ganz klar machen, dass Vergebung etwas ist, das Sie für sich selbst tun, nicht für den Menschen, der Ihnen geschadet hat. Sehr kluge Menschen sind unterschiedlicher Ansicht darüber, wann Vergebung angemessen ist und wann nicht, welche Handlungen nicht zu vergeben sind und was recht und moralisch ist. Wenn Sie gute Gründe haben, jemandem nicht zu vergeben, dann müssen diese Gründe respektiert werden. Doch vermutlich lesen Sie dieses Kapitel, weil Sie der Ansicht sind, dass Vergebung eine notwendige und sinnvolle Strategie für Sie ist. Denken Sie jedoch daran, dass Vergebung nicht bedeutet, die Beziehung mit der betreffenden Person wiederherzustellen und die verletzende Tat zu entschuldigen oder zu billigen. Es gibt Dinge, die sind einfach nicht zu entschuldigen.

Viele Volkslieder haben ungefähr folgende Botschaft: Wer sich an Bitterkeit oder Hass festklammert, schadet sich selbst mehr als dem anderen, auf den sich der Hass richtet. Buddha sagte: »An Ärger festzuhalten ist wie ein glühendes Stück Kohle festzuhalten, um es nach jemandem zu werfen.

Derjenige, der sich dabei verbrennt, bist du selbst.« Empirische Untersuchungen bestätigen diese Erkenntnis:[40] Menschen, die vergeben, sind weniger hasserfüllt, depressiv, ängstlich, zornig und neurotisch. Stattdessen sind sie glücklicher, gesünder, umgänglicher und gelassener. Sie haben mehr Mitgefühl mit anderen und neigen eher zu Spiritualität und Religion. Menschen, die Verletzungen in Beziehungen vergeben, sind eher in der Lage, Nähe wiederherzustellen. Unfähigkeit zu vergeben geht schließlich einher mit Grübeln und anhaltenden Rachegedanken, während uns Vergebung erlaubt, die Sache hinter uns zu lassen und weiterzuleben.

Diese Erkenntnisse sind wenig überraschend, und sie verraten uns noch nicht, ob es tatsächlich die Vergebung ist, die all diese positiven Dinge bewirkt. Es gibt jedoch eine Reihe von Experimenten, die untersuchen, inwieweit Vergebung positive Auswirkungen auf unser Wohlbefinden und unsere geistige Gesundheit hat. In einer Untersuchung wurde beispielsweise eine Gruppe von Frauen im Alter von 65 oder mehr Jahren, die durch eine Erfahrung im zwischenmenschlichen Bereich verletzt worden waren, zufällig in eine Vergebungs- und eine Diskussionsgruppe eingeteilt.[41] Beide Gruppen trafen sich über einen Zeitraum von acht Wochen. Die Frauen der ersten Gruppe lernten nach eigenen Angaben mehr Vergebung als die der zweiten, und sie fühlten sich danach selbstbewusster und weniger ängstlich. Ähnliche Untersuchungen wurden mit Menschen durchgeführt, die verschiedene Verletzungen und Kränkungen erlebt haben: mit Männern, die durch die Abtreibung ihrer Frau oder Freundin verletzt worden waren; mit Frauen, die Inzesterfahrungen durchlitten hatten; mit Menschen, die von ihren Lebenspartnern betrogen worden waren; oder mit Jugendlichen, die sich von ihren Eltern vernachlässigt fühlten. In sämtlichen Studien, egal ob es sich um Workshops oder Einzeltherapien handelte, gelang es den Teilnehmern besser, zu vergeben, und sie zeigten auch noch Monate später weniger negative Emotionen und mehr Selbstbewusstsein und Zuversicht. Je mehr Zeit die Teilnehmer haben, um nachzudenken und Vergebung zu lernen, umso größer ist der Nutzen. Interessanterweise profitieren Frauen stärker, und Männer halten länger an ihrem Groll und ihren Verletzungen fest.[42]

Die Antwort auf die Frage, warum wir vergeben, ist also ganz einfach. Langfristig vergrößern Sorge, Feindseligkeit und Ärger nur unser emotionales und körperliches Leid. Darüber hinaus fördert Vergebung in unseren Gemeinschaften und der Gesellschaft als Ganzer das Gefühl der Menschlichkeit: Wir sind nicht allein mit unseren Verletzungen, stärken unsere zwischenmenschlichen Beziehungen und unsere Verbundenheit mit anderen. Nach einigen Untersuchungen reicht allein die Erinnerung an einen Menschen, der uns vergeben hat, um ein Wir-Gefühl zu herzustellen, uns anderen näher zu fühlen und ein Bedürfnis zu entwickeln, ihnen zu helfen.[43]

Wie wir Vergebung üben können

Von allen Glücksaktivitäten in diesem Buch stellt die Vergebung vielleicht die größte Herausforderung dar. Doch wie heißt es so schön: »Wer nicht wagt, der nicht gewinnt.« Und Sie haben eine Menge zu gewinnen. Die folgenden Techniken können Sie im Tagebuch, in einem Brief, im Gespräch oder mit Hilfe Ihrer Fantasie umsetzen. Wenn Vergebung Ihrer Persönlichkeit, Ihren Zielen oder Ihren Bedürfnissen entspricht, wählen Sie zunächst eine der folgenden Aktivitäten und geben Sie Ihr Bestes bei der Umsetzung.

Danken Sie anderen für deren Vergebung Wenn Sie einem anderen vergeben wollen, kann es Ihnen helfen, sich an eine Situation zu erinnern, in denen jemand anders Ihnen vergeben hat.[44] Erinnern Sie sich an eine Gelegenheit, in der Sie einen anderen Menschen verletzt haben. Vielleicht waren Sie gemein zu Ihren Eltern, haben Ihren Partner betrogen oder sind einem Freund aus dem Weg gegangen. Wenn Ihnen diese Menschen vergeben haben, wie haben Sie es Ihnen kommuniziert und wie haben Sie darauf reagiert? Was meinen Sie: Warum haben sie Ihnen vergeben? Glauben Sie, dass die anderen davon profitiert haben, als sie Ihnen vergeben haben? Welchen Nutzen hatten Sie davon? Hat sich Ihre Beziehung zu dieser Person verbessert? Haben Sie aus der Erfahrung etwas gelernt, haben Sie sich dadurch in irgendeiner Weise verändert? Wie denken Sie heute darüber? Diese Übung kann Ihnen helfen, die Vorteile der Vergebung zu erkennen und ein Vorbild zu finden, wie Sie selbst vergeben können.

Wenn Sie dankbar für Vergebung sein wollen, können Sie andere auch einfach um Vergebung bitten. Egal ob Ihre Verfehlung frisch ist oder schon eine Weile zurückliegt, schreiben Sie einen Entschuldigungsbrief. Wenn Sie erkennen, dass auch Sie manchmal der Übeltäter sein können, dann können Sie sich möglicherweise besser in die Lage desjenigen versetzen, der Ihnen Schaden zugefügt hat. Beschreiben Sie in diesem Brief, was Sie getan oder unterlassen haben, und gestehen Sie ein, dass Sie falsch gehandelt haben. Beschreiben Sie, inwieweit Sie dem anderen damit geschadet und die Beziehung beschädigt haben. Entschuldigen Sie sich für Ihr Verhalten, entweder indem Sie direkt »Entschuldigung« schreiben oder indem Sie bestätigen, welchen Wert die Beziehung für Sie hat und wie wichtig es Ihnen ist, sie zu erneuern. Sie könnten dem anderen zusichern, Ihr Verhalten zu ändern, eine Wiedergutmachung anbieten oder den anderen fragen, was er von Ihnen erwartet, um die Beziehung wiederherzustellen.

Es liegt ganz bei Ihnen, ob Sie diesen Brief abschicken oder nicht. Manchmal ist dies nicht möglich, da Sie keinen Kontakt mehr mit diesem Menschen haben, manchmal kann es auch riskant und unklug sein.

Stellen Sie sich Vergebung vor Diese Übung basiert auf einer faszinierenden Untersuchung, in der Teilnehmer sich Vergebung vorstellen sollten.[45] Identifizieren Sie zunächst einen Menschen, der Sie Ihrer Ansicht nach schlecht behandelt hat. Stellen Sie sich dann vor, Mitgefühl mit diesem Menschen zu entwickeln und ihm zu vergeben. Der Versuch, Mitgefühl mit dem anderen zu haben, hilft Ihnen, die Situation durch seine Augen zu sehen und ihn als Menschen wahrzunehmen, nicht nur als Übeltäter. Vergebung bedeutet zwar nicht, dass Sie die Taten des anderen entschuldigen oder hinnehmen müssen, es verlangt jedoch, dass Sie Ihren Schmerz, Ihren Ärger und Ihre Feindseligkeit loslassen und eine nachsichtigere und großzügigere Sichtweise einnehmen. Stellen Sie sich dabei im Detail vor, was Sie denken, fühlen und tun. Was würden Sie beispielsweise sagen, wenn Sie Ihrem Vater vergeben wollen, der Sie allein gelassen hat? Was würden Sie empfinden, wie intensiv und in welcher Reihenfolge? Welchen Gesichtsausdruck hätten Sie dabei? Welche körperlichen Empfindungen würde die Begegnung auslösen?

Wenn Sie diese Übung erfolgreich durchführen, könnten Sie das spüren, was auch die Teilnehmer der erwähnten Untersuchung erlebten. Nach der Übung der Empathie und der Vergebung hatten sie das Gefühl, ihre Gedanken besser im Griff zu haben, und empfanden weniger Ärger und Trauer. Außerdem zeigten sie weniger Stresssymptome, ihre Herzfrequenz sank, ihr Blutdruck wurde niedriger und ihre Gesichtsmuskulatur war weniger angespannt. Versuchsteilnehmer, die Empathie und Vergebung praktizierten, erlebten also weniger körperlichen Stress. Diesen Effekt können auch Sie erfahren.

Schreiben Sie einen Brief, in dem Sie vergeben Bei dieser Übung geht es darum, Ihren Ärger, Ihre Bitterkeit und die Schuldzuweisungen loszulassen, indem Sie einen Brief an einen Menschen schreiben – aber nicht abschicken –, der Sie verletzt oder Ihnen Unrecht zugefügt hat. Überlegen Sie, wer Ihnen in Ihrem bisherigen Leben geschadet hat und wem Sie nie vergeben haben. Dabei ist es gleichgültig, ob sich diese Menschen noch in Ihrem Umfeld aufhalten oder nicht oder ob sie möglicherweise sogar schon verstorben sind. Führen diese Erfahrung und Ihre unversöhnliche Haltung dazu, dass Sie immer wieder über diesen Menschen und die Umstände der Verletzung nachdenken? Hindert es Sie daran, glücklich und gelassen zu sein, werden Sie von Erinnerungen und Bildern heimgesucht? Ist die Antwort ja, dann tun Sie gut daran, etwas zu tun, um diesem Menschen vergeben zu können.

Eine der besten Strategien ist ein »Vergebensbrief«. Beschreiben Sie in diesem Brief im Detail, wie Sie verletzt wurden. Führen Sie aus, inwieweit Sie damals betroffen waren und wie Sie die Erfahrung weiterhin verletzt. Schreiben Sie, was die betreffende Person Ihrer Ansicht nach hätte anders machen sollen. Beenden Sie den Brief mit einer Stellungnahme, in der Sie explizit Ihre Vergebung und Ihr Verständnis für die andere Person formulieren (zum Beispiel: »Ich weiß, dass du es damals nicht besser wusstest und vergebe dir«). Es folgen einige Beispiele für Situationen, in denen Menschen erfolgreich vergeben konnten (die zweite Zeile stammt übrigens von mir):

◆ Ich habe meinem Vater seinen Alkoholismus vergeben.
◆ Ich habe meinem Englischprofessor vergeben, der mir sagte, ich könne nicht schreiben.
◆ Ich habe meinem Freund vergeben, dass er nicht für mich da war, als es mir schlecht ging.
◆ Ich habe dem Mann vergeben, der mir ins Auto hineingefahren ist.
◆ Ich habe meiner Frau vergeben, dass sie eine Affäre hatte.
◆ Ich habe meinem Bruder vergeben, dass er mich öffentlich lächerlich gemacht hat.
◆ Ich habe meinem Freund vergeben, dass er mich benutzt hat.

Es kann gut sein, dass es Ihnen sehr schwer fällt, diesen Brief zu schreiben. Möglicherweise halten Sie die Tat für unverzeihlich, sind der Ansicht, dieser Mensch verdiene keine Vergebung, oder Sie stehen noch zu sehr unter dem Eindruck der Erfahrung, um auch nur ans Loslassen denken zu können. In diesem Fall sollten Sie den Brief beiseite legen und in einigen Tagen oder Wochen noch einmal angehen. Sie könnten auch einen anderen Menschen oder eine weniger schmerzhafte Erfahrung wählen, um zu vergeben. Vergebung erfordert Einsatz, Willenskraft und Motivation. Sie muss eingeübt werden. Deshalb ist es oft sinnvoll, mit einer einfachen Übung zu beginnen und sich nach und nach schwierigere Fälle vorzunehmen.

Um Ihre Schreibblockade zu überwinden, können Sie Beispiele von Menschen suchen, die anderen vergeben haben. Möglicherweise kennen Sie jemanden, dessen Stärke die Vergebung ist. Schreiben Sie diesem Menschen oder rufen Sie ihn an und fragen Sie ihn nach seinen Erfahrungen mit der Vergebung. Oder lesen Sie über bekannte Menschen, die für ihre Vergebung bekannt sind, wie etwa Mahatma Ghandi, Nelson Mandela, Desmond Tutu oder Martin Luther King.[46]

Üben Sie Mitgefühl Mitgefühl ist der Versuch, die Emotionen und Gedanken eines anderen Menschen nachzuvollziehen und zu verstehen. Oft, aber nicht immer geht Mitgefühl mit Sympathie, Sorge, Mitleid oder Liebe für einen Menschen einher. Wie wichtig es ist, Mitgefühl für eine Person zu lernen und zu üben, die Sie verletzt hat, wird durch Erkenntnisse unterstützt, die zeigen, dass Mitgefühl eng mit Vergebung zusammenhängt.[47] Je größer Ihr Verständnis für die Sichtweise eines anderen Menschen, umso größer die Wahrscheinlichkeit, dass Sie ihm schließlich vergeben.

Sie können Ihr Mitgefühl im Alltag schärfen, indem Sie sich es jedes Mal bewusst machen, wenn jemand etwas tut, das Sie nicht verstehen. Versuchen Sie, die Gedanken, Gefühle und Absichten dieses Menschen nachzuvollziehen. Warum verhält er sich so und nicht anders? Wie lässt sich das Verhalten erklären? Wenn Sie nachfragen, können Sie womöglich etwas lernen.

Unterstellen Sie positive Emotionen Neben dem Mitgefühl ist einer der Schlüsselfaktoren der Vergebung, dass Sie beim anderen positive

Emotionen vermuten.[48] Das können Sie erreichen, indem Sie einen Brief schreiben, wie Sie ihn gern von dem betreffenden Menschen nach Ihrer Vergebung erhalten würden, seinen Entschuldigungsbrief gewissermaßen. Wie könnte er sein Verhalten erklären? (Dazu könnten Sie sich beispielsweise vorstellen, Sie wären der Übeltäter just in dieser Situation, und sich überlegen, warum Sie so gehandelt haben und ob Sie Vergebung erwarten würden.) Nehmen Sie ihm seine Erklärungen ab? Erscheint sie Ihnen vernünftig und angemessen? Schenken Sie ihm Glauben? Während Sie seine Reaktion auf Ihre Vergebung niederschreiben, verändert sich Ihre Sicht auf den anderen und die Situation. Sie sehen die Umstände, die Ihnen so viel Kopfzerbrechen bereitet haben, aus einer neuen Perspektive.

Warum hilft es Ihnen, zu vergeben, wenn der andere sich bei Ihnen entschuldigt? Weil Ihnen eine Bitte um Entschuldigung das Mitgefühl erleichtert.[49] Sie macht den anderen menschlich. Wenn der Mensch, der Ihnen Leid und Schmerz verursacht hat, Sie um Verzeihung bittet, dann zeigt er sich Ihnen als verwundbar und unvollkommen. Eine Entschuldigung beinhaltet oft eine Erklärung, was er sich dabei gedacht hat, als er Ihnen Leid zufügte – vielleicht hat er einen großen Fehler gemacht, vielleicht hat er den Schaden unterschätzt, vielleicht hat er in bester Absicht gehandelt oder Ähnliches. Was immer es sein mag, es hilft Ihnen, die Situation aus seiner Sicht zu sehen und zu vergeben.

Lassen Sie das Grübeln Im Kapitel 4 habe ich die schlimmen Folgen des Grübelns dargestellt. Wenn Sie immer wieder darüber nachdenken, wie schlecht Sie sich fühlen, wenn Sie sich Sorgen machen oder darüber nachsinnen, warum Ihre Freundin eine bessere Tennisspielerin ist, fühlen Sie sich unglücklich, ängstlich, pessimistisch und unsicher. Grübeln hindert Sie außerdem an der Vergebung. Menschen, die ihre Wunden lecken und über ein verletzendes Ereignis brüten, halten eher an ihrem Leid und Zorn fest und sind weniger motiviert, anderen zu vergeben.[50] Vermutlich kennen Sie diese Grübeleien: Sie spielen die Ereignisse vor dem inneren Auge wieder und wieder durch und fühlen sich dabei immer ärgerlicher und verletzter. Sie stellen sich vor, was Sie dem Menschen, der Ihnen Schaden zugefügt hat, sagen oder antun wollen.

Manche Menschen meinen, sie fühlten sich besser, wenn sie die Aggression in ihrer Fantasie durchspielen. Wissenschaftliche Untersuchungen zeigen jedoch, dass diese »Theorie der Selbstreinigung« völlig falsch ist. Es kann sein, dass Sie sich für den Moment entlastet fühlen und innere Anspannung abbauen, wenn Sie sich vorstellen, wie Sie dem anderen körperlich oder mit Worten Leid zufügen, doch in Wirklichkeit nimmt Ihre Feindseligkeit auf diese Weise nicht ab, sondern zu. Jedes Mal, wenn Sie sich an das Ereignis erinnern, kommen die alten Gefühle der Verletztheit, Schuldzuweisung, Feindschaft oder Zorn wieder hoch.

Wenn die Erinnerungen und Bilder des Ereignisses Sie nicht loslassen und Ihren Alltag beeinträchtigen, müssen Sie etwas dagegen unternehmen. Sie können die Techniken verwenden, die ich in Kapitel 4 beschrieben habe, sich ablenken (indem Sie sofort an etwas anderes denken oder sich mit etwas beschäftigen, das Ihre Aufmerksamkeit ganz in Anspruch nimmt) oder »Stop!« sagen. Damit erreichen Sie zwar noch keine Vergebung, doch es ist ein erster Schritt.

Nehmen Sie Kontakt auf Ich habe Ihnen zwar eben geraten, dass Sie Ihren Brief nicht abschicken sollten, doch in Ausnahmefällen kann dies durchaus sinnvoll sein. Manchmal ist es angemessen, gesund und Ihrem Glück förderlich, wenn Sie den Brief abschicken. Wenn Sie vergeben, wenn Sie den Brief schreiben und von seinem Inhalt überzeugt sind, dann ist das etwas, das Sie für sich selbst tun. Es wird Sie auf lange Sicht glücklicher machen. Wenn Sie Ihre Vergebung kommunizieren (sofern dies möglich ist), können Sie dem anderen helfen und Ihre gemeinsame Beziehung verbessern. Bereiten Sie sich aber darauf vor, dass der Schuss nach hinten losgehen kann, vielleicht sogar heftig. Seien Sie sich jedoch auch bewusst, dass Sie auf diese Weise eine Beziehung wiederherstellen und mehr Freude finden könnten, als Sie vielleicht für möglich halten. Nur Sie können wissen, ob Sie den Brief abschicken oder den Hörer in die Hand nehmen wollen. Denken Sie daran, dass es eine Alternative gibt, auch wenn Sie den Brief nicht abschicken: Seien Sie einfach nett zu der Person, der Sie im Stillen vergeben haben.

Denken Sie immer wieder daran Zum Schluss möchte ich eine lehrreiche Geschichte an Sie weitergeben, die man sich von Nelson Mandela erzählt. Der ehemalige US-Präsident Clinton soll Mandela gefragt haben, wie er seinen Gefängniswärtern vergeben konnte. Mandela habe geantwortet: »Als ich zum Gefängnistor hinausging, wusste ich, wenn ich diese Menschen weiter hasse, dann bleibe ich im Gefängnis.« Clinton soll sich immer wieder an diese Geschichte erinnert und sie wie ein Gebet für sich wiederholt haben.[51] Wenn Sie Vergebung als Ihre Glücksaktivität gewählt haben, dann haben Sie sich für einen schweren, aber letztlich sehr lohnenden Weg entschieden. Wenn Sie feststellen, dass Sie in alten Zorn und Bitterkeiten verfallen, erinnern Sie sich täglich daran. Machen Sie sich Vergebung zur Gewohnheit, wie ein Gebet.

Zum Weiterlesen für Sie

Wenn Sie von dieser Glücksaktivität profitiert haben, könnten Ihnen auch folgende gefallen:

- Seien Sie optimistisch (Glücksaktivität 2, S. 111)
- Entwickeln Sie Bewältigungsstrategien (Glücksaktivität 6, S. 159)

7. Leben Sie im Hier und Jetzt

Im *New Yorker* habe ich neulich einen sehr klugen Cartoon entdeckt. Es sind drei Bilder: Im ersten sitzt ein Mann an seinem Schreibtisch und träumt vom Golfspielen. Im zweiten steht derselbe Mann auf dem Golfplatz und träumt vom Sex. Und im dritten Bild schließlich liegt er mit einer Frau im Bett und denkt an die Arbeit.[1] Uns geht es oft wie diesem Mann: Wir versäumen es immer wieder, zu genießen, den Moment auszukosten und in der Gegenwart zu leben, weil wir mit unseren Gedanken ganz woanders sind.

Dabei ist das Hier und Jetzt alles, was wir wirklich sicher haben. In diesem Kapitel beschreibe ich zwei Strategien, die Ihnen helfen, in der Gegenwart zu leben: »Flow« und Genuss. Diese beiden inneren Zustände schaffen positive Emotionen und Wohlbefinden. Mit ihrer Hilfe können wir unseren Genen und unseren Lebensumständen ein Schnippchen schlagen und uns mithilfe der 40 Prozent unseres Glückspotenzials, die wir selbst in der Hand haben, zu glücklicheren Menschen machen.

Glücksaktivität 8: Schaffen Sie Flow-Erfahrungen

Waren Sie je so in einer Aktivität versunken – sei es Malen, Schreiben, eine Unterhaltung, Schachspiel, Schreinerarbeiten, Angeln, Beten, Surfen im Internet –, dass Sie gar nicht bemerkt haben, wie schnell die Zeit verging? Vielleicht haben Sie nicht einmal registriert, dass Sie Hunger hatten, dass Ihr Rücken vom langen Sitzen schmerzte oder dass Sie aufs Klo mussten? Dass Sie nichts mehr um sich herum wahrgenommen haben? Wenn Ihre Antwort ja lautet, dann haben Sie einen Zustand namens »Flow« erfahren. Der Begriff »Flow« stammt von Mihaly Csikszentmihalyi (gesprochen: Tschik-sent-mihai) und beschreibt einen Zustand extremer Vertiefung in das Hier und Jetzt.[2] Sie gehen vollends in Ihrer Tätigkeit auf, konzentrieren sich ausschließlich auf sie und verlieren Ihr Gefühl für sich selbst. Ihre Tätigkeit nimmt Sie mit Ihren Fähigkeiten und Fertigkeiten ganz in Anspruch und lässt Sie über sich hinauswachsen. Menschen berichten, im Zustand des Flow fühlen sie sich stark und wach, sie schöpfen ihre Fähigkeiten völlig aus, beherrschen die Situation und nehmen sich dabei selbst nicht mehr wahr. Sie tun eine Sache ganz um ihrer selbst willen.

Mihaly Csikszentmihalyi erfand den Begriff »Flow« in den sechziger Jahren, als er den kreativen Prozess erforschte. In Gesprächen mit Künstlern fiel ihm auf, dass diese oft Hunger, Schmerzen und Ermüdung ignorierten, während sie an einem Gemälde arbeiteten, und dass sie nach Vollendung des Werks ihr Interesse daran völlig verloren. Offenbar fanden diese Künstler den Prozess des Malens an sich befriedigend. Wenn sie ihre Arbeit beschrieben, verwendeten viele die Metapher eines Flusses, der sie davontrug. Dies ist der »Flow«.

Csikszentmihalyi behauptet, dass sich ein gutes und glückliches Leben durch diesen Flow, »das völlige Aufgehen in einer Tätigkeit« auszeichnet.[3] Das Geheimnis des Flow besteht darin, ein Gleichgewicht zwischen den Anforderungen und unseren Fähigkeiten herzustellen. Ganz egal ob Sie bergsteigen, eine Operation durchführen, Ihre Steuererklärung ausfüllen oder auf der Autobahn fahren, wenn die Anforderungen Ihre Fähigkeiten übersteigen, fühlen Sie sich unsicher und frustriert. Sind die Anforderungen dagegen zu gering, langweilen Sie sich. Flow beschreibt eine Erfahrung, die an einem idealen Punkt zwischen Überforderung und Unterforderung eintritt. Wenn Sie diesen Punkt finden, können Sie Flow erleben – und Glück.

Bei fast jeder unserer Tätigkeiten können wir dieses Gefühl erfahren, egal wie monoton und langweilig sie erscheinen mag. Ob wir auf den Bus warten, unserem Baby die Windeln wechseln, am Fließband arbeiten, einen Vortrag hören oder an der Gepäckausgabe stehen, überall ist Flow möglich. Manchmal können fünf Stunden wie fünf Minuten dahinfliegen. Andererseits erleben wir bei scheinbar aufregenden und spannenden Ereignissen wie einem Segelurlaub, dem Lesen eines

Thrillers oder dem Besuch einer Ballettaufführungen keinerlei Flow, sondern Verunsicherung oder Langeweile. Wenn wir lernen, bei möglichst vielen Gelegenheiten Flow zu erfahren, leben wir ein glücklicheres Leben.

Der Nutzen des Flow

Warum ist Flow gut für Sie? Der erste Grund liegt auf der Hand: Flow ist ein angenehmes und befriedigendes Gefühl, und die Freude, die Sie dabei empfinden, ist dauerhaft und kräftigend. Flow bewirkt ein natürliches Hochgefühl, das – anders als künstliche oder rein hedonistische Freuden – eine positive, produktive und kontrollierte Erfahrung darstellt und weder Schuld, Scham, noch gesellschaftlichen Schaden verursacht.

Da Flow-Erfahrungen an sich befriedigend sind, verspüren wir den Wunsch, sie zu wiederholen. Doch hierin liegt scheinbar ein Widerspruch. Wenn wir unsere Fähigkeiten zum Beispiel im Skifahren, Schreiben, Vortragen, Gartenarbeit oder Ähnlichem verbessern, wird unser Flow-Erlebnis schwächer, da wir bestimmte Tätigkeiten nicht mehr als anregend und anspruchsvoll empfinden. Um Flow zu erhalten, müssen wir uns darum immer neue Herausforderungen suchen. Es sind konzentrierte geistige Disziplin oder körperliche Anstrengung erforderlich. Wir müssen unsere Fähigkeiten ausbauen oder neue Einsatzmöglichkeiten für sie finden. Das ist großartig, denn das bedeutet, dass wir uns immer weiter engagieren, wachsen und lernen und dabei immer mehr Kompetenzen, Expertentum und Komplexität entwickeln. Eine Untersuchung begleitete talentierte Jugendliche über einen Zeitraum von vier Jahren. Diejenigen, die im Alter von 13 Jahren ihr spezielles Talent zum Beispiel für Musik, Fußball oder Mathematik entdeckt hatten und in ihren schulischen Aktivitäten mehr Flow und weniger Stress erlebten, blieben ihrem Spezialgebiet über die nächsten vier Jahre treu.[4] Wir können davon ausgehen, dass diese Jugendlichen ihre Fähigkeiten und Interessen in diesem Zeitraum weiter ausbauten.

Wie wir schon oft in diesem Buch gesehen haben, können wir unser Glück nicht den äußeren Umständen überlassen, da wir uns an jede positive Erfahrung gewöhnen und unsere Erwartungen steigen. Auch wenn wir in noch so große Höhen klettern, wir wollen immer mehr. Csikszentmihalyi schlägt folgende Lösung für dieses Problem vor: »Es ist kein

Problem, wenn wir unsere Ziele immer weiter stecken, solange wir die Anstrengungen auf dem Weg dorthin genießen.«[5] Wenn wir jedoch nur unsere Ziele (wie den Universitätsabschluss, das Erwachsenwerden der Kinder oder die renovierte Küche) vor Augen haben, dann gewinnen wir weder Freude noch Befriedigung aus dem Weg dorthin und aus dem Hier und Jetzt.

Die Flow-Erfahrung hilft uns, stärker im Leben aufzugehen, unsere Tätigkeiten zu genießen, unser Selbstwertgefühl zu stärken und die Sicherheit zu entwickeln, dass wir die Dinge im Griff haben. All diese Faktoren verleihen dem Leben Sinn, Reichtum, Intensität – und Glück.

Wie Sie mehr Flow erleben können

Ich habe das Konzept des Flow im Jahr 1990 kennen gelernt, als ich gerade mit meiner Doktorarbeit begonnen hatte. Als ich damals Csikszentmihalyis Klassiker las, fragte mich meine Mitbewohnerin und beste Freundin, warum in alles in der Welt ich ein Buch über Menstruation las. Csikszentmihalyis Buch eröffnete mir allerdings einen ganz anderen »Fluss«, eine Welt voller Chancen und Möglichkeiten. Flow ist die Fähigkeit, körperlich und geistig an unsere Grenzen zu stoßen und diese zu überwinden, etwas Schwieriges, Neues und Lohnendes anzustreben und die Befriedigung in jedem Moment und im Leben selbst zu finden. Entscheiden Sie sich für mindestens eine der folgenden Aktivitäten und bauen Sie sie in Ihren Alltag ein.

Steuern Sie Ihre Aufmerksamkeit Um die Dauer und Häufigkeit Ihrer alltäglichen Flow-Erfahrungen zu intensivieren, ist es notwendig, dass Sie sich voll und ganz auf das einlassen, was Sie gerade machen. Egal ob Sie einen Brief schreiben, einen Kunden anrufen, Karten spielen oder in Arbeit und Freizeit neue Beschäftigungen suchen, die Ihre Fähigkeiten und Kenntnisse voll in Anspruch nehmen. Das Geheimnis ist die Aufmerksamkeit. William James, einer der Gründerväter der Psychologie, schrieb einst: »Meine Erfahrung ist das, worauf ich bewusst meine Aufmerksamkeit richte.« Dieser Gedanke ist geradezu revolutionär. Was Sie wahrnehmen und worauf Sie achten, ist Ihre Erfahrung und damit Ihr Leben. Da Sie nur einen gewisses Maß an Aufmerksamkeit haben, ist es umso entscheidender, worauf Sie sie verwenden. Um den Zustand des

Flow zu erleben, müssen Sie Ihre Aufmerksamkeit voll und ganz auf das konzentrieren, was Sie gerade tun. Wenn Sie sich intensiv auf etwas fokussieren, richten Sie Ihre Aufmerksamkeit auf diese eine Sache – und nicht auf etwas anderes wie etwa die Frage: »Wie spät ist es jetzt?«, »Was werde ich zu Mittag essen?« oder »Warum klappt das heute nicht so gut wie beim letzten Mal?«

Den Zustand des Flow zu erhalten bedeutet, Ihre Aufmerksamkeit ganz bewusst zu steuern. Fühlen Sie sich unterfordert und langweilen Sie sich, dann gehen Ihre Gedanken auf Wanderschaft. Fühlen Sie sich überfordert und deshalb angespannt und gestresst, richten Sie Ihre Aufmerksamkeit auf sich selbst, auf Ihre Schwächen und werden unsicher. Ihr Ziel muss es also sein, Ihre Aufmerksamkeit ganz bewusst zu steuern und gewissermaßen Ihre Bewusstseinsinhalte in jedem Augenblick zu kontrollieren. Kontrolle über Ihr Bewusstsein heißt Kontrolle über die Qualität Ihrer Erfahrung. Das kann schwer und schmerzhaft sein, doch langfristig verschafft es Ihnen ein Gefühl der Beherrschung und der Teilnahme am Leben. Wie alle anderen Strategien in diesem Abschnitt erfordert diese Ihren Einsatz und Ihre Kreativität.

Finden Sie neue Werte Glückliche Menschen haben die Fähigkeit, das Leben zu genießen, selbst wenn die materiellen Bedingungen nicht gegeben sind und sie viele ihrer Ziele nicht erreichen. Wie machen sie das? Sie halten sich an folgende Werte:

- Seien Sie offen für neue und neuartige Erfahrungen – kochen Sie für zehn Personen, suchen Sie sich eine Mannschaftssportart, wandern Sie an einen weit entfernten Ort, lernen Sie Squash und so weiter.
- Lernen Sie bis an Ihr Lebensende – sei es Grillen, eine Fremdsprache, Stricken, die Geschichte des Zweiten Weltkriegs, eine Methode zum Erhalt von Freundschaften, ein neues Brettspiel und so weiter.

Ahmen Sie den Gesichtsausdruck der Versunkenheit und Konzentration eines Kindes nach, das jeden Tag neue und wunderbare Dinge wie Laufen, Springen, Puzzeln und Sprechen lernt und das versteht, wie neue Dinge wie der Verkehr, Augen, die Schule und die Post funktionieren. Kindern fällt es leicht, den Zustand des Flow zu erleben, doch Sie müssen vermutlich etwas mehr dafür tun.

Finden Sie heraus, wann Sie Flow erleben In einer Untersuchung erhielten Arbeitnehmer einen Pieper, der sie in bestimmten Intervallen anpiepste, während sie ihren alltäglichen Verrichtungen nachgingen.[6] Bei jedem Signal sollten die Teilnehmer die Tätigkeit bewerten, die sie gerade ausführten, und notieren, wie sehr sie sich konzentrierten, ob sie ihre Tätigkeiten fortsetzen wollten und wie glücklich, stark und kreativ sie sich in diesem Moment fühlten. Die Untersuchung ergab, dass am Arbeitsplatz die anspruchsvollen Situationen überwogen, in denen die Testpersonen ihre Fähigkeiten und ihr Wissen einbringen konnten. Außerdem erlebten sie während der Arbeit mehr Flow als zuhause oder in der Freizeit. Viele fühlten sich am Arbeitsplatz selbstbewusst und selbstsicher, zuhause dagegen apathisch und gelangweilt. Wenn sie jedoch gefragt wurden, was sie lieber tun würden, gaben die meisten während der Arbeitszeit an, lieber etwas anderes machen zu wollen, und während der Freizeit, ihre jetzige Tätigkeit fortsetzen zu wollen.

Die bewussten Überzeugungen der Testpersonen, dass Arbeit eine lästige Pflicht und Freizeit etwas angenehmes sei, hatte offensichtlich nichts mit ihrem tatsächlichen Erleben zu tun, denn während der Arbeitszeit machten sie sehr viel positivere Erfahrungen. Den meisten von uns geht es ähnlich: Wir erkennen oft nicht, wann wir uns im Flow befinden. Daher sollten Sie bei der Umsetzung dieser Strategie zuerst feststellen, wann und bei welchen Tätigkeiten Sie tatsächlich Flow erleben, um diese Situationen vermehrt herzustellen.

Wandeln Sie Ihre Routinetätigkeiten ab Selbst öde und langweilige Tätigkeiten wie das Warten an der Bushaltestelle, ein endloser Vortrag, ein Zahnarztbesuch oder Staubsaugen lassen sich in sinnvolle und anregende Aufgaben verwandeln. Schaffen Sie sich einen »Mikroflow« mit bestimmten Zielen und Regeln.[7] Zum Beispiel könnten Sie in Gedanken Rätsel lösen, Comicfiguren zeichnen, Lieblingsmelodien vor sich hin pfeifen oder Schüttelreime dichten. In einem Wartezimmer könnten Sie beispielsweise ein kompliziertes Muster zeichnen, das bestimmten symmetrischen Gesetzen gehorchen muss. Einer meiner Studenten namens Philipp erzählte mir von seiner Mikroflow-Strategie, die er in dichtem Straßenverkehr anwendet:

Ich höre im Auto oft Musik. Viele der Lieder haben tolle Bassrhythmen, Melodien oder Schlagzeug- und Gitarrenparts. Ich suche mir einen bestimmten Rhythmus oder Gitarren-Riff und klopfe ihn mit dem Finger oder Fuß nach. Das habe ich erst auf langen Strecken gemacht, dann aber auch bei kurzen Fahrten, wenn ich an der Ampel stehe oder wenn der Verkehr stockt. Diese Mikroaktivität kann ich überallhin mitnehmen und einsetzen, wenn die negativen Emotionen überhand nehmen. Ich habe festgestellt, dass ich mich perfekt auf den Straßenverkehr, die Musik und meinen Rhythmus konzentrieren kann.

Philipp entwickelte seinen eigenen, anspruchsvollen Mikroflow. Aber es ist gleichgültig, wie einmalig oder banal Ihre Aktivität sein mag, solange sie interessant und ein wenig anspruchsvoll ist, Ihren Alltag bereichert und weniger langweilig oder belastend gestaltet.

Erleben Sie Flow im Gespräch Je nach Ihrer Arbeit und Ihrem Lebensstil verbringen Sie möglicherweise einen großen Teil Ihres Tages in Gesprächen mit anderen Menschen. Machen Sie in diesen Gesprächen eine Flow-Erfahrung? Interessiert Sie das Gespräch so, dass Sie das Gefühl haben, eine andere Realität zu betreten, und nicht spüren, wie schnell die Zeit vergeht? Ist Ihre Antwort nein, dann könnten Sie von folgender Übung profitieren.[8] Richten Sie bei Ihrem nächsten Telefonat oder Gespräch Ihre ganze Aufmerksamkeit auf das, was Ihr Gegenüber sagt und wie Sie auf seine Worte reagieren. Lassen Sie sich Zeit mit Ihren Reaktionen, geben Sie dem anderen Raum, seine Gedanken auszuführen, und haken Sie nach (»Was ist dann passiert?« oder »Warum haben Sie das gedacht?«). Sie können diesen Prozess natürlicher gestalten, indem Sie sich beispielsweise vornehmen, Ihren Gegenüber besser kennen zu lernen. Was beschäftigt ihn? Was empfindet er? Haben Sie etwas erfahren, das Sie vorher nicht wussten? Wenn Sie lieber reden als zuhören, dann könnte Ihnen diese Strategie anfangs ein wenig schwer fallen, Sie nervös machen und den Flow verhindern. Doch mit etwas Übung wird Ihnen das Zuhören immer leichter fallen.

Gestalten Sie Ihre Freizeit klug Für die meisten von uns ist Freizeit eine ganz besonders wertvolle Zeit. Meist ist sie viel zu kurz, also halten wir sie uns für spezielle Aktivitäten frei, die uns Spaß oder Freude machen. Aber stimmt das? Überlegen Sie sich, zu welchen Zeiten am Tag Sie keine Verpflichtungen haben und tun und lassen könnten, was Sie wollen. Was tun Sie? Sehen Sie fern? Lesen Sie ein Unterhaltungsmagazin? Telefonieren Sie mit Freunden? Verschicken Sie SMS? Wie viel Ihrer Freizeit verbringen Sie tatsächlich mit Dingen, die Ihren Geist in Anspruch nehmen und bei denen Sie Ihre Fähigkeiten einbringen können? Wenn dieser Anteil sehr gering ist, erleben Sie in Ihrer Freizeit vermutlich nur selten Flow.

Natürlich ist es angenehm, nach einem anstrengenden Tag die Beine auszustrecken und vor dem Fernseher zu gammeln. Zugegeben, diese Zeit zum Abspannen ist dringend nötig. Aber ganz ehrlich, wie viel Zeit brauchen Sie, um sich zu erholen? Ich würde schätzen, dass 45 Minuten völlig ausreichen. Danach gammeln Sie nicht mehr, Sie vergammeln. Wenn Sie dann Stunden später von der Couch aufstehen und ins Bett gehen, fragen Sie sich, wo der Abend geblieben ist, und warum Sie sich so kaputt fühlen.

Gestalten Sie Ihre Arbeit klug »Wir spielen Arbeit«, verkündete meine fünfjährige Tochter eines Abends vor dem Abendessen. Sie und ihr dreijähriges Brüderchen hatten einen Heidenspaß. Er saß vor seinem Barney-Laptop und verkündete: »Ich lese meine E-Mails!« Sie schrieb und plapperte in ihr Kindertelefon: »Ich rufe Sie gleich zurück!« Arbeit kann lohnend, befriedigend und angenehm sein, wenn Sie Glück haben und wenn Sie selbst dafür sorgen.

Eine faszinierende Untersuchung fand heraus, dass Arbeitnehmer ihre Arbeit auf dreierlei Weise sehen: als Job, als Karriere oder als Berufung.[9] Wer seine Arbeit als »Job« betrachtet, begreift sie als notwendiges Übel, als Mittel zum Zweck und als eine Möglichkeit, sich zu ernähren. Diese Arbeitnehmer empfinden ihre Arbeit weder als positiv noch als befriedigend. Sie arbeiten, um Geld zu verdienen, mit dessen Hilfe sie ihre Freizeit genießen können. Arbeitnehmer, die ihre Arbeit als Karriere begreifen, sehen sie im Grunde genommen als Job mit Aufstiegsmöglichkeiten. Für sie ist die Arbeit nicht unbedingt der wichtigste positive Aspekt ihres Lebens, doch sie haben Aussicht auf Beförderung und den Ehrgeiz, darauf hinzuarbeiten. Sie investieren mehr Zeit und Energie in ihre Arbeit, da sie sich auf diese Weise Chancen eröffnen und mehr Status, Macht und Selbstbewusstsein erhoffen. Diejenigen Arbeitnehmer schließlich, die ihre Arbeit als Berufung ansehen, geben an, Spaß an ihrer Arbeit zu haben und halten ihre Tätigkeit für befriedigend und gesellschaftlich nützlich. Sie werden weniger durch finanzielle Anreize oder Aufstiegsmöglichkeiten motiviert, sondern arbeiten, weil sie wollen. Sie unterscheiden nicht zwischen Arbeit und dem Rest des Lebens.

Vielleicht sind Sie der Ansicht, dass sich bestimmte Berufe eher zur Berufung eignen als andere. Das kann schon sein. Künstler, Lehrer, Naturwissenschaftler und Hirnchirurgen haben möglicherweise mehr Spaß an ihrer Arbeit und sind eher geneigt zu glauben, dass sie der Gesellschaft einen guten Dienst erweisen. Das heißt jedoch nicht, dass sie das Monopol auf Berufung haben. Im Gegenteil, Untersuchungen zeigen, dass viele Menschen großes Talent besitzen, ihre Arbeit so zu gestalten, dass sie ein Maximum an Sinn daraus ziehen. Interviews mit 28 Reinigungskräften aus einem Krankenhaus ergaben beispielsweise, dass einige ihre Arbeit für wertlos hielten und keinen Spaß daran hatten, während es anderen gelang, ihre Arbeit aufzuwerten und in etwas Sinnvolles zu verwandeln.[10] Nach Ansicht dieser zweiten Gruppe bestand ihre Arbeit darin, den Patienten, Besuchern und dem Pflegepersonal den Aufenthalt angenehmer zu gestalten. Sie zeigten Besuchern den Weg, unterhielten sich mit den Patienten und kommunizierten auf vielfältige Weise. Sie gaben an, die Arbeit mache ihnen Spaß, und hielten ihre Tätigkeit für qualifiziert. Diese Menschen erlebten Flow in ihrer Arbeit. Sie setzten sich Ziele, beispielsweise um ihre Arbeit so effizient wie möglich zu gestalten oder Patienten den Aufenthalt wohliger zu machen. Sie übernahmen zusätzliche Aufgaben und hängten neue Bilder an die Wand oder brachten Gartenblumen mit. Sie sahen ihre Aufgabe nicht darin, zu wischen und Mülleimer auszuleeren, sondern betrachteten sich als Teil eines großen Ganzen, das der Genesung der Patienten diente. Menschen in den verschiedensten Berufen, von Friseurinnen und Ingenieuren bis zu Computerspezialistinnen und Küchenhilfen gestalten ihre Arbeit, um Flow und Sinn zu finden. Überlegen Sie, wie Sie Ihre Arbeit neu sehen und gestalten können – es lohnt sich.

Finden Sie den »Superflow« Manchmal finden Sie Flow, wenn Sie sich völlig in Musik versenken, eins mit der Natur werden oder während eines Telefonats die Zeit vergessen. Manchmal erleben Sie auch etwas noch Bedeutenderes – lassen Sie es mich »Superflow« nennen. Das ist ein Moment, in dem Sie nicht nur völlig in etwas aufgehen und Ihr Bewusstsein für Zeit, Raum und sich selbst verlieren, sondern es ist ein Moment der

Transzendenz. Das passierte mir eines Samstagmorgens, als mein Sohn eine bestimmte Mathematikaufgabe zu lösen hatte und wir begeistert und voller Energie zusammen rechneten. Vermutlich arbeiteten wir ein oder zwei Stunden lang, doch genau weiß es ich nicht, denn die Zeit verging wie im Flug. Ein anderes Mal unterhielt ich mich bei einer Konferenz mit einer Kollegin. Wir saßen in der überfüllten, lauten Hotelbar und redeten und redeten und vergaßen darüber die Vorträge, die wir gerade versäumten, und nahmen keinerlei Notiz von den Umstehenden. Alles um mich her versank, mir entfielen meine Sorgen und jeder andere Gedanke, der nichts mit unserem Gespräch zu tun hatte. Nach beiden Begebenheit fühlte ich mich glücklicher, kreativer und liebenswürdiger. Sie intensivierten mein Gefühl der Zugehörigkeit, der Stärke und mein Selbstbewusstsein. Versuchen Sie, wann immer Sie können, dieses Gefühl des »Superflow« zu erreichen.

Verlieren Sie sich nicht Wenn Sie bestimmte Tätigkeiten finden, die Ihnen regelmäßig das Gefühl des Flow verschaffen, dann sollten Sie sich glücklich schätzen. Seien Sie sich aber bewusst, dass solche Tätigkeiten, selbst wenn sie von der Gesellschaft allgemein positiv bewertet werden (wie Freiwilligenarbeit, Spielen mit den Kindern oder Projektarbeit im Büro), süchtig machen können. Wenn Sie feststellen, dass Sie die Bedürfnisse der Menschen in Ihrer Umgebung dauerhaft vernachlässigen, dann sollte Ihnen dies ein Warnsignal sein. Wir wissen, dass Menschen über Hobbys wie Videospiele ihre Aufgaben vernachlässigen oder gar vergessen, von anderen Quellen der Befriedigung ganz zu schweigen.[11] Doch dies kann Ihnen auch mit gesellschaftlich wünschenswerten Tätigkeiten passieren. Ich habe diese Lektion gelernt, als mein Mann mich darauf hinwies, dass ich mich derart in die tägliche *Harry-Potter*-Lektüre mit meiner Tochter vertieft hatte, dass ich andere dringende Pflichten vernachlässigte.

Zum Weiterlesen für Sie

Wenn Sie von dieser Glücksaktivität profitiert haben, könnten Ihnen auch folgende gefallen:

- ◆ Genießen Sie die Freuden des Lebens (Glücksaktivität 9, S. 198)
- ◆ Verwirklichen Sie Ihre Lebensträume (Glücksaktivität 10, S. 213)

Glücksaktivität 9: Genießen Sie die Freuden des Lebens

*Ich würde Ihnen raten, nicht nach dem Warum und Woher zu fragen,
sondern Ihr Eis zu essen, ehe es schmilzt.*
Thornton Wilder

Eltern ermahnen ihre Kinder, sie sollten artig sein, damit sie später gute Menschen und ehrenwerte Bürger werden. Lehrer fordern ihre Schüler auf, viel für die Schule zu tun, damit sie später studieren und eine ordentliche Arbeit finden können. Vorgesetzte verlangen von ihren Mitarbeitern, viel zu leisten und sich ehrgeizige Ziele zu setzen, damit sie später Lohnerhöhungen bekommen und befördert werden. Rentner erzählen ihren Freunden, die noch im Berufsleben stehen, dass die goldenen Jahre der Pensionierung nicht mehr weit sind. Und wenn es Ihnen so geht wie mir, dann kann die Gegenwart noch so schön sein, aber Sie können sie nicht genießen, weil Sie schon daran denken, wie Sie in einer fernen Zukunft nostalgisch auf diesen Moment zurückblicken werden.[12] Wir sind nur selten in der Lage, das Hier und Jetzt zu genießen, weil wir glauben, das Wichtige komme erst noch. Wir verschieben unser Glück und reden uns ein, der morgige Tag werde besser als der heutige.

Doch die Fähigkeit, die positiven Erfahrungen des Lebens zu genießen, ist eine der wichtigsten Zutaten des Glücks. Die meisten Menschen verstehen, was Genuss bedeutet, wenn sie unangenehme oder schmerzhafte Symptome oder einen großen Schrecken hinter sich haben. Wenn starke Zahnschmerzen plötzlich nachlassen, freuen Sie sich über das Ende der Schmerzen. Oder wenn Sie unter starkem Heuschnupfen leiden und die Pollenflugsaison endet, genießen Sie es richtig, mit einem Mal wieder frei atmen zu können. Auch wenn Sie dem Tod von der Schippe gesprungen sind oder sich eine bedrohliche Diagnose als falsch herausgestellt hat, empfinden Sie zumindest eine Zeit lang große Dankbarkeit für die guten Dinge des Lebens. Sie genießen sie und leben jeden Tag, als wäre es Ihr erster und letzter.

Genuss kann sich auf Vergangenheit, Gegenwart und Zukunft beziehen. Sie genießen Ihre Vergangenheit, wenn Sie sich an die gute alte Zeit erinnern, an Ihre erste Liebe, Ihren Hochzeitstag, die Zusage zu Ihrem Job, Ihren Sommerurlaub und Ähnliches. Sie genießen die Gegenwart, wenn Sie im Hier und Jetzt leben und den Augenblick auskosten, sei es, dass Sie mit Kollegen zu Mittag essen, Ihrer Großmutter beim Geschichtenerzählen zuhören, Minigolf spielen, ein gutes Buch schmökern oder sich in ein Lied oder ein Arbeitsprojekt vertiefen. Diese Art des Genießens hat viel mit der Flow-Erfahrung und der Dankbarkeit gemeinsam. Die Zukunft schließlich genießen Sie, wenn Sie über künftige positive Ereignisse nachdenken und sich auf sie freuen. Dies hat viel mit positivem Denken zu tun. Auch wenn es den Anschein hat, dass der Genuss von Vergangenheit und Zukunft nichts in einem Kapitel mit dem Titel »Leben Sie im Hier und Jetzt« zu suchen hat, geht es bei beiden darum, Ihre Freude zu mehren und zu erhalten, mit anderen Worten: die Freude der Vergangenheit und der Zukunft in die Gegenwart zu holen.

Wissenschaftler definieren Genuss als Denk- und Verhaltensweisen, die dazu beitragen, »Freude zu schaffen, zu verstärken und zu verlängern«.[13] Wenn Sie auf Ihrem Weg innehalten, um an einer Rose zu schnuppern, statt achtlos an ihr vorüberzugehen, dann genießen Sie. Wenn Sie sich in Ihren Leistungen und denen Ihrer Freunde sonnen und Stolz empfinden, dann genießen Sie. Wenn Sie plötzlich an einem hektischen Tag voller Anrufe und Erledigungen eine Atempause einlegen und sich bewusst werden, wie sehr Sie das Leben lieben, dann genießen Sie. Es gibt einen Unterschied zwischen Genuss und Flow: Genuss bedeutet unter anderem, aus einer Erfahrung herauszutreten, sie zu betrachten und zu sagen: »Wie wunderbar duften diese Rosen!« Flow dagegen bedeutet, sich völlig in eine Erfahrung zu versenken. Idealerweise treten Sie natürlich nicht allzu häufig aus Ihrer Erfahrung heraus, um den Moment zu genießen, denn Fragen wie »Genieße ich schon?« oder »Bin ich dankbar genug?« tragen wenig zu Ihrem Genuss bei.

Ob Sie sich an gute alte Zeiten erinnern, die Gegenwart auskosten oder optimistisch an die Zukunft denken, die Gewohnheit des Genießens steht nach wissenschaftlichen Erkenntnissen in engem Zusammenhang mit intensivem und häufigem Glücksempfinden. Genussmenschen sind selbstbewusster, extrovertierter, zufriedener und weniger pessimistisch oder neurotisch.[14] Dabei macht es einen Unterschied, ob Sie die Gegenwart, die Vergangenheit oder die Zukunft genießen. Menschen, die das Hier und Jetzt leben, sich an positiven Gefühlen erfreuen und die guten Dinge auskosten, leiden weniger unter Depression, Stress, Schuldgefühlen oder Scham. Menschen, die in Vorfreude auf künftige Ereignisse schwelgen oder sich eine positive Zukunft ausmalen, neigen eher zu Optimismus und zu starken positiven Emotionen. Und Menschen schließlich, die gern auf die Vergangenheit zurückblicken, an gute alte Zeiten zurückdenken und sich an positiven Erinnerungen erfreuen, gehen am besten mit Stress um. Aus diesen Untersuchungen geht zwar nicht hervor, ob Genuss diese positiven Folgen bewirkt oder umgekehrt. Trotzdem formulierten die Wissenschaftler folgenden Rat für Menschen, die sich traurig und unbefriedigt fühlen:

Statt auf zufällige positive Ereignisse zu warten, können wir lernen, aktiv zu genießen, indem wir ganz bewusst positive Erfahrungen vorwegnehmen, angenehme Momente betonen und verlängern und uns auf eine Weise an diese Ereignisse erinnern, die uns das Gefühl der Freude neu erleben lassen.[15]

Das ist natürlich leichter gesagt als getan. Wie alle Glücksstrategien in diesem Buch erfordert wirklicher Genuss Einsatz und Motivation.

In unserem Kopf halten sich oft hartnäckig störende Gedanken, wir wälzen vergangene Gespräche im Kopf hin und her, quälen uns mit Gedanken an unerledigte Aufgaben und ungelöste Probleme und planen anstehende Tätigkeiten. Es ist eine bewusste Anstrengung nötig, um unsere Aufmerksamkeit auf positive Erfahrungen im Hier und Jetzt zu lenken. Dazu kommt die hedonistische Anpassung, die dafür sorgt, dass wir ursprünglich faszinierende Erfahrungen wie etwa den Anblick der schneebedeckten Berge auf dem Weg zur Arbeit, den Dudelsackbläser in der Fußgängerzone oder den Geruch unserer neuen Lederjacke immer weniger genießen. Aussichten, Klänge und Düfte wie diese verblassen und verschwinden. Es ist eine bewusste Willensanstrengung nötig, sie nicht als selbstverständlich hinzunehmen, sondern immer aufs Neue dankbar für sie zu sein. Im folgenden Abschnitt finden Sie konkrete Vorschläge, wie Sie dies erreichen können.

Wie Sie Ihren Genuss steigern können

Wenn das Genießen der Freuden des Lebens eine Ihrer Glücksstrategien ist, lassen Sie sich nicht von den vielen Möglichkeiten abschrecken. Wählen Sie für den Anfang eine aus und beginnen Sie sofort mit dem Genießen.

Genießen Sie Alltagserfahrungen Wenn Sie genießen lernen wollen, besteht die erste große Herausforderung darin, sich an ganz banalen, alltäglichen Erfahrungen zu erfreuen. Dazu können Sie sich ein Vorbild an den Teilnehmern eines Tests nehmen, in dem die positiven Auswirkungen des Genießens erforscht wurden. Depressive Patienten sollten einige Minuten am Tag etwas bewusst genießen, was sie sonst in aller Eile erledigten, etwa Essen, Duschen, den Abschluss eines Arbeitstages oder den Gang zur U-Bahn. Danach sollten sie notieren, inwieweit sie diese Tätigkeit anders wahrnahmen und wie sie sich dabei fühlten.[16] In einer anderen Untersuchung sollten gesunde Versuchsteilnehmer pro Tag zwei angenehme Erfahrungen genießen, indem sie zwei oder drei Minuten darüber nachdachten und versuchten, diese Erfahrung so lang und so intensiv zu gestalten wie möglich.[17] In beiden Fällen zeigten die Teilnehmer eine deutliche Zunahme des Glücksempfindens und einen Rückgang der Depression.

Beginnen Sie gleich morgen und überprüfen Sie Ihre alltäglichen Routinen und Rituale. Nehmen Sie sie zur Kenntnis und genießen Sie die Freuden des Tages? Oder hasten Sie von einer zur anderen? Wenn letzteres der Fall ist, dann nehmen Sie sich vor, positive Erfahrungen beim Schopf zu packen und zu nutzen, wann und wo immer sie sich bieten. Verweilen Sie über Ihrem Frühstücksbrötchen oder Ihrem Kaffeestückchen und genießen Sie das Aroma, die Süße und die Knusprigkeit, statt es achtlos in sich hineinzustopfen. Freuen Sie sich über Ihre Leistung, wenn Sie am Arbeitsplatz oder zuhause eine Aufgabe erledigt haben, statt sie einfach abzuhaken und zum nächsten Punkt auf Ihrer Liste überzugehen. Genießen Sie ein ausführliches Duschbad nach einem Spaziergang an der frischen Luft. Dieser perfekte Moment kann ein paar Sekunden dauern oder ein ganzes Wochenende lang anhalten. »Genießen Sie die kleinen Dinge, denn vielleicht werden Sie eines Tages zurückblicken und erkennen, dass das die großen Dinge waren.«[18]

Genießen Sie mit Familie und Freunden Oft ist es leichter, etwas zu genießen, wenn Sie Ihre positiven Erfahrungen mit einem anderen Menschen teilen können. Ob wir zusammen mit anderen einen japanischen Garten besuchen, einen Berg besteigen oder vor dem prasselnden Kaminfeuer Jazz hören, die Freude des Augenblicks ist oft größer, wenn wir sie mit anderen teilen. Staunen Sie mit einem anderen Menschen.

Nehmen Sie sich eine Stunde, einen Nachmittag oder einen ganzen Tag dafür Zeit.

Andere können Ihnen auch helfen, Ihre positiven Erinnerungen zu stärken. Sie können sich zusammen an eine Party erinnern, zu der Sie beide eingeladen waren, an einen gemeinsamen Urlaub oder Erlebnisse mit einem gemeinsamen Freund. Sie können zusammen ein Fotoalbum durchblättern oder ein Musikstück hören, das für Sie mit einer bestimmten Erinnerung verbunden ist. Untersuchungen haben ergeben, dass Sie mit bestimmten Tricks Ihre Erinnerung lebhafter und farbiger gestalten können. Zum Beispiel könnten Sie eine Technik der sogenannten imaginativen Psychotherapie verwenden, um sich an Details eines angenehmen Erlebnisses zu erinnern. Diese Methode erlaubt es Ihnen und einem nahestehenden Menschen, positive gemeinsame Erfahrungen der Vergangenheit wiederzubeleben.

Das gemeinsame Genießen und Schwelgen hat nachgewiesenermaßen positive Auswirkungen. Wissenschaftler haben herausgefunden, dass das gemeinsame Erinnern von zahlreichen positiven Emotionen wie Freude, Erfüllung, Amüsement, Zufriedenheit und Stolz begleitet wird.[19] Dies trifft vor allem auf ältere Menschen zu: Je häufiger und je intensiver sich ältere Menschen an die Vergangenheit zurückerinnern, desto positivere Emotionen erleben sie und desto besser ist ihr Gesamtzustand.[20] Diese Untersuchungen zeigen, dass jeder, vor allem jedoch ältere Menschen mit einem reichen Erfahrungsschatz, positive Gefühle aus der Erinnerung schöpfen können.

Versetzen Sie sich in Raum und Zeit Die Fähigkeit, positive Erinnerungen wachzurufen und sich auf diese Weise beliebig an einen anderen Ort und in eine andere Zeit zu versetzen, kann Ihnen Freude und Trost bringen, wenn Sie diese am dringendsten benötigen. Wenn eine meiner Bekannten gestresst oder gelangweilt ist, stellt sie sich oft bildlich vor, wie sie auf dem Mountainbike sitzt. Diese Fähigkeit lässt sich üben. In einer Untersuchung lernten Versuchsteilnehmer, sich mithilfe von positiven Bildern und Erinnerungen mental an bestimmte Orte zu versetzen.[21] Sie sollten zunächst eine Liste mit angenehmen Erinnerungen aufstellen und persönliche Erinnerungsgegenstände wie Fotos, Geschenke oder Mitbringsel zusammentragen, um dann eine Woche lang zweimal pro Tag in positiven Erinnerungen zu schwelgen. Die Anweisungen lauteten wie folgt:

Wählen Sie aus Ihrer Liste der positiven Erinnerungen zunächst eine aus. Setzen Sie sich hin, atmen Sie tief ein, entspannen Sie sich, schließen Sie die Augen und erinnern Sie sich. Lassen Sie die Bilder an sich vorüberziehen, die mit diesem Ereignis verbunden sind. Versuchen Sie sich an Ereignisse zu erinnern, die mit dieser Erinnerung zusammenhängen. Versetzen Sie sich in die Erinnerung, beleben Sie den Moment in Ihrer Fantasie neu und rufen Sie sich dabei möglichst viele Details ins Gedächtnis.

Teilnehmer, die diese Übung regelmäßig durchführten, zeigten einen deutlichen Anstieg ihres Glücksempfindens, und je lebendiger die Details, desto stärker die positiven Emotionen.

Positive Erinnerungen steigern Ihr Glücksempfinden auf unterschiedliche Weise. Wenn Sie sich auf positive Aspekte vergangener Erfahrungen konzentrieren, erkennen Sie, wie Sie bestimmte Ziele erreicht und Ideale verwirklicht haben, und stärken auf diese Weise Ihr Identitätsgefühl. Die Erinnerung an positive Erfahrungen und Übergangsphasen hilft Ihnen, eine Kontinuität zwischen Vergangenheit und Gegenwart herzustellen, sich selbst besser zu verstehen und die eigene Einmaligkeit zu erkennen. Wenn Sie Erfahrungen auf positive Weise neu erzählen, stärken Sie Ihr Selbstwertgefühl und vermitteln ein positives Selbstbild. Positive Erinnerungen können auch für sich allein genommen schon ein Genuss sein, wenn Sie beispielsweise über witzige Ereignisse lachen, in der Erinnerung des Windes in Ihrem Haar schwelgen und einen angenehmen Tag noch einmal erleben. Dies kann Ihnen helfen, in schweren und schmerzlichen Zeiten Trost zu finden.

Eine neuere Untersuchung unterstützt diese Erkenntnisse.[22] Nach einer positiven Erinnerung gaben 29 Prozent der Teilnehmer an, ein Problem der Gegenwart anders und besser zu verstehen, 19 Prozent berichteten von positiven Emotionen, 18 Prozent sprachen von einer »Flucht aus der Gegenwart« und nur 2 Prozent wollten keinerlei Wirkungen festgestellt haben. Je länger sich die Versuchspersonen an ein positives Ereignis in der Vergangenheit erinnerten, desto mehr waren sie nach eigenen Angaben in der Lage, die Gegenwart zu genießen. Eine Teilnehmerin berichtete:

Wenn ich an gute Zeiten in der Vergangenheit denke, kommt mir die Gegenwart besser vor. Ich fühle mich dankbarer. Ich verstehe besser, wo ich damals war, wo ich heute bin und wo ich irgendwann sein möchte. Ich verstehe die Gegenwart besser und gehe besser mit ihr um. Diese Erinnerung gibt mir mehr Selbstvertrauen, ein Gefühl wie »das hast du schon einmal geschafft, das schaffst du auch wieder«. Wenn es mal nicht so gut läuft, benutze ich meine Erinnerung, um zu überlegen, was ich besser machen kann, und um nicht mehr darüber nachzugrübeln, was alles schlecht ist.[23]

Wenn Sie diese Strategie beherrschen, dann »haben Sie Paris immer noch in der Hinterhand«, auch wenn Sie schon Jahrzehnte nicht mehr da waren.[24]

Erinnern Sie sich an glückliche Tage Wenn Sie Ihre glücklichsten Erlebnisse wiederholt durchleben, verstärken Sie positive Gefühle und steigern Ihr Glücksempfinden.[25] Erinnern Sie sich also an einen Ihrer schönsten Tage – wie etwa Ihren Schulabschluss oder den Ihres Kindes, Ihre erste Liebeserklärung, den ersten Tag Ihres ersten Urlaubs ohne Eltern oder den Tag, an dem Sie ein Hundebaby geschenkt bekamen – und spielen Sie dieses Erlebnis in Gedanken durch, als würden Sie sich ein altes Video ansehen. Was haben Sie und andere Beteiligte genau gesagt und getan? Was haben Sie damals gedacht und gefühlt? Analysieren Sie nicht, erinnern Sie sich nur und schwelgen Sie. In einer Untersuchung, die ich und meine Stundenten durchführten, zeigten Versuchspersonen, die diese Übung drei Tage hintereinander jeden Tag acht Minuten lang durchführten, auch noch vier Wochen nach dem Experiment stärkere positive Emotionen.

Feiern Sie gute Nachrichten In Kapitel 5 habe ich Untersuchungen vorgestellt, die zeigen, warum es sich positiv auswirkt, wenn wir gute Nachrichten mit unseren Freunden und unserer Familie teilen. Erfolge und gute Leistungen mit anderen zu feiern, steigert die positiven Emotionen und das Wohlbefinden.[26] Wenn also Sie eine Auszeichnung erhalten oder Ihr Partner, Ihre Cousine oder Ihre beste Freundin, gratulieren Sie sich selbst beziehungsweise ihnen, und feiern Sie. Lassen Sie Ihrer Freude freien Lauf. Wenn Sie die gute Nachricht weitergeben und sich über sie freuen, genießen Sie nicht nur das Hier und Jetzt, Sie stärken auch Ihre Beziehungen zu anderen. Scheuen Sie sich nicht, Ihren Stolz zu zeigen: Klopfen Sie sich auf die Schulter, sagen Sie sich, wie hart Sie für diesen

Erfolg gearbeitet haben, und stellen Sie sich vor, welchen Eindruck Sie damit auf andere machen.[27] Tun Sie dasselbe für Ihren Partner, Ihre Cousine oder Ihre beste Freundin.

Seien Sie offen für Schönheit und Einzigartigkeit Gestehen Sie es sich zu, einen schönen Gegenstand oder einen Beweis für Talent, Genie oder Tugend ehrlich zu bewundern. Erlauben Sie sich sogar Staunen und Verehrung. Menschen, die offen sind für Schönheit und Einzigartigkeit in ihrer Umgebung, erleben nach Erkenntnissen der Positiven Psychologie eher Freude, Sinn und tiefe Beziehungen.[28] Es mag nicht einfach sein, in unserem oft banalen Alltag einen Grund zum Staunen zu finden, doch es lohnt sich, diese Fähigkeit zu pflegen. Rennen Sie nicht mit Scheuklappen durchs Leben, verschließen Sie nicht die Augen vor dem Schönen, Virtuosen, Wunderbaren und Rührenden. Nehmen Sie sich den Dichter Walt Whitman zum Vorbild, dessen Lieblingsbeschäftigung darin bestand, »allein spazieren zu gehen und die Bäume, die Blumen, den Himmel und das wechselnde Licht zu bewundern und den Vögeln, Grillen und anderen Geräuschen zu lauschen«. So beschreibt ein Zeitgenosse den Dichter:

Er erfreute sich mehr an diesen Dinge als andere Menschen. Ehe ich ihn kennen lernte, wäre es mir nie in den Sinn gekommen, dass jemand in einfachen Dingen absolutes Glück finden konnte so wie er. Vielleicht gab es nie einen Menschen, dem so viele Dinge gefielen und so wenige missfielen wie Walt Whitman. Für ihn schien allem Natürlichen ein Zauber innezuwohnen. Er wirkte so, als würde er alle Männer, Frauen und Kinder mögen, denen er begegnete, und ich glaube, er mochte sie tatsächlich.[29]

Seien Sie achtsam Viele philosophische und spirituelle Richtungen betonen den Wert der »Achtsamkeit« als entscheidenden Faktor für unser Wohlbefinden. In den Meditationsübungen des Zen-Buddhismus geht es beispielsweise darum, unseren Geist zu befreien und uns im Hier und Jetzt zu verorten. Dank der zahlreichen anekdotenhaften Beweise für die positive Wirkung der Achtsamkeit haben Psychologen begonnen, das Phänomen im Labor zu untersuchen. Eine Reihe von Untersuchungen an der University of Rochester beschäftigte sich mit außergewöhnlich achtsamen Menschen, die besonders aufmerksam im Hier und Jetzt leben und ein geschärftes Bewusstsein für ihre Umgebung haben.[30] Die Untersuchungen ergaben, dass diese Menschen ein Vorbild an geistiger Gesundheit sind. Im Vergleich zu anderen Menschen sind sie glücklicher, optimistischer, selbstbewusster, zufriedener mit ihrem Leben und weniger depressiv, ärgerlich, feindselig, besorgt, unsicher, impulsiv oder neurotisch. Menschen, die ihren Erfahrungen im Hier und Jetzt stärkere Beachtung schenken, empfinden mehr und intensivere positive Gefühle, Selbstsicherheit und Kompetenz, sind sich selbst genug, haben positivere soziale Beziehungen und werden seltener krank als weniger achtsame Menschen.

Um es mit William James zu sagen, »wir sind nur halb wach«.[31] Wie also schaffen wir es, ganz aufzuwachen und das Hier und Jetzt zu sehen? Wissenschaftler haben verschiedene Programme entwickelt, um bei ihren Versuchspersonen Achtsamkeit zu fördern. Ihre Experimente haben gezeigt, dass ein achtwöchiger Kurs zur Achtsamkeit das Wohlbefinden steigert und bei kranken Menschen psychische und körperliche Probleme lindert.[32] In diesem Kurs werden Techniken zur Entspannung vermittelt, es geht um die Beobachtung des eigenen Atems bei verschiedenen gymnastischen Übungen, und auf diese Weise wird die Wahrnehmung für körperliche Empfindungen, Gedanken und Emotionen geschärft. Viele dieser Techniken sind Bestandteil der Meditationsübung, die ich in Kapitel 9 ausführlicher beschreiben werde.

Genießen Sie mit allen Sinnen Sinnliches Erleben ist einer der wichtigsten Schritte auf dem Weg zu einem genussvolleren Leben.[33] Achten Sie auf die kleinen Freuden, Wunder und magischen Momente und genießen Sie sie. Spüren Sie die Süße einer reifen Frucht, den Duft aus einer Bäckerei und die wärmenden Strahlen der Sonne, wenn Sie aus dem Schatten treten. Atmen Sie die kühle, frische Luft nach einem Regenguss, betrachten Sie die Pinselstriche eines impressionistischen Gemäldes oder lauschen Sie dem Crescendo einer Sinfonie. Ein Laborexperiment zeigte, dass wir Schokolade mehr genießen, wenn wir uns auf die sinnliche Erfahrung eines im Mund zerschmelzenden Stückchens konzentrieren.[34] Verwandeln Sie also den Verzehr von Schokolade, einer Banane oder eines Steaks in eine Zeremonie, indem Sie alles attraktiv anrichten, an einem ruhigen und angenehmen Ort essen und sich nicht durch den Fernseher oder Ihre Tageszeitung ablenken lassen. Um Ihre Wahrnehmung zu schärfen, konzentrieren Sie sich auf einige ausgewählte Eindrücke und blenden Sie andere aus. Schließen Sie die Augen, wenn Sie Musik hören oder eine Massage genießen, oder gehen Sie mit Ohrenstöpseln ins Museum. Bleiben Sie im Hier und Jetzt, und lassen Sie sich nicht durch Ihre Gedanken ablenken. Fühlen Sie.

Ein außergewöhnliches Beispiel für diese Strategie ist die Geschichte von Gefangenen eines Konzentrationslagers, die sich regelmäßig trafen, um in ihrer Fantasie ein Festbankett zu genießen. Sie stellten sich die Mahlzeit in allen Details vor, von der Beleuchtung des Raums über ihre gestärkten Hemden bis zum Geschmack der Gerichte:

Mein Freund, ein französischer Maler und Widerstandskämpfer, wurde von den Nazis in ein Konzentrationslager gesperrt. Während seiner langen Haft traf er sich jeden Abend mit zwei oder drei Freunden. Allein mit ihren Gesten und Worten schufen sie ein Galadiner. Sie zogen nicht-existierende, blütenweiße Hemden an und legten sich mit Rubinen besetzte Kragen- und Manschettenknöpfe an. Zum Essen tranken sie Châteauneuf-du-Pape, und zum Nachtisch wurde Château d'Yquem gereicht.[35]

Diese Menschen waren in der Lage, selbst unter unmenschlichen Bedingungen die vorgestellten Freuden zu genießen. Mit etwas Übung können wir alle lernen, in Sinnesfreunden zu schwelgen und mithilfe unserer fünf Sinne eine Reise in Raum und Zeit zu unternehmen, egal wie gewöhnlich oder langweilig unsere Umgebung sein mag.

Legen Sie ein Genussalbum an Selbst auf kurzen Vortragsreisen habe ich immer ein kleines Album mit Fotos meiner Kinder dabei. Ich blättere oft darin, ob im Flugzeug, im Hotel oder bei Veranstaltungen, und freue mich jedes Mal neu. Sie können sich ein eigenes Glücksalbum mit Bildern von Familie, Freunden, Haustieren, Lieblingsorten, berühmten Gemälden und Ähnlichem anlegen. Eine gute Bekannte von mir hat immer ein wunderschönes Panoramabild ihrer Heimatstadt Barcelona bei sich. Sie können Ihr Album auch mit Gegenständen füllen, die besondere Bedeutung für Sie haben, etwa einem Liebesbrief, Ihrem Lieblingsrezept, der Zeichnung einer Nichte oder einem Artikel über Ihre Lieblingsschauspielerin. Sehen Sie sich dieses Album regelmäßig an, aber nicht zu oft, um Gewöhnung zu vermeiden – Ihrem Album soll es schließlich nicht so ergehen wie dem Foto auf Ihrem Nachttischchen oder Ihrem Computerbildschirm, das Sie schon gar nicht mehr wahrnehmen.

Dieses Album ist eine Strategie, um Erinnerungen an positive Erfahrungen zu schaffen und zu genießen. Es kann Ihnen auch in den weniger glücklichen Zeiten helfen, wenn Sie einen Anschub besonders nötig haben.

Genießen Sie mit der Kamera Sie können auch lernen, Ihre Kamera so zu verwenden, dass Sie das Fotografieren genießen.[36] Viele von uns machen im Urlaub oder bei wichtigen Anlässen Fotos, um sich die Erinnerung an das Ereignis zu erhalten, doch die Rolle des Fotografen verhindert oft, dass wir den Moment tatsächlich genießen. Einer meiner Bekannten machte beispielsweise Fotoaufnahmen von der Geburt seines ersten und einzigen Kindes. Die Fotos waren einzigartig, doch er bedauerte später, dass er auf diese Weise den wichtigsten Moment im Leben seines Sohnes verpasst habe. Der Blick durch die Linse hatte eine Distanz geschaffen und ihn zum Beobachter, nicht zum Teilnehmer gemacht.

Lernen Sie, die Kamera so zu verwenden, dass Sie Ihre Erfahrungen intensiver erleben, indem Sie die Dinge wahrhaft ansehen und erkennen, was schön und bedeutungsvoll ist. Versuchen Sie nicht, so viele Bilder wie möglich zu machen, sondern machen Sie ein möglichst gutes Bild, lassen Sie es entwickeln und rahmen Sie es ein. Auf diese Weise sind Sie achtsamer und genießen Ihre Erfahrungen mehr.

Kosten Sie gemischte Gefühle aus Suchen Sie Erfahrungen, denen Sie mit einem lachenden und einem weinenden Auge begegnen. Solche Erfahrungen haben meist damit zu tun, dass etwas zu Ende geht – ein Urlaub, eine Freundschaft, eine Lebensphase oder ein Aufenthalt an einem bestimmten Ort. Wenn wir uns bewusst werden, wie vergänglich die Dinge sind – etwa vor unserer Rückkehr von einem Auslandsaufenthalt, am Tag unserer Abiturfeier, am ersten Schultag unseres Kindes, beim Weggang eines befreundeten Kollegen oder bei unserem Umzug in eine neue Stadt –, genießen wir die Zeit, die uns verbleibt eher. So traurig die Erfahrung ist, diese Traurigkeit veranlasst uns, das Positive an unserem Urlaub, unserem Kollegen oder unserer Heimatstadt zu erkennen: jetzt oder nie.

Wissenschaftler haben versucht, Genuss im Labor zu fördern, indem sie den Versuchspersonen die Vergänglichkeit von positiven Erfahrungen ins Bewusstsein riefen. Die Testpersonen waren Stundenten, die kurz vor ihrem Abschluss standen.[37] Sie sollten über vierzehn Tage hinweg zweimal pro Woche über verschiedene Aspekte ihres Studienlebens schreiben. Eine Gruppe wurde während der Übung daran erinnert, dass das Ende ihres Studiums unmittelbar bevorstand und sie »nur noch 1200 Stunden« hatten, einer Kontrollgruppe wurde gesagt, das Ende sei noch »fast ein Halbjahr entfernt«, also recht weit weg. Wie erwartet zeigten die Studenten der ersten Gruppe größere Dankbarkeit für ihr Leben auf dem Campus und genossen das Hier und Jetzt. Nach der Übung fühlten sie sich glücklicher und suchten genussvolle Aktivitäten, indem sie etwa mehr Zeit mit Freunden verbrachten, Fotos machten, sich in Arbeitsgruppen engagierten oder auf dem Weg zu ihren Kursen einen Schlenker über den Campus machten.

Haben Sie also keine Angst vor bittersüßen Erfahrungen. In vielerlei Hinsicht können wir zahlreichen Dingen im Leben mit einem lachenden und einem weinenden Auge begegnen. Alles Gute endet irgendwann, genau wie alles Schlechte, und diese Erkenntnis kann Sie dazu anregen, innezuhalten und den Duft der Rosen zu genießen.

Geben Sie sich der Nostalgie hin Für viele Menschen klingt das Wort Nostalgie nach Heimweh, doch eigentlich handelt es sich dabei um eine positive Emotion, wenn auch eine herzzerreißende. Als gebürtige Russin sollte ich das wissen, denn wie alle Slawen sind wir berüchtigt für unsere nostalgische Ader. Wenn Sie die Erinnerung an vergangene Zeiten, einen früheren Freund oder einen Strand, an dem Sie früher häufig spazieren gingen, nostalgisch werden lässt, dann verspüren Sie möglicherweise so etwas wie ein Gefühl der Sehnsucht, in der sich Freude und Zärtlichkeit mit Wehmut und Trauer vermischen, da Sie wissen, dass es unwiederbringlich vergangen ist. Geben Sie sich dieser Nostalgie dann und wann hin, denn sie bringt Erinnerungen an Schönheit, Freude, Güte und Liebe und gibt Ihnen ein warmes Gefühl für Ihre Vergangenheit. Vergleichen Sie diese Gefühle nicht mit der Gegenwart, sondern konzentrieren Sie auf das Positive und darauf, wie es Ihr Leben bereichert hat. Meine Studenten und ich haben herausgefunden, dass glückliche Menschen ihre Erinnerungen an wunderbare Momente der Vergangenheit in einer Art »psychischem Konto« oder einer Schatzkiste aufbewahren und die Erfahrung als eine Bereicherung der Gegenwart erleben, statt sich den Kopf darüber zu zerbrechen, ob die gute alte Zeit besser war als die Gegenwart.[38] »Nostalgie ist Erinnerung ohne die Schmerzen.«[39] Untersuchungen zeigen, dass Nostalgie positive Emotionen auslösen, unser Gefühl der Geborgenheit und des Geliebtseins stärken und unser Selbstwertgefühl steigern kann.[40]

Nostalgie kann ganz spontan aufkommen, zum Beispiel durch ein Gespräch mit einem alten Freund, eine Geburtstagsfeier, ein Foto oder eine E-Mail. Sie kann aber auch durch ganz bewusste Erinnerung herbeigeführt werden. Nostalgie sorgt für ein Wohlgefühl, nicht nur wegen der positiven Vorstellungen, sondern auch, weil sie unsere Identität festigt, indem sie die Erinnerungsfragmente zu einem großen Bild zusammenfügt; weil sie uns stolz macht, wenn wir uns an vergangene Leistungen erinnern; weil sie Sinn herstellt, indem sie uns verstehen lässt, wie wir in unserer Kultur oder Generation verortet sind; und weil sie unser soziales Netz stärkt, indem sie frühere und bestehende Beziehungen feiert.

Schreiben und Genuss? Einige Psychologen empfehlen, Genuss durch Schreiben zu üben, zum Beispiel mithilfe eines Tagebuchs, in dem Sie denkwürdige Ereignisse der Vergangenheit oder ein aufregendes Erlebnis der Gegenwart festhalten. Ich rate Ihnen davon ab. Schreiben ist zwar ein unschätzbar wertvolles Instrument, wenn es darum geht, unsere Fähigkeit zur Dankbarkeit zu entwickeln oder Traumata, Stress und Verletzungen zu bewältigen. Doch wenn wir die Gegenwart genießen wollen, ist es eher kontraproduktiv.

Untersuchungen haben gezeigt, dass Schreiben ein strukturierter Prozess ist, der uns dazu zwingt, unsere Gedanken zu ordnen, über Ursachen und Wirkungen nachzudenken, eine zusammenhängende Erzählung über uns selbst zu verfassen und systematische Schritt-für-Schritt-Lösungen zu entwickeln. Wie wir in Kapitel 6 gesehen haben, ist Schreiben ein nützliches Instrument bei der Bewältigung von negativen Erfahrungen und hilft uns, diese zu verstehen und hinter uns zu lassen. Doch ein positives Erlebnis wollen Sie doch nicht »hinter sich lassen«! Im Gegenteil, Sie wollen die besten Erfahrungen Ihres Lebens immer wieder nacherleben und genießen und auf diese Weise dafür sorgen, dass die positiven Emotionen erhalten bleiben und Sie Ihr Glücksempfinden steigern.[41] Wenn Sie ein positives Ereignis schriftlich festhalten, kann es Ihnen passieren, dass Sie es systematisch analysieren und in seine Einzelteile zerpflücken, die positiven Gefühle zerstreuen und sogar negative Gefühle wie Schuld oder Sorge entwickeln. Schreiben Sie nicht, um zu genießen. Geben Sie sich einfach dem Genuss hin, und teilen Sie ihn mit anderen.

Zum Weiterlesen für Sie

Wenn Sie von dieser Glücksaktivität profitiert haben, könnten Ihnen auch folgende gefallen:

◆ Schaffen Sie Flow-Erfahrungen (Glücksaktivität 8, S. 188)
◆ Verwirklichen Sie Ihre Lebensträume (Glücksaktivität 10, S. 213)

Achtung: Zu viel des Guten

Man kann es mit dem Hier und Jetzt auch übertreiben. Zu einem blühenden Leben gehört es genauso, die Zukunft zu planen und aus den Fehlern der Vergangenheit zu lernen. Eine Untersuchung ergab, dass Obdachlose fast ausschließlich in der Gegenwart leben[42] genauso wie Alzheimer-Patienten.[43] Menschen, die überwiegend im Hier und Jetzt leben, sind weniger in der Lage, Befriedigungen aufzuschieben und fallen häufiger durch risikoreiche Verhaltensweisen auf.[44] Wie immer im Leben müssen wir einen Mittelweg finden zwischen der Versenkung in die Gegenwart und einer bewussten Planung und Gestaltung der Zukunft, um die es im folgenden Kapitel gehen soll.[45] Ein berühmter Staatsmann beschrieb einmal, wie er sich veränderte, nachdem er knapp dem Tod entronnen war: »Ich tue mein Bestes, gleichzeitig konstruktiver an die Zukunft zu denken und stärker im Hier und Jetzt zu leben.«[46]

8. Setzen Sie sich Ziele

Ein Lebensziel ist der einzige Schatz,
der es wert ist, gefunden zu werden.
Robert Louis Stevenson

Unter dem Eindruck der Sorgen und Leiden seiner Ich-bezogenen und orientierungslosen Klienten fasste der australische Psychiater W. Béran Wolfe im Jahr 1932 seine Philosophie so zusammen: »Wenn Sie einem wirklich glücklichen Menschen beobachten, dann werden Sie feststellen, dass er ein Boot baut, eine Sinfonie schreibt, seinen Sohn erzieht, Dahlien züchtet oder in der Wüste Gobi nach Saurierknochen sucht.«[1] Er hatte Recht. Menschen, die auf ein Ziel hinarbeiten, das ihnen persönlich sinnvoll erscheint – ob sie ein Handwerk erlernen, den Beruf wechseln oder Kinder zu eigenverantwortlichen Erwachsenen erziehen –, sind weitaus glücklicher als Menschen, die keine erklärten Träume oder Ziele haben.[2] Wenn Sie einen glücklichen Menschen suchen, finden Sie jemandem mit einem Projekt.

Einige wollen ihre Lebensziele in der Arbeit verwirklichen, andere widmen sich ihrer Familie, ihrem Sozialleben oder ihrer Spiritualität. Dabei ist es für unser Wohlbefinden weitaus wichtiger, mit sinnvollen und anspruchsvollen Tätigkeiten auf unser Ziel hinzuarbeiten, als es tatsächlich zu erreichen.[3] Tatsächlich verspüren viele Menschen ein Gefühl der Leere, wenn sie endlich erreicht haben, was sie jahrelang erstrebten. Esa-Pekka Salonen, Musikdirektor des Los Angeles Philharmonic Orchestra, war ein Jahrzehnt lang am Bau der Konzerthalle des Orchesters beteiligt; nach Abschluss der Bauarbeiten freute er sich zwar, doch gleichzeitig wurde er von einem Gefühl der Traurigkeit befallen: »Nachdem dieser unmögliche Traum Wirklichkeit geworden ist, wie soll es weitergehen? Kann es etwas geben, das diese Erfahrung noch übertrifft?«[4] Auch wenn sich die wenigsten von uns mit den Sorgen und Nöten berühmter Dirigenten herumschlagen müssen, geht es uns ähnlich wie Salonen: Unsere Arbeit an der Verwirklichung eines sinnvollen Lebenstraums ist eine der wichtigsten Strategien für ein dauerhaft glücklicheres Leben.

Glücksaktivität 10: Verwirklichen Sie Ihre Lebensträume

Die Verwirklichung von Lebensträumen unterscheidet sich von den anderen elf Glücksstrategien in diesem Buch. Das liegt daran, dass jeder von uns in der einen oder anderen Form Träume und Ziele hat, egal wie glücklich oder erfüllt wir uns fühlen. Diese Ziele können sich von Mensch zu Mensch stark unterscheiden und sich im Laufe des Lebens erheblich verändern. Wie also lässt sich diese Glücksstrategie auf Ihre konkrete Situation zuschneiden? Vielleicht haben Sie eine ganze Reihe von Zielen und Träumen, doch es fehlt Ihnen an Motivation und Leidenschaft, sie umzusetzen. Dann sollte es Ihnen vor allem darum gehen, den fehlenden Schwung zu entwickeln. Oder Sie laufen den falschen Zielen hinterher, die Ihnen vielleicht von der Gesellschaft eingeredet wurden: »Verdiene viel Geld! Kauf dir ein eigenes Haus! Mach dich attraktiv!« Diese Ziele sind zwar an sich nicht falsch, doch vielleicht hindern sie Sie daran zu erkennen, was Sie wirklich und dauerhaft glücklich macht. Dann sollte es Ihnen darum gehen, die Ziele zu entdecken, die Sie wirklich glücklich machen, und an ihrer Verwirklichung arbeiten.

Sechs Gründe, warum Sie engagiert an der Umsetzung Ihrer Ziele arbeiten sollten

Warum ist es so entscheidend für Ihr Glück, an der Verwirklichung Ihrer Träume zu arbeiten? Stellen wir die Frage einmal andersherum: Was passiert, wenn jemand keine Lebensträume hat? So jemand ist verloren, orientierungslos, unmotiviert und ohne Lebenssinn. Engagierte Arbeit an der Verwirklichung unserer Träume gibt uns zuallererst ein

Gefühl, dass unser Leben Bedeutung und Richtung hat.[5] Ganz egal, ob Sie davon träumen, Musikerin oder Vater zu werden, Ihr Traum gibt Ihnen ein Ziel, auf das Sie hinarbeiten und auf das Sie sich freuen können. In den Worten des englischen Autors G. K. Chesterton: »Es gibt etwas, das allem einen Glanz verleiht. Und das ist die Vorstellung, dass hinter der nächsten Ecke etwas auf uns wartet.«

Sinnvolle Ziele steigern zweitens unser Selbstwertgefühl, sie geben uns Zuversicht und ein Gefühl der Handlungsfähigkeit. Jeder Schritt, den wir auf dem Weg zu unserem Ziel gehen, kurbelt unsere positiven Emotionen weiter an. Ein solcher Schub an Freude und Stolz steigert nicht nur unser Glücksempfinden, er motiviert uns auch, unsere Ziele weiter zu verfolgen. Denken Sie an die unglücklichsten Menschen, die Sie kennen: Sie sind vermutlich apathisch, gelangweilt, unmotiviert und verspüren keinerlei Ehrgeiz, egal ob es darum geht, ihren Job oder ihre Hose zu wechseln. Unsere Ziele verlangen harte Arbeit, doch die positiven Emotionen auf dem Weg dorthin machen sie allemal lohnenswert.

Drittens geben Ziele unserem Alltag eine Struktur vor. Trotz des Märchens vom kleinkarierten Mann im grauen Anzug hat ein strukturierter Alltag durchaus große Vorteile. Er gibt uns Aufgaben, Termine und Zeitabläufe vor und verschafft uns Freiräume, in denen wir neue Fähigkeiten erlernen und mit anderen Menschen zusammenarbeiten können. Strukturen sind immer nützlich, besonders wichtig sind sie jedoch für Rentner, die möglicherweise den klar gegliederten Alltag und die Zielvorgaben aus dem Berufsleben vermissen oder für Menschen mit Behinderungen beziehungsweise gesundheitlichen Problemen, die nicht mehr ihren gewohnten Tätigkeiten nachgehen können. Wenn dies auf Sie zutrifft, profitieren Sie vermutlich von Zielen, die im weitesten Sinne sozialer, kultureller oder politischer Natur sind, zum Beispiel die Stärkung von Freundschaften und Familienbeziehungen, politisches Engagement oder Teilnahme an Fernunterricht.

Nebenbei helfen uns Ziele, unsere Zeit besser einzuteilen, indem wir zunächst Oberziele definieren, diese dann in kleine Schritte unterteilen und schließlich einen Zeitplan aufstellen, um diese zu erreichen. Sie könnten beispielsweise das Oberziel formulieren, jeden Kontinent zu bereisen, in einem zweiten Schritt Ihre nächste Reise nach Lateinamerika planen und diese Reise schließlich Schritt für Schritt planen und realisieren. Auf diese Weise vereinfachen Ziele Ihr Leben und erhöhen Ihre Lebensqualität.

Vielleicht fragen Sie sich, ob es möglich ist, Ihre Ziele auch während einer persönlichen Krise weiter zu verfolgen. Untersuchungen zeigen, dass dies nicht nur möglich ist, sondern dass es Ihnen sogar hilft, besser mit Ihren Problem umzugehen. Natürlich können traumatische Ereignisse oder ungewöhnliche Anforderungen es erforderlich machen, bestimmte Ziele aufzugeben. Nach einer ernsthaften Verletzung sollten Sie möglicherweise Ihren Wunsch überdenken, Skilehrer zu werden, und nach einem finanziellen Verlust ist die Weltreise vielleicht nicht mehr möglich. Dann geht es darum, die alten Ziele durch neue zu ersetzen, um glücklicher leben zu können.

Schließlich ermöglichen uns Ziele befriedigende soziale Beziehungen zu anderen Menschen wie Lehrern, Kunden, Freunden, Kollegen und Partnern, was wiederum zu einer Steigerung unseres Glücksempfindens beiträgt. Wie in Kapitel 5 dargestellt, haben wir ein großes soziales Bedürfnis, weshalb Beziehungen und die Zugehörigkeit zu Gruppen und Netzwerken uns nicht nur glücklicher machen, sondern auch unser Grundbedürfnis nach Überleben und Wachstum befriedigen.

Welche Ziele sollten Sie verfolgen?

Um aus der Verwirklichung unserer Lebensträume Glück zu erfahren, spielt es durchaus eine Rolle, worin dieser Traum besteht und wie wir an seiner Verwirklichung arbeiten. Die Art Ihres Lebensziels bestimmt, ob dessen Verfolgung Sie glücklich macht. Überlegen Sie, inwieweit die folgenden Beschreibungen auf Ihre Lebensziele und Träume zutreffen.

Intrinsische Ziele Auch wenn es selbstverständlich erscheinen mag: Ziele, die Sie aus sich selbst heraus verfolgen und die Ihnen lohnenswert erscheinen, bringen Ihnen mit größerer Wahrscheinlichkeit Glück als solche, die Sie sich nicht selbst gesetzt haben. Zahlreiche Studien aus unterschiedlichen Kulturen zeigen, dass Menschen, deren Lebensziele in sich lohnenswert sind, mehr Befriedigung und Freude aus deren Verwirklichung ziehen.[6] »Intrinsische« Ziele sind solche, die Sie verfolgen, weil sie Ihnen aus eigenem Verständnis befriedigend und sinnvoll erscheinen, weil sie Ihnen erlauben zu wachsen, emotional zu reifen oder einen gesellschaftlichen Beitrag zu leisten. Eine solche intrinsisch motivierte Aktivität ist beispielsweise die Verwirklichung von Zielen während des Urlaubs. Mehr und mehr Menschen suchen nach sinnvollen und anspruchsvollen Betätigungen außerhalb der Arbeit, sie reisen nach Rom, um dessen Architektur zu studieren, arbeiten für eine Freiwilligenorganisation, trainieren für einen Triathlon oder machen ein Praktikum in einem Weinkeller. Niemand, nur Sie selbst, fordert Sie dazu auf oder belohnt Sie für Ihre Mühen. Sie gehen diesen Tätigkeiten nach, weil sie Ihnen unterhaltsam, angenehm oder sinnvoll erscheinen.

Im Gegensatz dazu sind »extrinsische« Ziele solche, die andere für sinnvoll halten und die Sie aus oberflächlichen Gründen wie Geld, Image, Macht oder Ruhm verfolgen, oder solche, in die Sie gedrängt oder manipuliert werden. Extrinsische Ziele sind meist nur Mittel zum Zweck, wir verfolgen sie, weil wir uns Belohnungen wie Geld oder soziale Anerkennung erhoffen oder Strafen wie Scham oder Einkommensverlust vermeiden wollen.

Was ich über Geld, Schönheit und Ruhm sage, mag nach moralischem Zeigefinger klingen, doch wissenschaftliche Untersuchungen bestätigen dies. Wenn wir intrinsische Ziele verfolgen, sind wir glücklicher. Das liegt unter anderem daran, dass diese Ziele uns mehr inspirieren und größeren Spaß machen, weshalb wir mehr in sie investieren, sie hartnäckiger verfolgen und eher Erfolg haben. Dazu kommt, dass Ziele, an denen uns persönlich gelegen ist, unsere psychischen Grundbedürfnisse befriedigen. Damit meine ich nicht Essen, Schlafen und Sex, sondern unser Bedürfnis nach Autonomie (also das Gefühl, unser Verhalten selbst zu bestimmen), nach einem Gefühl der Kompetenz (also das Gefühl, auf unsere Umwelt Einfluss nehmen zu können) und nach »Zugehörigkeit« (also befriedigenden zwischenmenschlichen Beziehungen). Untersuchungen zeigen, dass die Arbeit an der Umsetzung intrinsischer Ziele alle diese Bedürfnisse befriedigt.[7] Nehmen wir an, Sie wollen körperlich fit werden und an einem Marathon in Ihrer Stadt teilnehmen. Das erforderliche Training kann anstrengend und manchmal auch schmerzhaft sein, doch Sie bleiben hartnäckig und genießen die körperliche Betätigung. Laufen gibt Ihnen ein Gefühl der Kompetenz, Sie lernen andere Menschen kennen, die sich ebenfalls auf den Marathon vorbereiten, und Ihre Ehe profitiert von Ihrer guten Laune. Sie schlagen nicht nur zwei Fliegen mit einer Klappe, sondern gleich drei oder vier. Der Nutzen eines intrinsischen Ziels ist in der Tat groß.

Heißt das, dass extrinsische Ziele immer schlecht sind? Nicht unbedingt. Manchmal verfolgen wir sie, um uns Mittel und Möglichkeiten zu eröffnen, unseren intrinsischen Zielen nachgehen und unsere Träume verwirklichen zu können. Einer meiner Bekannten arbeitet beispielsweise hart in einem Job, den er als unbefriedigend empfindet, um ein gutes Gehalt und einen Bonus zu verdienen, was ihm wiederum ermöglicht, sich frei zu nehmen, Kurzgeschichten zu schreiben, zu gärtnern und Zeit für seine Kinder zu haben. Manchmal benötigen wir die extrinsische Motivation in Form von Belohnungen, Geld oder gesellschaftlicher Anerkennung, um ein wichtiges, aber sehr anspruchsvolles Ziel weiterzuverfolgen, oder um ganz einfach die Miete bezahlen zu können.

Authentische Ziele Machen Sie sich Ihre Lebensziele wirklich zu eigen und bedeuten sie Ihnen etwas, oder verfolgen Sie eher die Ziele Ihrer Eltern, Ihres Ehepartners oder die Ihrer Nachbarn? An der Universität habe ich eine Menge Menschen aus der letzteren Gruppe kennen gelernt, die zum Beispiel Medizin studieren, weil ihre Eltern einen Arzt in der Familie haben wollen. Seit etwa einem Jahrzehnt beschäftigen sich Ken Sheldon und Andrew Elliot mit authentischen Zielen, die tief in den Werten und Interessen eines Menschen verwurzelt sind. Sie haben festgestellt, dass wir glücklicher, gesünder und aktiver sind, wenn wir Ziele verfolgen, die wir uns wirklich zu eigen machen, und dass wir uns zufriedener fühlen, wenn wir diese Träume tatsächlich verwirklichen.[8] Wenn wir authentische Ziele erreichen, befriedigen wir unsere innersten Werte und tatsächlichen Bedürfnisse und empfinden auf diese Weise große emotionale Befriedigung. Wenn Sie jemals einen glücklichen Medizinstudenten kennen gelernt haben, dann hat er vermutlich das ehrliche Bedürfnis, kranken Menschen zu helfen. Er hat sich sein Ziel zu eigen gemacht.

Sie können sich Ihre Ziele zu eigen machen, indem Sie sich solche Ziele stecken, die gut zu Ihnen passen. Wir fühlen uns glücklicher und verfolgen ein Ziel umso hartnäckiger, wenn es uns zu unserem Wohlbefinden beiträgt. Je besser ein Ziel zu Ihrer Persönlichkeit passt, umso lohnender und angenehmer ist es, ihm nachzugehen, und umso glücklicher fühlen Sie sich. Wenn Sie beispielsweise ein extrovertierter Mensch sind, dann sollten Sie sich Ziele suchen, in denen Sie mit anderen Menschen zu tun haben. Sind Sie eher dominant veranlagt, sollten Sie sich eine Führungsrolle suchen. Als fürsorglicher Mensch sollten Sie Ziele suchen, die Ihnen erlauben, anderen zu helfen. Und wenn Sie schließlich eher leistungsorientiert sind, dann sollten Sie sich Ziele setzen, die Ihren Konkurrenzgeist beflügeln, wie etwa den Sieg in einem Leichtathletikwettbewerb oder eine Beförderung in Ihrem Unternehmen. Um zu wissen, welches Ziel am besten zu Ihnen passt, benötigen Sie ein wenig Selbsterkenntnis und emotionale Intelligenz. Wenn Sie Ihre eigenen Werte verstehen und Ihre Vorlieben und Wünsche gut kennen, wissen Sie vermutlich sofort, ob eine bestimmte Tätigkeit oder Lebensaufgabe zu Ihnen passt. Wenn Sie »Ihr Ding« machen, ein Lied komponieren, mit Ihren Kindern spielen, einen Witz erzählen oder sich über die Erderwärmung informieren, haben Sie dann das Gefühl, dass Sie dem Menschen näher kommen, der Sie gern wären – oder nicht?

Annäherungsziele Nehmen Sie sich einen Moment Zeit und denken Sie an das wichtigste Ziel, das Sie gerade verfolgen, egal ob es ein großes oder kleines ist. Geht es bei diesem Ziel darum, sich einem wünschenswerten Ergebnis anzunähern (Suchen Sie neue und aufregende Erlebnisse, wollen Sie Ihr Schlafzimmer umräumen oder drei neue Freunde gewinnen?) oder geht es darum, ein wenig wünschenswertes Ergebnis zu vermeiden (Wollen Sie sich weniger schuldig fühlen, weniger mit Ihrem Freund streiten oder dafür sorgen, dass Ihr Haus nicht einstürzt?)? Ein und dasselbe Ziel lässt sich als Vermeidungs- oder als Annäherungsziel formulieren: Sie können sich beispielsweise vornehmen, nicht zuzunehmen oder sich bewusster und gesünder zu ernähren. Untersuchungen zeigen, dass Menschen, die sich vor allem Vermeidungsziele setzen, weniger glücklich und eher gestresster sowie ungesünder sind als Menschen, die sich Annäherungsziele setzen.[9] Außerdem haben Menschen, die ihre Ziele als Vermeidungen formulieren, weniger Erfolg bei der Umsetzung.[10] Das liegt unter anderem daran, dass es relativ leicht ist, sich einen Weg vorzustellen, auf dem wir uns einem Ziel annähern (zum Beispiel drei gesunde Mahlzeiten am Tag zu sich zu nehmen). Dagegen gibt es viele verschiedene Möglichkeiten, etwas zu vermeiden (zum Beispiel keine Süßigkeiten zu essen, Zwischendurchmalzeiten zu vermeiden und so weiter). Wer Vermeidungsziele formuliert, sieht die Dinge oft aus einer negativen Perspektive (»Ich fühle mich oft schuldig«) und reagiert äußerst sensibel auf Bedrohungen oder Scheitern.[11] Es droht eine sich selbst erfüllende Prophezeiung: Wer allzu viel darüber nachdenkt, sich nicht schuldig fühlen zu wollen, fühlt sich bald richtig schuldig.[12]

Harmonische Ziele Es bedarf kaum der Erwähnung, dass Ihre Ziele zueinander passen sollten. Wenn Sie widersprüchliche Träume verfolgen und etwa gleichzeitig Ihr Unternehmen aufbauen und mehr Zeit in der freien Natur verbringen wollen, schaffen Sie sich Probleme und entmutigen sich selbst. Vermutlich geben Sie beides auf und fühlen sich enttäuscht und unglücklich.[13] Wenn Sie nicht gerade Jäger oder Profi-Kajaksportler sind, sollten Sie eines Ihrer beiden Ziele so ändern, dass es besser zum anderen passt – Sie könnten beispielsweise einen Teil Ihrer Büroarbeiten ins Freie verlagern oder Ihren Tag klar in Arbeit und Freizeit einteilen. Das ist allerdings leichter gesagt als getan. Sollte es nicht möglich sein, müssen Sie vermutlich eines Ihrer Ziele opfern, was immer noch besser ist, als frustriert beide aufzugeben.

Flexible und angemessene Ziele Mit zunehmendem Alter ändern sich unsere Möglichkeiten, bestimmte Ziele zu verfolgen. Unsere Freiräume können größer oder kleiner werden, je nachdem. Wenn die Kinder aus dem Haus sind, haben wir plötzlich mehr Zeit zu reisen oder können uns einen neuen Beruf suchen. Eine chronische Krankheit kann unsere Sichtweise völlig verändern und uns vor neue Herausforderungen stellen. Außerdem »erwartet« unsere gesellschaftliche Umgebung, dass wir in bestimmten Lebensabschnitten bestimmte Etappenziele erreichen und zum Beispiel unsere Identität festigen, unsere Ausbildung abschließen, heiraten, ein Haus kaufen, beruflich vorankommen, Kinder bekommen, in Rente gehen und so weiter. Aus diesem Grund erreichen wir das größte Glück, wenn unsere Ziele flexibel und angemessen sind, wenn wir uns also die richtige Aufgabe zu richtigen Zeit suchen.[14] Wenn wir die gesellschaftlichen Erwartungen nicht erfüllen, dann heißt das natürlich noch lange nicht, dass wir zum Scheitern und zum Unglück verdammt sind, doch wir müssen unsere Ziele an unsere tatsächlichen Möglichkeiten anpassen.

Mit zunehmendem Altern ändern sich auch die Dinge, die uns etwas bedeuten. Mit 20 haben wir andere Ziele als mit 40 oder mit 60. Untersuchungen zeigen, dass es jungen Menschen meist darum geht, neue Informationen und Wissen zu erwerben oder Neues zu erleben.[15] Wenn sie die Wahl haben, mit ihrem Lieblingsautor oder ihrer Lieblingstante zu Abend zu essen, entscheiden sich junge Menschen für Ersteres. Ältere Menschen wählen dagegen Letzteres.[16] Ihnen geht es eher um emotional bedeutungsvolle Ziele wie die Maximierung angenehmer und die Minimierung unangenehmer Emotionen und weniger um die Erweiterung ihres Informationshorizonts. Doch obwohl sich unsere Prioritäten und Ziele mit der Zeit wandeln, bleibt eines konstant: Ziele zu verfolgen bringt mehr Glück, als sie aufzugeben.

Aktivitätsziele Was bringt mehr Glück: Wenn Sie sich vornehmen, Ihre Lebensumstände zu verbessern, oder wenn Sie eine neue Tätigkeit aufnehmen? Wenn wir uns das Ziel setzen, unsere Lebensumstände zu verbessern (uns zum Beispiel einen neuen Flachbildfernseher zu kaufen, ans Meer zu ziehen oder einen ordentlicheren Mitbewohner zu finden) und dieses Ziel erreichen, dann fühlen wir uns tatsächlich glücklicher, doch wir riskieren die hedonistische Anpassung. Mit anderen Worten, wir gewöhnen uns schon bald an die neue Situation und sehnen uns nach immer mehr (einem noch größeren Fernseher, einem Haus mit Meerblick und einem Mitbewohner, der nicht nur ordentlich ist, sondern auch ruhig), nur um dasselbe Glücksniveau zu halten. Aktivitätsziele (wie die Mitgliedschaft in einem Wanderverein, regelmäßiges Blutspenden oder die Beschäftigung mit Kunst) erlauben uns dagegen, immer neue Herausforderungen zu finden, neue Chancen wahrzunehmen und eine Vielzahl von Erfahrungen zu machen. Um also die Eingangsfrage zu beantworten: Wenn Sie stetig Aktivitäten nachgehen, die Ihnen etwas bedeuten, bringt Ihnen dies mehr Glück, mehr positive Erlebnisse und einen regelmäßigen Schub guter Laune.

Ken Sheldon und ich konnten dieses Phänomen in einer Untersuchung nachweisen.[17] Die Teilnehmer sollten zwei Ziele nennen, die sie in letzter Zeit verfolgt und erreicht hatten: eines, das mit einer positive Veränderung ihrer Lebensumstände zusammenhing, und ein anderes, das eine neue Aktivität beinhaltete. Viele erklärten, sie hätten sich sehr viel mehr an die veränderten Lebensumstände als an die neuen Aktivitäten gewöhnt. Die Untersuchung ergab, dass die positiven Folgen beider Veränderungen nach sechs Wochen noch messbar waren, dass jedoch nur die neue Aktivität auch zwölf Wochen später noch positive Auswirkungen auf das Wohlbefinden hatte. Obwohl Veränderungen der Lebensumstände oft sehr viel drastischer sind als die Veränderungen unserer Aktivitäten, gewöhnen wir uns eher an sie. Neue Aktivitäten können Ihnen also tatsächlich dauerhaft positive Emotionen und Erfahrungen bescheren.

Wie Sie Ihre Ziele engagiert verwirklichen können

Wenn Sie sich für diese Strategie entschieden haben, wählen Sie ein oder mehrere Ziele aus, die Ihnen wichtig sind, und arbeiten Sie mit Zeit, Energie und Leidenschaft an ihrer Umsetzung. Natürlich gibt es so viele Möglichkeiten, diese Strategie umzusetzen wie es Lebensziele gibt. Wissenschaftliche Untersuchungen zeigen jedoch, dass erfolgreiche »Umsetzer« viele Gemeinsamkeiten haben. Daher habe ich einige Vorschläge für Sie zusammengestellt, mit denen Sie Ihr Programm zur Verwirklichung Ihrer Lebensträume beginnen und aufrechterhalten können.

Wählen Sie weise Wie wir im vorigen Abschnitt gesehen haben, sind intrinsische, authentische, annäherungsorientierte, harmonische, auf Aktivitäten ausgerichtete und flexible Ziele lohnender als extrinsische, nicht authentische, vermeidungsorientierte, widersprüchliche, auf Umstände gerichtete oder starre Ziele. Denken Sie also in einem ersten Schritt über Ihre Ziele und Träume nach.[18]

Meine wichtigsten Ziele

Anleitung Denken Sie über die Ziele nach, die Ihnen heute wichtig sind oder die Ihnen in letzter Zeit wichtig waren. Das Wort »Ziele« schließt Ihre Absichten, Wünsche, Sehnsüchte und Motive mit ein.
Notieren Sie mindestens eines und höchstens acht Ihrer wichtigsten und bedeutungsvollsten Ziele.

1. ....

2. ....

3. ....

4. ....

5. ....

6. ....

7. ....

8. ....

Datum: ....

Ordnen Sie nun jedes der Ziele aus Ihrer Liste den folgenden Eigenschaften zu:

Wählen Sie diese Art von Zielen:	… nicht diese
☐ intrinsisch	☐ extrinsisch
☐ authentisch	☐ nicht authentisch
☐ annäherungsorientiert	☐ vermeidungsorientiert
☐ harmonisch	☐ widersprüchlich
☐ auf Aktivitäten ausgerichtet	☐ auf Umstände gerichtet
☐ flexibel / angemessen	☐ starr / unangemessen

Wenn eine der Beschreibungen der rechten Spalte auf eines Ihrer Ziele zutrifft, dann sollten Sie sich noch einmal Gedanken über dieses Ziel machen und es gegebenenfalls verändern oder ihm weniger Bedeutung beimessen. Wenn Sie beispielsweise feststellen, dass Ihre Ziele am Arbeitsplatz generell extrinsisch motiviert und wenig authentisch sind, könnten Sie sich überlegen, wie Sie Ihre Sicht auf Ihre Arbeit ändern könnten. Führen Sie ein Tagebuch, in dem Sie festhalten, wie Sie heute mit Ihrer Arbeit einen Beitrag zur Verbesserung der Welt geleistet haben. Vielleicht haben Sie einen verunsicherten Kollegen oder Kunden getröstet, einen Raum, einen Garten oder eine Straße verschönert, ein Missverständnis aufgeklärt, einen Stadtteil sicherer gemacht, jemandem bei der Lösung eines Problems geholfen, einen Beitrag zum Schutz der Umwelt geleistet und Ähnliches. Statistiken verraten, dass wir rund die Hälfte unseres Tages mit Arbeit verbringen.[19] Sie könnten gut daran tun, entweder Ihre Sichtweise auf Ihre Arbeit zu ändern oder sich eine neue Arbeit zu suchen. Ob Sie Erfolg haben, erkennen Sie daran, ob diese Statistik Sie erfreut oder erschreckt.

Die Wahrscheinlichkeit ist größer, dass Sie ein Ziel verfolgen und erreichen, wenn es einen höheren Zweck erfüllt oder langfristige Bedeutung für Sie hat. Stellen Sie sicher, dass Ihnen Ihre Ziele sinnvoll erscheinen. Wollen Sie Künstler werden, weil Sie gern malen oder weil Sie außerdem ein Gefühl der Bestimmung darin erfahren? Spaß allein reicht nicht aus, um unser Interesse und unser Engagement über einen längeren Zeitraum aufrechtzuerhalten.[20] Wert und Sinn sind unerlässlich.

Noch einmal: Wählen Sie weise Was, wenn Sie beim Lesen des vorhergehenden Abschnitts mit Schrecken festgestellt haben, dass Sie keine Liste von Zielen haben, über die Sie nachdenken könnten? Was, wenn Sie nicht genau wissen, welchem Lebensziel Sie sich widmen und welcher sinnvollen Aufgabe Sie nachgehen wollen? Verzweifeln Sie nicht. Es gibt eine Reihe von Übungen, die Ihnen helfen, die Ziele zu finden, die für Sie am sinnvollsten sind.[21] Denken Sie beispielsweise darüber nach und beschreiben Sie, welches Erbe Sie hinterlassen wollen. Stellen Sie sich zum Beispiel vor, wie Ihre Enkel und Urenkel Sie in Erinnerung haben sollen. Schreiben Sie Ihre Lebensgeschichte, Ihre Werte und Ihre Leistungen auf, für die Ihre Nachkommen sich an Sie erinnern sollen, entweder in Form eines Briefes in der ersten Person oder in der Form eines Nachrufs. »Ein Mann sollte weise wählen, wofür er in Erinnerung bleiben will.«[22]

Oder halten Sie schriftlich fest, welches Leben Ihre Kinder als Erwachsene führen sollen, was für Menschen sie werden, für welche Werte sie einstehen und welche Ziele sie anstreben sollen. Überarbeiten Sie diese Zusammenfassung so lange, bis Sie damit zufrieden sind. Dieser Prozess hilft Ihnen, eine frische Sicht Ihres Lebens zu bekommen, Ihre Prioritäten neu zu ordnen und Klarheit darüber zu gewinnen, was Ihnen wirklich wichtig ist. So finden Sie auf ganz natürliche Weise heraus, was Ihre Ziele sind. Lesen Sie die Zusammenfassung regelmäßig, um sich daran zu erinnern, worauf es Ihnen im Leben wirklich ankommt.

Machen Sie sich Ihre Ziele ganz zu eigen Wie kommen Sie zu Ihren ganz persönlichen Zielen? Und wie machen Sie diese zu einem Teil von sich? Ken Sheldon versuchte in einem Experiment, Versuchsteilnehmern zu authentischeren Zielen zu verhelfen.[23] Die Testpersonen nahmen an zwei Sitzungen teil, in denen sie darüber nachdenken sollten, wie sie ihre Ziele interessanter und anspruchsvoller gestalten, ihnen größere Bedeutung beimessen und sich stärker mit ihnen identifizieren können. Sie lernten, die Ziele neu zu bewerten, die sie aus einem gewissen inneren Zwang heraus verfolgten, sei es, weil jemand sie dazu nötigte oder weil sie sich schuldig gefühlt hätten, wenn sie sie aufgegeben hätten. Sie lernten außerdem, dass es besonders dann wichtig ist, sich Ziele zu eigen zu machen und sich zu ihrer Umsetzung zu motivieren, wenn wir frustriert sind, uns das Ziel lästig erscheint oder wir die Versuchung verspüren, es aufzugeben. Wenn Sie beispielsweise Schwierigkeiten haben, in Ihrem Beruf Präsentationen zu halten, könnten Sie sich beispielsweise vor Augen führen, dass es Ihnen bei der Entwicklung Ihres beruflichen Potenzials hilft, wenn Sie sich vornehmen, Ihre Präsentationen zu verbessern. Sie könnten sich auch Strategien überlegen, um die Arbeit an sich lohnender zu gestalten, indem Sie Ihre Präsentation mit einem Freund einüben, sich mit einem neuen Programm zur Erstellung Ihrer Folien und Dias vertraut machen oder den Vortrag an einen angenehmen Ort oder auf eine günstige Uhrzeit legen.

Das Experiment von Ken Sheldon ergab, dass Menschen, die ihre Ziele authentischer gestalten, diese mit größerer Wahrscheinlichkeit umsetzen und sich insgesamt glücklicher und eins mit sich fühlen. Menschen, die sich ihre Ziele wirklich zu eigen machen, entwickeln sich konstant weiter und sind besonders gut in der Lage, neue Wachstumsmöglichkeiten für sich zu nutzen. Dagegen wirken Menschen, die sich ihre Ziele nicht zu eigen machen, »festgefahren«, ihr persönliches Wachstum stagniert.

Engagieren Sie sich, und zwar mit Leidenschaft Selbst wenn Ihre Ziele intrinsisch motiviert sind, ist die Arbeit an ihrer Umsetzung oft kein Zuckerschlecken. Wenn Sie sich Ihren Lebenstraum erfüllen und Mathematikerin, Modeschneider, Mutter oder Vater werden wollen, dann kann dies viel Arbeit und Mühe, Hindernisse und Belastungen mit sich bringen, und gelegentlich auch Opfer und Scheitern bedeuten. Sie müssen neue Fähigkeiten erlernen und geduldig üben und arbeiten. Manchmal müssen Sie auch Risiken auf sich nehmen. Umso wichtiger ist es, dass Sie sich für Ihre Ziele engagieren, und zwar mit Feuer und Flamme. Wenn Sie sich nicht oder nicht mit genug Begeisterung einbringen, dann geben Sie Ihr Ziel auf, wenn Ihnen einmal nicht mehr danach ist, oder wenn Sie müde, gelangweilt oder verunsichert sind.

Leidenschaftliches Engagement hat auch für sich genommen viele Vorteile. Es befriedigt unser Bedürfnis nach Zugehörigkeit und sozialen Kontakten, da es oft mit sozialen Pflichten einhergeht (wenn Sie etwa einem Nachbarsjungen mit bei den Hausaufgaben helfen, einem verzweifelten Freund zuhören, ein krankes Kind pflegen oder Ähnliches). Engagement für wichtige Ziele stärkt zudem unser Gefühl der Autonomie, denn obwohl Engagement auf den ersten Blick unsere Freiheiten beschneidet, entscheiden wir uns ja freiwillig dafür. Die Arbeit an der Umsetzung eines bestimmten Ziels schützt uns zudem vor sozialem Druck (»Lass doch die Arbeit, warum kommst Du nicht mit uns auf die Party!«) und vor Selbstzweifeln (»Das ist schwer, vielleicht sollte ich es besser lassen.«). Wenn wir uns leidenschaftlich an die Verwirklichung unseres Traums machen, nehmen wir unser Leben selbst in die Hand und gewinnen an Selbsterkenntnis.

Engagement ist besonders wirkungsvoll, wenn wir uns vor Zeugen zu etwas verpflichten. Teenager, die ihren Freunden erzählen, dass sie keinen Sex haben werden, halten sich eher an ihren Vorsatz,[24] und Wähler, die einem Meinungsforscher gegenüber eine Vorliebe für eine bestimmte politische Partei nennen, machen am Wahltag ihr Kreuzchen eher dort.[25] Eine Studie der University of Scranton stellte fest, dass Menschen, die ihren Neujahrvorsatz laut verkünden, ihr Ziel zehn Mal so häufig erreichen wie diejenigen, die ihn für sich behalten.[26] Wenn wir unser Ziel öffentlich formulieren, wächst die Wahrscheinlichkeit, dass wir es tatsächlich erreichen, unter anderem, weil wir stimmig wirken und Peinlichkeiten vermeiden wollen.

Formulieren Sie sich selbst erfüllende Prophezeiungen Hätte meine Großmutter Baba Valya lange genug gelebt, hätte sie mich vermutlich mit dem Spruch »keine Fehler macht nur, wer gar nichts macht« ermuntert. Anders gesagt, wer sich nicht anstrengt, erreicht auch nichts. Oder mit den Worten der Nike-Werbung: »Just Do It!« Wenn Sie an sich glauben, optimistisch sind und sich sagen »ich kann ein guter Arzt werden«, »ich werde eine gute Mutter, trotz meiner traumatischen Kindheit« oder »ich weiß, dass ich sie zum Essen einladen kann«, dann verfolgen Sie Ihr Ziel mit größerer Wahrscheinlichkeit weiter und erreichen es schließlich auch. In einer Untersuchung von Menschen, die sich als Neujahrsvorsatz ein wichtiges Ziel vornahmen, hielten sich diejenigen mit größer Wahrscheinlichkeit an ihren Vorsatz, die zuversichtlich waren, dass sie ihr Ziel auch erreichen konnten.[27] Dies nennt sich eine sich selbst erfüllende Prophezeiung, ein Glaube, der sich selbst bestätigt und zu seiner Verwirklichung führt.

Sozialpsychologen zeigen, dass wir unsere Meinung über etwas ändern können, indem wir es ganz einfach tun.[28] Wenn wir jemandem helfen, kann dies die Überzeugung in uns wecken, dass Helfen sinnvoll ist. Unternehmen Sie also Schritte zur Verwirklichung Ihrer Träume, auch wenn Sie gewisse Zweifel haben. Ihre Handlung allein wird dazu beitragen, die Bedenken abzubauen oder ganz zu zerstreuen.

Wenn sich die ersten Fortschritte einstellen, werden Sie begeistert sein und sich über Ihre Leistungen freuen, womit Sie sich wiederum mehr und mehr Erfolgserlebnissen schaffen.[29] So kommt eine positiver Kreislauf in Gang. Wenn Sie sich ganz bewusst für das Erreichen eines Etappenziels belohnen, vergrößern Sie die Wahrscheinlichkeit, dass Sie weitere Erfolge erzielen und Ihr Glück mehren.[30]

Seien Sie flexibel Flexibilität in Hinblick auf unsere Aktivitäten und Ziele ist eine wertvolle Fähigkeit. Denn wenn plötzlich neue Hindernisse oder Schwierigkeiten auftauchen, müssen Sie Ihr Ziel möglicherweise ändern oder anpassen.[31] Nehmen wir an, in den letzten Jahren ging es Ihnen vor allem darum, mehr Zeit mit Ihrer verheirateten Tochter und deren

Kindern zu verbringen. Plötzlich teilt Ihre Tochter Ihnen mit, dass sie in eine andere Stadt ziehen wird. Psychologen unterscheiden zwei Arten von Kontrolle, die wir auf eine Situation ausüben können: primäre und sekundäre.[32] Mit primärer Kontrolle ist gemeint, dass Sie die Situation selbst verändern, und mit sekundärer Kontrolle, wie Sie die Situation wahrnehmen. Sie können also versuchen, Ihre Tochter zum Bleiben zu überreden (primäre Kontrolle) oder sich neue Ziele setzen (sekundäre Kontrolle). Wenn Sie in der Lage sind, Ihre Ziele an die veränderte Situation anzupassen, dann sind Sie nach wissenschaftlichen Erkenntnissen glücklicher. Ihr Oberziel, mehr Zeit mit Ihren Enkeln zu verbringen, könnte dasselbe bleiben, doch Ihre Unterziele könnten sich verändern: Sie könnten sich beispielsweise eine Webcam kaufen und lernen, mit ihr umzugehen, Sie könnten die Zugverbindungen ausfindig machen, um mit der Bahn in die neue Stadt zu fahren oder Ähnliches. Um ein anderes Beispiel zu verwenden: Nach einem Unfall muss jemand seine gewohnten sportlichen Betätigungen aufgeben, doch er könnte sich neue Ziele setzen. Eine Joggerin könnte beispielsweise auf Yoga umsteigen oder sich ein Trimmrad anschaffen. Das Oberziel »Sport« bleibt auf diese Weise erhalten, doch die Unterziele ändern sich.

Dasselbe trifft natürlich auch zu, wenn sich neue Chancen ergeben. Flexibel zu sein bedeutet, die Augen und Ohren offen zu halten für neue Möglichkeiten. Wenn Sie flexibel sind, können Sie solche Chancen eher wahrnehmen und mehr Glück aus ihnen gewinnen. Wenn Sie beispielsweise erfahren, dass ein Kurs, den Sie schon immer belegen wollten, am kommenden Wochenende stattfinden wird, dann nehmen Sie dieses Angebot ernst. Effektive sekundäre Kontrolle bedeutet auch, Hindernisse als Chancen zu betrachten. Wenn Ihre Tochter in eine andere Stadt zieht, dann könnte dies ein Anstoß sein, noch einmal Fahrstunden zu nehmen, um öfter mit dem Auto zu ihr zu fahren. Wenn sich eine Tür schließt, kann sich eine andere öffnen.

Vorsicht vor Selbstsabotage Wenn Sie feststellen, dass Ihnen eine bestimmte Betätigung sinnvoll erscheint und Spaß macht, dann achten Sie darauf, nichts zu tun, was Ihrer intrinsischen Motivation schaden könnte. Oft verlieren wir unser Interesse und unsere Begeisterung für Dinge, die uns am Herzen liegen, weil wir uns dazu gedrängt oder gezwungen fühlen. Sozialpsychologen haben gezeigt, dass wir die Freude an Dingen verlieren können, wenn wir plötzlich für sie belohnt werden: Dann wird aus Spiel plötzlich Arbeit. Eine Bekannte von mir las gern die großen Werke der Weltliteratur und entschied sich, eine Doktorarbeit in englischer Literatur zu schreiben. Zwei Jahre später hatte sie einen Platz in einem Graduiertenkolleg und belegte ihre ersten Pflichtkurse. Mit einem Mal wurde sie für etwas belohnt, das sie ohnehin gern tat, beziehungsweise bestraft, wenn sie ihr Pensum nicht schaffte. Gute Noten und das Lob der Professoren gaben ihr einen zweiten und extrinsischen Grund, für ihre Doktorarbeit zu forschen. Als ich sie das letzte Mal traf, erzählte sie mir: »Ich lese jetzt, damit ich gute Noten bekomme, nicht weil es mir Spaß macht. Und es macht mir keinen Spaß mehr.« So können extrinsische Belohnungen unsere intrinsische Motivation torpedieren.

Eine klassische Studie demonstrierte denselben Effekt bei Kindern.[33] Kindergartenkinder, die gern malten, wurden in zwei Gruppen eingeteilt. Die Versuchsleiter sagten den Kindern der ersten Gruppe, sie würden einen attraktiven Preis erhalten, wenn sie mit dicken Filzstiften malten. Die Kinder der zweiten Gruppe erhielten dieselben Stifte, ohne dass ihnen ein Preis versprochen wurde. Einige Wochen später kamen die Wissenschaftler erneut in den Kindergarten, um die Kinder beim Spielen zu beobachten. Interessanterweise malten die Kinder, denen der Preis versprochen worden war, weit weniger mit den dicken Filzstiften als die anderen Kinder. Für die Gruppe der »Preisträger« hatte sich das Spiel in eine Pflicht verwandelt, sie malten nicht mehr aus Spaß, sondern weil sie eine Belohnung dafür erwarteten.

Setzen Sie sich Etappenziele Um Fortschritte auf dem Weg zu Ihren Zielen zu machen, müssen Sie diese in kleinere und konkrete Etappen aufteilen. Ehe Sie Experte in französischer Haute Cuisine werden können, müssen Sie erst einmal lernen, Salat zu putzen. Formulieren Sie also konkrete Schritte, mit denen Sie Ihr Ziel erreichen wollen. Menschen mit solchen »Umsetzungsabsichten« erreichen eher größere und abstraktere Ziele.[34] Doch vergessen Sie auf dem Weg Ihr übergreifendes Ziel nicht.

In einem Experiment halfen kanadische Wissenschaftler aus Montreal Rentnern in einem Seniorendomizil, persönliche Ziele zu erkennen und deren Umsetzung zu planen und durchzuführen.[35] Die Teilnehmer wurden in Kleingruppen mit einem Gruppenleiter eingeteilt und trafen sich über drei Monate hinweg jede Woche zu zweistündigen Workshops, in denen sie lernten, ihre Lebensziele zu verwirklichen. Das Experiment war ein voller Erfolg: Im Vergleich mit einer Kontrollgruppe waren die Workshopteilnehmer nach der Intervention deutlich glücklicher und hielten diesen Zustand auch noch sechs Monate später. Wir wollen uns dieses Experiment genauer ansehen, da es so bemerkenswerte Ergebnisse erbrachte und eine wertvolle Anregungen für die Umsetzung Ihrer eigenen Ziele sein kann.

Während der ersten Sitzungen stellte jeder der Teilnehmer eine Liste seiner persönlichen Hoffnungen, Wünsche und Projekte auf (zum Beispiel: mehr unter Menschen zu gehen oder Ähnliches). Dazu notierten sie, welche irrationalen Ansichten sie an der Verwirklichung ihrer Projekte hindern könnten (zum Beispiel: »meine Freunde mögen mich vielleicht nicht mehr«).

In einem zweiten Schritt benannten sie ihr wichtigstes Ziel und machten sich ausführliche Gedanken dazu. Nehmen wir an, Ihr wichtigstes Ziel wäre, in die Stadtmitte zu ziehen. Welcher Aufwand ist dazu nötig? Welche Mittel benötigen Sie dazu? Wie viel würde Ihnen dieser Umzug bringen? Und so weiter.

Schließlich wählte jeder ein Ziel aus, beschrieb es in konkreten Details und verpflichtete sich auf dessen Umsetzung. Ein Teilnehmer wollte zum Beispiel Spanisch lernen; konkret beschrieb er, dass er flüssig sprechen und ein wenig schreiben und lesen können wollte. Sie könnten Ihr Ziel in einem Tagebuch festhalten, es auf einen Zettel schreiben und diesen sichtbar aufhängen oder Ihre Familie und Freunde davon in Kenntnis setzen.

Im vierten Schritt entwickelten die Teilnehmer detaillierte Umsetzungsschritte (jeden Montag Abend einen Sprachkurs besuchen). Besonders wichtig war es, mögliche Hindernisse wie Langeweile, Zeitmangel, Frustration oder die Ablehnung der Familie vorwegzunehmen und Strategien zu entwickeln, um mit diesen umzugehen (ein höheres Tempo vorlegen, die Familie miteinbeziehen oder Zeiten der größten geistigen Energie zum Lernen zu reservieren). Sie könnten beispielsweise besonders darauf achten, wann Sie sich unmotiviert fühlen oder wann Sie ans Aufhören denken, und sich dann bewusst anstrengen, um sich auf Ihre Aufgabe zu konzentrieren.

Im fünften Schritt setzten die Teilnehmer ihre Pläne um und trotzten mit der emotionalen Unterstützung der Gruppe den Herausforderungen und Schwierigkeiten. Manchmal kann es natürlich auch sein, dass Sie Ziele abwandeln oder ganz in Frage stellen (»Ist eine zusätzliche Fremdsprache zum jetzigen Zeitpunkt wirklich das Richtige für mich?«).

Eine der Teilnehmerinnen, eine Mrs. Miller, war zu Beginn des Experiments beispielsweise in keiner ganz einfachen Situation. Ihr Mann war fünf Monate zuvor gestorben, sie war erst vor kurzem aus dem Arbeitsleben ausgeschieden, und sie fühlte sich verunsichert und desorientiert. Trotzdem gelang es ihr schließlich, ihre Ziele umzusetzen und sich deutlich glücklicher zu fühlen.[36] Ursprünglich hatte sie sich vier unterschiedliche Ziele gesetzt: Sie wollte ihr Talent nutzen, ihr Selbstbewusstsein und ihre Autonomie wiedererlangen, sich durch Arbeit oder Freiwilligendienste neu etablieren und neue Freunde finden. Schließlich entschied sie sich für letzteres. In der Planungsphase konkretisierte Mrs. Miller dieses Ziel und nahm sich vor, an Rentnerfrühstücken teilzunehmen, neue Aktivitäten in der Gruppe zu finden und selbst die Initiative zu ergreifen und andere anzurufen, statt auf Anrufe zu warten.

Mrs. Miller sah sich zwei großen Hindernissen gegenüber: dem Wunsch aufzugeben und der Trauer um ihren Mann und ihre Arbeit. Sie lernte, optimistisch zu denken, wurde von der Gruppe konkret und emotional unterstützt. Außerdem beschloss sie, einen Psychotherapeuten aufzusuchen, um ihre Trauer zu verarbeiten.

Die Leiter des Workshops bescheinigten Mrs. Miller außergewöhnlichen Mut bei der Umsetzung ihres Ziels, neue Freunde zu finden und wieder zu der energischen, entschiedenen Frau zu werden, die sie einst gewesen war. Nach Abschluss des Experiments gab sie an, sie habe ihr Ziel zu 75 Prozent erreicht und sei auf dem besten Weg, ihr früheres Ich wieder zu reaktivieren. Außerdem fühle sie sich glücklicher.

Ein Ziel engagiert und leidenschaftlich zu verfolgen hat viele Aspekte. Der Prozess mag schwierig sein, doch kompliziert ist er nicht. Sämtliche Schritte sind logisch: Sie beginnen mit einem Traum oder einer Vision, formulieren konkrete Etappenziele auf dem Weg dorthin, bereiten sich auf mögliche Zweifel und Hindernisse vor, die Sie zum Aufgeben bewegen könnten, und dann legen Sie los. Egal ob Sie heiraten, jedes Meisterwerk der Literatur lesen, ein erstklassiger Skateboarder, Zeichner oder einfach ein glücklicherer Mensch werden wollen: Sie haben es in der Hand. Denken Sie nur daran, dass es der Weg zum Ziel ist, der glücklich macht, und nicht unbedingt das Ziel selbst.

Mr. Schneider Zum Schluss möchte ich Ihnen von einem Lehrer berichten, mit dem ich ein Interview geführt habe. Sein Name ist Kurt Schneider, und er gilt an seiner Grundschule als einer der innovativsten und talentiertesten Lehrer. Er hat zahlreiche Preise gewonnen und seinen eigenen Lehrplan entwickelt, den er regelmäßig überarbeitet und auf seiner Webseite veröffentlicht. »Mr. Schneider hält sich nicht an die Regeln«, warnte mich ein kleines Mädchen aus seiner Schule. Ich hätte es mir also eigentlich denken können, dass Mr. Schneider ein wirklich glücklicher Mensch ist. Und das ist er: ein Mann voller Energie, Begeisterung, Originalität und Tatendrang. »Ich liebe meinen Job. Ich würde sogar umsonst arbeiten«, erzählte er mir. Und das merkt man. Sein Beruf ist seine Berufung.

Die Glücksstrategie »Verwirklichen Sie Ihre Träume« mag ein wenig kitschig klingen, doch sie ist alles andere als das. Dass Mr. Schneider seine Ziele verwirklicht, ist noch zu wenig gesagt. Er sprudelt schier über vor Zielen. Er macht digitale Filmaufnahmen von seinen Schülern und erfindet Spiele, die sie »vor Glück zum Platzen bringen«. Alle drei Wochen ändert er das Thema seines Unterrichts und entwickelt das passende Musikprogramm, Kostüme, Projekte und Ausflüge. Das Lieblingsthema der Kinder ist »Krieg der Sterne«, gleich gefolgt von »Baseball«, »Japan« und »Das Geheimnis des verschwundenen Schwertfischs«. Mit seinen Erstklässern macht er Ausflüge zu Basketballspielen der örtlichen Universitätsmannschaft, an den Strand und ins Dinosauriermuseum, er geht mit ihnen Kegeln und Sushi essen. Wenn die Tür zum Klassenzimmer um halb neun aufgeht, dann stürmen die Kinder hinein wie zu einer Geburtstagsfeier. Er plant, entwirft, fantasiert und redet den ganzen Tag lang. Er bringt den Kindern Disziplin bei; eine Mutter erzählte mir: »Sie werden von keinem einzigen Kind hören, ›der und der war gemein zu mir‹.« Er bringt Fünfjährigen das Lesen bei, zeigt ihnen, wie man eine Schere verwendet, Maumau spielt und einen Golfball einlocht. Und wenn er nicht konzentriert arbeitet, dann spielt er konzentriert.

Nur zur Klärung: Mr. Schneider ist weder besessen noch verrückt. Er sieht nicht einmal glücklicher aus als Sie und ich. Er ist einfach bei der Sache, im Flow, in konstantem Austausch mit Kindern und Erwachsenen und gestaltet damit sein Leben und seine Arbeit so lust- und sinnvoll, wie es nur geht. Ich bin mir sicher, dass Grundschullehrer an einer staatlichen Schule hoffnungslos unterbezahlt sind. Und genauso sicher bin ich mir, dass viele seiner Kollegen über die Schinderei, die nervigen Gören und die überambitionierten Eltern jammern. An anderer Stelle dieses Buch geht es darum, dass wir die Welt – uns selbst, unsere Familie, unsere Arbeit und unsere Lebensumstände – auf viele verschiedene Arten und Weisen wahrnehmen können. Wenn Sie sich entscheiden, ein glücklicherer Mensch zu werden, dann erkennen Sie, dass diese Wahl tatsächlich bei Ihnen liegt, und entscheiden sich für eine bestimmte Sichtweise. Mr. Schneider hat sich entschieden, als Lehrer sein Allerbestes zu geben. Nun liegt die Wahl bei Ihnen.

Zum Weiterlesen für Sie

Wenn Sie von dieser Glücksaktivität profitiert haben, könnten Ihnen auch folgende gefallen:

◆ Entwickeln Sie Bewältigungsstrategien (Glücksaktivität 6, S. 159)
◆ Genießen Sie die Freuden des Lebens (Glücksaktivität 9, S. 198)

9. Kümmern Sie sich um Leib und Seele

Die letzten beiden Glücksstrategien, die ich Ihnen in diesem Kapitel vorstelle, unterscheiden sich auf den ersten Blick von den vorhergehenden. Wir gehen nicht in die Kirche, fahren Rad und lächeln Fremde an, weil wir die Absicht haben, glücklicher zu werden. Und doch ist Glück ein wichtiges Nebenprodukt jeder dieser Verhaltensweisen, egal wie gut oder wie schlecht Sie es mit Ihren »Glücksgenen« oder Ihren Lebensumständen getroffen haben. Aus diesem Grund sind die Strategien in diesem Kapitel ein wichtiger Bestandteil des Glücksprogramms. Wenn eine davon Ihrer Persönlichkeit und Ihrem Lebensstil entspricht, entscheiden Sie sich noch heute dafür und beginnen Sie unverzüglich mit der Umsetzung.

Glücksaktivität 11: Beschäftigen Sie sich mit Religion und Spiritualität

Psychologen schrecken oft vor der Erforschung von Spiritualität und Religion zurück. Auf den ersten Blick gehen Wissenschaft und Religion nicht zusammen, Gott kann nicht im Labor untersucht werden, und das Heilige lässt sich nicht messen und zählen. Doch auch wenn sich religiöse Überzeugungen nicht empirisch bestätigen oder widerlegen lassen, bedeutet dies noch lange nicht, dass die Folgen einer religiösen Überzeugung, der Ausübung einer bestimmten Religion oder einer spirituellen Suche nicht erforscht werden können. In der Tat bestätigt eine wachsende Zahl wissenschaftlicher Untersuchungen, dass religiöse Menschen glücklicher und gesünder sind und besser mit traumatischen

Erfahrungen umgehen können als nichtreligiöse Menschen.[1] In einer Studie wurden Eltern interviewt, die ihr Kind durch den »plötzlichen Kindstod« verloren hatten, und zwar einmal drei Monate nach dem Tod des Kindes, und ein weiteres Mal 18 Monate danach.[2] Eltern, die regelmäßig ihre Religion ausübten und angaben, ihr Glaube spiele eine wichtige Rolle in ihrem Leben, gingen 18 Monate nach dem Tod des Kindes besser mit dem Verlust um und waren weniger depressiv als nichtreligiöse Eltern. Dafür wurden zwei Gründe genannt: Menschen, die sich aktiv in ihrer religiösen Gemeinde engagieren, erfahren größere soziale Unterstützung und können dem Tod ihres Kindes einen gewissen Sinn abgewinnen, so schwer zu greifen dieser auch sein mag.

Die Auswirkungen von Religion auf Gesundheit und Wohlbefinden

Andere Untersuchungen zeigen, dass religiöse Menschen insgesamt gesünder und mit schweren Erkrankungen länger leben als nichtreligiöse Menschen.[3] Die Wahrscheinlichkeit, dass Patienten die ersten sechs Monate nach einer Herzoperation überleben, ist dreimal so hoch, wenn sie Hoffnung und Trost aus ihrem Glauben ziehen.[4] Leider wissen wir nicht, warum das so ist. Einer der Gründe könnte sein, dass religiöse Menschen einen gesünderen Lebensstil pflegen. In der Tat verbieten bestimmte Religionen ihren Anhängern ungesunde Praktiken wie Alkoholgenuss, Drogen, Promiskuität oder Rauchen. Religiöse Menschen rauchen und trinken weniger als ihre agnostischen Zeitgenossen.[5] Anhänger bestimmter christlicher Sekten wie der Mormonen, die gesunde Ernährung fördern und vorehelichen Sex, Alkohol, Tabak und Drogen verbieten, sind wiederum gesünder als andere religiöse Menschen.[6] Religiöse Gruppen fördern zudem einen positiven, stressarmen Lebensstil, sie bevorzugen maßvolles Verhalten vor riskanten und illegalen Betätigungen und unterstützen ein harmonisches Familienleben.

Das erklärt zwar, warum religiöse Menschen gesünder sind, aber nicht, warum sie glücklicher und zufriedener sind oder besser mit Krisen umgehen. Beispielsweise halten sich 47 Prozent aller Gläubigen, die mehr als einmal in der Wochen den Gottesdienst besuchen, für »sehr glücklich« gegenüber 28 Prozent aller Menschen, die seltener als einmal im Monat ein Gotteshaus betreten.[7] Die soziale Unterstützung und das Identitätsgefühl, das durch die Zugehörigkeit zu einer religiösen Gemeinde entsteht, könnten zwei der Gründe sein. Religion wird für gewöhnlich nicht allein praktiziert, sondern zusammen mit »Seelenverwandten«, die einander unterstützen, Bedürftigen helfen und Freundschaft wie Gesellschaft bieten. Menschen, die regelmäßig religiöse Feiern besuchen, haben ein größeres soziales Netzwerk und damit mehr Freunde und Bekannte, auf die sie sich verlassen können, und sie erhalten konkrete Unterstützung von den übrigen Mitgliedern der Gruppe.[8] Das ist kaum überraschend, denn religiöse Zeremonien und Gemeindeaktivitäten bringen Menschen zusammen, die viel gemeinsam haben. Die Mitglieder teilen nicht nur dieselbe religiöse Überzeugung, sondern oft auch dieselben politischen und gesellschaftlichen Werte. Dies ermöglicht nicht nur individuelle emotionale und materielle Unterstützung, sondern erzeugt ein Gefühl der Gemeinschaft und sorgt dafür, dass sich die Mitglieder anerkannt, respektiert und geborgen fühlen. Dieses Gefühl festigt die eigene Identität und bestätigt den Lebensstil. Es ist schließlich ein gutes Gefühl, wenn Menschen, die man respektiert und bewundert, ähnliche Rollen und Werte verkörpern und das Leben ähnlich sehen.

Es könnte also sein, dass religiöse Menschen nicht aufgrund der Inhalte ihres Glaubens, ihres frommen Lebenswandels oder ihres religiösen Weltbilds glücklicher sind als nichtreligiöse Menschen, sondern vor allem deshalb, weil sie durch ihren Glauben mit Gleichgesinnten in Kontakt kommen. Das könnte durchaus stimmen, doch ich glaube es nicht ganz.

Zum einen sollten wir diese eine »ultimative« Unterstützerbeziehung nicht vergessen, die viele religiöse Menschen haben, und die keinerlei Teilnahme an religiösen Ritualen erforderlich macht: die Beziehung zu Gott. Aus dieser Verbindung beziehen gläubige Menschen nicht nur Trost in schweren Zeiten, sondern auch ein Selbstwertgefühl: Sie nehmen sich als bedingungslos angenommen, geliebt und behütet wahr. Wenn Sie diese Beziehung haben, dann fühlen Sie sich auf eine Weise sicher, von der andere nur träumen können. Ihr Glaube, dass Gott für Sie da ist, wenn Sie ihn brauchen, gibt Ihnen ein Gefühl der Ruhe und des Friedens. Ihre Identifikation mit Gott oder mit Figuren aus Ihren jeweiligen Heiligen Schriften hilft Ihnen, Ihr Leben zu verstehen und zu gestalten (»Was würde dieses göttliche Wesen jetzt tun?«) und gibt

Ihnen ein Gefühl der indirekten Kontrolle (»Mit einer allwissenden und allmächtigen Gottheit ist alles möglich«).[9]

Das Gefühl, das Gott allem seine Bestimmung gegeben hat, erlaubt Ihnen, den Sinn hinter alltäglichen Begebenheiten genauso zu finden wie hinter traumatischen Erfahrungen. Dies ist ein entscheidender Punkt. Unabhängig davon, ob Sie in einer religiösen Gemeinde aktiv sind oder nicht, kann Ihre Gesundheit und Ihr Glück von Ihrem Gottesglauben profitieren. Dies ist vor allem in schwierigen Zeiten wichtig. Eine gesundheitliche Krise oder der plötzliche Tod eines nahestehenden Menschen lässt sich vermutlich nicht erklären und kann Ihre Grundannahmen über die Gerechtigkeit der Welt ins Wanken bringen. »Religiöse Trauerarbeit«, zu der das Gebet und das Gespräch mit dem göttlichen Anderen genauso gehört wie die Überprüfung der eigenen Werte, kann Ihnen helfen, ein Ereignis als Teil eines größeren göttlichen Plans zu sehen oder die Möglichkeit des spirituellen Wachstums zu erkennen. Der Sinn, den die Religionen anbieten, kann Hoffnung stiften (»Gott wird dafür sorgen, dass alles wieder besser wird«), eine befriedigende Erklärung durch den Verweis auf einen gütigen Plan liefern (»Gott prüft uns, um uns stärker zu machen« oder »Die Wege eines liebenden Gottes sind unbegreiflich«) und Trost spenden (»Wir sind mehr als eine Eintagsfliege im Universum«). Religiöse Trauerarbeit ist derart wirkungsvoll, dass viele ältere Menschen in schweren Zeiten fast ausschließlich auf sie zurückgreifen.[10]

Eine Mutter, die ihren ältesten Sohn verlor und später ein zweites Kind zur Welt brachte, erklärt sich den Tod so: »Es heißt, dass Gott nichts ohne Grund macht. Ich glaube, dass das stimmt, denn auf diese Weise liebe ich unser zweites Kind viel mehr, als ich es gekonnt hätte, wenn unser erster Sohn noch leben würde.«[11] Gläubige Opfer von traumatischen Erfahrungen beantworten die Frage »Warum ausgerechnet ich?« damit, dass Gott wohl seinen Grund gehabt hat. Wer an einen gütigen Gott glaubt, gewöhnt sich eher an schwere Belastungen. Gottgläubige Chemotherapiepatienten haben mehr Kontrolle über ihren Krebs, ein besseres Selbstwertgefühl und werden von ihren Betreuern als »besser angepasst« eingestuft, das heißt, sie sind glücklicher, gelassener, aktiver und unterhalten tiefere Beziehungen zu anderen.[12] Der Glaube an Gott hilft diesen Krebspatienten mehr als der Glaube an die eigenen Kräfte. Doch Gottvertrauen bedeutet keineswegs passive Ergebenheit in ein Schicksal. Stattdessen benutzen diese Patienten das Gebet, ihren Glauben und ihre eigenen Strategien im Umgang mit der Krankheit, um ein gewisses Maß an Kontrolle über sie zu gewinnen. Es handelt sich um einen aktiven und interaktiven Prozess zwischen dem Gläubigen und seinem Gott.

Doch nicht nur in traumatischen Erfahrungen, sondern auch im Alltag helfen Religion und Spiritualität bei der Suche nach Sinn. Wozu brauchen wir diesen Sinn? Weil wir das Gefühl benötigen, dass wir eine Rolle spielen, dass unser Leiden und unsere Arbeit nicht bedeutungslos sind, und dass unser Leben einen Zweck hat. Weil wir das Gefühl brauchen, dass wir unser Schicksal kontrollieren. Weil wir nach einer Rechtfertigung für unser Handeln suchen – warum wir vergeben sollten, wofür wir dankbar sind, warum wir die andere Wange hinhalten und so weiter. Weil wir einen Grund benötigen, über uns selbst hinaus zu blicken. Und weil ein Sinn im Leben unser Selbstwertgefühl stärkt. Er bestätigt unsere Überzeugungen, unsere Identität und die Gemeinschaft der Gleichgesinnten, der wir angehören.[13]

Außerdem sorgt Gottglaube auch für eine Reihe positiver Emotionen und Erfahrungen, die mit Glück in engem Zusammenhang stehen. Auch dies erklärt, warum religiöse und fromme Menschen glücklicher sind als nichtreligiöse Menschen. Eine dieser Eigenschaften ist die Bereitschaft, anderen zu vergeben. Zahlreiche Untersuchungen zeigen, dass sich religiöse Menschen als vergebungsbereiter einschätzen und Vergebung höher bewerten als ihre Zeitgenossen.[14] Schließlich kann die religiöse Praxis – das persönliche Gebet, die spirituelle Suche und die gemeinsame Feier – Hoffnung, Dankbarkeit, Liebe, Staunen, Freude und selbst Ekstase bewirken. Das alles sind glückssteigernde Gefühle.[15]

Die positiven Auswirkungen der Spiritualität

Bisher habe ich die Wörter »spirituell« und »religiös« annähernd synonym verwendet. Wie unterscheiden sich die beiden? Es gibt eine Menge Übereinstimmungen, doch sie sind keineswegs identisch.[16] Spiritualität wird definiert als eine »Suche nach dem Heiligen«,[17] also eine Suche nach einem Lebenssinn jenseits des Einzelnen, und nach »Selbst-Transzendenz«. Spirituelle Menschen sprechen weniger von Gott als von einer göttlichen Macht oder von einer letzten Wahrheit. Auch Religion beinhaltet eine spirituelle Suche, doch diese Suche spielt sich in formellen, institutionellen Zusammenhängen ab. Da die Mehrheit der spirituellen Menschen sich auch als religiös bezeichnen würde, sind die positiven Auswirkungen der Spiritualität denen der Religion durchaus vergleichbar. Spirituelle Menschen sind meist glücklicher als nichtspirituelle, sie sind geistig gesünder, gehen besser mit Stress um, leben in befriedigenderen Partnerschaften, nehmen weniger Drogen oder Alkohol zu sich, sind körperlich gesünder und leben länger.[18] Menschen, die ihre Gottheit als gütig und ansprechbar wahrnehmen, sind glücklicher als andere.[19]

Natürlich können auch Menschen, die nicht an einen Gott glauben, die gewöhnlichen Dinge des Lebens als heilig ansehen. Wenn Sie Ihre Arbeit als Berufung (göttlich oder nicht) und Ihre Kinder als Segen betrachten und wenn die Liebe für Sie ewig und der Körper heilig ist, dann geben Sie verschiedenen Aspekten des Lebens eine spirituelle oder göttliche Dimension. Diese Spiritualisierung schafft Motivation, Sinn und Befriedigung. Paare, die ihrer Ehe eine spirituelle Dimension verleihen, sind zufriedener, engagierter und als Eltern die besseren Erzieher. Auch Studenten, die Selbst-Transzendenz suchen und an eine höhere Macht glauben, sind glücklicher.[20]

Spiritualität ist etwas für Menschen, die nichts mit einer institutionalisierten Religion zu tun haben wollen. Wir können das Heilige auf den verschiedensten Wegen suchen, auch ohne Kirche, Moschee oder Synagoge: in der Meditation, im Gebet oder indem wir unserem Alltag eine spirituelle Dimension geben.

Die Meditation, auf die ich im nächsten Kapitel ausführlich eingehen werde, ist eine äußerst wirkungsvolle Methode, um unser körperliches und geistiges Wohlbefinden zu steigern. Viele Menschen meditieren mit einem Mantra, einer Art Gebet. Meditation bewirkt unter anderem deshalb so viel Gutes, weil sie uns die Möglichkeit gibt, den Alltag zu transzendieren.

Es gibt viele Formen des Gebets, doch das spirituelle oder meditative Gebet ist das wirkungsvollste. Mit diesem Gebet suchen Sie eine direkte Beziehung zu Gott und können sich beispielsweise einfach einige Zeit in der »Gegenwart Gottes« aufhalten. Menschen, die das meditative Gebet praktizieren, sind glücklicher und fühlen sich Gott näher als Menschen, die um Vergebung oder Beistand beten.[21]

Schließlich suchen spirituell interessierte Menschen die Erfahrung des Göttlichen in ihrem Alltag. Sie entwickeln ihre Fähigkeit zum Staunen, ihre Inspiration und ihre Ganzheitlichkeit, festigen ihren Glauben an eine Macht, die größer ist als sie selbst, stärken ihr Gefühl für die Unendlichkeit der göttlichen Liebe und suchen die Transzendenz. Diese Spiritualität wächst durch Übung oder entsteht in außergewöhnlichen Momenten wie etwa der Geburt eines Kindes.

Wer profitiert besonders von Religion und Spiritualität?

Der ersten Antwort auf diese Frage sind Sie in diesem Buch bereits öfter begegnet: Eine Glücksaktivität hilft vor allem denjenigen Menschen, die ihr offen gegenüberstehen und motiviert sind, sie mit Einsatz und Engagement zu praktizieren. Mit anderen Worten, wenn Ihnen Religion und Spiritualität entgegenkommen, dann sollten Sie sie auf jeden Fall ausüben.

In diesem Zusammenhang haben Wissenschaftler einige sehr interessante Entdeckungen gemacht. So haben sie zum Beispiel festgestellt, dass Religiosität eher mit dem Glücksempfinden von Frauen als mit dem von Männern und eher mit dem von älteren als mit dem von jüngeren Menschen zu tun hat. Oder dass Menschen, die aktiv und öffentlich an religiösen Aktivitäten teilnehmen glücklicher sind als solche, die lediglich religiöse Überzeugungen hegen. Diese Ergebnisse unterstreichen die Bedeutung der Gemeinde für die positiven Auswirkungen der Religion noch einmal sehr deutlich. Darüber hinaus kamen die Forscher zu dem Schluss, dass Menschen, die Religion aus intrinsischen Motiven und als Lebensstil ausüben, glücklicher sind als solche, die Religion eher aus extrinsischen Gründen wie Karriere oder Sozialstatus praktizieren.[22]

Hat Religion auch Nachteile?

Freud behauptete, Religion könne zu einer »obsessiven Neurose«, der Verdrängung von Emotionen, der Unterdrückung der Sexualität und Schuldgefühlen führen.[23] Die Medien zeichnen oft ein negatives Bild von religiösen Menschen: Sie seien vorurteilsbehaftet und engstirniger als ihre weltlicheren Zeitgenossen, in Fragen der Gesundheit und des

Lebens schicksalsergeben, unfähig zu rationalem Denken und hielten am ewiggestrigen Glauben von göttlicher Rache und Erbsünde fest. Wie eine intime Beziehung, die das Allerbeste und das Allerschlechteste aus uns herausholen kann, können auch religiöse Gemeinschaften Belastungen und Konflikte auslösen und Zeit, Energie, Geld, Opfer sowie Anpassung an strikte moralische Verhaltensregeln verlangen.

Sind dies tatsächlich die Nachteile und Schattenseiten der Religion, oder handelt es sich dabei um die Mythen einer weltlichen Gesellschaft? Teils, teils. Untersuchungen bestätigen einige, wenn auch längst nicht alle dieser Ansichten. Es stimmt beispielsweise, dass Menschen, die an die Heilkraft des Gebets glauben, weniger für ihre Gesundheitsvorsorge tun, und dass Menschen, die ihr Schicksal passiv in Gottes Hände legen, psychisch weniger gesund sind.[24] Menschen, die an einen fernen und strafenden Gott glauben, leiden eher unter seelischen und körperlichen Krankheiten, und Menschen, die Gott zürnen, werden eher krank. Menschen, die überzeugt sind, dass negative Erfahrungen eine Strafe Gottes für ihre Sünden oder, schlimmer noch, das Werk dämonischer Mächte sind, leiden unter Schuldgefühlen, Scham, Angst, vermehrter Depression, schlechterer Gesundheit und geringerer Lebensqualität.[25] Der Glaube an die Erbsünde hängt außerdem mit mangelndem Selbstwertgefühl zusammen, vermutlich weil es schwer fällt, ein positives Selbstbild zu entwickeln, wenn man sich dafür schämt, dass man im Grund ein schlechter Mensch ist.

Befragungen unter christlichen Fundamentalisten zeigen, dass zwar einige überzeugt sind, Menschen jüdischen Glaubens würden verfolgt, weil sie Jesus ablehnten,[26] oder AIDS sei eine verdiente Geißel Gottes für Homosexuelle.[27] Diesen Erkenntnissen stehen jedoch andere Untersuchungen gegenüber, die zeigen, dass die Mehrheit der religiösen und spirituellen Menschen eher mitfühlend und offen ist.

Schließlich kann die Suche nach Gott auch erfolglos verlaufen. Dies kann Angst und Leid auslösen und in Einzelfällen zu völliger Unterwerfung unter eine Sekte oder zu Feindseligkeit gegenüber »Ungläubigen« führen. Das sind jedoch Extremfälle. Wenn Sie Religion und Spiritualität als eine Ihrer Glücksaktivitäten wählen, dann werden Sie kaum mit diesen Problemen konfrontiert werden. Wie in allen Glücksaktivitäten in diesem Buch sind Mäßigung und gesunder Menschenverstand angeraten.

Praktizieren Sie Religion und Spiritualität

Eigentlich hatte ich geplant, diesen Abschnitt wegzulassen, da religiös oder spirituell interessierte Menschen meist eine ziemlich gute Vorstellung davon haben, wie sie ihren Glauben praktizieren. Wenn Sie jedoch unsicher sind oder nicht recht wissen, wo Sie anfangen sollen, können Ihnen die folgenden Vorschläge möglicherweise weiterhelfen. Ich stelle Ihnen zunächst eine kurze Liste vor und führe dann einige der Vorschläge näher aus. Für den Anfang reicht es, wenn Sie eine dieser Aktivitäten ausprobieren.

◆ Besuchen Sie eine Kirchengemeinde, Synagoge, Moschee, einen spirituellen Kurs oder eine Bibelgruppe.

◆ Nehmen Sie sich vor, einmal pro Woche (oder auch jeden Tag) an den religiösen Zeremonien dieser Gruppe oder Gemeinde teilzunehmen.

◆ Nehmen Sie sich jeden Tag 15 Minuten Zeit, um ein Buch mit einem religiösen oder spirituellen Thema zu lesen oder eine Radiosendung zu hören.

◆ Beteiligen Sie sich an der Freiwilligenarbeit einer religiösen Gemeinde.

◆ Informieren Sie sich in der Bibliothek oder im Internet über andere Religionen, oder sprechen Sie mit Freunden und Bekannten über deren Glauben – dabei können Sie nicht nur etwas lernen, sondern vielleicht auch neue Freunde finden oder bestehende Beziehungen stärken.

Suchen Sie nach Sinn Wissenschaftler vertreten die Ansicht, dass ein Gefühl der Sinnhaftigkeit fest in den Gedanken, Gefühlen und Erfahrungen eines Menschen verwurzelt sein muss. Blind den Sinn eines anderen Menschen zu übernehmen, bringt weder Glück noch Wachstum. Die Sinnfindung ist eine der schwierigsten Lebensaufgaben, und dieser Sinn wird sich im Laufe Ihres Lebens immer wieder verändern. In diesem Abschnitt stelle ich Ihnen sechs Möglichkeiten vor.[28]

◆ Das Leben ist sinnvoller, wenn Sie Ziele verfolgen, die zu Ihnen passen und erreichbar sind, wenn Sie also die Zeit, die Fähigkeiten und die Energie haben, wichtige Ziele zu verfolgen. Dabei spielt es keine Rolle, ob Ihr Ziel darin besteht, Kinder zu erziehen oder Schriftsteller zu werden. Wenn Sie unschlüssig sind, was Ihre Ziele sind und wie Sie sie verfolgen können, lesen Sie Kapitel 8.

- Ein zusammenhängendes »Lebensmuster« schafft ebenfalls Sinn. Schreiben Sie Ihre Lebensgeschichte auf oder erzählen Sie sie einem anderen Menschen. Wer sind Sie jetzt, und wer waren Sie früher? Welche Zukunft stellen Sie sich vor? Welche Hindernisse gibt es auf diesem Weg? Was glauben Sie, warum die Welt so ist, wie sie ist?

- Auch Kreativität in den Künsten, in geistes- und naturwissenschaftlichen Disziplinen und in der Selbsterkenntnis kann sinnstiftend wirken. Wiederum kann die Selbst-Transzendenz entscheidend sein. Der Schaffensprozess kann nicht nur Ihnen selbst Freude und Sinn ermöglichen, sondern vielleicht sogar etwas hervorbringen, das Sie anderen weitergeben können.

- Traumatische und leidvolle Erfahrungen können immens sinnstiftend wirken (siehe Kapitel 6). Leid kann zu posttraumatischem Wachstum führen, eine spirituelle Entwicklung anstoßen, eine zeitlose Sicht auf mögliche Lebenswege eröffnen und das Gefühl eines neuen Lebenssinns vermitteln.

- Religion und Spiritualität werden oft von starken emotionalen Erfahrungen getragen, etwa dem Gefühl des Trostes in einer religiösen Zeremonie oder dem Staunen über die Gegenwart des Geheimnisvollen und Göttlichen, die Intensität der Liebe, die Größe des Universums oder die Erhabenheit eines Naturschauspiels. Derartige religiöse Erfahrungen können das Gefühl einer spirituellen Erweckung, Ekstase oder Freude auslösen, Ihren Glauben stärken und Ihrem Leben größeren Sinn verleihen.

- Einer der wichtigsten Wege auf der Suche nach dem Sinn Ihres Lebens ist die Weiterentwicklung Ihres Glaubens. Dieser bietet Ihnen Antworten auf die »großen Fragen« wie: Wer bin ich? Wofür lebe ich? Wie passe ich ins große Ganze? Gibt es einen Schöpfer? Wie lebe ich ein gutes Leben? Wie kann ich die Welt besser machen?

Gebet Das Gebet ist eine der verbreitetsten Praktiken der Religion und Spiritualität. Rund ein Viertel aller Deutschen betet regelmäßig, und beinahe die Hälfte in schwierigen Situation.[29] Jede Religion hat ihre eigenen Gebetstraditionen und Formen der Kommunikation mit Gott oder dem Göttlichen. So können Sie das Gebet zu einem festeren Bestandteil Ihres Lebens machen:

◆ Halten Sie sich jeden Tag eine bestimmte Zeit (zwischen fünf Minuten und einer Stunde) für Ihr Gebet frei. Sie können diese Zeit verwenden, um für sich und andere zu bitten, um in »Gottes Gegenwart« zu sein oder um ein Gebetbuch zu lesen.

◆ Alternativ können Sie spontan irgendwann im Laufe Tages oder in bestimmten Situationen beten, zum Beispiel wenn Sie sich deprimiert oder angespannt fühlen, andere negativ beurteilen, wenn Sie einen schönen Gegenstand sehen oder eine gute Tat beobachten oder wenn Ihnen etwas besonders Gutes und Schlechtes widerfährt.

◆ Beten Sie vor dem Schlafengehen oder vor jeder Mahlzeit. Ein Dankesgebet kann Trost spenden und glücklich machen (siehe Kapitel 4).

Rosa, eine junge Frau, die ich an der Universität kennen lernte, beschloss, ihr Leben mit Hilfe des Gebets aktiv zu ändern. Sie war zwar christlich erzogen worden und war als Kind jeden Sonntag zur Kirche gegangen, doch nur, weil sie von ihren Eltern in den Gottesdienst geschleppt wurde. Als Erwachsene betete Rosa nicht mehr. In einem Interview beschrieb sie, wie sie versuchte, ihr neues Ziel zu erreichen, und welche positiven Auswirkungen sie spürte:

Letzte Woche habe ich vor dem Schlafengehen und nach dem Aufwachen gebetet. Ich bete für meinen Tag und danke für alles, was mir passiert ist. Ich erzähle Gott von den Dingen, die mich belastet haben und fühle mich nach dem Gebet weiser und glücklicher, so als hätte ich einem Freund von meinen Sorgen erzählt. Am Anfang war es mir oft peinlich, weil meine Mitbewohnerin da war und ich nicht wusste, wie sie reagieren würde. Später habe ich dann einfach die Augen zugemacht und nichts mehr um mich herum wahrgenommen. Im Gebet habe ich alle Urteile einfach abgestellt, Gott für meinen Tag gedankt und für alles, was er für mich getan hat, und ihn um die Kraft gebeten, in den kommenden Tagen meinen Weg weiterzugehen. Nach dem Gebet habe ich mich erleichtert gefühlt, so als wäre eine große Last von mir genommen worden, und ich war zufriedener.

Das Beten an sich ist gar nicht schwer, doch es war nicht leicht, etwas zu tun, das ich Jahre lang vermieden habe. Aber es hat mir Spaß gemacht. Ich habe mich nicht mehr allein gefühlt. Ich möchte es mir zur Gewohnheit machen, jeden Tag zu beten, denn ich merke, dass ich mich immer besser mit anderen verstehe, dankbarer bin, leichter verzeihe und dass ich anderen immer

mehr das Gefühl gebe, dass sie bei mir in guter Gesellschaft sind. Ich glaube,
dass Gott zu großartigen Dingen fähig ist und mich beschützt, wo immer ich
bin. Er ist mein Vater, mein Freund und mein Bruder, und wenn ich mit ihm
spreche, bin ich froh, denn ich kann alle meine Geheimnisse mit ihm teilen,
und er nimmt mir alle Zweifel und Ängste. Ich werde definitiv weiter jeden Tag
beten, denn es gibt mir Kraft, wenn ich aufwache, und nachts schlafe ich bes-
ser.

Erkennen Sie das Göttliche im Alltag Entwickeln Sie die Fähigkeit,
das Göttliche in ganz gewöhnlichen Dingen zu entdecken, seien sie
nun schön oder alltäglich. Ein Essen kann genauso göttlich sein wie das
Lachen eines Kindes oder Schneefall. Viele Menschen spüren Gottes
Gegenwart, wenn sie den Himmel über den Bergen sehen, doch er ist
auch in ganz gewöhnlichen Begebenheiten und Situationen spürbar. Das
Göttliche in alltäglichen Gegenständen, Erfahrungen und Auseinandersetzungen zu erkennen, erfordert Übung, doch es ist der Weg zur Spiritualität und ihren positiven Auswirkungen.

Wachsende Werte

Wissenschaftler können die Macht von Spiritualität und Religion nicht
länger ignorieren. Allein die Statistiken zwingen sie dazu. In einer Mei-
nungsumfrage gaben 66 Prozent aller Deutschen an, sie glaubten an
einen Gott – Tendenz steigend.[30] Wenn Sie es wünschen, können Sie
auf Ihre eigene Weise die Kraft der Spiritualität für sich nutzen und ein
besseres und glücklicheres Leben führen.

Zum Weiterlesen für Sie

Wenn Sie von dieser Glücksaktivität profitiert haben, könnten
Ihnen auch folgende gefallen:

◆ Entwickeln Sie Bewältigungsstrategien (Glücksaktivität 6,
  S. 159)
◆ Sorgen Sie für Ihren Körper (Glücksaktivität 12, S. 246)

Glücksaktivität 12: Sorgen Sie für Ihren Körper: Meditation, Sport, Vorwegnahme des Glücks

Nimm dir jeden Tag eine halbe Stunde Zeit für die Meditation,
außer wenn du viel zu tun hast. Dann nimm dir eine ganze Stunde Zeit.

Franz von Sales

Die psychologische Erforschung der Religionen hat sich bislang fast ausschließlich mit jüdischen und christlichen Glaubensformen beschäftigt. Östliche Religionen wie der Hinduismus, der Buddhismus und der Taoismus bieten jedoch eine ganz andere Sichtweise. Kern dieser Religionen ist eine kontemplative Spiritualität. Im Buddhismus wird diese durch Meditation erreicht, die den Menschen hilft, die »edlen Wahrheiten« des Lebens zu akzeptieren: dass unser Leben ständigen Veränderungen unterworfen ist und dass es zwecklos ist, es kontrollieren zu wollen. Die Meditation soll zum wahren Glück führen, indem sie einen Zustand der Bewusstheit und Loslösung erzeugt.

»Wundermittel« Meditation

Hinter dem Begriff Meditation verbergen sich zahlreiche unterschiedliche Techniken, wie etwa transzendentale, Zen- oder Vipassana-Meditation und verschiedene Formen, die wie konzentrative, achtsame oder kontemplative Meditation. Allen gemeinsam ist die Entwicklung Ihrer Fähigkeit zur Aufmerksamkeit.[31] Sie können Ihre Aufmerksamkeit auf viele Arten und Weisen auf etwas richten: Sie können ohne Analyse und Emotionen einen Gegenstand betrachten (eine Flamme, Ihren Atem, ein Geräusch oder ein Wort wie in der konzentrativen Meditation), Sie können Ihre Gedanken, Gegenstände oder Geräusche beobachten, ohne sie zu beurteilen oder über sie nachzudenken (wie in der Tradition der achtsamen Meditation) oder Sie können sich Gott öffnen und über die großen Fragen des Lebens meditieren (wie in der kontemplativen Meditation). Meditation ist zwar eine persönliche Erfahrung und kann in vielen Formen praktiziert werden, doch bei jeder der Techniken sollten Sie auf Folgendes achten:[32]

◆ Urteilen Sie nicht. Betrachten Sie das Hier und Jetzt unbeteiligt aus der Distanz und ohne jede Wertung.

◆ Haben Sie Geduld. Versuchen Sie nichts zu erzwingen, lassen Sie zu, dass sich die Dinge von selbst entwickeln.

◆ Begehren Sie nicht. Dies steht in scheinbarem Widerspruch zu den Hinweisen im Kapitel über Ziele, doch nur auf den ersten Blick: Es geht darum, etwas nicht um des Ziels, sondern um des Weges Willen zu tun.

◆ Haben Sie Vertrauen. Vertrauen Sie sich selbst und darauf, dass sich die Dinge zum Besten entwickeln.

◆ Seien Sie offen. Achten Sie auf jede Kleinigkeit, so als würden Sie sie zum ersten Mal wahrnehmen.

◆ Lassen Sie los. Lösen Sie sich von Ihren Grübeleien. Dies nennt sich auch »Nicht-Verhaftetsein«.

Warum meditieren? Ich war überrascht, wie viele wissenschaftliche Experimente die Auswirkungen der Meditation untersuchen.[33] Eine wahre Flut von Studien belegt die zahlreichen positiven Auswirkungen der Meditation auf unser Glücksempfinden, auf positive Emotionen, körperliche Gesundheit, Belastbarkeit, kognitive Fähigkeiten und andere, schwerer messbare Eigenschaften wie Selbstverwirklichung und moralische Reife.

Physiologische Untersuchungen haben gezeigt, dass Menschen bei der Meditation einen Zustand tiefer Entspannung und gesteigerter Bewusstheit und Wachheit erreichen: Die Atemfrequenz sinkt, und das Gehirn wird besser durchblutet. In einer meiner Lieblingsstudien nahmen Arbeitnehmer an einem achtwöchigen Kurs teil, in dem sie die Meditation der Achtsamkeit erlernten.[34] Nach Abschluss des Experiments wurde bei den Kursteilnehmern ein Anstieg der Aktivität im linken präfrontalen Kortex relativ zum rechten nachgewiesen. Wenn Sie Kapitel 2 gelesen haben, dann erinnern Sie sich vielleicht, dass diese gesteigerte Aktivität in bestimmten Regionen der linken Gehirnhälfte ein besonderes Kennzeichen glücklicher Menschen ist. Dieses Resultat bestätigt das Ergebnis einer anderen Untersuchung, die belegt, dass regelmäßige Meditation glücklicher macht und Angst und Depression verringert.[35] Bei den Teilnehmern der Untersuchung reagierte das Immunsystem zudem besser auf eine Grippeimpfung – je aktiver die linke gegenüber der rechten Gehirnhälfte, desto besser die Reaktion des Immunsystems. Die Unersuchung zeigte also, dass selbst relativ wenig Meditationspraxis überraschende Auswirkungen auf die Aktivität des Gehirns und das Immunsystem hat.[36]

Diese körperlichen Veränderungen können sich zudem positiv auf die Gesamtgesundheit auswirken. Experimente mit Meditationen haben gezeigt, dass Patienten mit Herzerkrankungen, chronischen Schmerzen, Hauterkrankungen und einer Reihe von psychischen Störungen wie Depression, Angst, Panik und Drogenmissbrauch positiv auf Meditation reagieren. Neben den körperlichen Auswirkungen kann die Meditation kranken Menschen (und allen anderen natürlich auch) helfen, da sie Stressreaktionen dämpft, positive Gefühlszustände fördert, das Selbstwertgefühl stärkt und das Gefühl der Selbstbestimmung steigert. Eine Studie ergab, dass ein sechswöchiger Meditationsworkshop die Teilnehmer glücklicher machte, indem die Zahl der positiven Emotionen pro Tag gesteigert wurde, wodurch sie wiederum das Hier und Jetzt mehr genossen, ihre Beziehungen verbesserten, mehr soziale Unterstützung erlebten und weniger krank wurden.[37]

Eine Vielzahl faszinierender Studien belegt die positiven Auswirkungen der Meditation auf scheinbar unveränderliche Eigenschaften wie Intelligenz, Kreativität und kognitive Flexibilität bei älteren Menschen. In zwei unabhängigen Untersuchungen zeigten Studenten, die an Meditationsprogrammen teilnahmen, einen stärkeren Intelligenzzuwachs als Studenten einer Vergleichsgruppe. Eine Untersuchung mit Medizinstudenten ergab, dass Teilnehmer an einem Kurs zur Achtsamkeitsmeditation über mehr spirituelle Erfahrungen berichteten, mehr Mitgefühl mit anderen empfanden und selbst in stressreichen Prüfungsphasen weniger Angst und Depression empfanden als eine Kontrollgruppe.

Diese Untersuchungen erwecken den Eindruck, Meditation sei eine Art Wundermittel. Wenn die Belege rein anekdotisch wären, hätte ich meine Zweifel, doch sie sind das Ergebnis empirischer Forschung. Diese Resultate zeigen, wie ungemein wirkungsvoll diese Technik ist, vorausgesetzt, dass Sie sie mit Einsatz und Engagement anwenden. Menschen, die Meditation erfolgreich praktizieren, betreiben sie wie einen Sport, sie ist fester Bestandteil ihres Alltags. Eine Freundin, die auf Meditation schwört und als ihr Glücksgeheimnis bezeichnet, erzählte mir: »Ich meditiere jeden Morgen zwanzig Minuten lang. Diese Zeit ist mir absolut heilig, und ich halte jede Störung und jede Verpflichtung fern. Für den Rest des Tages fühle ich mich ausgeglichen, offen und weniger empfindlich, gereizt oder angespannt. Dieses Wohlgefühl hält den ganzen Tag über an. Tage, an denen ich es nicht schaffe zu meditieren, sind anders, irgendwie verhunzt.«

Menschen meditieren aus den unterschiedlichsten Gründen: um inneren Frieden zu finden, um in Kontakt mit einer höheren Realität zu kommen, um sich von einer Krankheit zu befreien, um ihre Kreativität und Intuition zu entwickeln oder um Erkenntnisse zu gewinnen. Und um ein glücklicheres Leben zu führen.

Kurze Anleitung zur Meditation Suchen Sie sich zur Meditation einen Ort, an dem Sie allein und ungestört sind. Setzen Sie sich bequem und aufrecht hin. Schließen Sie die Augen und beobachten Sie, wie Sie ein- und ausatmen. Wiederholen Sie beim Ausatmen im Stillen ein kurzes Wort (zum Beispiel »om«). Oder konzentrieren Sie sich auf einen bestimmten Gegenstand, einen Klang oder eine Tätigkeit, zum Beispiel eine Kerze, einen Ton oder Ihren Atem. Wenn Ihre Gedanken abschweifen (»ich muss gleich kochen«, »Jack sah gestern klasse aus« oder »ich spüre eine Erkältung im Hals«), lassen Sie diese Gedanken vorüberziehen und konzentrieren Sie sich von Neuem auf Ihren Atem. Das Geheimnis besteht darin, zu erkennen, wie Ihre Gedanken abschweifen, und sich dann von ihnen zu lösen. Lassen Sie sich nicht von Ihren Grübeleien, Fantasien, Plänen und Erinnerungen beherrschen, sondern übernehmen Sie die Kontrolle. Dies erfordert viel Übung, und Anfänger schaffen es kaum, mehr als ein paar Sekunden am Stück »still« zu bleiben. Oft passiert es, dass Sie denken, Sie würden nun nichts mehr denken, und schon sind Sie wieder mittendrin in Ihren Überlegungen.

Versuchen Sie, jeden Tag zu meditieren. Beginnen Sie mit fünf Minuten und steigern Sie sich auf bis zu 20 Minuten pro Tag. Idealerweise sollten Sie einen festen Ort für Ihre Meditation wählen. Der kann ruhig bescheiden sein. Schmücken Sie ihn mit Fotos, Kunstwerken oder Blumen, oder lassen Sie ihn völlig leer. Hier sollten Sie möglichst bequem und ungestört meditieren können.

Meditation hat zahlreiche Vorteile, doch sie fällt nicht jedem leicht. Nicht ohne Grund sagte Blaise Pascal: »Sämtliche Probleme der Menschheit rühren daher, dass wir unfähig sind, still und allein in einem Raum zu sitzen.« Nehmen Sie an einem Meditationskurs teil, besuchen Sie eine Website oder kaufen Sie zur Anleitung eine CD oder ein Buch.

Treiben Sie Sport

Im Jahr 1999 veröffentlichte die Fachzeitschrift *Archives of Internal Medicine* eine eindrucksvolle Studie zur körperlichen Betätigung.[38] Wissenschaftler untersuchten Männer und Frauen im Alter von über 50 Jahren, die an klinischer Depression litten. Die Versuchsteilnehmer wurden nach dem Zufallsprinzip in drei Gruppen aufgeteilt. Die erste Gruppe sollte vier Monate lang eine Ausdauersportart betreiben, die zweite erhielt über denselben Zeitraum Antidepressiva, und die dritte Gruppe erhielt beide Therapien. Die Sportgruppe sollte dreimal pro Woche 45 Minuten lang bei moderater bis hoher Belastung Rad fahren, Joggen oder Walken. Bemerkenswerterweise hatte sich nach den vier Monaten die Depression sämtlicher Teilnehmer gebessert, sie berichteten über weniger negative Emotionen, gesteigertes Glücksempfinden und ein verbessertes Selbstwertgefühl. Ausdauersport wirkte also genauso gut gegen Depression wie ein Antidepressivum oder wie die Kombination aus Sport und medikamentöser Behandlung. Ausdauersport ist jedoch erheblich billiger und hat außer gelegentlichem Muskelkater keinerlei Nebenwirkungen. Noch bemerkenswerter war die Erkenntnis, dass Teilnehmer der Sportgruppe, die sich von der Depression erholt hatten, im Verlauf der nächsten sechs Monate mit geringerer Wahrscheinlichkeit rückfällig wurden als die Teilnehmer der Medikamentengruppe.[39] Die Wissenschaftler nannten ihre Untersuchung »Standard Medical Intervention and Long-term Exercise Study«: SMILE.

Der Wohlfühlfaktor von Sport ist weithin bekannt. Doch dass körperliche Betätigung bessere Wirkungen auf die Psyche zeigt als Antidepressiva, hat mich überrascht. Lag es daran, dass das Trainingsprogramm das Selbstwertgefühl der Teilnehmer steigerte und ihnen ein Gefühl der Selbstbestimmung gab? Könnte es umgekehrt sein, dass die Medikamentenbehandlung den Patienten eine Erklärung für ihre Besserung gab, die weniger zu ihrem Selbstwertgefühl beitrug (»die Medikamente haben mir geholfen« versus »durch meinen Einsatz und mein Engagement im Trainingsprogramm habe ich diesen Zustand überwunden«)? Was auch immer der Grund gewesen sein mag, SMILE gab den Anstoß zu zahlreichen ähnlichen Untersuchungen, die den vielfältigen Nutzen des Sports für unsere Gesundheit und unser Wohlbefinden bestätigten. Körperliche Betätigung reduziert Angstgefühle und Stress, verringert die Wahrscheinlichkeit tödlicher Herz- und Krebserkrankungen, mindert das Risiko von Diabetes, Darmkrebs und Bluthochdruck, stärkt Knochen, Muskeln und Gelenke, steigert die Lebensqualität, verbessert den Schlaf, schützt vor Verlust geistiger Fähigkeiten im Alter und hilft bei der Gewichtskontrolle.[40] Bei älteren Menschen, die sich wenig bewegen, verringert ein einfaches Programm wie Gehen oder Gymnastik die Wahrscheinlichkeit von Depression und steigert das Selbstvertrauen; die positiven Auswirkungen sind auch noch fünf Jahre später erkennbar.[41] Und schließlich zeigen Umfragen sowie großangelegte Experimente, dass Sport möglicherweise der wirkungsvollste Glücksbringer überhaupt ist.[42] Reicht Ihnen das?

Warum macht körperliche Betätigung glücklicher? Psychologen glauben, dass die positiven Auswirkungen der körperlichen Betätigung auf unser Wohlbefinden zahlreiche Ursachen haben. Da ist zum einen der Zusammenhang zwischen Sport und Selbstwertgefühl, den ich bereits erwähnt habe. Mit einem Sport- oder Fitnessprogramm gewinnen Sie ein Gefühl der Kontrolle über Ihren Körper und Ihre Gesundheit. Wenn Sie sich dabei beobachten, wie Sie etwas immer besser können und immer schneller, beweglicher sowie stärker werden, erhalten Sie ein neues Gefühl der Handlungsfähigkeit, und Ihr Selbstbewusstsein wächst. Zum zweiten kann Sport »Flow« erzeugen und lenkt uns von unseren Problemen und Grübeleien ab. Sport ist eine »Auszeit« von den Anstrengungen des Tages und wirkt noch Stunden später positiv nach. So betrachtet klingt Sport ein wenig wie Meditation. In der Tat kommen Untersuchungen, die Sport und Meditation miteinander vergleichen, zu dem Schluss, dass beide Betätigungen oft identische Auswirkungen haben: Unter anderem bauen sie Stress ab und bewirken die Ausschüttung stimmungsaufhellender Hormone.[43] In anderer Hinsicht unterscheiden sich Sport und Meditation allerdings ganz erheblich: Sport sorgt im Allgemeinen für sogenannte »hohe Erregung« und ein Gefühl der Energie, Begeisterung oder Stärke. Meditation dagegen sorgt für eine »niedrige Erregung« und erzeugt Gelassenheit, Frieden und Ruhe. Beides sind jedoch positive Emotionen, die nicht nur bewirken, dass Sie sich gut fühlen, sondern Sie auch von Ihren Ängsten und Sorgen ablenken.

Drittens schafft Sport, wenn er zusammen mit anderen ausgeübt wird, einen Anlass für soziale Kontakt und stärkt so unser soziales Netz und unsere Freundschaften. Sport kann sogar ein wirksames Gegenmittel gegen das Gefühl der Einsamkeit und Isolation sein. Ein begeisterter Fußballspieler aus dem englischen Birmingham beschrieb, wie ihm der Sport ermöglichte, eine neue soziale Identität anzunehmen, die nichts mit seinem Dasein als psychisch Krankem zu tun hatte:

Wenn ich mal einen schlechten Tag habe, dann gehe ich raus und kicke anderthalb Stunden mit völlig fremden Menschen, die nicht wissen, was ich tue, und die mich nur vom Fußball her kennen. Das finde ich prima. Ich habe Freunde, die über meine Krankheit Bescheid wissen, doch diese Leute wissen nichts von mir, sie respektieren mich als guten Fußballer und mögen mich deswegen. Es ist eine Art Selbsttherapie, denn ich muss mich nicht rechtfertigen für das, was ich bin oder was ich in der Vergangenheit mit meiner Krankheit getan habe, sie respektieren mich allein, weil ich ein verdammt guter Fußballer bin, und weil ich der Mannschaftskapitän bin.[44]

Der Wohlfühleffekt des Sports könnte auch körperliche Ursachen haben. Sie fühlen sich nicht nur gut, weil Sie etwas leisten, sondern Sie kommen zudem noch in den Genuss der positiven Nebenwirkungen Ihrer verbesserten Fitness, eines belastbareren Herzkreislaufsystems, größerer Beweglichkeit und mehr Kraft. Sie können schwerere Gegenstände heben, weiter gehen und bis ins Alter viele Gesundheitsprobleme vermeiden. Das allein reicht aus, um Ihr Glücksempfinden zu steigern. Außerdem sorgt Sport für eine verstärkte Ausschüttung des Neurotransmitters Serotonin und wirkt damit ähnlich wie verschiedene Antidepressiva.[45]

Man hört auch immer wieder die These, dass die körperliche Anstrengung zur Ausschüttung von Endorphinen, einem natürlichen Schmerzmittel des Gehirns führe, und ein »Runner's High« auslöse. Diese Theorie ist allerdings nicht bewiesen, auch wenn körpereigene Opioide tatsächlich einige der unangenehmen Nebenwirkungen der körperlichen Anstrengung unterdrücken und Schmerz verringern können. Allerdings erzeugen diese kein »High«.[46]

Körperliche Betätigung hat zwei Vorteile: Erstens ein »akutes Hoch« bei jedem einzelnen Mal, und zweitens »chronische« Verbesserungen durch ein konstantes Trainingsprogramm. Die beiden sind keineswegs identisch. Es kann Ihnen beispielsweise passieren, dass Sie sich *während* einer Übung miserabel fühlen, dass Sie aber unmittelbar danach Motivation und Freude empfinden, sich Ihre Sorgen legen und sich ein generelles Wohlgefühl einstellt. Es kann auch eine ganze Weile dauern, ehe sich die langfristigen Auswirkungen bemerkbar machen und Ihr konstantes Training ein Gefühl der Beherrschung erzeugt oder Ihr Selbstwertgefühl steigt, weil Ihre Hosen plötzlich zu weit sind. Als ich mir das erste Mal vornahm, körperlich fit zu werden, war ich noch in der Schule. Damals las ich in einem Handbuch für Läufer, dass es elf Wochen dauert, ehe ein Laufprogramm greift und positive Auswirkungen zeigt. Elf Wochen sind eine ziemlich lange Zeit, vor allem wenn man wartet oder etwas aushalten muss, und leider geben viele Menschen auf, ehe sie diesen Punkt erreichen. Wenn Sie ihn jedoch erreichen, dann ist die körperliche Betätigung zu einem festen Bestandteil Ihres Lebens geworden, eine Angewohnheit, für die Sie sich nicht mehr immer wieder neu entscheiden müssen. Wenn der Wecker klingelt, überlegen Sie nicht mehr lange, ob Sie sich noch einmal umdrehen oder sich anziehen und joggen gehen sollen – Sie machen es einfach. Es ist es wert.

Was, wenn Sie sich durch körperliche Betätigung schlecht fühlen? Disziplinierte körperliche Betätigung, wie auch immer sie aussehen mag, kann dazu führen, dass Sie sich hundeelend fühlen. Sind Sie deswegen ein Versager? Nein, es heißt nur, dass Sie sich vermutlich eine andere Betätigung suchen müssen. Finden Sie zuerst eine Sportart, die zu Ihrem Lebensstil, Ihren Möglichkeiten und Ihrer Persönlichkeit passt. Joggen Sie nicht, wenn Sie in einem kalten, regnerischen Klima leben und ungern nass werden. Gehen Sie nicht ins Fitnessstudio, wenn Sie es sich nicht leisten können. Suchen Sie sich keine Mannschaftssportart aus, wenn Sie keine Wettkämpfe mögen. Machen Sie kein Ausdauertraining, wenn Sie gymnastische Übungen bevorzugen. Wählen Sie eine Sportart, die Sie in irgendeiner Form bestätigt: Wenn Sie ein geselliger Mensch sind, suchen Sie sich einen Laufpartner oder treten Sie einem Verein bei. Wenn Sie mehr Zeit mit Ihren Kindern verbringen wollen, kaufen Sie sich einen Jogging-Kinderwagen oder besuchen Sie einen Baby-Yoga-Kurs. Wenn Sie die Natur mögen, gehen Sie wandern oder fahren Sie Ski. Wenn Sie gern im Wasser sind, suchen Sie sich eine Sportart, die mit Wasser zu tun hat. Wenn Sie über den Tag hinweg nur kurze Pausen haben, treiben Sie in zehnminütigen Blöcken Sport, nehmen Sie überall die Treppe oder machen Sie isometrische Übungen im Büro.

Wenn Sport tatsächlich Unwohlsein verursacht, dann übertreiben Sie es vermutlich. Bringen Sie Ihre maximale Herzfrequenz in Erfahrung und bleiben Sie zu Beginn unter 60 Prozent dieser Marke. Vielleicht reicht es, wenn Sie zunächst zügig gehen (Laufen kommt später) oder wenn Sie überhaupt zu Fuß gehen. Viele überfordern sich zu Beginn, fühlen sich entmutigt, frustriert, unwohl und geben auf.

In einer Untersuchung sollten sich Versuchsteilnehmer auf ein Fahrrad setzen und so treten, dass sie 60 Prozent ihrer maximalen Herzfrequenz erreichten. Die Hälfte der Teilnehmer gab an, sich im Verlauf von 30 Minuten immer besser zu fühlen, während die andere Hälfte sich immer schlechter fühlte. Wissenschaftler beschäftigen sich mit dem Durchschnittsmenschen und haben noch nicht herausgefunden, warum Sport manchen Menschen Freude macht und anderen nicht. Doch Sie können etwas unternehmen, um herauszufinden, warum Sie sich gut oder schlecht fühlen.

Und so können Sie es angehen Körperliche Betätigung definiert sich als »Energieleistung über das Ruheniveau hinaus«.[47] Der Fantasie sind also keine Grenzen gesetzt. Wissenschaftler runzeln die Stirn, wenn man nicht korrekt zwischen »körperlicher Betätigung« und »Sport« unterscheidet, da Sport nur eine der vielen Formen der körperlichen Betätigung ist und üblicherweise geplant und strukturiert verläuft sowie ausdrücklich die Verbesserung der körperlichen Fitness und Gesundheit zum Ziel hat. Ich verwende die beiden Begriffe trotzdem synonym. Wenn Sie nach der Lektüre dieses Kapitels ein Programm zur körperlichen Betätigung aufnehmen, dann werden Sie sich mehr bewegen. So einfach ist das. Diese Bewegung kann im Rahmen einer formellen, organisierten und von Schiedsrichtern geregelten Sportart erfolgen oder allein zuhause auf der Yoga-Matte.

Viele Sportexperten raten, Ihre maximale Herzfrequenz zu berechnen (220 minus Ihr Alter) und sich so zu betätigen, dass Sie 65 bis höchstens 80 Prozent dieses Wertes erreichen. Angenommen, Sie sind 32 Jahre alt, dann liegt Ihre maximale Herzfrequenz bei 188 und Ihre Zielfrequenz zwischen 122 und 150.[48] Halten Sie sich aber nicht sklavisch an diese Werte: Es handelt sich um die Annäherung und die Beschreibung des Durchschnittsmenschen Ihres Alters.[49] Und zumindest diejenigen von uns, die wir in der westlichen Kultur aufgewachsen sind, haben gelernt, dass wir alles andere sind als durchschnittlich.

Die meisten von uns haben eine vage Vorstellung, wie man ein Programm zur körperlichen Betätigung aufstellt und umsetzt. Einige Empfehlungen können trotzdem nicht schaden:

◆ Beginnen Sie langsam, bei 60 bis 65 Prozent Ihrer maximalen Herzfrequenz.
◆ Legen Sie vorab Tage, Anfangszeiten und Dauer Ihrer Betätigung fest, und behandeln Sie sie wie feste Termine. Würden Sie Ihren Chef versetzen oder Ihr Kind nicht von der Schule abholen? Ja, aber äußerst selten und nur unter außergewöhnlichen Umständen.
◆ Wenn möglich, legen Sie Ihre sportliche Betätigung auf eine Tageszeit, zu der Sie viel Energie haben.
◆ Viele Ratgeber empfehlen 30 Minuten moderater körperlicher Betätigung, wenn möglich jeden Tag. Aber zehn Minuten sind besser als gar nichts. Das Wichtigste ist, dass Sie sich an Ihren Plan halten.
◆ Fordern Sie sich. Laufen Sie schneller und länger, heben Sie schwerere Gewichte, nehmen Sie einen fortgeschrittenen Tanzkurs.
◆ Ein Trainingsprogramm ist wie eine Diät. Es ist in Ordnung, sich nicht daran zu halten, aber lassen Sie sich nicht von Schuld und Scham so überwältigen, dass Sie das Programm abbrechen. Steigen Sie am nächsten Tag wieder aufs Pferd.

Aktivität und Ruhe Vielleicht war es Zufall, vielleicht passt es auch einfach zu mir, dass ich die Aufsätze über den Nutzen der körperlichen Betätigung auf meinem Trimmrad gelesen habe. Zugegeben, ich bin ein wenig sportsüchtig und sehe zu, dass ich immer genug Bewegung bekomme. Wovon ich allerdings nicht genug bekomme, ist Schlaf. »Die Welt gehört den Menschen voller Energie«, so Ralph Waldo Emerson, doch um voller Energie zu stecken, muss man ausgeschlafen sein. Egal wie aktiv, kraftvoll und erfolgreich wir tagsüber sind, wenn wir nicht genug Erholung bekommen, leiden unsere Stimmung, Energie, Wachheit, Lebenserwartung und Gesundheit. Ein prominenter Schlafforscher behauptet, wenn jeder von uns pro Nacht nur eine Stunde länger schlafen würden, wäre unsere »schlafkranke« Gesellschaft sehr viel glücklicher und gesünder.[50] Das klingt wie in den Anzeigen, die versprechen, man könne im Schlaf abnehmen. Sie können sagen, Sie hätten in diesem Buch gelesen, dass Schlafen glücklicher macht.

Man muss heute niemandem mehr sagen, dass Sport gesund ist. Ob Sie ein chronisch krankes Dickerchen oder ein dürrer Stubenhocker sind, Sie haben diesen Spruch vermutlich schon unzählige Male gehört. Aber hat Ihnen jemals jemand gesagt oder sogar *garantiert*, dass körperliche Betätigung Sie glücklicher macht? Ich jedenfalls schwöre darauf.

Verhalten Sie sich wie ein glücklicher Mensch

Ich möchte die Beschreibung der verschiedenen Glücksstrategien in diesem Buch mit einem Rat abrunden: Verhalten Sie sich ganz einfach wie ein glücklicher Mensch! So erstaunlich es klingen mag: Wenn Sie so tun, als wären Sie glücklich, wenn Sie lächeln, auf andere zugehen und den Eindruck machen, als seien Sie voller Energie und Begeisterung, dann kommen Sie nicht nur in den Genuss der angenehmen Nebenwirkungen des Glücks, weil man Ihr Lächeln erwidert, Ihre Freundschaften sich festigen und Sie in Arbeit und Schule erfolgreicher sind,[51] sondern Sie können tatsächlich glücklicher werden. Um es mit den Worten der Dichterin Marge Piercy zu sagen: »Leben Sie so, als hätten Sie sich gern, und dann passiert es vielleicht.«

Die Sprache des Gesichts Schon Darwin wusste: »der freie Ausdruck einer Emotion durch äußerliche Signale verstärkt diese Emotion«.[52] Die Wissenschaft hat diese Theorie in den letzten Jahrzehnten bestätigt und die Theorie vom Gesichtsfeedback aufgestellt. Mit anderen Worten, wenn Sie Glück, Angst oder Ekel ausdrücken, dann empfinden Sie diese Emotionen auch, zumindest in abgeschwächter Form. Wenn Sie Ihre Stirn glätten, Ihre Lachfalten aktivieren und Ihre Hände öffnen, kann es Ihnen passieren, dass Sie mehr Freude empfinden, und wenn Sie die Stirn runzeln, Ihre Zornesfalten aktivieren und Ihre Hände zur Faust ballen, dass Sie sich tatsächlich ärgern. Von Ihrem Gesicht, Ihrem Körper und Ihrer Stimme gehen Signale an Ihr Gehirn aus, die diesem mitteilen, dass Sie eine bestimmte Emotion empfinden, und – Überraschung! – Sie empfinden diese Emotion tatsächlich. Wenn Sie je einen Einführungskurs in Psychologie belegt haben, dann sind Sie möglicherweise einem Experiment begegnet, in dem die Teilnehmer einen Filzstift in den Mund nehmen mussten, und zwar entweder mit den Schneidezähnen, wodurch ein Lächeln simuliert wird, oder mit den Lippen, was ein Stirnrunzeln verursacht.[53] (Sollten Sie sich Sorgen wegen der Hygiene machen, kann ich Ihnen zu Ihrer Beruhigung sagen, dass der Stift zuvor mit Alkohol desinfiziert wurde.) Die Teilnehmer wussten nicht, dass der Stift in ihrem Mund bestimmte Auswirkungen haben würde, und die Versuchsleiter klärten sie auch nicht darüber auf. Mit dem Stift im Mund sollten sie nun eine Reihe von Cartoons des Zeichners Gary Larson ansehen und ihre Lustigkeit beurteilen. Die Versuchspersonen, die den Stift zwischen den Zähnen hielten und deswegen zwangsläufig lächelten, fanden die Cartoons durchgängig witziger als diejenigen, die dank des Stifts die Stirn in Falten legten.

Diese und andere Untersuchungen zeigen, dass glückliche Mimik und Gestik Ihnen helfen können, tatsächlich Freude zu empfinden. Die Wirkung ist zwar bescheiden. Doch wenn professionelle Schauspieler ihre Gesichtsmuskeln zu einem echten Lächeln manipulieren und dazu den Augenringmuskel *orbicularis oculi* zusammenziehen und die Mundwinkel mit Hilfe des *zygomaticus major* nach oben ziehen (die meisten Normalsterblichen sind nicht dazu in der Lage), dann fühlen sie sich nach eigenen Angaben tatsächlich gut gelaunt und glücklich.[54] Genauer gesagt gaben sie in den Versuchen nicht an, dass sie glücklich seien, sondern dass sie so fühlten, »als ob sie glücklich wären«. Trotzdem schwören viele Menschen auf regelmäßiges Lächeln. Unlängst schrieb mir ein Leser namens Marsh, er stelle die Weckfunktion seiner Armbanduhr so ein, dass diese in regelmäßigen Abständen vibriere. Um 10, 12, 14, 16 und 18 erinnere ihn seine Uhr daran zu lächeln. »Bin ich glücklicher?«, fragte er. »Ich glaube schon.«

Dauerhaftes Lächeln und Stirnrunzeln Ein weiterer Beweis für diese These vom Gesichtsfeedback stammt aus Untersuchungen, die die Auswirkungen fester Gesichtsausdrücke auf die Emotionen erforschen. Das Möbius-Syndrom ist ein Geburtsfehler, der dafür sorgt, dass die Betroffenen ihre Gesichtsmuskeln nicht bewegen können und stets ein unbeteiligtes Gesicht machen. Diese Menschen berichten, sie könnten Emotionen nicht erleben, sondern nur denken. »Ich denke, dass ich glücklich oder traurig bin, aber ich fühle mich nicht wirklich glücklich oder traurig«, berichtet ein Betroffener.[55] Wenn wir nicht in der Lage sind, unsere Emotionen körperlich auszudrücken, hat dies offensichtlich großen Einfluss auf unsere Empfindungen.

Haben Sie schon einmal festgestellt, dass Menschen mit fortschreitendem Alter Gesichtsfalten entwickeln, die ihrer Persönlichkeit entsprechen? Einem sehr alten und sehr zufriedenen Mensch scheint ein glücklicher Ausdruck geradezu ins Gesicht graviert zu sein, und ein Mensch, der sein Leben lang traurig oder zornig war, ist mit einem traurigen oder zornigen Gesicht geschlagen. Dieser Zusammenhang ist wissenschaftlich erwiesen. Wiederholte Bewegungen des *orbicularis oculi*, der die beiden Seiten des Auges zusammenkneift, die Wangen anhebt und die Haut in Richtung der Nase zieht, erzeugt irgendwann die typischen Lachfältchen. Was würde also passieren, wenn Sie Ihre Sorgen- oder Zornesfalten entfernen würden? Könnten Sie dann glücklicher werden? Wenn die These vom Gesichtsfeedback zutrifft, dann müsste dies stimmen. Vor kurzem gingen Wissenschaftler dieser Frage nach.[56] Teilnehmer waren zehn klinisch depressive Patienten, bei denen weder Medikamente noch Psychotherapie angeschlagen hatten. Es handelte sich um Frauen im Alter von 36 bis 63 Jahren, die zwischen 2 und 17 Jahre lang unter Depression gelitten hatten. Die Sorgenfalten dieser Frauen (die Falten auf dem Nasenrücken, zwischen den Augen und ein wenig darüber) wurden mit einem muskellähmenden Präparat namens Botulinumtoxin A, besser bekannt unter dem Namen Botox, behandelt. Zwei Monate später waren neun von zehn Patientinnen nicht mehr depressiv, und die zehnte hatte große Fortschritte erzielt. Auch wenn diese Untersuchung nicht repräsentativ war, ist das Ergebnis erstaunlich. Zweifelsohne hat das Entfernen der Sorgenfalten zur Folge, dass andere Sie als glücklicher und attraktiver wahrnehmen, doch auch Sie selbst *fühlen* sich glücklicher.

Zwischenmenschliche Beziehungen und Bewältigungsstrategien Im wirklichen Leben sorgen Sie mit Ihrem Lächeln dafür, dass andere zurücklächeln. Andere reagieren positiver auf Sie, beginnen ein Gespräch, suchen Ihre Gegenwart, helfen Ihnen, trösten Sie, freunden sich mit Ihnen an oder werden der zukünftige Vater Ihrer Kinder. Das Lächeln eines Kleinkindes weckt Liebe und Zuneigung und bewirkt so, dass die Eltern für das Kind sorgen und sich um sein Wohlergehen kümmern. Mütter, die positive Emotionen ausdrücken, haben Kinder, die ebenfalls lernen, positive Emotionen zu zeigen, was Erich Fromm zu der Feststellung verleitete: »Um Honig spenden zu können muss die Mutter nicht nur eine ›gute Mutter‹ sein, sie muss auch ein glücklicher Mensch sein.«[57]

Selbst angesichts belastender Ereignisse, oder gerade dann, tragen Lächeln und Lachen dazu bei, von den negativen Emotionen abzulenken, sie womöglich auszulöschen und ein Gefühl der Gelassenheit, des Amüsements, sogar der Freude zu erzeugen. In einer Studie wurden Versuchsteilnehmer, die sechs Monate zuvor ihren Partner verloren hatten, gebeten, sich an ihre Ehe zu erinnern.[58] Wer in den Interviews spontan lachte, gab an, sehr viel besser mit dem Verlust umgehen zu können, und erlebte mehr Freude, weniger Ärger und positivere Beziehungen zu anderen. Es war, als würde ihnen das Lachen helfen, sich von ihrem Leid zu lösen. Andere Arbeiten zeigen, dass Lachen Stresshormone abbaut und dass schon die Erwartung des Lachens die Produktion positiver Hormone auslöst. Männer, die sich darauf freuten, einen lustigen Film zu sehen, hatten 27 Prozent mehr Beta-Endorphine und 87 Prozent mehr Wachstumshormone im Blut als Teilnehmer einer Kontrollgruppe.[59] Und diese Veränderungen stellten sich schon ein, noch ehe der Film überhaupt anlief.

Lächeln und Lachen, selbst das gestellte »Cheese«-Lächeln oder das gekünstelte Lachen über einen unlustigen Witz, sorgen für einen geringfügigen Anstieg der guten Laune. Mehr noch, dieser kleine Schub setzt einen positiven Kreislauf der Bewältigung und des zwischenmenschlichen Miteinander in Gang und verringert so Ängste und Nöte und bringt Ihnen mehr und mehr Freude und Glück.

Also, legen Sie los, lächeln Sie, lachen Sie, gehen Sie aufrecht, seien Sie munter, umarmen Sie andere. Verhalten Sie sich so, als wären Sie selbstbewusst, optimistisch und offen. Sie bewältigen Hindernisse, sind Situationen gewachsen, knüpfen problemlos soziale Bande, finden Freunde, beeinflussen andere und werden ein glücklicherer Mensch.

Zum Weiterlesen für Sie

Wenn Sie von dieser Glücksaktivität profitiert haben, könnten Ihnen auch folgende gefallen:

◆ Genießen Sie die Freuden des Lebens (Glücksaktivität 9, S. 198)
◆ Verwirklichen Sie Ihre Lebensträume (Glücksaktivität 10, S. 213)

Wie Sie lebenslanges Glück finden

10. Die fünf Schlüssel zu lebenslangem Glück

Für kurze Zeit glücklicher zu werden ist relativ einfach, genau wie für einen Tag mit dem Rauchen aufzuhören. Die große Herausforderung besteht darin, dieses neue Glück zu erhalten. Sie kennen das nur zu gut, wenn Sie schon einmal (oder auch viele Male) versucht haben, Ihr Leben zu ändern, und dabei feststellen mussten, dass »nichts funktioniert«. Ich möchte wetten, dass Ihre früheren Versuche sehr wohl funktioniert haben, der Erfolg aber eben nicht besonders lange angehalten hat. Warum nicht? In diesem Kapitel erkläre ich Ihnen, wie Sie Ihr Wohlbefinden langfristig steigern können, indem Sie die fünf Schlüssel zu dauerhaftem Glück entdecken.

Mit Ihren bewussten Handlungen haben Sie 40 Prozent Ihres Wohlbefindens selbst in der Hand, um diesen Anteil können Sie Ihr Glück steigern. Ob Sie bereits damit begonnen haben, Ihre Glücksaktivität umzusetzen, oder nicht: In jedem Falle fragen Sie sich vermutlich, was das Geheimnis Ihres Erfolges ist. Würde es Ihnen helfen, wenn Sie verstünden, *wie* und *warum* die Glücksaktivitäten funktionieren? Würden Sie sie mit mehr Ausdauer und Engagement umsetzen? Die Antwort ist: ja. Deshalb beschreibe ich im folgenden Kapitel die wesentlichen Aktionsmechanismen oder Gründe für den Erfolg der Glücksstrategien.

Der erste Schlüssel: positive Emotionen

Glück besteht eher aus den kleinen Annehmlichkeiten und Freuden des Alltags als aus großen und seltenen Glücksfällen.
Benjamin Franklin

Nehmen wir an, es geht Ihnen materiell gut. Vielleicht haben Sie nicht alles, was Ihr Herz begehrt, doch Sie haben ein Dach über dem Kopf, Essen auf dem Tisch, Kleider, die Sie wärmen, und ein sicheres Einkommen. Was wäre, wenn Ihnen plötzlich aus heiterem Himmel 50 000 Euro vor die Füße fielen? Wie würden Sie dieses Geld ausgeben, um damit möglichst viel Glück zu erzielen?

Diese Frage ist keineswegs so oberflächlich, wie sie klingen mag, und führt uns geradewegs zu einem der Geheimnisse des Glücks. Bestimmte Verhaltensweisen machen uns nämlich glücklicher, weil sie uns viele glückliche Momente schenken. In der Tat sind häufige positive Emotionen wie Freude, Vergnügen, Zufriedenheit, Gelassenheit, Neugierde, Vitalität, Begeisterung, Kraft, Spannung und Stolz das Markenzeichen des Glücks.[1] Obwohl jeder von uns sein Päckchen an negativen Emotionen zu tragen hat, erleben glückliche Menschen häufiger positive Emotionen als ihre weniger glücklichen Zeitgenossen. Man könnte sagen, dass glückliche Emotionen uns zu glücklichen Menschen machen.

Jede der zwölf Glücksaktivitäten der vorhergehenden Kapitel ist darauf angelegt, einen Dominoeffekt positiver Erfahrungen auszulösen. Der Vorteil dieser Aktivitäten ist, dass Sie jede jederzeit ausführen, wiederholen und anpassen können, um immer und immer wieder positive Erfahrungen und Emotionen zu schaffen. Ein Mann, der die Doppelstrategie »Flow« und »Verwirklichung Ihrer Träume« gewählt hat, könnte beispielsweise in mittleren Jahren noch einmal studieren oder einen neuen Beruf erlernen. Dabei empfindet er eine starke intrinsische Motivation und Flow, freut sich über die Entdeckung neuer und faszinierender Wissensgebiete, empfindet Stolz auf die neu erworbenen Fähigkeiten und kommt in den Genuss, neue Menschen kennen zu lernen. Diese anhaltenden positiven Erfahrungen, die durch bewusste Handlungen herbeigeführt werden, können dazu beitragen, auf lange Sicht sehr glücklich zu sein.

Oder stellen Sie sich eine Frau vor, die sich die drei Glücksaktivitäten »Dankbarkeit«, »Hilfsbereitschaft« und »Religion / Spiritualität«

erwählt hat. Wenn sie diese Aktivitäten engagiert umsetzt, erfährt sie Zufriedenheit und den inneren Frieden, der mit der Dankbarkeit für die guten Dinge des Lebens einhergeht, die Befriedigung, die aus neuen Beziehungen und der Hilfe für andere entsteht, und die Gelassenheit und Ehrfurcht, die aus der Begegnung mit Gott herrührt. Die positiven Emotionen treten nicht nur einziges Mal auf, sondern immer und immer wieder. Logischerweise kann eine Strategie nicht zu dauerhaftem Glück führen, wenn sie uns nur einmal für einen kurzen Moment glücklich macht.

Wenn Sie sich die zwölf Glücksstrategien ansehen, werden Sie feststellen, dass jede von ihnen das Potenzial hat, immer wieder aufs Neue positive Emotionen zu erzeugen und die Anzahl der kurzen Glücksschübe in Ihrem Leben zu vergrößern. Da positive Emotionen meist eine kurzlebige Angelegenheit sind, halten viele Menschen sie für trivial. Dies ist jedoch ein Fehler. Barbara Fredrickson stellte überzeugend dar, warum angenehme Momente nicht einfach nur dafür sorgen, dass wir uns gut fühlen: Sie erweitern unseren Horizont und unsere sozialen, körperlichen und intellektuellen Fähigkeiten.[2] Auf diese Weise setzen positive Emotionen positive Kreisläufe in Gang: Nach einer Stunde Ausdauertraining fühlen Sie sich gestärkt, was Ihre Kreativität weckt, was Ihnen neue Ideen gibt, wie Sie Ihren Partner erfreuen können, was Ihre Ehe festigt, was Ihr Gefühl der Zufriedenheit und des Engagements steigert, was Sie dankbarer und versöhnlicher macht, was Ihren Optimismus nährt, was zu einer sich selbst erfüllenden Prophezeiung wird, weshalb Sie einen Rückschlag in der Arbeit weniger schmerzhaft empfinden und so weiter und so fort. Einige der Glücksschübe stoßen kleine Veränderungen an, andere große. Doch sie summieren sich. Es sind diese positiven Emotionen, die Sie zu einem glücklicheren Menschen machen. Robert Louis Stevenson, Autor der *Schatzinsel*, schrieb: »Wenn wir glücklich sind, geht es immer aufwärts. In einer endlosen Abfolge führt eins zum anderen.«

Wenn Ihnen also plötzlich 50 000 Euro vor die Füße fallen, haben Sie mehr davon, wenn Sie sich jeden Tag oder jede Woche etwas Angenehmes gönnen – ein Mittagessen in einem teuren Sushi-Restaurant, eine wöchentliche Massage, regelmäßig einen Strauß Blumen oder jeden Sonntagmorgen einen Anruf bei Ihrer besten Freundin in Übersee –, als wenn Sie Ihr Geld für ein teures Objekt wie einen Jaguar oder ein neues

Badezimmer mit handbemalten Kacheln ausgeben, von dem Sie sich das große Glück versprechen. Inzwischen ahnen Sie vermutlich genauso wie Benjamin Franklin, dass Sie sich rasch an das neue Auto und die neue Badewanne gewöhnen, nicht aber an die Abfolge immer neuer Glücksmomente.

Aber weshalb sind wir nach wie vor felsenfest davon überzeugt, dass es die großen und dramatischen Ereignisse wie Erdbeben, Weltreisen, Hochzeiten und Scheidungen sind, auf die es wirklich ankommt? Weil wir uns auf diese Ereignisse freuen oder sie fürchten, weil wir uns an sie erinnern, über sie nachdenken und sie mit anderen diskutieren. Wir neigen dazu, nur die besonderen und großen Ereignisse unseres Lebens wahrzunehmen. Wir erinnern uns an den einen Tag, an dem alles schief ging oder alles perfekt lief, aber nicht an die verbleibenden 364 normalen Tage. Aber unterschätzen Sie die positiven Emotionen nicht, die Sie an diesen normalen Tagen erleben, denn wenn Sie diese kleinen Erlebnisse und Begegnungen richtig verstehen, dann können diese Ihre gesamte Welt auf den Kopf stellen und Ihnen neue Möglichkeiten eröffnen, von denen Sie noch vor wenigen Augenblicken nichts ahnen konnten. Etwas Ähnliches passierte dem französischen Romanautor Marcel Proust beim Verzehr eines inzwischen legendären Sandtörtchens mit dem Namen Madeleine:

Gleich darauf führte ich, ohne mir etwas dabei zu denken, doch bedrückt über den trüben Tag und die Aussicht auf ein trauriges Morgen, einen Löffel Tee mit einem aufgeweichten kleinen Stück Madeleine darin an die Lippen. In der Sekunde nun, da dieser mit den Gebäckkrümeln gemischte Schluck Tee meinen Gaumen berührte, zuckte ich zusammen und war wie gebannt durch etwas Ungewöhnliches, das sich in mir vollzog. Ein unerhörtes Glücksgefühl, das ganz für sich allein bestand und dessen Grund mir unbekannt blieb, hatte mich durchströmt. Es hatte mir mit einem Schlag, wie die Liebe, die Wechselfälle des Lebens gleichgültig werden lassen, seine Katastrophen ungefährlich, seine Kürze imaginär, und es erfüllte mich mit einer köstlichen Essenz; oder vielmehr: diese Essenz war nicht in mir, ich war sie selbst. Ich hatte aufgehört, mich mittelmäßig, zufallsbedingt, sterblich zu fühlen.[3]

Proust empfindet ganz ohne Zweifel etwas Positives beim Verzehr seines Sandtörtchens – zugegeben, vielleicht ein wenig überwältigender und transzendenter als es uns Normalsterblichen vergönnt ist, aber jeder von uns hat seinen Teil an positiven Emotionen. Doch für Proust endet es nicht damit, dass ihm die Erfahrung ein momentanes Glücksgefühl beschert. Sie verändert ihn, schenkt ihm neue Einsichten und Erkenntnisse und lässt ihn die Welt mit völlig neuen Augen sehen. Im Grunde passiert mit Ihnen nichts anderes, wenn Sie sich vornehmen, täglich Gutes zu tun, mehr zu lächeln oder sich Ihr Wunsch-Ich ausmalen. Wenn Sie diese Strategien umsetzen, schaffen Sie Glücksmomente, die Sie nicht nur glücklicher machen, sondern Ihr Denken und Ihr gesamtes Wesen verändern. Sie geben Ihnen das Gefühl, dass vieles möglich ist – und wer weiß, wohin Sie das führt.

Positive Emotionen und Depression

Wenn Sie je über einen längeren Zeitraum niedergeschlagen und bedrückt waren, dann werden Sie vielleicht überrascht sein, welche Auswirkungen positive Emotionen auf die Depression haben. Depression ist eine Krankheit, die sich durch die Abwesenheit positiver Emotionen auszeichnet: einen Mangel an Freude, Neugierde, Zufriedenheit oder Begeisterung.[4] Eines der Symptome ist die Unfähigkeit, sich an angenehmen Ereignissen zu erfreuen. Dieser Mangel an Positivem zeigt sich auch darin, wie depressive Menschen über die Vergangenheit und die Zukunft denken. Das Problem ist gar nicht, dass sie sich Katastrophen ausmalen – sie können sich einfach nicht vorstellen, dass ihnen etwas Gutes widerfährt.[5] Mehr noch, sie haben Schwierigkeiten, sich daran zu erinnern, dass ihnen irgendwann in Leben etwas Positives passiert ist.[6] Positive Erfahrungen spielen darum eine besondere Rolle bei der Erholung von der Depression: Diese wird eher durch positive Ereignisse beschleunigt, als durch negative verhindert. Britische Psychologen untersuchten 49 Frauen, die sich von einer depressiven Episode erholten[7] und stellten dabei fest, dass diese Veränderungen durch positive Erlebnisse ausgelöst wurden, vor allem durch solche, die den Frauen das Gefühl eines »Neuanfangs« vermittelten.

Diese Erkenntnis zeigt, dass glückssteigernde Aktivitäten auf vielfache Weise zu einer Linderung der Depression beitragen können. Tätigkeiten, die Symptome der Depression am wirkungsvollsten mildern, sind solche, die positive Emotionen erzeugen (wie etwa Freude und Erleichterung darüber, eine schwierige Aufgabe bewältigt zu haben), die positive begleitende Gedanken schaffen (»Ich bin stärker, als ich dachte«) und positive Erfahrungen herbeiführen (zum Beispiel einen Termin im Büro einzuhalten). Unsere Emotionen, Gedanken und Erfahrungen sind eng miteinander verbunden und entwickeln sich üblicherweise Hand in Hand. Wissenschaftler trennen sie dagegen oft, um den Wert jedes einzelnen Faktors besser zeigen zu können. Es ist jedenfalls kein Zufall, dass die zwölf Glücksstrategien in diesem Buch genau das bewirken, was auch gegen Depression hilft: positive Emotionen, positive Gedanken und positive Erfahrungen.

Die positiven Emotionen, die Sie mit Ihren Glücksaktivitäten hervorrufen, sind außerdem in der Lage, die Auswirkungen von negativen Emotionen zu neutralisieren.[8] Ein Experiment belegt dies sehr schön. Die Versuchsleiter erklärten den Teilnehmern, sie hätten eine Minute Zeit, um sich auf eine kleine Rede zum Thema »Warum du ein guter Freund bist« vorzubereiten – was diese nicht wussten, war, dass sie diese Rede gar nicht halten sollten. Die Teilnehmer gaben an, sich sofort nervös zu fühlen, ihr Puls beschleunigte sich und ihr Blutdruck stieg. Dann wurden die Teilnehmer in vier Gruppen aufgeteilt und sahen jeweils einen Film, der Freude, Zufriedenheit, ein neutrales Gefühl oder Traurigkeit auslöste. Nach den Filmen kehrten sämtliche Teilnehmer rasch wieder zu ihrem ursprünglichen emotionalen und körperlichen Zustand zurück (das heißt, sie fühlten sich nicht mehr nervös, Puls und Blutdruck waren normal), doch bei den Teilnehmern der beiden Gruppen, die Freude und Zufriedenheit empfunden hatten, normalisierten sich Herz-Kreislauf-Werte schneller als bei den anderen beiden.[9] Eine neuere Untersuchung in meinem Labor weitet diese Beobachtung auf Depression aus.[10] Versuchsteilnehmer, die an verschiedenen Glücksaktivitäten teilnahmen, berichteten noch drei Monate nach der Intervention über mehr positive Emotionen wie Zufriedenheit und Freude. Unsere Analysen ergaben aber vor allem, dass die Teilnehmer dank der positiven Gefühle auch sechs Monate nach dem Experiment weniger depressive Symptome zeigten.

Wissenschaftler behaupten, positive Emotionen könnten die Auswirkungen der negativen Emotionen auf das Herz-Kreislauf-System neutralisieren. Freude, Zufriedenheit oder Stolz helfen uns, das große Ganze unseres Lebens wahrzunehmen und bieten uns eine Art »psychischer Auszeit« von traumatischen oder belastenden Erfahrungen. Damit nehmen sie dem unangenehmen Ereignis den Stachel. Wenn wir in schweren Zeiten positive Emotionen mobilisieren, stärken wir unsere Widerstandskräfte und erholen uns schneller von Stressfolgen.[11]

Ein weiterer Vorteil der Glücksaktivitäten ist, dass sie das positive Denken stärken. Die meisten Theorien gehen davon aus, dass die Depression ihre Ursache in verzerrenden Gedanken hat.[12] (Im Nachwort gehe ich näher auf diese Vorstellung ein.) Das liegt daran, dass pessimistische, traurige Gedanken negative Emotionen wie Traurigkeit, Ärger, Eifersucht und Angst auslösen, was wiederum neue negative Gedanken erzeugt. Glücksaktivitäten können diesen negativen Teufelskreis durchbrechen, indem sie uns helfen, die negativen Denkmuster zu ändern. Durch eine positive Sicht der Zukunft, wie wir sie mithilfe der Optimismusstrategie erlernen können, überwinden wir das Gefühl der Hoffnungs- und Machtlosigkeit. Mit angenehmen Erinnerungen, die mit der Genussstrategie geweckt werden, ersetzen wir unser verbittertes Brüten über alte Verletzungen. Mit angenehmen und ablenkenden Gedanken, die durch die Strategie gegen das Grübeln gefördert werden, stellen wir das beunruhigende Hin- und Herwälzen unserer Sorgen ab. Eine Untersuchung aus meinem Labor bestätigt dies: Versuchsteilnehmer, die über einen Zeitraum von acht Wochen Dankbarkeit oder Optimismus praktizierten, erlebten ihren Alltag positiver und empfanden Routinetätigkeiten wie den Weg zur Arbeit oder die Zubereitung des Essens als befriedigender.[13] Diese positiven Gedanken und Interpretationen sorgten wiederum für eine Steigerung ihres Wohlbefindens.

Schließlich helfen Ihnen die Glücksaktivitäten in diesem Buch, positive Erfahrungen herbeizuführen. Mit der Strategie zur Festigung Ihrer Beziehungen erleben Sie Zeiten der Entspannung und der Zufriedenheit in der Gesellschaft von Freunden und Familie. Wenn wir Gutes tun, führen wir Momente herbei, in denen wir uns anerkannt und handlungsfähig fühlen. Mehr Flow zuhause, in der Arbeit und in der Universität macht uns erfolgreicher und produktiver, sorgt für mehr Aktivität und Freude im Alltag.

Herkömmliche Therapien gegen die Depression zielen auf eine Beseitigung der Symptome.[14] Das ist jedoch nicht das eigentlich Ziel eines depressiven Menschen. Wenn Sie unter Depression leiden, dann besteht Ihr Ziel nicht darin, *nicht* unter Depression zu leiden – Sie wollen glücklich sein. Doch wenn die Therapie erfolgreich Ihre Traurigkeit, Schuld-gefühle, Müdigkeit und Teilnahmslosigkeit beseitigt hat, dann fühlen Sie sich möglicherweise noch immer nicht glücklich. Nach neuesten Schätzungen sind 11 Prozent der Menschen im Westen lethargisch – sie sind zwar nicht klinisch depressiv, aber abgestumpft und leer. Um es mit dem Philosophen Henry David Thoreau zu sagen, sie leben »ein Leben stiller Verzweiflung«.[15] Nach der Erholung von einer depressiven Phase kehren Sie vermutlich zu einem neutralen Punkt zurück, an dem Sie bestenfalls ein lethargisches Leben führen. Das Ziel der Glücksak-tivitäten besteht darin, die Zahl Ihrer positiven Emotionen, Gedanken und Erfahrungen zu vergrößern, damit Sie über diesen neutralen Punkt hinauskommen und dort bleiben.

Wenn Sie gegenwärtig wegen Depression in Behandlung sind, dann hat die Kombination aus Ihrer Therapie und den Glücksaktivitäten hoffentlich den doppelten Effekt, Sie nicht nur von der Depression zu befreien, sondern Sie auch glücklicher zu machen. Die Gründe sollten inzwischen klar geworden sein. Die Glücksaktivitäten sollen positive Emotionen und Gedanken auslösen, mit denen Sie Ihren depressiven Symptomen entgegenwirken. Außerdem verhelfen Ihnen die Glücks-aktivitäten zu einer Reihe positiver Erfahrungen, die nicht zu einer De-pression passen.

Positive Emotionen versus Lebenssinn

Vielleicht fragen Sie sich, ob vorübergehende positive Emotionen tat-sächlich so wichtig sein können wie das Streben nach Ehre, Integrität oder Sinn im Leben. Doch diese Frage ist irreführend. Sie stellt einen falschen Gegensatz zwischen den sogenannten hedonistischen Freu-den und der wohlverdienten Befriedigung von Geist, Herz und Seele auf. Positive Emotion ist positive Emotion, Freude ist Freude, und Zufriedenheit ist Zufriedenheit. Wer wollte das prickelnde Erlebnis eines Helikopterfluges mit der Ekstase einer spirituellen Erweckung vergleichen, oder die Freude einer Limonade in der Wüste mit der Be-glückung über den ersten Schrei des eigenen Babys? Erfahrungen, die einen Lebenssinn schaffen – ob Sie einem hilfsbedürftigen Freund die Hand reichen, eine göttliche Macht verehren oder sich auf einem be-stimmten Gebiet Expertenwissen aneignen –, sind *glückliche* Momente, auch wenn sie nicht immer unbedingt positive Emotionen auslösen oder nicht schmecken wie ein Stück Schokolade, das auf der Zunge zergeht. Tun Sie aber die Freude nicht ab. Sie können bei einer albernen Fernsehsendung genauso viel Freude empfinden wie bei einem Vortrag über Astrophysik. Beide Arten der Freude tragen zu einem glücklichen Leben bei, beide verschaffen Ihnen positive Emotionen und geben Ihnen das Gefühl, geselliger zu sein, mehr Energie zu haben und über größere Fähigkeiten zu verfügen. Ein Berg von Untersuchungen zeigt, dass glückliche Stimmungen, ganz egal woher sie rühren, zur Folge haben, dass wir uns produktiver, liebenswerter, aktiver, gesünder, freundlicher, hilfsbereiter, widerstandsfähiger und kreativer fühlen.[16] Das bedeutet, dass positive Emotionen uns helfen, unsere Ziele zu erreichen und einen Lebenssinn zu finden. Eine faszinierende Untersuchung an der University of Missouri zeigt sogar, dass wir durch glückliche Stimmungen unser Leben als sinnvoller wahrnehmen: Je mehr positive Emotionen wir im Laufe eines Tages empfinden, desto sinnvoller erscheint uns dieser Tag.[17] Dass Ernsthaftigkeit und Größe mit Übellaunigkeit einhergehen müssen, ist ein Mythos.

Die Quelle des Glücks

Ich muss Ihnen gestehen, dass ich bislang etwas verschwiegen habe. Die Ursache des Glücksgefühls spielt nämlich doch eine Rolle. Sie entscheidet schließlich darüber, ob Ihre Erfahrung weiter wirkt. Eine sündige Freude kann zwar dieselben positiven intellektuellen, sozialen und körperlichen Auswirkungen haben wie eine hart erarbeitete Freude, doch die sündige Freude ist rasch vorbei und kann unter Umständen Schuld und andere negative Gefühle auslösen. Doch die Freude, die Sie in den Glücksaktivitäten dieses Buches finden, hält an, kehrt wieder und verstärkt sich selbst. Einer der wichtigsten Gründe für die Haltbarkeit der Glücksaktivitäten ist die Tatsache, dass sie erarbeitet sein wollen. *Sie* haben Zeit und Energie darauf verwendet zu meditieren, Ihr Grübeln abzustellen oder Gutes zu tun. *Sie* haben diese Aktivitäten durchgeführt, und Sie können sie jederzeit wiederholen. Das Gefühl der Kompetenz und Verantwortung ist an sich schon ein positiver Schub. Wenn Sie selbst die Quelle Ihrer positiven Emotionen sind (und nicht ein Fußballspiel, ein Stück Schokolade oder ein Glas Wein), dann wird diese Quelle nie versiegen. Wenn Sie selbst die Quelle Ihrer positiven Emotionen sind, dann ist diese Quelle *erneuerbar.*

Der zweite Schlüssel: optimales Timing und Abwechslung

Interesse am Wechsel der Jahreszeiten
ist ein angenehmerer Geisteszustand als eine
unglückliche Liebe zum Frühling.
George Santayana

Die Erkenntnis, welche Strategien Ihnen zu einem glücklicheren Leben verhelfen können, hat Sie möglicherweise gar nicht vom Hocker gerissen. Viele Menschen wissen intuitiv, dass sie sich glücklicher fühlen, wenn sie dankbar sind für das, was sie haben, das Hier und Jetzt genießen, ihre Beziehungen stärken und den Umgang mit Schwierigkeiten lernen. Wenn Sie wissen, *was* Sie tun können, dann ist das schon ein wichtiger Schritt. Doch genauso wichtig ist es zu verstehen, *wie* Sie es tun können. Glücklicherweise hält die Wissenschaft einige Erkenntnisse bereit, mit deren Hilfe Sie Ihr Glücksprogramm so durchführen können, dass Sie möglichst großen Erfolg damit erzielen. In diesem Abschnitt geht es um zwei zentrale Punkte: Timing und Abwechslung.

Timing ist alles

Die Liebe ist kurz, aber sie kommt immer wieder.
François de La Rochefoucauld

Keine auch noch so große Anstrengung wird Sie dauerhaft glücklicher machen, wenn Sie sich an den neuen Zustand gewöhnen. Deshalb ist es letztlich sinnlos, wenn Sie Ihre Lebensumstände ändern, nach mehr Geld streben oder sich einen besseren Job suchen. Doch können wir uns nicht genauso an die *Tätigkeiten* gewöhnen, mit denen wir glücklicher werden wollen? Ja, das können wir. Wie schon der französische Autor François de La Rochefoucauld ahnte, sind unsere Tätigkeiten definitionsgemäß episodisch, das heißt, sie ereignen sich in unregelmäßigen Abständen. Ihren Optimismus mobilisieren Sie möglicherweise an den Tagen, an denen Sie schlecht gelaunt aufwachen, oder jedes Mal, wenn Sie eine E-Mail von Ihrem Chef bekommen. Alternativ könnten Sie sich vornehmen, jeden Sonntagabend in einem Tagebuch über Ihr Wunsch-Ich zu schreiben, um eine optimistische Einstellung zu entwickeln. Um es kurz zu sagen: Für Ihre Glücksaktivitäten ist Timing alles. Daher ist es unerlässlich, sich über die Dauer und Häufigkeit Ihrer Aktivitäten Gedanken zu machen, um die größtmögliche Zufriedenheit, Gelassenheit und Freude zu erzielen und der Gewöhnung ein Schnippchen zu schlagen. Sie könnten beispielsweise die Strategie der Dankbarkeit für schwere Zeiten reservieren, für Zeiten, in denen Sie einen belebenden Impuls nötig haben, oder für das Ende der Woche. Eine Freundin hat sich sogar eine handschriftliche Liste von Strategien angelegt, die zu besonderen Zeiten besonders gut funktionieren (zum Beispiel meditieren und Dankbarkeit üben vor dem Besuch der Schwiegereltern oder Vermeiden von Grübeln im Umgang mit dem Vorgesetzten und Ähnliches), und wirft immer wieder einen Blick auf ihre Liste. Versuchen auch Sie, das optimale Timing für jede Aktivität herauszufinden und sie nur so oft auszuführen, dass sie frisch, sinnvoll und positiv bleibt.

Wie schaffen Sie das? Durch Ausprobieren. In den vorangegangenen Kapiteln habe ich wissenschaftliche Experimente beschrieben, die Ihnen eine Vorstellung geben, wie Sie selbst Ihr optimales Timing finden können.[18] Es stellte sich beispielsweise heraus, dass es sinnvoller war, Dankbarkeit einmal statt dreimal pro Woche zu praktizieren, oder dass es glücklicher machte, an einem Wochentag fünf Mal hilfsbereit zu sein, statt jeden Tag einmal. Diese Erkenntnisse könnten Ihnen weiterhelfen. Beachten Sie jedoch, dass diese Beobachtungen einen Durchschnitt repräsentieren und für Sie möglicherweise nicht funktionieren. Außerdem lassen sich diese Faustregeln möglicherweise nicht auf andere Glücksaktivitäten übertragen. Probieren Sie es also selbst aus, bis Sie das richtige Timing für Ihre Glücksaktivität finden.

Interessanterweise nutzen Religionen das Timing sehr geschickt. Orthodoxe jüdische Ehepaare dürfen einander beispielsweise während der sieben Tage nach Beginn der Menstruation der Frau nicht berühren, geschweige denn miteinander schlafen. Um sicher zu gehen, dass sie einander nicht zufällig anfassen, müssen selbst alltägliche Handlungen wohl bedacht werden: Wenn die Frau dem Mann beispielsweise das Salz reichen will, muss sie den Salzstreuer vor ihn hinstellen und die Hand zurückziehen, ehe er sie mit seinen Fingern streifen kann. Das kommt Ihnen vielleicht absurd vor, doch dieses Tabu hat einen unbeabsichtigten Nebeneffekt: Die Flamme der Leidenschaft bleibt erhalten. Wie wunderbar muss es sein, sich nach Ablauf der Woche wieder zu berühren! Auch wenn wir einen anderen kulturellen Hintergrund haben, können wir vom Geist dieser Praktiken lernen, um Liebe und Glück in unserem Leben zu mehren.

Abwechslung ist die Würze des Lebens

Tätigkeiten sind definitionsgemäß dynamisch, das heißt, sie verändern sich.[19] Regelmäßige Großzügigkeit und Freigiebigkeit erfordern eine Vielfalt von unterschiedlichen Verhaltensweisen: An einem Tag können Sie einem müden Kellner ein besonderes Trinkgeld geben, am nächsten einen trauernden Freund besuchen und an einem dritten außer der Reihe den Abwasch erledigen. Dasselbe trifft auf jede andere Glücksstrategie zu. Deshalb gewöhnen wir uns weniger leicht an eine Tätigkeit als einen Zustand, und deshalb ist es umso wichtiger, dass Sie Abwechslung ins Spiel bringen.

Abwechslung verhindert, dass wir uns an etwas gewöhnen. Wenn Sie beispielsweise am Arbeitsplatz im Laufe der Woche zwischen verschiedenen Projekten hin- und herwechseln, eine bestimmte Tätigkeit mit einer neuen Methode, zu einer anderen Tageszeit oder mit anderer Geschwindigkeit ausführen oder ein neues Computerprogramm ausprobieren, machen Ihnen Ihre Aktivitäten weiterhin Spaß und eröffnen die Möglichkeit zu Flow-Erfahrungen. Wenn Sie Dankbarkeit ausdrücken wollen, können Sie zwischen verschiedenen Lebensbereichen (zum Beispiel Beziehungen, Beruf oder Gesundheit) hin- und herwechseln und so dafür sorgen, dass die Strategie frisch bleibt und lange funktioniert. Wenn Sie dagegen jeden Tag auf dieselbe Weise und für die immer gleichen Dinge Ihre Dankbarkeit zum Ausdruck bringen, wird diese Routine bald langweilig und sinnlos. Psychologen stellen fest, dass wir Abwechslung in unserem Verhalten suchen, weil wir Veränderung an sich als angenehm und stimulierend empfinden.[20] Vermutlich ging der Philosoph Immanuel Kant bei seinen täglichen

Spaziergängen jeden Tag einen anderen Weg, um der Langweile vorzubeugen.

Für die Bedeutung der Abwechslung gibt es viele Beweise. In einer zehnwöchigen »Hilfsbereitschafts-Intervention« in meinem Labor erhielten Teilnehmer die Möglichkeit, ihre guten Taten zu variieren und zum Beispiel eine zusätzliche Aufgabe im Haushalt zu erledigen, einem Fremden beim Reifenwechsel zu helfen oder mit einer Nichte Hausaufgaben zu machen. Für Teilnehmer, die jede Woche dieselben Tätigkeiten verrichteten, ging das Experiment nach hinten los.[21] Diät-Experte Robert Jeffrey machte eine ähnliche Feststellung:[22] Er hatte eine unglaublich effektive Diät entwickelt, musste dann aber einsehen, dass sie nur etwa ein halbes Jahr lang wirkte. Danach waren seine Kunden die immer gleiche Routine überdrüssig und hielten sich nicht mehr an sie. Also veränderte er seine Diät alle sechs Monate, um sie effektiver zu machen und seine Kunden zu motivieren, etwas Neues zu probieren.

Diese Beobachtungen unterstreichen, wie wichtig Abwechslung für Ihren Erfolg ist. Verwenden Sie ein bisschen hiervon und davon, verabreichen Sie Ihren Glücksaktivitäten eine regelmäßige Frischzellenkur, überraschen Sie sich selbst. Sehen Sie Ihren Weg zum Glück als ein Abenteuer voller Aufregung, unvorhersehbarer Wendungen und Umwege. Arbeiten Sie gleichzeitig an mehreren Glücksstrategien, damit Sie, wenn eine mal nicht so gut läuft, eine andere genießen können.

In einem Roman, den ich vor kurzem gelesen habe, bin ich über folgenden Satz gestolpert: »Um glücklich zu sein, muss man Abwechslung in der Wiederholung finden.«[23] Das mag rätselhaft und widersprüchlich klingen, doch es ist meinem Vorschlag gar nicht so unähnlich, die Umsetzung Ihrer Glücksaktivitäten möglichst abwechslungsreich zu gestalten. Auf der einen Seite machen Sie sich die Glücksaktivität zur Gewohnheit, und auf der anderen Seite verändern Sie das *Wie*, um sich nicht daran zu gewöhnen und sich so zu fühlen wie zuvor.

Meine Freundin Stephanie erzählte mir von einem Mitstudenten in ihrem Schauspielkurs, der »alles versucht« habe, um ein glücklicherer Mensch zu werden. Jeden Tag habe er Motivations-CDs gehört, gebetet, Tagebuch geschrieben und sei am Strand radgefahren. Er verfolgte seine Routine mit großem Ernst und wich nicht von ihr ab. Aber es wirkte einfach nicht. Zur Verwunderung meiner Freundin ging es ihrem Mitstudenten im Gegenteil immer schlechter. Dann fiel der Groschen.

Der Knabe hatte sich eine derart starre Routine geschaffen, dass er Tag für Tag dasselbe tat. Er hörte jeden Morgen dieselben CDs, betete mit denselben Worten für dieselben Menschen und fuhr auf demselben Weg zum Strand. Stellen Sie sicher, dass Sie bei der Umsetzung Ihrer Glücksaktivitäten jeden Tag einen anderen Weg zum Strand nehmen. Einsatz ist wichtig, zweifelsohne, aber genauso wichtig ist die Frage, *wie* Sie sich einsetzen.

Der dritte Schlüssel: soziale Unterstützung

Die meisten von uns sind Teil eines großen Netzes von Beziehungen und Sozialkontakten. Wir sind auf andere Menschen angewiesen und könnten viele unserer Ziele ohne ihre Unterstützung und Kooperation nicht erreichen. Daher ist es eigentlich nur logisch, dass der dritte Schlüssel für den Erfolg der Glücksaktivitäten die soziale Unterstützung ist. Damit sind alle möglichen Formen der Hilfestellung durch andere gemeint, vor allem durch Menschen, zu denen wir enge Beziehungen unterhalten. Auch bei der Umsetzung Ihres Glücksprogramms kann Ihnen ein Partner oder die Anerkennung durch nahestehende Menschen von großem Nutzen sein. Von sozialen Unterstützern erhalten Sie informative, greifbare und emotionale Hilfe: Sie schlagen neue Ansätze vor oder warnen vor möglichen Sackgassen, sie fahren Sie vielleicht zum Fitnessstudio und bieten Rückhalt, Trost und Inspiration.

In Kapitel 6 habe ich ausgeführt, warum soziale Unterstützung von unschätzbarem Wert ist, wenn Sie vor Herausforderungen stehen oder mit Schicksalsschlägen umgehen müssen. Frauen, die wenigstens eine Freundin haben, kommen mit Problemen sehr viel besser zurecht als Frauen ohne Freundin.[24] Ob Sie unter einer Trennung leiden, mit einer chronischen Krankheit zu kämpfen haben oder von Entlassung bedroht sind, ein Gespräch mit einem guten Freund oder Familienmitglied kann viel dazu beitragen, Ihren Schmerz zu lindern und einen Schritt zur Lösung Ihrer Probleme zu unternehmen. Wenn Sie Ihre Sorgen und Nöte mit anderen teilen, können Sie Stress abbauen, besonders wenn diese Ihnen berichten, dass sie ähnliche Erfahrungen gemacht haben und danach wieder auf die Beine kamen oder Glück gefunden haben. Der Trost und Rückhalt durch andere kann Ihnen helfen, Ihre Ängste zu verringern.

Emotionale oder greifbare Unterstützung, ob durch einen einzelnen Vertrauten, einen Freundeskreis oder eine Therapiegruppe kann bei der Verwirklichung Ihrer Lebensziele entscheidend sein.[25] Soziale Unterstützung motiviert Sie, lässt Sie Ihren Weg weiter gehen und hilft Ihnen so bei der Umsetzung einer großen Zahl von Zielen, ob in der Arbeit, in Beziehungen oder in der persönlichen Entwicklung. Viele Organisation wie etwa die Anonymen Alkoholiker betonen daher die Bedeutung der Zugehörigkeit zu einer »Mannschaft« oder Kleingruppe, die gemeinsam auf Ziele hinarbeiten. Ob Mannschaftskameraden, Lernpartner, Mentoren oder »große Geschwister« – Menschen, die Sie unterstützen und bestätigen, können Ihnen helfen, nicht nur für einen kurzen Moment, sondern dauerhaft glücklicher zu werden. Eine Unterstützergruppe wie die Anonymen Alkoholiker kann auf extrem wirkungsvolle Weise Überzeugungen, Engagement und Ausdauer fördern:

Ein Alkoholiker kann seine Arbeit verlieren, er kann ins Krankenhaus kommen, von einem halben Dutzend Ärzten gewarnt werden und trotzdem weiter trinken. Stecken Sie ihn aber einmal pro Woche in einen Raum mit anderen Alkoholikern und bringen Sie ihn dazu, die Last anderer mitzutragen und seine Last von anderen mittragen zu lassen, und er kann etwas erreichen, das zuvor niemand für möglich gehalten hätte.[26]

Was hat das mit einem glücklicheren Leben zu tun? Jede Verhaltensänderung, die Einsatz und Engagement erfordert, wird leichter, wenn Ihr Partner, Ihre Kinder, Freund, Eltern, Geschwister und Kollegen Sie darin unterstützen. Sie können Sie motivieren und an Ihre Glücksaktivitäten erinnern und Ihnen damit gerade in der Anfangszeit oder in schwunglosen Phasen den nötigen Anschub geben. Sie können positives Feedback vermitteln, Mut machen und Wärme schenken. Manchmal müssen Sie auch neue Bande zu Menschen knüpfen, die ähnliche Ziele verfolgen wie Sie. Vielleicht hilft es Ihnen, wenn Sie neue Freunde an Ihrem Arbeitsplatz, in der Universität oder der Nachbarschaft suchen, um Partner zu haben, die sich gegenseitig unterstützen. Aber Sie brauchen keine große Clique: Oft reicht schon ein einziger Freund, der für Sie da ist.

Der wissenschaftliche Beleg

Zahlreiche wissenschaftliche Untersuchungen bestätigen die Bedeutung der sozialen Unterstützung. Um einige Beispiele aus dem Gesundheitsbereich zu nennen: Patienten mit einem starken sozialen Netz kooperieren eher mit Ärzten.[27] Patienten mit Bluthochdruck, die jeden Tag Medikamente einnehmen und eine salzarme Diät halten müssen, beachten die strengen Richtlinien eher, wenn sie Unterstützung von ihrer Familie, insbesondere dem Partner erhalten.[28] Patienten mit sozialer Unterstützung befolgen ärztliche Anweisungen eher, verstehen ihre Behandlung besser und halten ihren Blutdruck eher konstant.

Kommen wir zum Bereich der Selbsthilfe. Menschen mit sozialer Unterstützung halten sich mit größerer Wahrscheinlichkeit zwei und sogar sechs Jahre lang an ihre Neujahrsvorsätze als andere.[29] Eine meiner Lieblingsuntersuchungen beschäftigt sich mit der Frage, inwieweit soziale Unterstützung beim Abspecken hilft.[30] Versuchsteilnehmer unterzogen sich einem viermonatigen Programm mit Diät, Sport und Verhaltensänderungen, und zwar entweder allein oder mit drei Bekannten, Freunden oder Verwandten. Von denjenigen, die das Programm allein begonnen hatten, beendeten es 76 Prozent, und 24 Prozent hielten ihr Gewicht mindestens ein halbes Jahr lang konstant. Im Gegensatz dazu führten 95 Prozent der Teilnehmer mit sozialen Unterstützern das Programm bis zum Ende durch, und 66 Prozent hielten ihr Gewicht; außerdem speckten sie im Schnitt mehr Kilos ab und aßen sich später weniger wieder drauf. Das sind faszinierende Zahlen.

Entsprechend gehe ich davon aus, dass Sie sich eher für Ihr Glücksprogramm engagieren und es mit größerer Wahrscheinlichkeit zu Ende bringen, wenn Sie sich soziale Unterstützer suchen. Lebenspartner, Freund, Life-Coach oder Lernpartner leisten einen wichtigen Beitrag zur Verhaltensänderung. Sie können Sie immer wieder ermuntern, auf Ihr Ziel hinzuarbeiten, und stehen für Gespräche zur Verfügung, wenn Ihre Motivation nachlässt oder Sie sich in einer Sackgasse verrennen.

Der vierte Schlüssel: Motivation, Einsatz und Engagement

Sie müssen unermüdlich an Ihrem eigenen Segen arbeiten.
Auch wenn Sie das Glück gefunden haben, dürfen Sie nicht
nachlassen, Sie müssen mit großem Einsatz dem Glück immer
weiter entgegenschwimmen und immer oben auf bleiben.
Elizabeth Gilbert

Engagierter Einsatz ist ein weiterer Schlüssel zu Ihrem erfolgreichen Glücksprogramm. Die Schritte, die Sie unternehmen müssen, um glücklicher zu werden, unterscheiden sich im Grunde kaum von denen, die nötig sind, um eine Fremdsprache zu lernen, an einem neuen Arbeitsplatz anzufangen oder jedes andere Ziel zu erreichen.

◆ Sie müssen den Entschluss fassen, ein Programm zu beginnen, mit dessen Hilfe Sie glücklicher werden.

◆ Sie müssen herausfinden, was Sie tun können.

◆ Sie müssen wöchentlich oder sogar täglich Einsatz zeigen.

◆ Sie müssen sich über einen langen Zeitraum für Ihr Ziel engagieren, vielleicht sogar für den Rest Ihres Lebens.

Die ersten beiden Schritte haben Sie bereits in die Wege geleitet, als Sie dieses Buch in die Hand genommen haben. Das ist bereits ein wichtiges Etappenziel, denn mit der Entscheidung, einen neuen Weg in Ihrem Leben einzuschlagen, bekommen Sie sofort das Gefühl, dass Sie Ihr Leben im Griff haben und dass Ihnen neue Möglichkeiten offen stehen. Dieses Gefühl allein ist schon sehr erhebend. Machen Sie es sich einmal klar: Sie stehen an der Schwelle zu einer großen Veränderung! »Jedes Mal, wenn Sie eine Entscheidung treffen, verwandeln Sie Ihr Innerstes, mit dem Sie sich entscheiden, in etwas Neues, das ein wenig anders ist, als es zuvor war«, schrieb der englische Autor C. S. Lewis.

Punkt drei und vier, Einsatz und Engagement, sind möglicherweise die schwersten. Doch ohne diese beiden Schritte wird Ihre Reise nur sehr kurz sein. Vielleicht werden Sie sich einen Tag, eine Woche oder einen Monat lang glücklicher fühlen, doch dieser Zustand wird nicht lange anhalten. Die meisten Menschen machen diese Erfahrungen mit ihren Neujahrsvorsätzen. Am 1. Januar wissen sie genau, was sie tun müssen, sie sind entschlossen und motiviert, sie bemühen sich eine Zeit lang – und geben schließlich auf. Neue Vorsätze umzusetzen kostet Arbeit, so wie alles im Leben, was Sinn und Wert hat.

Das Wunder des motivierten und engagierten Einsatzes

Motivation – der Antrieb und die Inspiration, etwas zu erreichen – spielt eine wichtige Rolle in allen vier eben genannten Schritten. Sie wissen, dass Sie für ein neues Projekt motiviert sind, wenn Sie Begeisterung verspüren und vor Ideen übersprudeln. Oder wenn Sie überzeugt sind, dass die Erfahrung interessant, anspruchsvoll und angenehm sein wird. Der Wunsch kommt aus Ihrem Inneren. Meine Mitarbeiter und ich haben Experimente entwickelt, um zu überprüfen, ob ein Zusammenhang besteht zwischen der Motivation, glücklicher zu werden, und dem Erfolg. Wir suchten Testpersonen, die ein Interesse daran hatten, glücklicher zu werden, und verglichen sie mit Teilnehmern, die sich für ein beliebiges psychologisches Experiment gemeldet hatten.[31] Die Ergebnisse waren erstaunlich. Egal ob es darum ging, Dankesbriefe oder Optimismus-Tagebücher zu schreiben, die motivierten Teilnehmer wurden messbar glücklicher, während sich bei den übrigen kaum eine Wirkung einstellte. Teilnehmer, die die Glücksaktivitäten als motivierend und lohnenswert empfanden, praktizierten sie eher und profitierten daher auch davon.[32]

Da haben wir also die geheime Zutat der Motivation: Je stärker Sie motiviert sind, desto größer Ihr Einsatz! Und vermutlich brauchen Sie keine Psychologin, die Ihnen erklärt, dass Sie ohne Einsatz keinen Erfolg erzielen. Trotzdem gibt es natürlich auch hierzu zahlreiche Untersuchungen. Die Testteilnehmer, die ihre Glücksaktivitäten weiter praktizieren, wenn die Psychologin den weißen Kittel ausgezogen und das Labor abgeschlossen hat, und die diese Aktivitäten in ihren Alltag integrieren, profitieren langfristig stärker als Teilnehmer, die ihre Aktivität nach Abschluss des Experiments einstellen.[33] Ohne Einsatz, Anstrengung, Ehrgeiz, Hartnäckigkeit, Beständigkeit und Zielstrebigkeit können Sie nur zaudern und scheitern.[34]

Als wir mit unseren Glücksinterventionen begannen, fanden wir sehr schnell heraus, dass die Teilnehmer nur so lange profitierten, wie sie ihre Strategien auch praktizierten. Anfangs wurden wir dafür kritisiert und gefragt: »Kann es sein, dass eure Interventionen ziemlich wenig ausrichten?« Doch mein Kollege Robert Rosenthal kam uns zu Hilfe: Er wies darauf hin, dass sich unsere Experimente damit nicht von einer Medikamentenbehandlung unterschieden. Ein Medikament kann Ihnen das Leben retten, solange Sie es einnehmen, und wenn Sie es nicht mehr einnehmen, wirkt es auch nicht mehr. Trotzdem behauptet niemand, dass Insulin, Aspirin oder Lipitor nichts ausrichten, bloß weil sie nach einer einmaligen Gabe nicht ein Leben lang wirken. Daraus lernen wir, wie wichtig es ist, jedes lebensverändernde Programm konsequent umzusetzen, egal ob es darum geht, ein glücklicherer Mensch zu werden, mit dem Rauchen aufzuhören oder eine Krankheit zu behandeln. Einsatz und Engagement sind alles.

Was, wenn ich zu viel zu tun habe?

»Ich habe viel zu viel um die Ohren, als dass ich mich um irgendetwas anderes kümmern könnte als um meine Arbeit und meine Familie«, erklärte mir eine nicht sonderlich glückliche Bekannte, als ich ihr vorschlug, sie solle doch einige der Glücksaktivitäten ausprobieren. Tatsächlich hatte sie mit zwei Kindern im Jugendlichenalter, ihrer ehrenamtlichen Tätigkeit und ihrer neuen Immobilienagentur eine ganze Menge um die Ohren. Also zeigte ich mich mitfühlend.

Doch können wir je zu viel zu tun haben, um uns um die wirklich wichtigen Dinge des Lebens zu kümmern? Wenn Sie ein Kind bekommen haben, nehmen Sie sich dann nur eine Stunde im Monat Zeit, um es anzusehen? Wenn Sie sich verlieben, schieben Sie dann ein Rendezvous auf, um mehr Zeit für Ihre Arbeit zu haben? Wenn Sie ein unglaubliches Jobangebot bekommen, sagen Sie dann nein, damit Ihr Tagesablauf nicht durcheinander gerät? Ich hoffe nicht.

Außerdem verlangen viele der Glücksaktivitäten gar nicht allzu viel Zeit. Sie sind einfach eine Form, das Leben zu leben: Sie sehen Ihre Arbeit, Ihren Partner und Ihre Kinder mit einem neuen, positiveren und optimistischeren Blick, sagen Ihrem Partner öfter ein freundliches Wort, Sie lenken sich ab, wenn Sie ins Grübeln geraten, sprechen vor dem Essen ein Gebet, lächeln Fremde in der Straßenbahn an, haben Mitgefühl mit einem Menschen, der Sie verletzt hat und so weiter. Die meisten dieser Strategien nehmen Ihnen nichts von Ihrer wertvollen

Zeit, und wenn Sie geschickt wählen und sich ein wenig bemühen, können Sie sie problemlos in Ihren Tagesablauf einbauen.

Was, wenn ich vergesse, mich an die Strategien zu halten?

Es wird Zeiten geben, in denen Ihr Engagement nachlässt, Sie Ihre Glücksstrategien vergessen oder gar nicht mehr praktizieren. Das ist völlig normal und zutiefst menschlich: Niemand ist perfekt. Es gibt Momente, in denen wir undankbar, unversöhnlich, egozentrisch, pessimistisch, traumatisiert, antriebslos und unentschlossen sein dürfen. Dauerhafte Euphorie ist nicht nur unmöglich, sie ist auch gar nicht wünschenswert.[35] Wenn ein geliebter Mensch stirbt, wenn wir scheitern oder wenn wir Opfer von Machtmissbrauch werden, dann sind negative Emotionen nicht nur völlig normal, sondern sogar wichtig, denn sie haben die Funktion, Reaktionen und Handlungen auszulösen, sei es Trauer, Hartnäckigkeit oder Arbeit an Veränderungen.[36] Wenn Sie die Motivation verlieren oder Ihre Glücksaktivität abbrechen, dann denken Sie nicht, dass alles verloren ist und Sie ein hoffnungsloser Fall sind. Das ist kein Anlass für eine Krise. Vielleicht ist Ihr Leben im Augenblick zu kompliziert, vielleicht war Ihre Strategie nicht abwechslungsreich genug, vielleicht brauchen Sie mehr Unterstützung von Freunden. Motivieren Sie sich einfach neu, überlegen Sie sich, warum Sie glücklicher werden möchten, und machen Sie weiter. In so einem Moment kann es Ihnen helfen, eine neue Glücksstrategie zu probieren oder eine Ihrer Strategien abzuwandeln. Optimales Timing, Abwechslung und soziale Unterstützung führen in den meisten Fällen zum Erfolg.

Engagieren Sie sich immer neu

Als die amerikanische Moderatorin Oprah Winfrey einmal gefragt wurde, wie sie es schaffe, jeden Tag fünf Meilen zu joggen und das selbst auf Reisen, antwortete sie, dass sie sich jeden Tag neu für ihr Ziel engagieren müsse. Das trifft auch auf die Strategien zu, mit denen Sie Ihr Leben glücklicher gestalten wollen. Erneuern Sie Ihr Engagement jeden Tag. Nicht nur die Strategie, sondern auch Ihr Engagement wird Ihnen jeden Tag leichter fallen.

Der fünfte Schlüssel: Gewohnheit

Ich hoffe, ich habe Ihnen inzwischen klar gemacht, dass konstanter Einsatz und große Entschlossenheit notwendig sind, um glücklicher zu werden. Das mag eine Enttäuschung für Sie sein, vor allem wenn Sie sich in letzter Zeit entmutigt, unsicher oder überfordert gefühlt haben oder wenn Sie nicht wissen, ob Sie die erforderliche Energie aufbringen können. Aber ich habe eine gute Nachricht für Sie. Der Aufwand ist zu Beginn groß, doch er nimmt mit der Zeit ab, weil Sie sich die neuen Verhaltensverweisen und Praktiken durch Wiederholung zur Angewohnheit machen.

Wie entstehen Angewohnheiten?

Jeder von uns hat Angewohnheiten, gute genauso wie schlechte. Meistens denken wir bei dem Wort »Angewohnheit« an ärgerliche Verhaltensweisen wie Fingernagelkauen, Daumenlutschen, mit den Haaren spielen und anderen ins Wort fallen. Rauchen ist ebenfalls eine Angewohnheit, genau wie Abbiegen ohne zu blinken oder jeden Morgen auf dem Weg zur Arbeit einen Milchkaffee zu kaufen. »Gute« Angewohnheiten sind, nach dem Essen die Zähne zu putzen, überallhin eine Flasche Wasser mitzunehmen und den Müll zu trennen.

Was haben diese Verhaltensweisen gemeinsam? Sie nennen sich »Angewohnheiten«, weil Sie sich nicht mehr entscheiden müssen, sie auszuführen. Es sind keine bewussten Handlungen. Wenn ich morgens aufwache, stehe ich sofort auf und ziehe meine Jogginghose und meine Laufschuhe an. Inzwischen denke ich nicht mehr (oder fast nicht mehr): »Soll ich aufstehen und joggen gehen, oder soll ich nicht lieber im warmen Bett liegen bleiben?« Es gibt keine Entscheidung mehr. Wenn Sie im Auto immer pfeifen oder jeden Freitag Pizza bestellen, denken Sie genauso wenig: »Soll ich oder soll ich nicht?« Sie machen es ganz einfach.

Angewohnheiten entstehen durch Wiederholung und Übung. Jedes Mal, wenn Sie ein Verhalten wiederholen, verstärkt sich in Ihrem Gedächtnis eine Assoziation zwischen dem Verhalten und der konkreten Situation.[37] Im Falle des Joggens setzt sich diese Situation unter anderem aus dem Klingeln des Weckers, meinem Schlafzimmer und meiner Joggingausrüstung neben der Tür zusammen. Durch die Wiederholung bewirken situationsbedingte Auslöser (der Wecker klingelt) ein bestimmtes Verhalten (ich ziehe meine Laufschuhe an), und dieses Verhalten verwandelt sich allmählich von einem kontrollierten in einen automatischen Prozess.[38]

Mit Ihren Glücksaktivitäten verhält es sich nicht anders. Jedes Mal, wenn Sie eine positive Handlung vollführen und zum Beispiel Ihr Essen im Kreise der Familie genießen oder in schweren Momenten Dankbarkeit für die guten Dinge in Ihrem Leben empfinden, stärken Sie die Verbindung zwischen der Situation und der Handlung. Wenn Sie also das nächste Mal (oder eher zum zehnten Mal) mit Ihrer Familie zusammen am Tisch sitzen, dann genießen Sie es vermutlich automatisch ein wenig mehr, und wenn Sie mit dem Auto im Stau stecken, denken Sie automatisch an Dinge, für die Sie dankbar sind. Natürlich erfordern diese Verbindungen Zeit und Übung, eine Angewohnheit schleift sich erst mit der Zeit ein.

Aber ist es nicht schwer, sich eine neue Gewohnheit zuzulegen?

Die Medien sind voll von Geschichten über Menschen, denen es nicht gelingt, abzunehmen oder mit dem Rauchen aufzuhören. Auch Behandlungsstatistiken weisen eine extrem hohe Rückfallquote aus. So können wir zum Beispiel nachlesen, dass 86 Prozent der Menschen, die mit dem Rauchen aufhören, wieder damit anfangen und dass sich zwischen 80 und 98 Prozent aller Menschen, die eine Diät machen, die abgespeckten Pfunde wieder drauffuttern, und sogar noch einige mehr.[39] Aber kennen Sie nicht auch jemanden, der sein Leben erfolgreich verändert hat? Eine Bekannte, die tatsächlich abgenommen, mit dem Trinken aufgehört, sich den Drogen entwöhnt, vom Verbrechen losgesagt, eine neue Ausbildung begonnen oder ein umgänglicherer Menschen geworden ist? Wie passen diese widersprüchlichen Tatsachen, die hohe Rückfallquote in Raucher- und Diätprogrammen einerseits und die verhältnismäßig gute Erfolgsquote in unserem Bekanntenkreis zusammen?

In einer inzwischen klassischen Untersuchung versuchte der Sozialpsychologe Stanley Schachter diesem scheinbaren Widerspruch auf den Grund zu gehen.[40] In seinen Gesprächen mit Kollegen an der Universität und mit Bekannten an seinem Urlaubsort am Strand stellte er fest, dass viele von ihnen früher übergewichtige Raucher gewesen waren. Diese

Beweise aus dem wirklichen Leben belegten eindrucksvoll, dass viele Menschen sehr wohl in der Lage sind, schlechte Angewohnheiten loszuwerden und sich gute zuzulegen. In der Tat kam Schachter in seinen Interviews im Büro und am Strand auf eine Erfolgsquote von 63 Prozent für die Selbstheilung von Nikotinsucht und Fettleibigkeit. Daraus schloss er, die hohe Rückfallquote in den Laborexperimenten müsse damit zusammenhängen, dass sich nur die wirklich harten Fälle zur psychologischen Behandlung meldeten. Menschen, die sich selbst kurieren können, gehen nicht zum Psychologen. Außerdem klappt es mit den Verhaltensänderungen nicht immer gleich auf Anhieb. Schachter stellte fest, dass die 63 Prozent, die erfolgreich abgenommen und mit dem Rauchen aufgehört hatten, mehrere Anläufe gebraucht hatten.

Die Ergebnisse aus Schachters recht hemdsärmeligen Befragungen bestätigten sich unlängst in einer repräsentativen Untersuchung mit 784 Teilnehmern, die lange übergewichtig gewesen waren.[41] Diese Menschen war es gelungen, über fünf Jahre hinweg einen Gewichtsverlust von mindestens 15 Kilogramm zu halten. Die meisten hatten verschiedene Methoden ausprobiert und lange Zeit immer wieder ab- und zugenommen, doch schließlich waren sie erfolgreich gewesen. Die meisten schafften es erst im Alter von mehr als 40 Jahren, abzunehmen und ihr Gewicht zu halten. Nachdem sie jedoch wussten, was in ihrem Fall am besten funktionierte, fiel es ihnen sehr viel leichter. Die Wissenschaftler erfuhren zu ihrer Überraschung, dass es 42 Prozent der Teilnehmer einfacher fanden, ihr Gewicht zu halten als abzunehmen. Nachdem sie ihr Idealgewicht erreicht hatten, waren ihnen die gesünderen Ernährungsstrategien bereits zur Gewohnheit geworden.

Gewohnheit und Gewöhnung

Also sollten Sie alles daran setzen, sich positives Denken und Handeln zur Gewohnheit zu machen. Aber hüten Sie sich vor der Gewöhnung! Die Bereitschaft zu einer Glücksaktivität sollte Ihnen zur Gewohnheit werden, und Sie sollten immer bereit sein, sich zu versöhnen, zu genießen, das Gute zu sehen oder dankbar zu sein, unbewusst und automatisch. Diese Gewohnheit erleichtert es Ihnen, Ihre Glücksaktivität regelmäßig durchzuführen. Hüten Sie sich jedoch vor der Routine und davor, Ihre Glücksaktivität immer auf die gleiche Art und Weise durchzuführen. Das führt nur zu Langeweile, Gewöhnung und einem völligen Verlust Ihres Glückspotenzials.

Es ist an Ihnen

Dieses Buch will Sie ermutigen, sich neue und positive Angewohnheiten zuzulegen. Wenn Sie das Gute sehen, das Hier und Jetzt genießen und Ihre Lebensziele verwirklichen, dann leisten Sie einen entscheidenden Beitrag zu Ihrem Glück. Deshalb ist es auf jeden Fall eine gute Idee, sich diese Aktivitäten zur Gewohnheit zu machen. Sehr glückliche Menschen, die mit einem hohen natürlichen Glücksfixpunkt gesegnet sind, scheinen diese Angewohnheiten geerbt zu haben. Sie müssen sich nicht anstrengen, um optimistisch oder dankbar zu sein, sie sind es einfach. Doch wenn Ihr Glücksfixpunkt nicht so hoch ist und Sie von Natur aus weniger dieser guten Angewohnheiten haben, dann können Sie sie trotzdem entwickeln. Alles was Sie brauchen, ist ein wenig Geduld und Entschlossenheit.

Vielleicht haben Sie sich in der Vergangenheit gefühlt, als seien Sie von Ihren ungünstigen Genen, pessimistischen Gedanken und schlechten Angewohnheiten gefangen. Ich hoffe, dass die Methoden in diesem Buch Sie von der Last dieser negativen Wahrnehmungen befreien. Die zugrunde liegende Glückstheorie wirkt enorm befreiend, denn sie zeigt Ihnen nicht nur, was ein glückliches Leben ausmacht, sondern sie erklärt Ihnen außerdem, wie Sie selbst wirkliche und dauerhafte Veränderungen bewirken können.

Die Verheißung des Glücks

Es ist nie zu spät, das zu werden,
was man hätte sein können.
George Eliot

Während der Arbeit an diesem Buch habe ich einige Überraschungen erlebt. Ich beschäftige mich seit 23 Jahren mit dem Glück und mit der Psychologie noch einige Jahre länger. Viele der hier vorgestellten Untersuchungen kenne ich schon auswendig, den Rest zumindest gut. Trotzdem hatte die neuerliche intensive Beschäftigung mit den verschiedenen Experimenten und Ergebnissen unerwartete Auswirkungen, die irgendwann schon fast zum Lachen waren. Während der Arbeit am Kapitel über Dankbarkeit schrieb ich einen Dankesbrief an einen Kollegen, was mir normalerweise eher schwer fällt, und während der Arbeit am Kapitel über Hilfsbereitschaft wurde ich ungewöhnlich aufmerksam gegenüber Freunden und Bekannten. Mein Mann war angenehm überrascht, als ich die Techniken zur Verbesserung unserer Beziehungen an ihm ausprobierte. Und als ich über Spiritualität schrieb, dachte ich plötzlich über den Sinn des Lebens nach und suchte nach höheren Bedeutungen in alltäglichen Ereignissen, und das, obwohl ich kaum jemanden kenne, der so wenig spirituell wäre wie ich. Diese Auswirkungen überraschten mich, nicht nur, weil die Empfehlungen zur Steigerung des Glücks eigentlich nichts Neues mehr für mich sind, auch, weil ich nie mehr sonderlich empfänglich für diese Art von Ratschlägen war. Ich bin nicht der Typ, der Ratgeber kauft und Gutes tut. Doch während der Arbeit an diesem Buch hatte ich das Bedürfnis, genau das zu machen. Wenn also selbst ich, die ich mich sonst so hartnäckig verweigere, die Wirkung der Vorschläge in diesem Buch spüre, dann können mit Sicherheit auch einige andere skeptische Leser davon profitieren.

Im Rückblick verstehe ich natürlich, warum mich manche Kapitel mehr beeindruckt haben als andere. Über Strategien zu schreiben, die mir leicht fallen – Optimismus, die Verwirklichung von Lebensträumen, Bewältigung, Sport und Flow – hat mich weniger beeinflusst als die Arbeit an Themen, in denen ich noch viel dazulernen kann. Die Arbeit am Kapitel über das Leben im Hier und Jetzt war besonders schwierig und wertvoll, weil sie mich zwang, mich auf das zu konzentrieren, worauf es im Hier und Jetzt tatsächlich ankommt, statt mich mit den Ärgernissen des Alltags herumzuschlagen. Aber warum hatte es solche Auswirkungen, wo ich doch aus der Forschung und der eigenen Anschauung schon recht gut wusste, dass das Leben im Hier und Jetzt glücklich macht? Doch plötzlich, als die Beweise geballt zusammenkamen, machten sie großen Eindruck auf mich. Heute vergeht kein frustrierender, enttäuschender oder schmerzhafter Moment, in dem ich mich nicht frage: »Spielt das in einem Jahr noch eine Rolle?« Und der Moment geht vorüber.

Ich hoffe, Sie machen ähnliche Erfahrungen. Vielleicht haben Sie schon eine vage Ahnung, vielleicht auch mehr, dass Sie ein glücklicherer Mensch werden können, wenn Sie meditieren, mehr Dankbarkeit zeigen, Lebensziele formulieren und Hilfsbereitschaft entwickeln. Vielleicht wussten Sie nur noch nicht, ob diese Strategien tatsächlich funktionieren oder wie Sie sie angehen können. Vielleicht fragen Sie sich sogar, warum Sie sich nicht längst für diese Aktivitäten engagieren oder sich zur Gewohnheit gemacht haben. Vielleicht ist dieses Buch der letzte Anstoß, auf den Sie gewartet haben, um Ihr Leben zu verändern. Vielleicht gibt Ihnen die wissenschaftliche Grundlage das Zutrauen, dass Sie tatsächlich glücklicher werden können, wenn Sie Ihre Glücksaktivitäten optimal und engagiert umsetzen. Vielleicht hatten Sie nur keine Ahnung, wie Sie es anstellen sollen, und ich hoffe, dieses Buch hat Ihnen Anregungen gegeben. Vielleicht haben Sie sich nie so zufrieden und glücklich gefühlt, wie Sie es gern wären, und fühlen sich bestätigt, weil Sie nun wissen, dass Sie 40 Prozent Ihres Glücks verändern können und dass Sie es selbst in der Hand haben, ein glücklicherer Mensch zu werden.

Die Empfehlungen in diesem Buch waren überraschend wirkungsvoll, selbst für eine hartgesottene Glücksforscherin wie mich. Ohne Zweifel hat dieses Buch mein Leben verändert, auf vorhersehbare wie auf unerwartete Weise. Ich hoffe, es verändert auch Sie und hilft Ihnen, das Leben zu leben, das Sie leben wollen.

Nachwort
Wenn Sie unter
Depression leiden

Wenn Sie im Depressionstest in Kapitel 2 mehr als 16 Punkte erhalten haben, dann fragen Sie sich vielleicht, was Sie sofort wissen sollten und welche Schritte Sie über die in diesem Buch beschriebenen hinaus unternehmen können. Ich möchte an dieser Stelle darauf hinweisen, dass Menschen, die unter Depression leiden, zwar ein Programm zur Steigerung ihres Wohlbefindens durchführen können, dass dieses Buch jedoch keine Therapie gegen Depression bietet. Sehen wir uns nun an, was Depression ist, woher sie kommt und was man dagegen unternehmen kann.

Was ist Depression?

Depression ist eine Krankheit, kein Versagen. Psychologen sprechen von einer affektiven Störung, die sich aus einer Vielzahl von Anzeichen und Symptomen zusammensetzt. Vermutlich kennen Sie einige dieser Symptome bereits. Vielleicht zeigen Sie nur ein paar, vielleicht aber auch viele davon. Es gibt im Ganzen neun klassische Symptome, von denen die ersten beiden zur Diagnose einer Depression ausreichen:[1]

◆ depressive Verstimmung über weite Teile des Tages, Gefühle der Niedergeschlagenheit, Ängstlichkeit, Leere oder auch Reizbarkeit und Anspannung,
◆ vermindertes Interesse und Freude an Aktivitäten, die Ihnen früher Freude bereiteten (Sex eingeschlossen),
◆ Gefühle der Wertlosigkeit, Hilflosigkeit und Schuldgefühle,
◆ Müdigkeit und fehlende Energie,

- Konzentrationsstörungen, verminderte Denk- und Entscheidungsfähigkeit,
- Schlafstörungen wie Schlaflosigkeit, frühes Erwachen oder Unfähigkeit, morgens aufzustehen,
- Essstörungen wie Heißhunger und Gewichtszunahme oder Appetitlosigkeit und Gewichtsverlust,
- körperliche Unruhe oder Verlangsamung,
- Gedanken an Tod und Selbstmord, Selbstmordversuche.

Dabei muss man eine klinische, diagnostizierbare Depression von einer vorübergehenden Phase der Traurigkeit unterscheiden. Eine Depression erfasst Ihre gesamte Persönlichkeit: Ihre Gefühle, Ihre Gedanken und Ihre körperliche Verfassung. Um die Sache noch komplizierter zu machen, unterscheidet man verschiedene Formen der Depression, unter anderem:

- Depressive Episode: In ihr wird die Depression intensiv und mit zahlreichen Symptomen erlebt. Diese Symptome beeinträchtigen Sie in Ihrer Arbeit und Ihren Beziehungen und wirken sich negativ auf Ihren Schlaf, Ihren Appetit und Ihre Freude an vormals als angenehm empfunden Aktivitäten aus.
- Dysthymie ist eine weniger schwere, jedoch chronische Form der Depression. Sie haben weniger und nicht so gravierende Symptome wie im Falle einer schweren Depression, doch Sie leiden unter Verstimmungen und funktionieren nicht wie gewohnt. Wenn Dysthymie und eine schwere Depression zusammenkommen, sprechen Wissenschaftler von einer doppelten Depression.
- Depressive Störung, bei der Sie Symptome der Depression aufweisen, die aber weder intensiv genug sind noch lange genug anhalten, um die Diagnose einer schweren Depression oder einer Dysthymie zuzulassen. Doch auch diese Form der Depression erfordert eine Behandlung, da Sie sich möglicherweise niedergeschlagen und im Alltag eingeschränkt fühlen.

Innerhalb jeder dieser Diagnosen sind wiederum sehr unterschiedliche Symptome möglich. Frauen verspüren beispielsweise eher mehr Appetit, sie nehmen häufiger zu und haben ein gesteigertes Schlafbedürfnis. Männer fühlen sich dagegen ärgerlich, gereizt und entmutig, statt hoffnungs- und hilflos. Dazu kommt, dass rund 10 Prozent aller Erwachsenen (sowohl Männer als auch Frauen) unter jahreszeitlich bedingten Stimmungsschwankungen leiden, vor allem im Winter. Etwa 5 Prozent aller Frauen erleben in der Woche vor ihrer Regelblutung depressive Symptome. Auch nach der Geburt machen viele Frauen eine depressive Episode durch. Bei älteren Menschen kann eine schwere Krankheit oder der Verlust eines geliebten Menschen zu Depression führen.

Doch ganz gleich unter welche Form der Depression und unter welcher einmaligen Kombination von Symptomen Sie leiden: Sie müssen wissen, dass Sie davon befreit werden können. Überraschenderweise begeben sich Menschen mit Depression im Durchschnitt erst *neun Jahre* nach dem Auftreten der ersten Symptome in Behandlung.[2] Auch wenn Sie wissen, dass Sie unter Depression leiden oder gelitten haben, haben Sie möglicherweise nie professionelle Hilfe in Anspruch genommen. Ich möchte Ihnen dringend raten, dies zu tun, und zwar aus folgenden Gründen.

Der erste Grund ist ein Problem namens »Komorbidität«. Hinter diesem Wort verbirgt sich, dass an Depression erkrankte Menschen häufig ein oder zwei *weitere* körperliche oder psychische Probleme haben. Leiden Sie unter permanenten Sorgen, Anspannungen oder irrationalen Ängsten, die Sie nicht loswerden? Hatten Sie je eine Panikattacke, in der Sie Angst hatten, Sie müssten sterben? Werden Sie von Albträumen oder Erinnerungen an ein schreckliches Ereignis heimgesucht? Leiden Sie unter Essstörungen oder haben Sie Probleme mit Nikotin, Alkohol oder Drogen? Dies sind nur einige der möglichen Begleiterscheinungen der Depression, die so rasch wie möglich behandelt werden müssen. Glücklicherweise wirken verschiedene Antidepressiva nicht nur gegen Depression, sondern auch gegen diese begleitenden Krankheiten.[3]

Der zweite Grund, warum Sie professionelle Hilfe in Anspruch nehmen sollten, ist, dass eine Depression Ihnen dauerhaften Schaden zufügen kann. Wissenschaftliche Erkenntnisse zeigen, dass Depression genauso schädlich ist wie chronische körperliche Krankheiten, etwa Diabetes, Arthritis oder Bluthochdruck.[4] Da die Depression im Durchschnitt im Alter von Mitte 20 zum ersten Mal einsetzt, kann die Krankheit den Übergang in wichtige neue Lebensabschnitte beeinträchtigen, etwa Ihren Studienabschluss, Berufsstart, Elternschaft, Heirat und Ehe. Dazu kommt der Produktivitätsausfall durch Depression, der allein in den USA bei rund 33 Milliarden US-Dollar pro Jahr liegt.[5]

Es gibt Menschen, die Depression für »normal« halten und meinen, wenn sich jemand dauerhaft traurig, wertlos oder hoffnungslos fühlt, sei dies noch kein Anzeichen für eine Krankheit. Andere gehen sogar so weit zu behaupten, dieser Zustand könne durchaus positive Folgen haben. Damit haben sie vielleicht nicht ganz Unrecht: Bei einigen unserer Verstimmungen könnte es sich durchaus um »gemeines Unglück« handeln, wie Freud es nennt, und auch Pessimismus kann durchaus seinen Wert haben. Es kann gut sein, dass Menschen mit einer pessimistischen Einstellung Gefahren und Bedrohungen eher erkennen und Warnsignale wahrnehmen, die Optimisten übersehen. Doch wenn Sie unter Depression leiden, dann wissen Sie selbst nur zu gut, dass Sie nicht einfach nur eine pessimistische Einstellung gegenüber sich und der Welt haben, sondern dass Sie Leid und Schmerz empfinden. Dieses Leid ist erbarmungslos, schrecklich und unverschuldet, und aus diesem Grund muss Depression gelindert und geheilt werden.

Ursachen der Depression

Vollständig geklärt ist der Ursprung einer Depression nicht. Doch man geht heute davon aus, dass die Depression, wie viele andere Krankheiten auch, mehrere Ursachen hat.

Natur und Umwelt: Veranlagung und Empfindlichkeit für Stress

Viele körperliche Erkrankungen entwickeln sich, wenn zwei Faktoren zusammenkommen: eine angeborene Veranlagung und ein Auslöser in der Umwelt.[6] Auch Depression scheint das Resultat dieses Zusammenspiels zu sein. Wie Herzerkrankungen, Diabetes oder Arthritis liegen die Ursachen der Depression in unserer Biologie, in unseren Genen und in unseren Gehirnen. Leichte Formen der Depression sind zu 20 bis 45 Prozent erblich, bei schwereren Formen ist die Erblichkeit sogar noch größer.[7] Jemand, dessen Eltern oder Geschwister unter Depression leiden, erkrankt mit doppelter bis vierfacher Wahrscheinlichkeit an Depression als der Durchschnitt.[8] Einige von uns werden mit einer depressiven Veranlagung geboren. Diese Veranlagung, ob ererbt oder Schicksal, äußert sich in den Abläufen unseres Gehirns. Studien zeigen, dass depressive Menschen eindeutige körperliche Symptome aufweisen:[9] In ihrem Gehirn finden sich zu geringe Mengen der Neurotransmitter Noradrenalin, Serotonin und Dopamin und zu große Mengen des Stresshormons Kortisol. Außerdem ist ihr Traumschlaf gestört. Mit Hilfe neuer bildgebender Verfahren konnten Wissenschaftler außerdem zeigen, dass schwer depressive Patienten abnorme Veränderungen im präfrontalen Kortex (dem Bereich des Gehirns, der für unser Denken und Fühlen zuständig ist), im Limbischen System (das für Schlafen, Essen, Sex, Motivation, Gedächtnis und Stressreaktionen zuständig ist) und im Anterior Cingulate Kortex aufweisen.[10] Eine Vielzahl von Indizien weist also darauf hin, dass Depression in Bereichen unseres Körpers verankert ist, über die wir wenig Kontrolle haben.

Doch eine genetische oder biologische Veranlagung reicht üblicherweise noch nicht aus, um tatsächlich eine Depression zu bewirken. Zusätzlich ist eine Stresssituation oder ein Auslöser erforderlich. Ist Ihre Veranlagung groß, reicht schon eine geringe Belastung aus, um eine Depression auszulösen. Ist die Veranlagung dagegen gering, ist eine große Belastung oder ein Trauma nötig.

Aber was heißt Belastung? Fast jede Art der anhaltenden und schweren Belastung kann die Depression auslösen: Armut, ein traumatisches Erlebnis (wie Gewalt, eine Naturkatastrophe oder der Verlust des Zuhauses), eine Trennung oder Scheidung, eine ernste oder chronische Krankheit, die Pflege eines kranken Kindes oder eines alten Elternteils und viele mehr.[11] Einige Wissenschaftler suchen nach traumatischen Erlebnissen in der Kindheit, die im Erwachsenenalter Depression auslösen. In der Tat wird oft Fehlverhalten der Eltern für die Depression verantwortlich gemacht, wie etwa Depression oder Angst der Mutter während der Schwangerschaft, Vernachlässigung des Kindes, mangelnde Achtung vor seiner Autonomie, widersprüchliches Verhalten der Eltern oder Misshandlung. Allerdings können Wissenschaftler bis heute nicht sagen, ob es die Erziehungsfehler der Eltern sind, die später die Depression auslösen, oder Depressions-Gene, die in der gesamten Familie vorkommen.

Psychische Verwundbarkeit

Die Literatur über die möglichen Ursachen der Depression füllt viele Regale. Ich will an dieser Stelle nur zwei weitere Theorien vorstellen, die meiner Ansicht am überzeugendsten wissenschaftlich nachgewiesen sind. Die erste ist die kognitive Theorie der Depression, die vom Psychiater Aaron Beck entwickelt wurde und die Grundlage der verbreitetsten Depressionstherapie, der kognitiven Verhaltenstherapie, ist. Beck geht davon aus, dass manche Menschen verzerrte Denkschemata haben, die sie im Falle eines negativen Ereignisses für eine Depression anfällig machen. Zum Beispiel denken die betroffenen Personen, sie müssten perfekt sein oder ihr Glück und Selbstwert hinge von anderen Menschen ab. Wir vermuten zum Beispiel: »Mit diesem Kommentar will mir mein Professor sagen, dass ich ein völliger Versager bin« oder »Wenn meine Freundin mich nicht liebt, bin ich nichts«. Diese Überzeugungen führen dazu, dass schlechte Erfahrung automatisch negative Gedanken auslösen, und zwar erstens über uns selbst (»Ich bin es nicht wert, geliebt zu werden«), zweitens über unsere gegenwärtigen Erfahrungen (»Mein Chef bevorzugt grundsätzlich meine Kollegen«) und drittens über unsere Zukunft (»Ich werde nie über meine Schüchternheit hinwegkommen«). Beck spricht in diesem Fall von einer »negativen kognitiven Triade«.

Eine verwandte Depressionstheorie ist die sogenannte »erlernte Hilflosigkeit« von Martin Seligman. Nach dieser Theorie kann Depression durch die Erwartung ausgelöst werden, dass uns etwas Schlechtes passieren wird, dass wir keine guten Erfahrungen machen werden und dass wir an dieser Situation auch nichts ändern können. Demnach wäre Hoffnungslosigkeit eine der Ursachen der Depression. Diese Hoffnungslosigkeit rührt daher, dass manche Menschen aus einer belastenden oder allgemein negativen Erfahrung schädliche Schlussfolgerungen ziehen. Wenn Sie nicht wie erwartet befördert werden, könnten Sie zu dem Schluss kommen, dass Sie erstens übergangen wurden, weil Sie kein Talent haben, dass Sie zweitens nun in Ihrer Karriere nicht weiter vorankommen und dass drittens diese Entscheidung beweist, dass Sie nichts wert sind. Dies sind Symptome der Hoffnungslosigkeit, die zu Depression führen können. Sie können sich vor dieser Hoffnungslosigkeit und damit vor Depression schützen, wenn Sie zu dem Schluss kommen, dass Sie erstens in letzter Zeit nicht hart genug gearbeitet haben, dass Sie zweitens mehr tun sollten, um im kommenden Jahr befördert zu werden, und dass drittens diese Entscheidung nichts über Ihren Wert als Mensch aussagt.

Die Theorien von Martin Seligman und Aaron Beck gehen davon aus, dass depressive Menschen »kognitiv verwundbar« sind, das heißt, dass sie negative Erfahrungen verzerrt wahrnehmen und so anfälliger für Depressionen sind. Vereinfacht gesagt, die Art und Weise, wie wir ein bestimmtes Problem (etwa ein Beziehungsproblem) wahrnehmen, erzeugt bestimmte Gefühle (zum Beispiel Hoffnungslosigkeit oder Wertlosigkeit statt Zuversicht und Optimismus), was wiederum zu Leid und schließlich zu Depression führt.

Ein spannendes neues Projekt beobachtete Versuchsteilnehmer über einen längeren Zeitraum und maß deren verzerrende Gedanken und ihren Stress. Dieser Versuch zeigte, dass Menschen mit verzerrenden und hoffnungslosen Einstellungen mit größerer Wahrscheinlichkeit eine depressive Episode erleben.[12] Doch wie wir in Kürze sehen werden, ist die kognitive Verhaltenstherapie ein wirkungsvolles Mittel gegen diese verzerrenden Einstellungen.

Risikofaktoren der Depression

Risikofaktoren sind Umstände, die eine Depression wahrscheinlicher machen, sie aber nicht unbedingt auslösen. Drei Risikofaktoren sind wissenschaftlich gut dokumentiert:

- ◆ mangelnde soziale Kompetenz,
- ◆ Schüchternheit oder Gehemmtheit,
- ◆ übermäßige Abhängigkeit von anderen.

Wenn eine oder mehrere dieser Eigenschaften auf Sie zutrifft, könnten Sie von professioneller Hilfe sehr profitieren. Wenn Sie Ihre soziale Kompetenz verbessern wollen, können Sie lernen, sich besser mitzuteilen, Ihre Gefühle zu kontrollieren und besser auf die Gefühle anderer einzugehen, die Initiative zu ergreifen und in Gesprächen Ihre Positionen zu vertreten. Wissenschaftler haben festgestellt, dass Menschen mit schwacher sozialer Kompetenz dazu neigen, Kritik von Freunden und Familie zu suchen und auf Menschen zuzugehen, die sie ablehnen. Auch dies ist etwas, das Sie zusammen mit einem Psychotherapeuten lösen können.

Wenn Sie die Gesellschaft anderer Menschen scheuen und außerordentlich schüchtern sind, könnten Sie ebenfalls anfällig für Depression sein. Der Grund ist vermutlich, dass schüchterne Menschen unter Belastung genau das vermeiden, was ihnen Schutz bieten und vor einem Teufelskreis bewahren könnte, nämlich Gesellschaft und Unterstützung. Wenn Sie sich schließlich immer wieder bei anderen die Bestätigung suchen, dass Sie ein wertvoller und liebenswerter Mensch sind, oder wenn Sie die Anerkennung und Unterstützung durch andere in extremem Maße brauchen, dann könnten Sie eine »abhängige Persönlichkeitsstörung« haben. Wie die beiden anderen Risikofaktoren macht diese Störung für Depression anfällig. Daher sollte diese übermäßige Abhängigkeit im Rahmen einer Therapie behandelt werden.

Die effektivsten Behandlungsmethoden gegen Depression

Mit dem, was in diesem Abschnitt zur Sprache kommen soll, könnte man ein ganzes Buch füllen, denn es gibt zahlreiche Behandlungsmethoden gegen die Depression. Deshalb werde ich mich auf eine kleine Handvoll beschränken, die nach wissenschaftlichen Erkenntnissen die besten Erfolgsaussichten haben. Eine davon ist die Medikamententherapie, drei weitere sind Psycho- oder Gesprächstherapien: die kognitive Verhaltenstherapie, die interpersonelle Psychotherapie (IPT) und die Paar- und Familientherapie. Man geht heute davon aus, dass Menschen mit einer leichten Depression von der Psychotherapie profitieren können, während mittelschwere bis schwere Depressionen mit Medikamenten behandelt werden sollten.[13] Die Mehrheit der Patienten profitiert von einer Kombination aus Medikamentenbehandlung *und* Psychotherapie: Die Medikamente verschaffen rasche Erleichterung, und die Psychotherapie hilft beim Erlernen von Fähigkeiten, mit denen die Patienten ihre Probleme selbst lösen und ihre depressiven Gedanken und Gefühle in den Griff bekommen können.

Kognitive Verhaltenstherapie

Wie bereits erwähnt, basiert diese am weitesten verbreitete Depressionstherapie auf den Theorien von Aaron Beck. Im Mittelpunkt der Therapie stehen Ihre Gedanken. Die kognitive Verhaltenstherapie geht davon aus, dass Menschen, die zu Depression neigen, sich selbst, ihre Welt und ihre Zukunft negativ verzerrt wahrnehmen. Eine Patientin könnte beispielsweise ihrer Therapeutin erklären, sie habe versagt, weil es bei der Geburtstagsfeier ihres Sohnes geregnet hat. Die Aufgabe der Therapeutin besteht darin, der Patientin zu helfen, ihre negativen Denkmuster zu erkennen und sie durch rationalere Gedanken zu ersetzen. Sie könnte der Patientin Fragen über die Geburtstagsfeier stellen, mit deren Hilfe diese erkennt, dass ihr Denken irrational und zu pessimistisch war. Die Therapeutin gibt »Hausaufgaben«, mit deren Hilfe die Patientin ihre Denkmuster besser erkennt.

So weit der kognitive Teil. Der Verhaltensaspekt besteht darin, den Patienten Fähigkeiten beizubringen, die diesen fehlen, zum Beispiel Problemlösung (also Lebensprobleme zu definieren, verschiedene Lösungsmöglichkeiten zu entwickeln und sich zwischen diesen zu entscheiden), Selbstkontrolle (Sie setzen sich wöchentliche Ziele, kontrollieren Ihr Verhalten und belohnen sich, wenn Sie Ihre Ziele erreichen) und sogenannte »Verhaltensaktivierungen« (Sie lernen zum Beispiel, in schwierigen Situationen die Initiative zu ergreifen, statt sie zu vermeiden). Vor allem geht es jedoch darum, depressive Menschen zu Aktivitäten anzuregen, die ihnen Spaß machen und ein Gefühl der Kompetenz vermitteln. Diese Strategie sorgt nicht nur für eine Zunahme der positiven Emotionen, sondern verhindert auch das Grübeln über Gefühle und Probleme, was die Depression weiter verschlimmert.[14]

Die kognitive Verhaltenstherapie ist meist kurz und kann in vier bis vierzehn Sitzungen abgeschlossen werden. Für Patienten mit einer langen Vorgeschichte negativer Denkschemata dauert die Behandlung allerdings länger. Diese Patienten lernen zu erkennen, dass ihr Leid aus ihren Denkgewohnheiten herrührt und nicht aus den negativen Erfahrungen, die sie gemacht haben. Mit anderen Worten, vielleicht war es nicht die sechs Monate zurückliegende Trennung, die Ihre Depression ausgelöst hat, sondern Ihr verzerrtes Denken über die Trennung.

Wirkt die kognitive Verhaltenstherapie? Ja, das tut sie. Von allen Depressionstherapien wurde sie am intensivsten getestet. Untersuchungen ergaben, dass kognitive Verhaltenstherapie effektiver ist als alle anderen und dass sie vergleichbare Erfolge erzielt wie die Medikamentenbehandlung.[15] Patienten, die mithilfe der kognitiven Verhaltenstherapie von der

Depression befreit werden, erleben mit geringerer Wahrscheinlichkeit einen Rückfall oder eine weitere depressive Episode in der Zukunft.

Interpersonelle Therapie

Wenn Sie unter Depression leiden, haben Sie vermutlich mindestens ein interpersonelles Problem. Vielleicht betrauern Sie den Verlust eines nahestehenden Menschen, leiden unter Eheproblemen, einer schwierigen Übergangssituation oder mangelnder Durchsetzungskraft. Die interpersonelle Therapie basiert lose auf der Freudschen Psychoanalyse, bedient sich jedoch bei einer Reihe anderer Therapieformen. Wie die Medizin sieht diese Therapieform die Depression als heilbare Krankheit, nicht als persönlichen Mangel oder als Schwäche. Ähnlich wie Paartherapeuten helfen interpersonelle Therapeuten bei der Aufarbeitung und Lösung von Beziehungsproblemen und vermitteln Ihnen den Optimismus, dass Sie Ihre persönliche Situation verbessern und Ihre Depression lindern können. Und wie die kognitive Verhaltenstherapie konzentriert sich die interpersonelle Therapie auf das »Hier und Jetzt«, nicht auf die Suche nach verdrängten Kindheitserlebnissen als unbewusste Ursache der Depression.

Diese Therapie dauert drei bis vier Monate. In den Sitzungen geht es vor allem um zwischenmenschliche Ereignisse wie Auseinandersetzungen in der Partnerschaft, die Behinderung eines Kindes oder den Verlust einer Freundschaft. Der Therapeut richtet sich in seiner Strategie nach der Art des Problems. Haben Sie beispielsweise einen Konflikt mit Ihrer Schwiegermutter, spricht der Therapeut mit Ihnen über das gestörte Verhältnis, die Art der Konflikts und einen möglichen Umgang damit. Der Therapeut hilft Ihnen, die Situation umfassend darzustellen, um sie so gut wie möglich zu verstehen. Dann erörtern Sie zusammen Möglichkeiten zur Konfliktlösung, die Sie durch die Folgen der Depression vielleicht nicht erkannt oder nicht ausreichend verfolgt haben. An diesem Punkt können Sie im Rollenspiel mögliche Strategien ausprobieren und beispielsweise durchspielen, wie Sie Ihrer Schwiegermutter im Falle eines Konflikts Ihre Position darstellen wollen.

Untersuchungen haben ergeben, dass die interpersonelle Therapie sehr effektiv in der Behandlung der Depression ist. Sie ist ähnlich wirksam wie Medikamentenbehandlung und übertrifft diese bei der Verbesserung des sozialen Funktionierens.[16] Wenn Sie der Ansicht sind, dass diese Therapie auf Ihre Situation passt, könnten Sie sehr von ihr profitieren.

Paar- und Familientherapie

Wie die interpersonelle Therapie erkennt die Paar- und Familientherapie, dass depressive Menschen häufig Probleme mit familiären Beziehungen haben. Wenn Sie verheiratet und depressiv sind, dann erleben Sie mit großer Wahrscheinlichkeit Probleme in Ihrer Ehe.[17] Und wenn Sie unter Depression leiden und Kinder haben, dann haben Sie vermutlich Probleme im Bereich der Erziehung.[18] Eine schwere Depression kann nicht nur dem kranken Menschen Leid verursachen, sondern auch der gesamten Familie. Doch sind die familiären Probleme die Ursache oder die Folge der Depression? Nach Ansicht der meisten Paar- und Familientherapeuten beides.[19] Menschen, die unter Depression leiden, können auf vielfältige Weise Stress in zwischenmenschlichen Beziehungen erzeugen, und dieser zwischenmenschliche Stress wiederum kann die Depression weiter verstärken. Depressive Frauen sehen ihre Partner negativer, sind als Mütter nachlässiger und verhalten sich widersprüchlicher, sie haben angespanntere Beziehungen zu ihren jugendlichen Kindern und treten bei Konflikten eher den Rückzug an. Diese Faktoren tragen zu einer Verschärfung der familiären Probleme bei. Probleme mit dem Partner oder mit Kindern wiederum erhöhen das Depressionsrisiko oder verstärken eine bereits vorhandene Depression.[20] Die Paar- und Familientherapie greift in diesen Teufelskreis ein.

Die zwei verbreitetsten und erfolgreichsten Interventionen zur Behandlung der familiären Probleme von depressiven Menschen sind die Paar-Verhaltenstherapie[21] und das Elterntraining.[22]

Die Paar-Verhaltenstherapie ist eine verhältnismäßig kurze Therapie. In der ersten Phase geht der Therapeut die wichtigsten Probleme an und hilft den Partnern in gemeinsamen Sitzungen, ihr Miteinander positiver zu gestalten. Die Partner könnten beispielsweise die Aufgabe bekommen, zusammen zu überlegen, welche gemeinsamen Aktivitäten sie in der Vergangenheit besonders genossen haben und diese wieder aufzunehmen. Ist diese Phase erfolgreich, fühlt sich der depressive Partner bereits besser, und beide bringen ihre positiven Gefühle dem anderen gegenüber zum Ausdruck. Dieser Anschub ist der Ausgangspunkt für die zweite Phase, in der es darum geht, die Beziehung neu zu strukturieren und zum Beispiel die Kommunikation, den gemeinsamen Umgang mit Problemen und das tägliche Miteinander zu verbessern. Dies kann buchstäblich in Form eines »Vertrages« passieren, in dem sich die Partner verpflichten, bestimmte Verhaltensweisen zu ändern. Verläuft diese Phase erfolgreich, nehmen beide Partner die Bedürfnisse des anderen deutlicher wahr, sind sich einander näher und besser in der Lage, mit künftigen Schwierigkeiten umzugehen. In der dritten Phase schließlich hilft der Therapeut den Partnern, sich auf mögliche belastende Situationen in der Zukunft vorzubereiten und ermuntert sie, die Gründe für den Therapiefortschritt in ihrer Liebe zueinander zu sehen. Interessanterweise ist die Paar-Verhaltenstherapie mindestens ebenso erfolgreich in der Behandlung der Depression wie die individuelle Therapie. Außerdem hat sie den Vorteil, die Paarbeziehung befriedigender zu gestalten. Eine Reihe von Untersuchungen hat gezeigt, dass das neue Glück in der Partnerschaft und die positiven Verhaltensänderung, die damit einhergehen, sogar der Grund für die Wirkung dieser Therapie sind.[23]

Leider hat die Paartherapie einen Pferdefuß: Ihr Erfolg hängt davon ab, dass der Partner des Patienten den Prozess nicht durch seine Verweigerung torpediert. Dies kommt immer wieder vor (wenn auch seltener als vor 25 Jahren), denn es gibt noch immer Menschen, die eine Therapie als Stigma empfinden. Eine Alternative und ein erster Schritt könnte daher ein Elterntraining sein, da depressive Menschen vermutlich nicht nur mit dem Partner, sondern auch in Erziehungsfragen Probleme haben. Elterntraining ist gesellschaftlich akzeptierter, gilt als weniger peinlich und erfordert nicht die Teilnahme beider Elternteile. Es gibt unterschiedliche Formen des Elterntrainings, doch die meisten betonen Erziehungstechniken. Sie zeigen, wie Eltern unabsichtlich problematische Verhaltensweisen ihrer Kinder verstärken, geben Beispiele für liebevolle und effektive Kommunikation und vermitteln den Eltern Selbstvertrauen. Interventionen dieser Art helfen nicht nur in Erziehungsfragen, sondern lindern nachweislich auch depressive Symptome.[24]

Antidepressiva

Vermutlich gibt es heute niemanden mehr, der noch nichts von Antidepressiva gehört hat. Diese Medikamente sind seit rund 50 Jahren auf dem Markt. Am bekanntesten ist vermutlich Prozac, doch daneben gibt es zahlreiche andere Präparate, die sich in unterschiedliche Gruppen einteilen lassen. Die bekanntesten wie Prozac (das in Deutschland unter dem Handelsnamen Fluctin erhältlich ist), Zoloft und Seroxat fallen in die Gruppe der sogenannten Selektiven Serotonin-Wiederaufnahmehemmer (SSRIs). Zu einer zweiten, neueren Gruppe gehören unter anderem Wellbutrin und Effexor, sogenannte Selektive Noradrenalin-Dopamin-Wiederaufnahmehemmer (NDRI). Daneben gibt es zwei ältere Gruppen, die trizyklischen Antidepressiva (wie Anafranil und Tofranil) und die MAO-Hemmer (wie Jatrosom und Parnate), die nach wie vor verwendet werden, aber mehr Nebenwirkungen aufweisen.

In den letzten Jahren wurden immer öfter und immer mehr Antidepressiva verschrieben. Im Jahr 2005 waren sie auf Platz 3 der am häufigsten verschriebenen Medikamente.[25] Diese starke Verbreitung hat heftige Diskussionen ausgelöst. Manche Befürworter der Antidepressiva gehen so weit zu behaupten, dass selbst relativ glückliche Menschen Prozac einnehmen sollten, Kritiker warnen vor schrecklichen Folgen durch die verbreitete Verwendung der Antidepressiva. Tatsache ist, dass sich der Zustand von 60 bis 70 Prozent aller Patienten nach Einnahme eines einzigen Präparats verbessert,[26] auch wenn sich die volle Wirkung in der Regel erst nach drei bis sechs Wochen einstellt.[27] Schlägt ein Medikament nicht an, finden viele Patienten schließlich ein anderes, das wirkt. Andererseits reagiert ein signifikanter Anteil der Patienten nicht gut auf diese Medikamente oder verträgt sie wegen der Nebenwirkungen schlecht. Sie müssen das Präparat also sorgfältig auswählen. Eines Tages wird eine neue Disziplin namens Psycho-Pharmakogenetik die Aufgabe übernehmen, das richtige Produkt für unsere einmalige genetische Konstellation zu finden.[28]

Das Angebot der verschiedenen Antidepressiva ist in der Tat verwirrend, doch ein Psychiater kann Ihnen helfen, sich in der Unmenge an Information zurecht zu finden und das richtige Präparat und die korrekte Dosierung für Ihren speziellen Fall zu wählen.[29] Jede Gruppe der Antidepressiva wirkt auf ganz eigene Weise: Einige zielen auf den Neurotransmitter Serotonin, andere auf Noradrenalin, wieder andere auf beide. Sie unterscheiden sich auch hinsichtlich ihrer Nebenwirkungen, hinsichtlich der Wechselwirkungen mit anderen Medikamenten, die der Patient möglicherweise einnimmt, und hinsichtlich der Dosierungen.[30]

Fluctin wird beispielsweise einmal pro Tag eingenommen, und die Dosierung bleibt über den gesamten Behandlungszeitraum hinweg mehr oder weniger konstant. Dieses Medikament bewirkt eine Zunahme des Serotonins im Gehirn. Fluctin hat kaum Nebenwirkungen, kann jedoch zu Beginn der Behandlung Übelkeit, Schlafstörungen und Nervosität verursachen und während der gesamten Behandlung den Sexualtrieb hemmen. Außerdem beeinträchtigt Fluctin in Wechselwirkung mit anderen Medikamente (zum Beispiel Präparaten gegen Herzerkrankungen, Migräne oder Epilepsie) deren Wirksamkeit stärker als beispielsweise das verwandte Zoloft.

Wellbutrin – in Deutschland unter dem Namen Elontril in retardierter Form erhältlich – hemmt dagegen die Wiederaufnahme von Noradrenalin und Dopamin im Gehirn und ist daher für eine andere Patientengruppe geeignet. Auch in seinen möglichen Nebenwirkungen – Schlaflosigkeit, Angstzustände, Zittern und Kopfschmerzen – unterscheidet sich Wellbutrin von Fluctin. Wellbutrin hat keine Auswirkungen auf den Sexualtrieb, muss jedoch dreimal täglich eingenommen werden und verursacht mit größerer Wahrscheinlichkeit epileptische Anfälle. Das Nachfolgeprodukt Zyban hat diese möglichen Nebenwirkungen verringert, die Wahrscheinlichkeit für epileptische Anfälle ist geringer und das Präparat muss nur zweimal täglich eingenommen werden.

Effexor ist wie Wellbutrin ein Serotonin-Noradrenalin-Wiederaufnahmehemmer, unterscheidet sich jedoch in seiner Wirkungsweise von den anderen Präparaten dieser Gruppe. Interessanterweise hebt es bei geringer Dosierung den Serotonin-Spiegel und senkt bei höherer Dosierung den Noradrenalin-Spiegel im Gehirn. Untersuchungen haben ergeben, dass Effexor bei schweren Depressionen besser wirkt als andere Medikamente seiner Art.

Ältere Präparate gehören aufgrund ihrer zahlreichen Nebenwirkungen und Komplikationen heute nicht mehr zur ersten Wahl. Trotzdem können sie Patienten sehr helfen, bei denen andere Mittel nicht anschlagen. Es gibt also eine große Auswahl an Antidepressiva, und die Entscheidung ist komplex, vor allem, wenn das Präparat der ersten Wahl nicht wirkt, was bei etwa einem Drittel der Patienten der Fall ist. Doch die Tatsache, dass es so viele Optionen gibt, ist eine gute Nachricht, denn so haben Psychiater verschiedene Behandlungsmöglichkeiten, sie können zu anderen Mitteln wechseln, die Dosierung und die Länge der Behandlung ändern, ein zweites nicht-antidepressives Medikament hinzuziehen oder zwei Antidepressiva gleichzeitig verschreiben.[31]

Patienten fragen oft, wie lange die Behandlung dauert und ob die Depression nach Abschluss der Behandlung zurückkommt. Üblicherweise wird empfohlen, Antidepressiva über vier bis neun Monate hinweg einzunehmen (sie machen zum Glück nicht abhängig), und sie dann über einen Zeitraum von ein bis zwei Monaten Schritt für Schritt »auszuschleichen«. Ist die Depression schwer und wiederkehrend, kommt sie in der Familie vor und hat sie vor Vollendung des 20. Lebensjahrs begonnen, empfehlen viele Ärzte, das Medikament nach dem Ende der depressiven Episode weiterzunehmen, um einen Rückfall zu verhindern. Wissenschaftliche Untersuchungen zeigen, dass dies in der Tat ratsam ist. Zwei Studien ergaben, dass die Mehrzahl der Patienten, die das Trizyklikum Tofranil nach der Depression über einen Zeitraum von fünf Jahren weiter einnahmen, keinen Rückfall erlebten.[32] Andere Studien zeigen, dass Antidepressiva auch über den Behandlungszeitraum hinaus wirken und die Wahrscheinlichkeit eines Rückfalls verringern.[33]

Auch wenn Antidepressiva heute Millionen von Menschen ein lebenswertes Leben ermöglichen, sind Missverständnisse nach wie vor weit verbreitet. So behaupten einige Kritiker, diese Medikamente böten nur »künstliche« Erleichterung. Dahinter steckt die falsche Vorstellung, dass depressive Menschen ihre Probleme allein lösen und die Depression ohne Unterstützung durch Medikamente bewältigen müssten. Eine ähnliche Auffassung verbirgt sich hinter der Ansicht, Antidepressiva hinderten Patienten daran, die tatsächlichen Ursachen für ihr Leiden und ihre Probleme zu beseitigen. Ohne Behandlung können die Symptome monate-, sogar jahrelang anhalten. Depressive Menschen sind nicht in der Lage, sich »zusammenzureißen« oder den »Kopf hoch« zu nehmen. Es verlangt ja auch niemand von Herz-, Krebs- oder Rheumapatienten, sie sollten ohne »künstliche Medikamente« auskommen. Natürlich ist Depression eine andere Krankheit, es scheint sich eher um eine emotionale Angelegenheit zu handeln und nicht um eine organische Störung. Doch in Wirklichkeit ist Depression eine Störung des Gehirns. Erst wenn das Medikament Wirkung zeigt und das Leiden des Patienten lindert, kann dieser damit beginnen, die Ursachen zu bewältigen.

Welche Behandlungsformen sind weniger wirksam?

Ich möchte nur zwei verbreitete Behandlungsformen für Depression erwähnen, die weit weniger wirkungsvoll sind, als die oben beschriebenen. Eine ist die Kräutertherapie, vor allem die Behandlung mit Johanniskraut, einer stark duftenden Pflanze, die im Sommer gelbe Blüten trägt. In Deutschland kommt dieses Kraut häufiger gegen Depression zum Einsatz als herkömmliche Antidepressiva, weshalb hier zahlreiche Untersuchungen zu dessen Wirksamkeit angestellt wurden. Laut dieser Untersuchungen ist Johanniskraut vor allem bei leichten Verstimmungen hilfreich.[34] Eine dreijährige Untersuchung des U.S. National Institute of Health ergab dagegen, dass Johanniskraut nicht wirksamer gegen Depression wirke als ein Placebo.[35] Da Kräuter oft unberechenbare Wechselwirkungen mit anderen Medikamenten haben können und von den Gesundheitsbehörden nicht streng reguliert werden, sollten depressive Menschen sie nur mit großer Vorsicht verwenden.

Eine weitere Behandlungsform, die eher gemischte Ergebnisse bei der Behandlung der Depression erzielt, ist die psychodynamische Therapie, zu der unter anderem die klassische Freudsche Psychoanalyse zählt. Therapeuten, die diese Therapieform vertreten, sind der Auffassung, dass die gegenwärtigen Probleme eines Patienten nur durch eine ausführliche Selbsterforschung gelöst werden können. Auf diese Weise soll der Patient seine widersprüchlichen Empfindungen und die unbewussten Ursachen seiner Probleme in früheren Familienbeziehungen vollständig verstehen. Diese Therapieform erfordert oft über Jahre hinweg mehrere 50-minütige Sitzungen pro Woche und ist damit extrem intensiv, lang und kostspielig. Dazu kommt, dass sie nachgewiesenermaßen nur im Falle leichter Depressionen wirkt oder wenn die Patienten bereits durch andere Behandlungsformen Fortschritte erzielt haben.[36]

Was Sie tun können, wenn Sie unter Depression leiden

Obwohl es zahlreiche Behandlungsmöglichkeiten gibt, machen erstaunlich wenige depressive Menschen von ihnen Gebrauch. In den USA begeben sich weniger als 20 Prozent aller Menschen mit schweren Depressionen in Behandlung,[37] und für Menschen mit leichten oder mittelschweren Depressionen sind die Zahlen vermutlich noch erheblich geringer. In Deutschland leiden vermutlich mindestens vier Millionen Menschen an Depression, ohne einen Arzt aufzusuchen.[38]

Wenn Sie betroffen sind, möchte ich Ihnen dringend eine der immens effektiven Behandlungsmöglichkeiten ans Herz legen. Der erste Schritt ist ein Besuch beim Hausarzt. Eine körperliche Untersuchung ist ratsam, da viele Medikamente oder körperliche Erkrankungen mit depressionsähnlichen Symptomen einhergehen können. Wenn diese als Ursachen ausgeschlossen sind, nimmt Ihr Hausarzt (oder Psychiater beziehungsweise Psychologe) eine psychologische Einschätzung vor, indem er Sie zur Entwicklung Ihrer Symptome, ähnlichen Fällen in Ihrer Familie, möglichen Drogenproblemen und Selbstmordgedanken befragt. Vermutlich nimmt er auch einen Test Ihres Denk- und Erinnerungsvermögens vor, da sich eine Depression gelegentlich auch auf diese auswirken kann. Wenn die Diagnose auf Depression lautet, entscheiden Sie und Ihr Arzt sich für eine Behandlungsmethode.

Das beste Mittel gegen das Unglück ist das Glück

Das beste Mittel gegen das Unglück ist das Glück,
da kann mir einer sagen, was er will.
Elizabeth McCracken

Wenn Sie unter einer schweren Depression leiden, fragen Sie vielleicht, was Ihnen ein Buch bringen soll, das Ihnen Strategien für ein glücklicheres Leben vermitteln will. Einerseits hätten Sie mit Ihrer Skepsis natürlich nicht Unrecht. Die meisten Menschen brauchen zunächst Erleichterung von den Symptomen der Depression, um die Energie und Motivation aufzubringen, die für ein Glücksprogramm erforderlich sind. Andererseits können selbst schwer depressive Menschen eine Besserung ihres Zustandes erreichen, indem sie jeden Tag eine einfache, glückssteigernde Übung durchführen, wie Martin Seligman zeigte.[39] In einer anderen Untersuchung führten Wissenschaftler seines Teams eine sechswöchige »positive Gruppentherapie« durch. Die Gruppen bestanden aus acht bis elf depressionskranken Teilnehmern und trafen sich einmal pro Woche zu einer zweistündigen Sitzung. Bei jedem Treffen sollten Teilnehmer eine andere »positive Übung« durchführen, etwa ihre Dankbarkeit zum Ausdruck bringen, genießen oder ihre besonderen Stärken einsetzen. Eine seiner Übungen ähnelte der Optimismusstrategie in diesem Buch: Patienten sollten täglich drei Dinge notieren, die an diesem Tag gut gewesen waren. Im Vergleich mit anderen Patienten, die keine solche Behandlung erhielten, zeigten die Teilnehmer eine signifikante Besserung. Doch das Glücksniveau der Teilnehmer stieg nicht nur zuverlässig während der Behandlung immer weiter, der Anstieg setzte sich sogar nach der Behandlung fort und erreichte seinen Höhepunkt ein Jahr später. In Nachfolgeuntersuchungen erhielten schwer depressive Patienten über einen Zeitraum von zwölf Wochen Einzelsitzung nach der Positiven Psychotherapie. Wenn sich die Therapie auf die Stärken der Patienten bezog und nicht auf ihre Krankheitssymptome, dann profitierten diese erheblich mehr als Vergleichpatienten in »normalen« Therapien oder mit Medikamentenbehandlung.

Die Positive Psychotherapie, die in den letzten Jahren von Martin Seligman und seinen Kollegen entwickelt wurde, verwendet ähnliche Glücksstrategien, wie ich sie in diesem Buch vorgestellt habe. Diese Forschung bestärkt uns in dem Vertrauen, dass Glücksaktivitäten, die positive Emotionen, positives Denken und positive Erfahrungen fördern, in Fällen von leichter, mittelschwerer und sogar schwerer Depression Erleichterung bringen. Die Aktivitäten in Teil II dieses Buches sind zwar nicht geeignet, Depression zu »heilen«, doch wenn Sie unter Depression leiden, können sie Ihnen helfen, die Last und Finsternis der Depression zu lindern und positive Emotionen zu erzeugen.

Darüber hinaus sollten Sie überlegen, ob Sie nicht eine der Depressionstherapien ausprobieren, in denen es nicht um die Bekämpfung der Symptome, sondern um eine Steigerung Ihres Wohlbefindens geht. Diese Therapien sind weit verbreitet und haben sich bewährt. Die kurze »Wohlbefinden-Therapie« zielt beispielsweise darauf, das positive Funktionieren des Patienten, das Gefühl eines Lebenssinns, positive Beziehungen, Selbstakzeptanz, Selbstbestimmung und Spaß am Leben zu steigern. Diese Therapie ist besonders wirksam bei der Beseitigung von »Restsymptomen« bei Menschen, die eine depressive Episode überwunden haben.[40]

Rückschläge überwinden

Lassen Sie mich einen letzten Punkt betonen. Die meisten Menschen erfahren mindestens eine Tragödie oder einen schweren Rückschlag im Leben. Untersuchungen haben gezeigt, dass wir erstaunlich widerstandsfähig sind und nach einer Phase des Leidens wieder zu unserem ursprünglichen Glücksniveau zurückkehren.[41] Doch in dieser Phase des Leidens reagieren viele Menschen mit Depression und Verunsicherung und sind nicht in der Lage, sich eine positive Zukunft vorzustellen. Diese Form des Unglücks ist zeitlich begrenzt und »reaktiv«, und die Glücksaktivitäten in diesem Buch verschaffen Ihnen in diesen Fällen besonders wirkungsvoll Erleichterung. Engagierter Einsatz für Ihre Glücksaktivitäten kann Sie aus Ihrem Loch herausholen, Sie zu Ihrem Ausgangspunkt zurückbringen und dann darüber hinaus führen.

Während des US-Präsidentschaftswahlkampfs des Jahres 2004 verlor John Edwards, der demokratische Kandidat für die Vizepräsidentschaft, durch einen tragischen Unfall seinen 16-jährigen Sohn, zu dem er ein sehr enges Verhältnis gehabt hatte. Nach einer Zeit der Depression und Trauer schien er die Erfahrung überwunden, sich sehr verändert und neue Ziele und Prioritäten gefunden zu haben: »Ich habe zwei wichtige Lektionen gelernt«, schrieb er in seinen Memoiren. »Dass es immer Schmerz und Auseinandersetzungen geben wird, und dass Menschen mit festem Willen viel bewegen können. Die erste Lektion ist traurig, die zweite inspiriert. Ich habe mich dafür entschieden, mich inspirieren zu lassen.«[42] Wenn wir eine Depression überwinden, können wir als stärkere, glücklichere und aktivere Menschen aus ihr hervorgehen.

Anhang

Glücksaktivitäten, die zueinander passen

Der nachfolgenden Tabelle können Sie entnehmen, welche Glücksstrategien gut zueinander passen. Ich würde Ihnen empfehlen, zunächst die vier Glücksaktivitäten auszuprobieren, die nach Auskunft des Diagnosetests in Kapitel 3 am besten zu Ihnen passen. Danach können Sie mithilfe dieser Tabelle weitere Glücksaktivitäten finden, die für Sie interessant sein könnten.

Wenn Sie von dieser Glücksaktivität profitiert haben …,	…. könnten Sie diese ausprobieren …	… oder diese:
Entwickeln Sie Ihre Fähigkeit zur Dankbarkeit (Glücksaktivität 1)	Seien Sie hilfsbereit (Glücksaktivität 4)	Lernen Sie zu vergeben (Glücksaktivität 7)
Seien Sie optimistisch (Glücksaktivität 2)	Genießen Sie die Freuden des Lebens (Glücksaktivität 9)	Lernen Sie zu vergeben (Glücksaktivität 7)
Vermeiden Sie Grübeln und soziale Vergleiche (Glücksaktivität 3)	Entwickeln Sie Bewältigungsstrategien (Glücksaktivität 6)	Verwirklichen Sie Ihre Lebensträume (Glücksaktivität 10)
Seien Sie hilfsbereit (Glücksaktivität 4)	Genießen Sie die Freuden des Lebens (Glücksaktivität 9)	Schaffen Sie Flow-Erfahrungen (Glücksaktivität 8)

Pflegen Sie Ihre sozialen Beziehungen (Glücksaktivität 5)	Seien Sie hilfsbereit (Glücksaktivität 4)	Sorgen Sie für Ihren Körper (Glücksaktivität 12)
Entwickeln Sie Bewältigungsstrategien (Glücksaktivität 6)	Verwirklichen Sie Ihre Lebensträume (Glücksaktivität 10)	Lernen Sie zu vergeben (Glücksaktivität 7)
Lernen Sie zu vergeben (Glücksaktivität 7)	Entwickeln Sie Bewältigungsstrategien (Glücksaktivität 6)	Seien Sie optimistisch (Glücksaktivität 2)
Schaffen Sie Flow-Erfahrungen (Glücksaktivität 8)	Genießen Sie die Freuden des Lebens (Glücksaktivität 9)	Verwirklichen Sie Ihre Lebensträume (Glücksaktivität 10)
Genießen Sie die Freuden des Lebens (Glücksaktivität 9)	Schaffen Sie Flow-Erfahrungen (Glücksaktivität 8)	Verwirklichen Sie Ihre Lebensträume (Glücksaktivität 10)
Verwirklichen Sie Ihre Lebensträume (Glücksaktivität 10)	Genießen Sie die Freuden des Lebens (Glücksaktivität 9)	Entwickeln Sie Bewältigungsstrategien (Glücksaktivität 6)
Beschäftigen Sie sich mit Religion und Spiritualität (Glücksaktivität 11)	Sorgen Sie für Ihren Körper (Glücksaktivität 12)	Entwickeln Sie Bewältigungsstrategien (Glücksaktivität 6)
Sorgen Sie für Ihren Körper (Glücksaktivität 12)	Verwirklichen Sie Ihre Lebensträume (Glücksaktivität 10)	Genießen Sie die Freuden des Lebens (Glücksaktivität 9)

Danksagung

An einer Stelle des Vorworts betone ich, dass ich Naturwissenschaftlerin bin, keine Trainerin und kein Selbsthilfe-Guru. Und kein Naturwissenschaftler arbeitet allein. Deshalb möchte ich meinen Mitarbeitern, meinen Studenten und meinen Kollegen aus aller Welt, die an der in diesem Buch dargestellten Forschung arbeiten, meinen tiefen Dank aussprechen. Mein Dank gilt an erster Stelle meinem Kollegen Ken Sheldon, mit dem gemeinsam ich die hier beschriebene Forschung durchgeführt und das Tortenmodell entwickelt habe. Ich danke Ken für die fruchtbare Zusammenarbeit und hoffe, dass wir sie noch viele Jahre fortsetzen können. Ein großer Dank auch an David Schkade, der bei der Entstehung zahlreicher zentraler Ideen dieses Buches mitgewirkt hat. Außerdem danke ich Martin Seligman, der Ken Sheldon, David Schkade und mir den Ort und die Mittel zur Verfügung gestellt und das Feedback gegeben hat, um unsere Ideen zu entwickeln.

Ich habe das große Glück, von einigen ganz besonderen Menschen gefördert zu werden. Lee Ross weckte mein dauerhaftes Interesse am Thema Glück. Ich danke ihm für seine Klugheit und Wärme und für die vielen intellektuell anregenden wie herausfordernden Gespräche, die wir im Laufe der Jahre geführt haben. Ein Großteil der Forschung, die ich heute betreibe, wurde letztlich durch ihn angestoßen. Meine wunderbare Mentorin und Freundin Susan Nolen-Hoeksema hat mir das wissenschaftliche Handwerkszeug mitgegeben und mich immer vorbehaltlos unterstützt. Barry Schwartz war mir ein wertvoller Freund, dem ich für seine Ermutigung, seine Weisheit und seinen Witz danke und dafür, dass er mir bei der Entwicklung dieses Buches von der ersten Idee an mit Rat und Tat zur Seite gestanden hat.

Ich möchte auch meinen Dank für die vielen Freunde und Kollegen aussprechen, die mich intellektuell und emotional begleitet haben: Andrew Ward (wie immer an erster Stelle), Larry Rosenblum, Shelly Gable, Ed Diener, Becky Collins, Robert Biswas-Diener, Danae Aitchison, Terry Johnson, Carol van Heerden und viele andere. Grenzenlosen Dank auch an meine großartigen ehemaligen und gegenwärtigen Studenten, ohne die diese Forschung nicht möglich gewesen wäre (in chronologischer Reihenfolge): Kari Tucker, Fazilet Kasri, Lorie Sousa, Allison Abbe, Chris Tkach, Rene Dickerhoof und Julia Boehm. Schließlich danke ich mit David Funder und Glenn Stanley zwei Freunden und Dekanen, die mich vorbehaltlos unterstützt haben.

Die Arbeit an diesem Buch war eine überraschend schmerzfreie und oft spannende und freudvolle Erfahrung. Dies verdanke ich zu einem guten Teil der Hilfe der äußerst talentierten, professionellen und hilfreichen Mitarbeiter von Penguin Press. Besonderer Dank gilt meiner Lektorin, der unvergleichlichen Ann Godoff, einer brillanten, furchtlosen und weisen Frau. Daneben hatte ich das Glück, mit zwei brillanten Cheflektoren zusammenzuarbeiten: Emily Loose, die das Buch in der Anfangsphase begleitete, und vor allem Vanessa Mobley, die unermüdlich zur Verbesserung des Buchs beitrug und großzügig Unterstützung, Rat und kluges Feedback gab. Gegen Ende des Entstehungsprozesses war mir Tracy Locke eine ausgezeichnete Verlegerin.

Richard Pine verdient seinen eigenen Absatz. Ich kenne eine Menge Leute, die ihren Literaturagenten als den besten der Welt loben, doch sie haben Unrecht: Richard Pine ist der beste Literaturagent der Welt. Ohne seine Virtuosität wäre dieses Buch pure Fantasie geblieben, und ich wäre nie über meinen großartigen Verlag gestolpert.

Zahlreiche Menschen haben einzelne Kapitelentwürfe gelesen und wertvolle Vorschläge gemacht. Mein Dank geht an Dianne Fewkes und Lisa Terry für ihr ehrliches und scharfsichtiges Urteil aus der Laienperspektive; an Jennifer Aaker für ihre klugen Vorschläge, die sie stets mit der für sie typischen humorvollen Bescheidenheit vorbrachte; an Julia Boehm, Irene Chang und Crystal Schmidt für die Durchführung und Niederschrift von Interviews; an die Studenten meines Kurses »Psychologie 148« (»The Psychology of Happiness and Virtue«) im Herbst 2005, für ihre Geschichten und Einsichten; und an ein knappes Dutzend unglaublich kluger, fähiger und fleißiger wissenschaftlicher Assistenten:

von Jessica Geleng und Andrea LaPlante bis Danielle O'Brien, Sapna Mendon, Kimberly Hazelwood, Adrienne Grant, Valerie Laws, Nesha Sharma, Ligia Ceja, Lisa McMoran und Yazmin Perez.

Geld macht zwar entgegen eines verbreiteten Vorurteils nicht glücklich, doch es wirkt sich eindeutig positiv auf die Forschung aus. Mein Dank geht daher an das National Institute of Mental Health, den Templeton Positive Psychology Prize und die University of California für die finanziellen Mittel, mit denen sie Teile meiner Forschungsarbeiten unterstützt haben.

Zum Schluss möchte ich einigen Menschen meinen ganz besonderen Dank aussprechen. Meinen Eltern und meinem Bruder, die immer für mich da sind, und zwei genialen Schwägerinnen. Peter Del Greco: Auch wenn mein Dank, meine Liebe und meine Bewunderung selbstverständlich scheinen mögen, möchte ich sie an dieser Stelle trotzdem noch einmal ausdrücken. Peter ist mir sehr vieles, und bei der Entstehung dieses Buch war er mir Lektor, moralische Stütze und vor allem (wie meine Freunde immer wieder betonten) der beste Ehemann der Welt. Und das Beste habe ich mir für den Schluss aufgehoben: Ich danke meinen beiden Kindern und hoffe, dass sie eines Tages verstehen, warum sie der Schlüssel zu meinem Glück sind.

Anmerkungen

Einleitung

1 Lyubomirsky, S., King, L., und Diener, E. (2005). »The benefits of frequent positive affect: Does happiness lead to success?« *Psychological Bulletin*, 131, S. 803–855.

2 Seligman, M. E. P., und Csikszentmihalyi, M. (2000). »Positive psychology: An introduction«, *American Psychologist*, 55, S. 5–14.

3 Ivins, M. »The manufactured public schools crisis«. *The Fort-Worth Star Telegram*, 22. September 2000.

Teil I: Wie Sie wirklich glücklich werden

1. Ist Glück möglich?

1 (1) Diener, E. (2000). »Subjective well-being: The science of happiness and a proposal for a national index«. *American Psychologist*, 55, S. 34–43. (2) Diener, E., Suh, E. K., Smith, H., und Shao, L. (1995). »National differences in reported well-being: Why do they occur?« *Social Indicators Research*, 34, S. 7–32.

2 Keyes, C. L. M. (2005). »Mental illness and/or mental health? Investigating axioms of the complete state model of health«. *Journal of Consulting and Clinical Psychology*, 73, S. 539–548.

3 Diese Studie wurde von Martin Seligman und Jeff Levy von der University of Pennsylvania durchgeführt. Seligman, M. E. P. (2002). *Authentic happiness.* New York: Free Press. Deutsche Ausgabe: *Der Glücksfaktor: Warum Optimisten länger leben.* München: Ehrenwirth (2003).

4 (1) Wilson, T. D., und Gilbert, D. T. (2005). »Affective forecasting: Knowing what to want«. *Current Directions in Psychological Science*, 14, S. 131–134. (2) Gilbert, T. D. (2006). *Stumbling on happiness.* New York: A. A. Knopf.

5 Dieses Zitat stammt vom Sozialpsychologen Dan Gilbert. Goldberg, C. »Too much of a good thing«. *Boston Globe*, 6. Februar 2006, F 1.

6 Die Geschichten von Neil (in diesem Kapitel) und Judith (in Kapitel 2) stammen aus der Fernsehdokumentation *In Pursuit of Happiness* (www.happycanadians.com), produziert von Canadian Television (CTV) und Sarah Spinks. Erstausstrahlung CTV 17. Juni 2006.

7 Lyubomirsky, S., Sheldon, K. M., und Schkade, D. (2005). »Pursuing happiness: The architecture of sustainable change«. *Review of General Psychology*, 9, S. 111–131.

8 (1) Lykken, D., und Tellegen, A. (1996). »Happiness is a stochastic phenomenon«. *Psychological Science*, 7, S.186–189. (2) Tellegen, A., Lykken, D. T., Bouchard, T. J., Wilcox, K. J., Segal, N. L., und Rich, S. (1988). »Personality similarity in twins reared apart and together«. *Journal of Personality and Social Psychology*, 54, S. 1031–1039.

9 Stallone, D. D., und Stunkard, A. J. (1991). »The regulation of body weight: Evidence and clinical implications«. *Annals of Behavioral Medicine*, 13, S. 220–230.

10 Diener, E., Suh, E. M., Lucas, R. E., und Smith, H. L. (1999). »Subjective well-being: Three decades of progress«. *Psychological Bulletin*, 125, S. 276–302.

11 Diener, E., Horwitz, J., und Emmons, R. A. (1985). »Happiness of the very wealthy«. *Social Indicators Research*, 16, S. 263–274.

12 (1) Inglehart, R. (1990). »Culture shift in advanced industrial society«. Princeton, NJ: Princeton University Press. (2) DePaulo, B. M., und Morris, W. L. (2005). »Singles in society and in science«. *Psychological Inquiry*, 16, S. 57–83.

13 Drei neuere Studien beschäftigen sich mit der Frage, inwieweit sich das Glücksniveau im Laufe eines Lebens ändert. Die Ergebnisse lagen erstaunlich nah beieinander: zwischen 33 und 42 Prozent. (1) Lucas, R. E., und Donnellan, M. B. (in Vorbereitung). »How stable is happiness: Using the STARTS model to estimate the stability of life satisfaction«. *Journal of Research in Personality*. (2) Ehrhardt, J. J., Saris, W. E., und Veenhoven, R. (2000). »Stability of life-satisfaction over time: Analysis of change in ranks in a national population«. *Journal of Happiness Studies*, 1, S. 177–205.

14 (1) Lyubomirsky, S. (2001). »Why are some people happier than others?: The role of cognitive and motivational processes in well-being«. *American Psychologist*, 56, S. 239–249. (2) Diener u. a. (1999). (3) Myers, D. G. (2000). »The funds, friends, and faith of happy people«. *American Psychologist*, 55, S. 56–67. (4) Diener, E., und Lucas, R. E. (1999). »Personality and subjective well-being«. In D. Kahneman, E. Diener und N. Schwarz (Hg.), *Well-being:*

The foundations of hedonic psychology (S. 213–229). New York: Russell Sage.
(5) Argyle, M. (1999). »Causes and correlates of happiness«. In Kahneman,
Diener und Schwarz.

15 (1) Lyubomirsky, Sheldon u. a. (2005). (2) Tkach, C. (2005). *Unlocking the
treasury of human kindness: Enduring improvements in mood, happiness, and
self-evaluations.* Unveröffentlichte Doktorarbeit, Department of Psychology,
University of California, Riverside. (3) Lyubomirsky, S., Sousa, L., und Dickerhoof, R. (2006). »The costs and benefits of writing, talking, and thinking
about life's triumphs and defeats«. *Journal of Personality and Social Psychology,*
90, S. 692–708. (4) Sheldon, K. M., und Lyubomirsky, S. (2006a). »How to
increase and sustain positive emotion: The effects of expressing gratitude and
visualizing best possible selves« *Journal of Positive Psychology,* 1, S. 73–82. (5)
Dickerhoof, R. (2007). *Expressing gratitude and optimism: A longitudinal investigation of cognitive activities to increase well-being.* Unveröffentlichte Doktorarbeit, Department of Psychology, University of California, Riverside.
Siehe auch (1) Seligman, M. E., Steen, T. A., Park, N., und Peterson, C.
(2005). »Positive psychology progress: Empirical validation of interventions«.
American Psychologist, 60, S. 410–421. (2) Fordyce, M. W. (1977). »Development of a program to increase happiness«. *Journal of Counseling Psychology,*
24, S. 511–521; (3) Fordyce, M. W. (1983). »A program to increase happiness:
Further studies«. *Journal of Counseling Psychology,* 30, S. 483–498.

16 Lyubomirsky, King u. a. (2005).

17 Diener, E., Nickerson, C., Lucas, R. E., und Sandvik, E. (2002). »Dispositional affect and job outcomes«. *Social Indicators Research,* 59, S. 229–259.

18 Harker, L., und Keltner, D. (2001). »Expressions of positive emotions in
women's college yearbook pictures and their relationship to personality and
life outcomes across adulthood«. *Journal of Personality and Social Psychology,*
80, S. 112–124.

2. Wie glücklich sind Sie – und warum?

1 Namen und Begleitumstände des Interviews wurden teilweise geändert, um
die Persönlichkeitsrechte zu wahren.

2 Ed Diener, einer der bekanntesten Wissenschaftler auf dem Gebiet des
subjektiven Wohlbefindens, erzählte mir, er haben den Begriff »subjektives
Wohlbefinden« nur geprägt, weil er befürchtete, er bekäme mit dem For-
schungsprojekt zum Thema »Glück« keine Festanstellung. Der Begriff hat
sich dennoch durchgesetzt.

3 Wohlbefinden ist ein breiteres, ganzheitlicheres Konzept als Glück und um-
fasst neben emotionalen auch körperliche und geistige Aspekte.

4 Lyubomirsky, S., und Lepper, H. S. (1999). »A measure of subjective happi-

ness: Preliminary reliability and construct validation«. *Social Indicators Research, 46,* S. 137–155.

5 Lyubomirsky und Lepper (1999).

6 Radloff, L. (1977). »The CES-D Scale: A self-report depression scale for research in the general population«. *Applied Psychological Measurement,1,* S. 385–401.

7 Nezu, A. M., Nezu, C. M., McClure, K. S., und Zwick, M. L. (2002). »Assessment of depression«. In I. H. Gotlib und C. L. Hammen (Hg.), *Handbook of depression* (S. 61–85). New York: Guilford.

8 (1) Chwastiak, L., Ehde, D. M., Gibbons, L. E., Sullivan, M., Bowen, J. D., und Kraft, G. H. (2002). »Depressive symptoms and severity of illness in multiple sclerosis: Epidemiologic study of a large community sample«. *The American Journal of Psychiatry, 159,* S. 1.862–1.868. (2) Unützer, J., Patrick, D. L., Marmon, T., Simon, G. E., und Katon, W. J. (2002). »Depressive symptoms and mortality in a prospective study of 2,558 older adults«. *American Journal of Geriatric Psychiatry, 10,* S. 521–530.

9 Wittchen, H.-U., und Pittrow, D. (2002). »Prevalence, recognition and management of depression in primary care in Germany: The Depression 2000 Study«. *Human Psychopharmacology: Clinical and Experimental, 17,* S. 1–11.

10 Klerman, G. L. (1988). »The current age of youthful melancholia: Evidence for increase in depression among adolescents and young adults«. *British Journal of Psychiatry, 152,* S. 4–14.

11 Üstün, T. B., Ayuso-Mateos, J. L., Chatterji, S., Mathers, C., und Murray, C. J. L. (2004). »Global burden of depressive disorders in the year 2000«. *British Journal of Psychiatry, 184,* S. 386–392.

12 Murray, J. L., und Lopez, A. D. (1996). *The global burden of disease: A comprehensive assessment of mortality and disability from diseases, injuries and risk factors in 1990 and projected to 2020.* »Summary«. Boston: Harvard School of Public Health: World Health Organization.

13 (1) Schwartz, B. (2000). »Pitfalls on the road to a positive psychology of hope«. In Schwartz, B., und Gillham, J. (Hg.), *The science of optimism and hope: Research essays in honor of Martin E. P. Seligman* (S. 399–412). Philadelphia, PA: Templeton Foundation Press. (2) O'Connor, R. (1999). *Undoing depression.* New York: Berkley. (3) Machoian, L. (2005). *The disappearing girl: Learning the language of teenage depression.* New York: Dutton. (4) Charney, D. S., und Nemeroff, C. B. (2004). *The peace of mind prescription: An authoritative guide to finding the most effective treatment for anxiety and depression.* New York: Houghton Mifflin. (5) Seligman, M. E. P. (1990). »Why is there so much depression today? The waxing of the individual and the waning of the commons«. In Ingram, R. (Hg.), *Contemporary psychological approaches to depression: Theory, research, and treatment* (S. 1–9). New York: Plenum.

14 (1) Klerman, G. L., und Weissman, M. M. (1989). »Increasing rates of depression«. *Journal of the American Medical Association, 261,* 2229–2235. (2) Lavori, P. W., Warshaw, M., Klerman, G. L, Mueller, T. I., Leon, A., Rice, J., und Akiskal, H. (1993). »Secular trends in lifetime onset of MDD stratified by selected sociodemographic risk factors«. *Journal of Psychiatric Research, 27,* S. 95–109. (3) Lavori, P. W., Klerman, G. L., Keller, M. B., Reich, T., Rice, J., und Endicott, J. (1987). »Age-period-cohort analysis of secular trends in onset of major depression: Findings in siblings of patients with major affective disorder«. *Journal of Psychiatric Research, 21,* S. 23–35.

15 Weber, R. »I can't wait to grow up and be happy.« *New Yorker,* 13. Juni 1991.

16 Diener u. a. (1999).

17 Im Jahr 2003 lag das durchschnittliche Haushaltsnettoeinkommen einer vierköpfigen Familie in Deutschland bei 48.768 Euro; Auskunft des Statistischen Bundesamtes am 19. September 2007.

18 Paul Bellew, Manager von General Motors, zitiert in Scott, J., und Leonhardt, D. »Class in America: Shadowy lines that still divide«. *New York Times.* 15. Mai 2005.

19 Goodwin, D. K. (1994). *No ordinary time.* New York: Touchstone, S. 42–43.

20 Lane, R. E. (2000). *The loss of happiness in market democracies.* New Haven, CT: Yale University Press. Siehe Grafik 1.1, S. 5.

21 Lane (2000).

22 Menschen, deren Grundbedürfnisse wie Sicherheit, Ernährung und Behausung nicht gedeckt sind, sind tatsächlich sehr unglücklich. Für diese Gruppe bedeutet mehr Geld und damit bessere medizinische Versorgung, Nahrungsmittel und so weiter tatsächlich einen erheblichen Zugewinn an Wohlbefinden und Lebensqualität. Der schwache Zusammenhang zwischen Glück und Wohlstand betrifft also nur Menschen oberhalb der Armutsgrenze. Siehe Biswas-Diener, R., und Diener, E. (2001). »Making the best of a bad situation: Satisfaction in the slums of Calcutta«. *Social Indicators Research, 55,* S. 329–352.

23 Lopez, S. »Neighbors' ire equals scale of Ovitz plan«. *Los Angeles Times,* 26. Mai 2004, S. B1.

24 *The Sun,* August 2002.

25 Nickerson, C., Schwarz, N., Diener, E., und Kahneman, D. (2003). »Zeroing on the dark side of the American dream: A closer look at the negative consequences of the goal for financial success«. *Psychological Science, 14,* S. 531–536.

26 Cohen, P., und Cohen, J. (1996). *Life values and adolescent mental health.* Mahwah, NJ: Erlbaum.

27 Sheldon, K. M., und Kasser, T. (1998). »Pursuing personal goals: Skills ena-

ble progress, but not all progress is beneficial«. *Personality and Social Psychology Bulletin, 24*, S. 1.319–1.331.

28 Richins, M. L. (1995). »Social comparison, advertising, and consumer discontent«. *American Behavioral Scientist, 38*, S. 593–607.

29 Campbell, A. (1981). *The sense of well-being in America.* New York: McGraw-Hill.

30 Pryor, J. H., Hurtado, S., Saenz, V. B., Lindholm, J. A., Korn, W. S., und Mahoney, K. M. (2006). »The American Freshman – National Norms for Fall 2005«. Working paper, Higher Education Research Institute.

31 (1) »Rich think big about living well«. *Chicago Tribune, 24.* September 1987, S. 3. (2) »Pay nags at workers' job views«. *Chicago Tribune, 18.* Oktober 1987, S. 10 B.

32 Kristof, K. M. »Study: Money can't buy happiness, security either«. *Los Angeles Times, 14.* Januar 2005, S. C1.

33 Kahneman, D., Krueger, A. B., Schkade, D., Schwarz, N., und Stone, A. A. (2006). »Would you be happier if you were richer? A focusing illusion«. *Science, 312*, S. 1908–1910.

34 Das Zitat stammt vermutlich von Warren Buffett. O'Brien, T. L. »Fortune's fools: Why the rich go broke«. *New York Times, 17.* September 2006.

35 Mayer, C. »Europe's extraordinary makeover«. *Time, 5.* März 2006.

36 (1) Wengle, H. (1986). »The psychology of cosmetic surgery: A critical overview of the literature 1960–1982«. *Annals of Plastic Surgery, 16*, S. 435–443. (2) Young, V. L., Nemecek, J. R., und Nemecek, D. A. (1994). »The efficacy of breast augmentation: Breast size increase, patient satisfaction, and psychological effects«. *Plastic and Reconstructive Surgery, 94*, S. 958–969. Frauen mit kosmetischen Brustvergrößerungen haben sogar ein erhöhtes Selbstmordrisiko. Siehe McLaughlin, J. K., Wise, T. N., und Lipworth, L. (2004). »Increased risk of suicide among patients with breast implants: Do the epidemiologic data support psychiatric consultation«. *Psychosomatics, 45*, S. 277–280.

37 Schkade, D. A., und Kahneman, D. (1998). »Does living in California make people happy? A focusing illusion in judgments of life satisfaction«. *Psychological Science, 9*, S. 340–346.

38 Diener, E., Wolsic, B., und Fujita, F. (1995). »Physical attractiveness and subjective well-being«. *Journal of Personality and Social Psychology, 69*, S. 120–129. Eine interessante Studie fand heraus, dass Fotomodelle erheblich weniger glücklich sind als andere Frauen, vermutlich weil sie allein aufgrund ihres Aussehens Anerkennung finden und weniger Möglichkeiten haben, sinnvolle Beziehungen einzugehen oder durch ihren Job persönliche Kontrolle auszuüben. Siehe Meyer, B., Enström, M. K., Harstveit, M., Bowles, D. P., und Beevers, C. G. (2007). »Happiness and despair on the catwalk: Need

satisfaction, well-being, and personality adjustment among fashion models«. *The Journal of Positive Psychology, 2*, S. 2–17.

39 (1) Argyle, M. (1999). »Causes and correlates of happiness«. In Kahneman, Diener und Schwarz (S. 353–375). (2) Campbell, A., Converse, P. E., und Rodgers, W. L. (1976). *The quality of American life*. New York: Russell Sage Foundation. (3) Lyubomirsky, S., und Tucker, K. L. (1998). »Implications of individual differences in self-reported happiness for perceiving, thinking about, and recalling life events«. *Motivation and Emotion, 22*, S. 155–186.

40 Frederick, S., und Loewenstein, G. (1999). »Hedonic adaptation«. In Kahneman, Diener und Schwarz (S. 302–329).

41 Lyubomirsky, King u. a. (2005).

42 Lucas, R. E., Clark, A. E., Georgellis, Y., und Diener, E. (2003). »Reexamining adaptation and the set point model of happiness: Reactions to changes in marital status«. *Journal of Personality and Social Psychology, 84*, S. 527–539.

43 Brickman, P., Coates, D., und Janoff-Bulman, R. (1978). »Lottery winners and accident victims: Is happiness relative?« *Journal of Personality and Social Psychology, 36*, S. 917–927.

44 Riis, J., Loewenstein, G., Baron, J., Jepson, C., Fagerlin, A., und Ubel, P. A. (2005). »Ignorance of hedonic adaptation to hemodialysis: A study using ecological momentary assessment«. *Journal of Experimental Psychology: General, 134*, S. 3–9.

45 Schneider, C. E. (1998). *The practice of autonomy*. New York: Oxford University Press. S. 71.

46 Lykken und Tellegen (1996).

47 Zur Wahrung der Persönlichkeitsrechte wurden Namen und persönliche Details der beschriebenen Personen hier und im gesamten Buch geändert.

48 Diese faszinierende Untersuchung stammt von Thomas Bouchard.

49 Segal, N. (2000). *Entwined lives*. New York: Plume.

50 Headey, B., und Wearing, A. (1989). »Personality, life events, and subjective well-being: Toward a dynamic equilibrium model«. *Journal of Personality and Social Psychology, 57*, S. 731–739.

51 Suh, E. M., Diener, E., und Fujita, F. (1996). »Events and subjective well-being: Only recent events matter«. *Journal of Personality and Social Psychology, 70*, S. 1091–1102.

52 Bilger, B. »The height gap: Why Europeans are getting taller and taller – and Americans aren't«. *New Yorker, 5.* April 2004.

53 Sternberg, R. J., Grigorenko, E. L., und Kidd, K. K. (2005). »Intelligence, race, and genetics«. *American Psychologist, 60*, S. 46–59.

54 Caspi, A., Sugden, K., Moffitt, T. E., Taylor, A., Craig, I. W., Harrington, H. L., McClay, J., Mill, J., Martin, J., Braithwaite, A., und Poulton,

R. (2003). »Influence of life stress on depression: Moderation by a polymorphism in the 5-HTT gene«. *Science, 301*, S. 386–389.

55 Jedes Gen hat zwei Allele, eines von der Mutter und eines vom Vater. Das kurze Allel des Gens 5-HTTLPR verringert die Produktion des Neurotransmitters Serotonin, der der Depression entgegenwirkt. Medikamente wie Prozac werden selektive Serotonin-Wiederaufnahmehemmer genannt, weil sie den Serotonin-Spiegel heben und Depressionssymptome beseitigen.

56 Taylor, S. E., Way, B. M., Welch, W. T., Hilmert, C. J., Lehman, B. J., und Eisenberger, N. I. (2006) »Early family environment, current adversity, the serotonin transporter promoter polymorphism, and depressive symptomatology«. *Biological Psychiatry, 60*, S. 671–676.

57 Die Teilnehmer an Davidsons Experimenten tragen eine Art Badekappe, die mit pfenniggroßen Elektroden bestückt sind. Die Elektroden sind über Kabel mit Messgeräten verbunden, die bioelektrische Signale aufzeichnen.

58 (1) Tomarken, A. J., Davidson, R. J., Wheeler, R. E., und Doss, R. C. (1992). »Individual differences in anterior brain asymmetry and fundamental dimensions of emotion«. *Journal of Personality and Social Psychology, 62*, S. 676–687. (2) Urry, H. L., Nitschke, J. B., Dolski, I., Jackson, D. C., Dalton, K. M., Mueller, C. J., Rosenkranz, M. A., Ryff, C. D., Singer, B. H., und Davidson, R. J. (2004). »Making a life worth living: Neural correlates of well-being«. *Psychological Science, 15*, S. 367–372. Siehe auch van Honk, J., und Schutter, D. J. L. G. (2006). »From affective valence to motivational direction: The frontal asymmetry of emotion revised«. *Psychological Science, 17*, S. 963–965.

59 Diese Bemerkung stammt von Nobelpreisträger Daniel Kahneman von der Princeton University.

60 Mroczek, D. K., und Spiro, A., III. (2005). »Change in life satisfaction during adulthood: Findings from the Veterans Affairs Normative Aging Study«. *Journal of Personality and Social Psychology, 88*, S. 189–202.

61 Nolen-Hoeksema, S. (2005). *Eating, drinking, overthinking: The toxic triangle of food, alcohol, and depression – and how women can break free.* New York: Henry Holt.

62 Das Zitat stammt von dem britischen Politiker Benjamin Disraeli. Siehe Disraeli, B. (2000). *Lothair* (Vol. III). Cambridge, England: Chadwyck-Healey Ltd., S. 206.

3. Finden Sie die Glücksstrategie, die zu Ihnen passt

1 (1) Harackiewicz, J. M., und Sansone, C. (1991). »Goals and intrinsic motivation: You can get there from here«. In M. L. Maehr und P. R. Pintrich (Hg.), *Advances in motivation and achievement* (Band 7, S. 21–49). Greenwich, CT: JAI Press. (2) Brunstein, J. C., Schultheiss, O. C., und Gräss-

man, R. (1998). »Personal goals and emotional well-being: The moderating role of motive dispositions«. *Journal of Personality and Social Psychology, 75,* S. 494–508. (3) Diener, E., und Fujita, F. (1995). »Resources, personal strivings, and subjective well-being: A nomothetic and idiographic approach«. *Journal of Personality and Social Psychology, 68,* S. 926–935. (4) Higgins, E. T., (2005). »Value from regulatory fit«. *Current Directions in Psychological Science, 14,* S. 209–213. (5) Brandstätter, H. (1994). »Well-being and motivated person-environment fit: A time-sampling study of emotions«. *European Journal of Personality, 8,* S. 75–93. (6) Pervin, L. A. (1968). »Performance and satisfaction as a function of individual-environment fit«. *Psychological Bulletin, 69,* S. 56–68.

2 Die Motivationsmessung basiert auf einer Methode von Ken Sheldon. Die vier Gründe, sich für eine bestimmte Glücksstrategie zu entscheiden, basieren auf vier unterschiedlichen Formen der Motivation: 1. intrinsische Motivation (»Freude« und »Natur«), 2. identifizierte Motivation (»Wert«), 3. introjektierte Motivation (»Schuld«) und 4. extrinsische Motivation (»Situation«). Nach Ansicht von Ed Deci und Rich Ryan befinden sich diese vier Motivationen auf einem Kontinuum von intrinsisch (selbstbestimmt) bis extrinsisch (fremdbestimmt). Darum wird die Summe ermittelt, indem die Werte für extrinsische und introjektierte Motivation von den Werten für identifizierte und intrinsische Motivation abgezogen werden. Diese Zahl gibt an, inwieweit ein Verhalten durch lebenslange Interessen und wichtige Werte eines Menschen motiviert ist. Je größer die selbstbestimmte Motivation für ein bestimmtes Ziel, desto gesünder, glücklicher und erfolgreicher wird die betreffende Person bei der Umsetzung dieses Ziels. Siehe auch: (1) Deci, E. L., und Ryan, R. M. (2000). »The ›what‹ and ›why‹ of goal pursuits: Human needs and the self-determination of behavior«. *Psychological Inquiry, 4,* S. 227–268. (2) Sheldon, K. M., und Elliot, A. J. (1999). »Goal striving, need-satisfaction, and longitudinal well-being: The Self-Concordance Model«. *Journal of Personality and Social Psychology, 76,* S. 482–497. (3) Sheldon, K. M., und Kasser, T. (1995). »Coherence and congruence: Two aspects of personality integration«. *Journal of Personality and Social Psychology, 68,* S. 531–543.

3 (1) Sheldon, K. M., und Houser-Marko, L. (2001). »Self-concordance, goal-attainment, and the pursuit of happiness: Can there be an upward spiral?« *Journal of Personality and Social Psychology, 80,* S. 152–165. (2) Sheldon und Kasser (1998). (3) Sheldon und Lyubomirsky (2006a).

4 Dickerhoof (2007).

5 Siehe auch (1) Fordyce (1977, 1983). (2) Sheldon und Lyubomirsky (2006a).

6 Klem, M. L., Wing, R. R., McGuire, M. T., Seagle, H. M., und Hill, J. O.

(1997). »A descriptive study of individuals successful at long-term maintenance of substantial weight loss«. *American Journal of Clinical Nutrition, 66,* S. 239–246.

7 Dickerhoof (2007).

Teil II: Glücksaktivitäten

Ehe Sie beginnen

1 Das Oxford Happiness Questionnaire fragt nach verschiedenen Komponenten des allgemeinen Wohlbefindens und gibt beispielsweise Aufschluss über das Selbstwertgefühl, die persönliche Zielstrebigkeit, soziale Interessen und Humor. Es wurde bei Personen jeden Alters bereits erfolgreich angewendet. Quelle: Hills, P., and Argyle, M. (2002). The Oxford Happiness Questionnaire: A Compact Scale for the Measurement of Psychological Well-being. *Personality and Individual Differences, 33,* S. 1073–1082.

2 Beachten Sie, dass ich den Fragebogen etwas modifiziert und einige Punkte leicht verändert habe, um die Deutlichkeit zu verbessern.

4. Üben Sie Dankbarkeit und positives Denken

1 Emmons, R. A., und Shelton, C. M. (2002). »Gratitude and the science of positive psychology«. In C. R. Snyder und S. J. Lopez (Hg.), *Handbook of positive psychology* (S. 459–471). Oxford: Oxford University Press.

2 (1) McCullough, M. E., Emmons, R. A., und Tsang, J. (2002). »The grateful disposition: A conceptual and empirical topography«. *Journal of Personality and Social Psychology, 82,* S. 112–127. (2) McCullough, M. E., Tsang, J., und Emmons, R. A. (2004). »Gratitude in intermediate affective terrain: Links of grateful moods to individual differences and daily emotional experience«. *Journal of Personality and Social Psychology, 86,* S. 295–309. (3) Algoe, S., und Haidt, J. (2006). *Witnessing excellence in action: The »other-praising« emotions of elevation, gratitude, and admiration.* Veröffentlichung in Vorbereitung. (4) Bartlett, M. Y., und DeSteno, D. (2004). *Gratitude: Helping when it really costs you.* Veröffentlichung in Vorbereitung. (5) Eine gute Zusammenfassung bietet Robert Emmons neues Buch: Emmons, R. A. (2007). *THANKS! How the New Science of Gratitude Can Make You Happier.* New York: Houghton Mifflin Company.

3 Emmons, R. A., und McCullough, M. E. (2003). »Counting blessings versus burdens: An experimental investigation of gratitude and subjective well-being in daily life«. *Journal of Personality and Social Psychology, 84,* S. 377–389.

4 Emmons (2007).

5 Fredrickson, B. L., Tugade, M. M., Waugh, C. E., und Larkin, G. R. (2003). »What good are positive emotions in crises? A prospective study of resilience and emotions following the terrorist attacks on the United States in September 11, 2001«. *Journal of Personality and Social Psychology, 84*, S. 365–376.

6 Watkins, P. C., Grimm, D. L., und Kolts, R. (2004). »Counting your blessings: Positive memories among grateful persons«. *Current Psychology: Developmental, Learning, Personality, Social, 23*, S. 52–67.

7 Fredrickson u. a. (2003).

8 Malin, A. »Maximum joy: 14 ways to feel lucky you're alive«. *Prevention*, September 2003.

9 Casey, M. J. »A survivor's optimism«. *New York Times, 20.* Oktober 2006.

10 Bartlett, M. Y., und DeSteno, D. (2006). »Gratitude and prosocial behavior: Helping when it costs you«. *Psychological Science, 17*, S. 319–325.

11 (1) McCullough u. a. (2001). (2) Emmons und McCullough (2003).

12 Algoe, S. B., Haidt, J., Gable, S. L., und Strachman, A. (2007). *Beyond reciprocity: Gratitude and relationships in everyday life.* Veröffentlichung in Vorbereitung.

13 Lyubomirsky, King u. a. (2005).

14 McCullough u. a. (2002).

15 Zitat von Roger Walsh.

16 MacDonald, L. (2004). *Learn to be an optimist.* San Francisco, CA: Chronicle Books (S. 51).

17 Miller, T. (1995). *How to want what you have.* New York: Avon.

18 Tkach (2005).

19 Seligman, M. E., Steen, T. A., Park, N., und Peterson, C. (2005). »Positive psychology progress: Empirical validation of interventions«. *American Psychologist, 60*, S. 410–421.

20 Dickerhoof (2007).

21 Diese Unterscheidung stammt aus einem der besten Aufsätze zum Thema Optimismus, die ich kenne: Peterson, C. (2000). »The future of optimism«. *American Psychologist, 55*, S. 44–55.

22 Franken, A. (1992). *I'm good enough, I'm smart enough, and doggone it, people like me! Daily affirmations by Stuart Smalley.* New York: Dell.

23 (1) Tiger, L. (1979). *Optimism: The biology of hope.* New York: Simon & Schuster. (2) Scheier, M. F., und Carver, C. S. (1993). »On the power of positive thinking: The benefits of being optimistic«. *Current Directions in Psychological Science, 2*, S. 26–30.

24 Scheier und Carver (1993).

25 (1) Abramson, L. Y., Seligman, M. E. P., und Teasdale, J. D. (1978). »Learned

helplessness in humans: Critique and reformulation«. *Journal of Abnormal Psychology, 87,* S. 49–74. (2) Peterson, C. (1991). »Meaning and measurement of explanatory style«. *Psychological Inquiry, 2,* S. 1–10.

26 Snyder, C. R. (1994). *The psychology of hope: You can get there from here.* New York: Free Press.

27 King, L. A. (2001). »The health benefits of writing about life goals«. *Personality and Social Psychology Bulletin, 27,* S. 798–807.

28 Sheldon und Lyubomirsky (2006a).

29 Zu den positiven Auswirkungen des Schreibens siehe (1) Pennebaker, J. W., und Graybeal, A. (2001). »Patterns of natural language use: Disclosure, personality, and social integration«. *Current Directions in Psychological Science, 10,* S. 90–93. (2) Singer, J. A. (2004). »Narrative identity and meaning making across the adult lifespan: An introduction«. *Journal of Personality, 72,* S. 437–459.

30 Segerstrom, S. C. (2001). »Optimism, goal conflict, and stressor-related immune change«. *Journal of Behavioral Medicine, 24,* S. 441–467.

31 Snyder, C. R., Harris, C., Anderson, J. R., Holleran, S. A., Irving, L. M., Sigmon, S. T., Yoshinobu, L., Gibb, J., Langelle, C., und Harney, P. (1991). »The will and the ways: Development and validation of an individual-differences measure of hope«. *Journal of Personality and Social Psychology, 60,* S. 570–585.

32 (1) Scheier, M. F., Weintraub, J. K., und Carver, C. S. (1986). »Coping with stress: Divergent strategies of optimists and pessimists«. *Journal of Personality and Social Psychology, 51,* S. 1257–1264. (2) Nes, L. S., und Segerstrom, S. C. (2006). »Dispositional optimism and coping: A meta-analytic review«. *Personality and Social Psychology Review, 10,* S. 235–251.

33 Scheier und Carver (1993).

34 Helweg-Larsen, M., Sadeghian, P. und Webb, M. A. (2002). »The stigma of being pessimistically biased«. *Journal of Social and Clinical Psychology, 21,* S. 92–107.

35 Diese allgemeine Empfehlung zur Entwicklung von Hoffung stammt von dem unlängst verstorbenen Psychologen C. R. Snyder.

36 Siehe auch MacDonald (2004).

37 Gillham, J. E., und Reivich, K. J. (1999). »Prevention of depressive symptoms in school children: A research update«. *Psychological Science, 10,* S. 461–462.

38 Diese Technik wird in Kapitel 8 ausführlicher beschrieben. Siehe: Seligman (1991), *Learned Optimism* und (2002) *Authentic Happiness.*

39 Aspinwall, L. G., und Brunhart, S. M. (1996). »Distinguishing optimism from denial: Optimistic beliefs predict attention to health threats«. *Personality and Social Psychology Bulletin, 22,* S. 993–1003.

40 Seligman, M. (1998). *Learned optimism.* New York: Free Press (S. 292).

41 (1) Lyubomirsky, S., und Tkach, C. (2003). »The consequences of dysphoric rumination«. In C. Papageorgiou und A. Wells (Hg.), *Rumination: Nature, theory, and treatment of negative thinking in depression* (S. 21–41). Chichester, England: John Wiley&Sons. (2) Nolen-Hoeksema, S. (2003). *Women who think too much.* New York: Henry Holt. Deutsche Ausgabe: *Warum Frauen zu viel denken. Wege aus der Grübelfalle.* München: Heyne (2006).

42 Lyubomirsky, S., Dickerhoof, R., Kasri, F., und Zehm, K. (2007). *The cognitive and hedonic costs of excessive self-reflection.* Veröffentlichung in Vorbereitung.

43 Lyubomirsky u. a. (2007). Siehe auch Lyubomirsky, S., Kasri, F., und Zehm, K. (2003). »Dysphoric rumination impairs concentration on academic tasks«. *Cognitive Therapy and Research, 27,* S. 309–330.

44 (1) Festinger, L. (1954). »A theory of social comparison processes«. *Human Relations, 7,* S. 114–140. (2) Taylor, S.E., und Lobel, M. (1989). »Social comparison activity under threat: Downward evaluation and upward contacts«. *Psychological Review, 96,* S. 569–575. (3) Major, B., Testa, M., und Bylsma, W.H. (1991). »Responses to upward and downward social comparisons: The impact of esteem-relevance and perceived control«. In J. Suls und T.A. Wills. *Social comparison: Contemporary theory and research* (S. 237–260). Hillsdale, NJ: Erlbaum. (4) Affleck, G., und Tennen, H. (1991). »Social comparison and coping with major medical problems«. In Suls und Wills (S. 369–393).

45 Lyubomirsky, S., und Ross, L. (1997). »Hedonic consequences of social comparison: A contrast of happy and unhappy people«. *Journal of Personality and Social Psychology, 73,* 1141–1157.

46 Nolen-Hoeksema (2003).

47 Fredrickson, B. L. (2001). »The role of positive emotions in positive psychology: The broaden-and-build theory of positive emotions«. *American Psychologist, 56,* S. 218–226.

48 Carlson, R. (1997). *Don't Sweat the Small Stuff – and It's All Small Stuff.* New York: Hyperion. Deutsche Ausgabe: *Hundert Regeln für ein gutes Leben.* München: Knaur (2005).

49 Tedeschi, R. G., Park, C. L., und Calhoun, L. G. (Hg.) (1998). *Posttraumatic growth: Positive changes in the aftermath of crisis.* Mahwah, NJ: Erlbaum.

5. Stärken Sie Ihre sozialen Beziehungen

1 Berscheid, E. (2003). »The human's greatest strength: Other humans«. In L. G. Aspinwall und U. M. Staudinger (Hg.), *A psychology of human strengths: Fundamental questions and future directions for a positive psychology* (S. 37–47). Washington, DC: American Psychological Association. Zitat S. 39.

2 Lyubomirsky, King u. a. (2005).

3 Lyubomirsky, King u. a. (2005).

4 Diese Untersuchung wird beschrieben in Lyubomirsky, Sheldon u. a. (2005).

5 Tkach (2005).

6 Sämtliche Untersuchungen, die in meinem Labor durchgeführt und in diesem Buch beschrieben wurden, fanden mit mindestens einer Kontrollgruppe statt. Die Kontrollgruppe in dieser speziellen Untersuchung bestand aus Teilnehmern, die keine zusätzlichen guten Taten vollbringen, sondern lediglich wöchentlich eine Liste der Dinge zusammenstellen sollten, die ihnen passiert waren.

7 Williamson, G. M., und Clark, M. S. (1989). »Providing help and desired relationship type as determinants of changes in moods and self-evaluations«. *Journal of Personality and Social Psychology, 56*, S. 722–734.

8 Clark, M. C. (Hg.), *Prosocial behavior: Review of personality and social psychology* (Vol. 12, S. 238–264). Newbury Park, CA: Sage.

9 Trivers, R. (1971). »The evolution of reciprocal altruism«. *Quarterly Review of Biology, 46*, 35–57.

10 Für einen Überblick über die Literatur zu Freiwilligenarbeit und Wohlbefinden siehe Piliavin, J. A. (2003). »Doing well by doing good: Benefits for the benefactor«. In C. L. M. Keyes und J. Haidt (Hg.), *Flourishing: Positive psychology and the life well-lived* (S. 227–247). Washington, DC: American Psychological Association.

11 Schwartz, C. E., und Sendor, M. (1999). »Helping others helps oneself: Response shift effects in peer support«. *Social Science and Medicine, 48*, S. 1563–1575.

12 Leider sind fünf Teilnehmer keine ausreichend repräsentative Gruppe, um Wissenschaftlern allgemeine Rückschlüsse zu erlauben. In allen Untersuchungen, die ich mit Studenten und Freiwilligen durchführe, und in fast allen Untersuchungen, die in diesem Buch genannt werden, ist die Versuchsgruppe jedoch ausreichend groß, um solche Verallgemeinerungen, Vergleiche innerhalb der Gruppe und Beobachtungen über einen längeren Zeitraum zuzulassen.

13 Hier einige Beispiele: (1) Stecken Sie Geld in die Parkuhr des Wagens neben Ihnen oder werfen Sie eine Münze in eine abgelaufene Parkuhr. (2) Sammeln Sie in Ihrer Straße, am Strand oder im Park Müll ein. (3) Helfen Sie einem Nachbarn beim Renovieren seines Hauses. (4) Leisten Sie Freiwilligenarbeit in einem Obdachlosenasyl oder einer kirchlichen Hilfsorganisation. (5) Bringen Sie einem nicht lesenden Erwachsenen das Lesen bei. (6) Kochen Sie für einen besonders vielbeschäftigten Verwandten, Nachbarn oder Freund. (7) Besuchen Sie einen betagten Verwandten oder Nachbarn oder

besuchen Sie ein Altersheim. (8) Bieten Sie im Bus oder Zug Ihren Platz an. (9) Erledigen Sie eine Aufgabe im Haushalt, auch wenn Sie gar nicht an der Reihe sind. (10) Retten Sie ein Tier. (11) Halten Sie jemandem die Tür auf oder lassen jemanden in einer Warteschlange den Vortritt. (12) Helfen Sie jemandem, eine schwere Tasche oder ein Paket zu tragen. (13) Spenden Sie Geld, Zeit oder Blut. (14) Telefonieren, schreiben oder reisen Sie, um einen Freund zu unterstützen, der Zuspruch braucht. (15) Bieten Sie einem jüngeren Menschen Ihre Unterstützung als Mentor an. (16) Schreiben Sie einem Postboten, Müllmann oder anderem Menschen, der Ihr Leben erleichtert, eine Dankesnachricht.

14 Einige dieser Vorschläge stammen aus Carlson (1997).

15 Algoe und Haidt (2006).

16 Glynn, S. A., Busch, M. P., Schreiber, G. B., Murphy, E. L., Wright, D. J., Tu, Y., Kleinman, S. H., und NHLBI REDS study group. (2003). »Effect of a national disaster on blood supply and safety: The September 11 experience«. *Journal of the American Medical Association, 289*, S. 2246–2253.

17 Esterling, B. A., Kiecolt-Glaser, J. K., Bodnar, J. C., und Glaser, R. (1994). »Chronic stress, social support, and persistent alterations in the natural killer cell response to cytokines in older adults«. *Health Psychology, 13*, S. 291–298.

18 Weitzenkamp, D. A., Gerhart, K. A., Charlifue, S. W., Whiteneck, G. G., und Savic, G. (1997). »Spouses of spinal cord injury survivors: The added impact of caregiving«. *Archives of Physical Medicine and Rehabilitation, 78*, S. 822–827

19 Specter, M. »What money can buy«. *New Yorker,* 24. Oktober 2005.

20 Einen Überblick finden Sie in Lyubomirsky, King u. a. (2005). Siehe auch Myers (2000).

21 Baumeister, R. F., und Leary, M. R. (1995). »The need to belong: Desire for interpersonal attachments as a fundamental human motivation«. *Psychological Bulletin, 117*, S. 497–529.

22 (1) House, J. S., Landis, K. R., und Umberson, D. (1988). »Social relationships and health«. *Science, 241*, S. 540–545. (2) Kaplan, R. M., und Toshima, M. T. (1990). »The functional effects of social relationships on chronic illnesses and disability«. In B. R. Sarason, I. G. Sarason und G. R. Pierce (Hg.), *Social support: An interactional view* (S. 427–453). Oxford, England: John Wiley & Sons.(3) Verbrugge, L. M. (1979). »Marital status and health«. *Journal of Marriage and the Family, 41*, S. 267–285. (4) Lynch, J. J. (1977). *The broken heart: The medical consequences of loneliness.* New York: Basic Books.

23 Die drei übrigen Faktoren, die Sardinier, Okinawaer und Adventisten gemeinsam hatten, war, dass sie nicht rauchen, dass sie körperlich aktiv sind und dass Obst und Gemüse einen großen Bestandteil ihrer Ernährung aus-

machen. Buettner, D. »New wrinkles on aging«. *National Geographic*, November 2005, S. 2–27.

24 Berscheid, E., und Reis, H. T. (1998). »Attraction and close relationships«. In D. T. Gilbert, S. T. Fiske und G. Lindzey (Hg.), *The handbook of social psychology* (4. Auflage, Band 2, S. 193–281). New York: McGraw-Hill.

25 Rainwater, L. (1994). »Family equivalence as a social construction«. In D. Ekert-Jaffe (Hg.). *Standards of living and families: Observation and analysis* (S. 25–39). Montrouge: John Libbey Eurotext.

26 Easterlin, R. A. (2005). »A puzzle for adaptive theory«. *Journal of Economic Behavior and Organization, 56*, S. 513–521.

27 Gottman, J. M., und Silver, N. (1999). *The seven principles for making marriage work.* New York: Three Rivers Press. Deutsche Ausgabe: *Die sieben Geheimnisse der glücklichen Ehe.* Berlin: Ullstein (2000).

28 Gottman, J. M. (1994). *What predicts divorce: The relationship between marital processes and marital outcomes.* Hillsdale, NJ: Lawrence Erlbaum.

29 Gottman (1994).

30 (1) Drigotas, S. M., Rusbult, C. E., Wieselquist, J., und Whitton, S. W. (1999). »Close partner as sculptor of the ideal self: Behavioral affirmation and the Michelangelo phenomenon«. *Journal of Personality and Social Psychology, 77*, S. 293–323. (2) Drigotas, S. M. (2002). »The Michelangelo phenomenon and personal well-being«. *Journal of Personality, 70*, S. 59–77.

31 Murray, S. L., Holmes, J. G., und Griffin, D. W. (1996). »The self-fulfilling nature of positive illusions in romantic relationships: Love is not blind, but prescient«. *Journal of Personality and Social Psychology, 71*, S. 1155–1180.

32 Diese faszinierende Untersuchung stammt von Shelly Gable, Harry Reis und ihren Kollegen: Gable, S. L., Reis, H. T., Asher, E. R., und Impett, E. A. (2004). »What do you do when things go right? The intrapersonal and interpersonal benefits of sharing positive events«. *Journal of Personality and Social Psychology, 87*, S. 228–245.

33 Schueller, S. M. (2006). *Personality fit and positive interventions. Is extraversion important?* Unveröffentlichtes Manuskript, Department of Psychology, University of Pennsylvania.

34 Gottman und Silver (1999).

35 Keil, C. P. (1998). »Loneliness, stress, and human-animal attachment among older adults«. In C. C. Wilson und D. C. Turner (Hg.), *Companion animals in human health* (S. 123–134). Thousand Oaks, CA: Sage Publications.

36 Bella DePaulo und Wendy Morris stellten diese Untersuchungen über Singles unlängst in einem einflussreichen Aufsatz zusammen, der die Ideologie der Heirat und Familie in Frage stellt: DePaulo und Morris (2005). Siehe auch DePaulo, B. (2006). *Singled out: How singles are stereotyped, stigmatized, and ignored, and still live happily ever after.* New York: St. Martin's Press.

37 Einige diese Vorschläge stammen von McGinnis, A. L. (1979). *The friendship factor.* Minneapolis, MN: Augsburg. Die magische Zahl drei wurde von Laura Carstensen von der Stanford University ins Spiel gebracht.

38 Argyle, M., und Henderson, M. (1984). »The rules of friendships«. *Journal of Social and Personal Relationships, 1,* S. 211–237.

39 Clipman, J. M. (1999, March). *A hug a day keeps the blues away: The effect of daily hugs on subjective well-being in college students.* Vortrag beim siebzigsten Jahrestreffen der Eastern Psychological Association, Boston, MA.

40 In einer späteren Untersuchung gab Jane Marie Clipman den Versuchsteilnehmern die Möglichkeit, anderen zuzublinzeln oder Komplimente zu machen, statt sie zu umarmen. Auch dies steigerte das Wohlbefinden.

41 Doehring, K. M. (1989). »Relieving pain through touch«. *Advancing Clinical Care, 4,* S. 32–33.

6. Bewältigen Sie Stress, Schwierigkeiten und Traumata

1 Ozer, E. J., und Weiss, D. S. (2004). »Who develops post-traumatic stress disorder?« *Current Directions in Psychological Science, 13,* S. 169–172.

2 Billings, A. G., und Moos, R. H. (1984). »Coping, stress, and social resources among adults with unipolar depression«. *Journal of Personality and Social Psychology, 46,* S. 887–891.

3 Carver, C. S., Scheier, M. F., und Weintraub, J. K. (1984). »Assessing coping strategies: A theoretically based approach.« *Journal of Personality and Social Psychology, 56,* S. 267–283.

4 Nolen-Hoeksema, S., und Morrow, J. (1991). »A prospective study of depression and posttraumatic stress symptoms after a natural disaster: The 1989 Loma Prieta earthquake«. *Journal of Personality and Social Psychology, 61,* S. 115–121.

5 Schut, H. A. W., Stroebe, M. S., van den Bout, J., und de Keijser, J. (1997). »Intervention for the bereaved: Gender differences in the efficacy of two counselling programmes«. *British Journal of Clinical Psychology, 36,* S. 63–72.

6 McQueeney, D. A., Stanton, A. L., und Sigmon, S. (1997). »Efficacy of emotion-focused and problem-focused group therapies for women with fertility problems«. *Journal of Behavioral Medicine, 20,* S. 313–331.

7 Lynns Geschichte ist einem Bericht der *Los Angeles Times* entnommen: Foreman, J. »The mystery that is mourning.« *Los Angeles Times,* 16. Januar 2006, S. F 4.

8 Tennen, H., und Affleck, G. (1999). »Finding benefits in adversity«. In C. R. Snyder (Hg.), *Coping: The psychology of what works* (S. 279–304). New York: Oxford University Press.

9 Nolen-Hoeksema, S., und Davis, C. G. (2002). »Positive responses to loss: Perceiving benefits and growth«. In Snyder und Lopez (S. 598–606).

10 Taylor, S. E., Lichtman, R. R., und Wood, J. V. (1984). »Attributions, beliefs about control, and adjustment to breast cancer«. *Journal of Personality and Social Psychology, 46,* S. 489–502. Siehe auch Collins, R. L., Taylor, S. E., und Skokan, L. A. (1990). »A better world or a shattered vision? Changes in life perspectives following victimization«. *Social Cognition, 8,* S. 263–285.

11 Einen Überblick finden Sie in Taylor, S. E., und Armor, D. A. (1996). »Positive illusions and coping with adversity«. *Journal of Personality, 64,* S. 873–898.

12 Die Zitate stammen aus Davis, C. G., Nolen-Hoeksema, S., und Larson, J. (1998). »Making sense of loss and benefiting from the experience: Two construals of meaning«. *Journal of Personality and Social Psychology, 75,* S. 561–574.

13 Shearer, L. »When the friendly skies are not so friendly«. *Georgia Magazine,* September 2001, S. 80.

14 Affleck, G., Tennen, H., Croog, S., und Levine, S. (1987). »Causal attributions, perceived benefits, and morbidity after a heart attack: An 8 year study«. *Journal of Consulting and Clinical Psychology, 55,* S. 29–35.

15 Nolen-Hoeksema und Davis (2002), S. 602.

16 (1) Tedeschi, R. G., und Calhoun, L. G. (1995). *Trauma and transformation: Growing in the aftermath of suffering.* Thousand Oaks, CA: Sage. (2) O'Leary, V. E., und Ickovics, J. R. (1995). »Resilience and thriving in response to challenge: An opportunity for a paradigm shift in women's health«. *Women's Health: Research on Gender, Behavior, and Policy, 1,* S. 121–142.

17 Von den zahlreichen guten Publikationen dieser Arbeit empfiehlt sich besonders Tedeschi, R. G., und Calhoun, L. G. (2004). »Posttraumatic growth: Conceptual foundations and empirical evidence«. *Psychological Inquiry, 15,* S. 1–18.

18 O'Leary und Ickovics (1995).

19 O'Leary und Ickovics (1995).

20 Langer, L. L. (1990). *Holocaust testimonies: The ruins of memory.* New Haven, CT: Yale University Press, S. 59. Zitiert in O'Leary und Ickovics (1995).

21 (1) Engh, A. L., Beehner, J. C., Bergman, T. J., Whitten, P. L., Hoffmeier, R. R., Seyfarth, R. M., und Cheney, D. L. (2006) »Behavioural and hormonal responses to predation in female chacma baboons (*Papio hamadryas ursinus*)«. *Proceedings of the Royal Society B, 273,* S. 707–712. (2) Dreilinger, R. »No monkey, no cry.« *Observer,* April 2006, S. 12.

22 Pennebaker, J. W., und O'Heeron, R. C. (1984). »Confiding in others and illness rate among spouses of suicide and accidental-death victims«. *Journal of Abnormal Psychology, 93,* S. 473–476.

23 Levy, S. M., Herberman, R. B., Whiteside, T., Sanzo, K., Lee, J., und Kirkwood, J. (1990). »Perceived social support and tumor estrogen/progesterone

receptor status as predictors of natural killer cell activity in breast cancer patients«. *Psychosomatic Medicine, 52*, S. 73–85. Siehe auch Kiecolt-Glaser, J. K., Dura, J. R., Speicher, C. E., Trask, O. J., und Glaser, R. (1991). »Spousal caregivers of dementia victims: Longitudinal changes in immunity and health«. *Psychosomatic Medicine, 53*, S. 345–362.

24 Spiegel, D., Bloom, J. R., Kraemer, H. C., und Gottheil, E. (1989). »Effect of psychosocial treatment on survival of patients with metastatic breast cancer«. *Lancet, 2*, S. 888–891.

25 Gilligan, C. (1982). *In a different voice: Psychological theory and women's development*. Cambridge, MA: Harvard University Press.

26 (1) Rook, K. S. (1984). »The negative side of social interaction: Impact on psychological well-being«. *Journal of Personality and Social Psychology, 46*, S. 1097–1108. (2) Windholz, M. J., Marmar, C. R., und Horowitz, M. J. (1985). »A review of the research on conjugal bereavement: Impact on health and efficacy of intervention«. *Comprehensive Psychiatry, 26*, S. 433–447.

27 Janoff-Bulman, R. (1992). *Shattered assumptions: Towards a new psychology of trauma*. New York: Free Press.

28 Lerner, M. J. (1980). *The belief in a just world*. New York: Plenum.

29 Die Zitate stammen aus Davis u. a. (1998).

30 Davis u. a. (1998).

31 Bower, J. E., Kemeny, M. E., Taylor, S. E., und Fahey, J. L. (1998). »Cognitive processing, discovery of meaning, CD4 decline, and AIDS-related mortality among bereaved HIV-seropositive men«. *Journal of Consulting and Clinical Psychology, 66*, S. 979–986

32 Eine äußerst lesenswerte Zusammenfassung dieser Arbeit findet sich in Pennebaker, J. W. (1997). *Opening up: The healing power of expressing emotions*. New York: The Guilford Press.

33 Einen Überblick finden Sie in (1) Pennebaker, J. W. (1997). »Writing about emotional experiences as a therapeutic process.« *Psychological Science, 8*, S. 162–166. (2) Frattaroli, J. (2006). »Experimental disclosure and its moderators: A meta-analysis«. *Psychological Bulletin, 132*, S. 823–865.

34 Pennebaker, J. W., Mayne, T. J., und Francis, M. E. (1997). »Linguistic predictors of adaptive bereavement«. *Journal of Personality and Social Psychology, 72*, S. 863–871.

35 Pennebaker, J. W., und Seagal, J. D. (1999). »Forming a story: The health benefits of narrative«. *Journal of Clinical Psychology, 55*, S. 1243–1254.

36 Seligman (1990).

37 McCullough, M. E., und Witvliet, C. V. (2002). »The psychology of forgiveness«. In Snyder und Lopez (S. 446–458).

38 McCullough, M. E., Pargament, K. I., und Thoresen, C. T. (Hg.) (2000). *Forgiveness: Theory, research, and practice*. New York: Guilford.

39 McCullough, M. E., Rachal, K. C., Sandage, S. J., Worthington jun., E. L., Brown, S. W., und Hight, T. L. (1998). »Interpersonal forgiving in close relationships. II. Theoretical elaboration and measurement«. *Journal of Personality and Social Psychology, 75,* S. 1586–1603.

40 Einen ausgezeichneten Überblick finden Sie in McCullough und Witvliet (2002) und McCullough, M. E. (2001). »Forgiveness: Who does it and how do they do it?« *Current Directions in Psychological Science, 10,* S. 194–197.

41 Hebl, J. H., und Enright, R. D. (1993). »Forgiveness as a psychotherapeutic goal with elderly females«. *Psychotherapy: Theory, Research, Practice, Training. 30,* S. 658–667.

42 (1) Worthington jun., E. L.,Sandage, S. J., und Berry, J. W. (2000). »Group interventions to promote forgiveness: What researchers and clinicians ought to know«. In McCullough, Pargament und Thoresen (S. 228–253). (2) Harris, A. H. S. und Thoresen, C. E. (2006). »Extending the influence of positive psychology interventions into health care settings: Lessons from self-efficacy and forgiveness«. *Journal of Positive Psychology, 1,* S. 27–36.

43 Karremans, J. C., Van Lange, P. A. M., und Holland, R. W. (2005). »Forgiveness and its associations with prosocial thinking, feeling, and doing beyond the relationship with the offender«. *Personality and Social Psychology Bulletin, 31,* S. 1315–1326.

44 Diese Übung ist eine Abwandlung einer Intervention, die von Martin Seligman und Tracy Steen entwickelt wurde.

45 Witvliet, C. V., Ludwig, T. E., und Vander Laan, K. L. (2001). »Granting forgiveness or harboring grudges: Implications for emotion, physiology, and health«. *Psychological Science, 12,* S. 117–123.

46 Auf der Webseite http://www.forgivenessday.org/hero.htm finden Sie Beispiele für bekannte wie unbekannte »Helden der Vergebung«.

47 McCullough, M. E., Worthington, E. L., und Rachal, K. C. (1997). »Interpersonal forgiving in close relationships«. *Journal of Personality and Social Psychology, 73,* S. 321–336.

48 Shapiro, D. L. (1991). »The effects of explanations on negative reactions to deceit«. *Administrative Science Quarterly, 36,* S. 614–630.

49 McCullough u. a. (1997); McCullough u. a. (1998).

50 McCullough, M. E., Bellah, C. G., Kilpatrick, S. D., und Johnson, J. L. (2001). »Vengefulness: Relationships with forgiveness, rumination, well-being, and the Big Five«. *Personality and Social Psychology Bulletin, 27,* S. 601–610.

51 Remnick, D. »The wanderer«. *New Yorker,* 18. September 2006, S. 66.

1 Gregory, A. »(Man at work thinking about golf, golfing thinking about sex, having sex, thinking about work.)«. *New Yorker,* 21. März 2005.

2 Die nach wie vor beste Darstellung von Flow findet sich in Csikszentmihalyi, M. (1990). *Flow: The psychology of optimal experience.* NY: Harper & Row. Deutsche Ausgabe: *Flow: Das Geheimnis des Glücks.* Stuttgart: Klett-Cotta (1992).

3 Nakamura, J., und Csikszentmihalyi, M. (2002). »The concept of flow«. In Snyder und Lopez (S. 89–105).

4 Csikszentmihalyi, M., Rathunde, K., und Whalen, S. (1993). *Talented teenagers.* Cambridge, England: Cambridge University Press.

5 Csikszentmihalyi (1990), S. 10.

6 LeFevre, J. (1988). »Flow and the quality of experience during work and leisure«. In M. Csikszentmihalyi und I. Csikszentmihalyi (Hg.), *Optimal experience* (S. 307–318). New York: Cambridge University Press.

7 Csikszentmihalyi, M. (2000). *Beyond boredom and anxiety.* San Francisco: Jossey-Bass. Deutsche Ausgabe: *Das Flow-Erlebnis. Jenseits von Angst und Langeweile: im Tun aufgehen (Konzepte der Humanwissenschaften)* Stuttgart: Klett-Cotta 2005.

8 Diese Übung wurde von Martin Seligman und Tracy Steen entwickelt.

9 Wrzesniewski, A., McCauley, C., Rozin, P., und Schwartz, B. (1997). »Jobs, careers, and callings: People's relations to their work«. *Journal of Research in Personality, 31,* S. 21–33.

10 Wrzesniewski, A., und Dutton, J. E. (2001). »Crafting a job: Revisioning employees as active crafters of their work«. *Academy of Management Review, 26,* S. 179–201.

11 Daneben erleben Menschen Flow in Zerstörung, körperlicher Gewalt und tyrannischer Kontrolle über eine Gruppe, Organisation oder Nation. Andere erleben Flow im Risiko, in der Raserei, im Glücksspiel, im Diebstahl oder im Betrug. Dies ist die negative Seite des Flow. Doch obwohl diese Aktivitäten Ihnen ein kurzfristiges Gefühl des Glücks und der Macht verschaffen können, sind die langfristigen Kosten hoch und das Glück hält nicht vor. Wählen Sie vernünftig.

12 David Lodge hat für dieses Phänomen einen wunderbaren Ausdruck geprägt: »Zukunftsnostalgie.«

13 Fred Bryant und Joseph Veroff waren die ersten, die das Phänomen des Genießens psychologisch untersuchten und beschrieben. Eine neue und lesbare Zusammenfassung finden Sie in Bryant, F. B., und Veroff, J. (2006). *Savoring: A new model of positive experience.* Mahwah, N. J.: Erlbaum. Beschreibungen ihrer Forschungsarbeit finden Sie außerdem in folgenden Publikationen:

(1) Bryant, F. B. (1989). »A four-factor model of perceived control: Avoiding, coping, obtaining, and savoring«. *Journal of Personality, 57,* S. 773–797. (2) Bryant, F. B. (2003). »Savoring beliefs inventory (SBI): A scale for measuring beliefs about savoring«. *Journal of Mental Health, 12,* S. 175–196.

14 Bryant (2003).

15 Bryant (2003).

16 Seligman, M. E. P., Rashid, T., und Parks, A. C. (2006). »Positive psychotherapy«. *American Psychologist, 61,* S. 774–788.

17 Schueller (2006).

18 Dieses Zitat wird Robert Brault zugeschrieben.

19 Pasupathi, M., und Carstensen, L. L. (2003). »Age and emotional experience during mutual reminiscing«. *Psychology and Aging, 18,* S. 430–442.

20 Havighurst, R. J., und Glasser, R. (1972). »An exploratory study of reminiscence«. *Journal of Gerontology, 27,* S. 245–253.

21 Bryant, F. B., Smart, C. M., und King, S. P. (2005). »Using the past to enhance the present: Boosting happiness through positive reminiscence«. *Journal of Happiness Studies, 6,* S. 227–260.

22 Bryant u. a. (2005).

23 Bryant u. a. (2005).

24 Dies sind die letzten Worte, die Humphrey Bogart in der letzten Szene von *Casablanca* zu Ingrid Bergman sagt, ehe sie das Flugzeug nach Lissabon besteigt und ihn nie wieder sehen wird.

25 Lyubomirsky, Sousa u. a. (2006).

26 Langston, C. A. (1994). »Capitalizing on and coping with daily-life events: Expressive responses to positive events«. *Journal of Personality and Social Psychology, 67,* S. 1112–1125. Siehe auch Gable u. a. (2004).

27 Bryant und Veroff (2006).

28 Haidt, J. und Keltner, D. (2004). »Appreciation of beauty and excellence [Awe, Wonder, Elevation]«. In C. Peterson und M. E. P. Seligman (Hg.), *Character strengths and virtues: A handbook and classification* (S. 537–551). Washington DC: American Psychological Association.

29 Dieses Zitat stammt aus Haidt und Keltner (2004).

30 Brown, K. W., und Ryan, R. M. (2003). »The benefits of being present: Mindfulness and its role in psychological well-being«. *Journal of Personality and Social Psychology, 84,* S. 822–848.

31 James, W. (1924). *Memories and studies.* New York: Longmans, Green und Co. (Erstveröffentlichung 1911).

32 Jon Kabat-Zinn, Gründer der Stress Reduction Clinic des University of Massachusetts Medical Center, ist ein Pionier auf diesem Gebiet. Siehe Kabat-Zinn, J. (2005). *Full catastrophe living: Using the wisdom of your body and*

mind to face stress, pain, and illness: Fifteenth anniversary edition. New York: Bantam Dell.

33 Bryant und Veroff (2006).

34 LeBel, J. L., und Dubé, L. *The impact of sensory knowledge and attentional focus on pleasure and on behavioral responses to hedonic stimuli.* Paper presented at the 13th annual American Psychological Society Convention, Toronto, Ontario, Canada, Juni 2001.

35 Diese Geschichte stammt aus Kubovy, M. (1999). »On the pleasures of the mind«. In Kahneman, Diener und Schwarz (S. 134–154).

36 Diese Idee stammt vom Sozialpsychologen Jaime Kurtz.

37 Kurtz, J. L., und Wilson, T. D. (2007). *Looking to the future to appreciate the present: The function of bittersweet emotions.* In Vorbereitung.

38 Boehm, J. K., Dickerhoof, R., und Lyubomirsky, S. (2007). *Endowing versus contrasting life events: The relationship between thought perspective and well-being.* Unveröffentlichte Daten, Department of Psychology, University of California, Riverside.

39 Dieses Zitat wird Jim Holliday zugeschrieben. Caen, H. *San Francisco Chronicle,* 15. April 1975.

40 Wildschut, T., Sedikides, C., Arndt, J., und Routledge, C. (2006). »Nostalgia: Content, triggers, functions«. *Journal of Personality and Social Psychology, 91,* S. 975–993.

41 Lyubomirsky, Sousa u. a. (2006).

42 Epel, E. S., Bandura, A., und Zimbardo, P. G. (1999). »Escaping homelessness: The influences of self-efficacy and time perspective on coping with homelessness«. *Journal of Applied Social Psychology, 29,* S. 575–596.

43 Kessler, L. »Dancing with Rose: A strangely beautiful encounter with Alzheimer's patients provides insights that challenge the way we view the disease«. *Los Angeles Times Magazine,* 22. August 2004, S. 29.

44 Einen Überblick finden Sie in (1) Zimbardo, P. G., und Boyd, J. N. (1998). »Putting time in perspective: A valid, reliable individual-difference metric«. *Journal of Personality and Social Psychology, 77,* S. 1271–1288. (2) Boyd, J. N., und Zimbardo, P. G. (2005). »Time perspective, health, and risk taking«. In A. Strathman und J. Joireman (Hg.), *Understanding behavior in the context of time: Theory, research, and application* (S. 85–107). Mahwah, N. J.: Erlbaum.

45 Beweise, dass wir sowohl in der Gegenwart als auch auf die Zukunft hin leben können, finden Sie in Liu, W., und Aaker, J. (2007). »Do you look to the future or focus on today? The impact of life experience on intertemporal decisions«. *Organizational Behavior and Human Decision Processes, 102,* S. 215–225.

46 Zitat von Bill Clinton. Remnick 18. September 2006., S. 53.

1 Wolfe, W. B. (2001). *How to be happy though human.* London: Routledge. (Erstveröffentlichung 1932).

2 Einen Überblick finden Sie in Cantor, N., und Sanderson, C. A. (1999). »Life task participation and well-being: The importance of taking part in daily life«. In Kahneman, Diener und Schwarz (S. 230–243).

3 Brunstein, J. C. (1993). »Personal goals and subjective well-being: A longitudinal study«. *Journal of Personality and Social Psychology, 65,* S. 1061–1070.

4 Swed, M. »At Disney, a soaring tribute; Esa-Pekka Salonen's ›Wing on Wing‹ is a stirringly heartfelt work honoring Frank Gehry«. *Los Angeles Times,* 7. Juni 2004, S. E 1.

5 Cantor, N. (1990). »From thought to behavior: ›Having‹ and ›doing‹ in the study of personality and cognition«. *American Psychologist, 45,* S. 735–750.

6 Einen Überblick finden Sie in Ryan, R. M., und Deci, E. L. (2000). »Self-determination theory and the facilitation of intrinsic motivation, social development, and well-being«. *American Psychologist, 55,* S. 68–78.

7 (1) Kasser, T., und Ryan, R. M. (1993). »A dark side of the American dream: Correlates of financial success as a central life aspiration«. *Journal of Personality and Social Psychology, 65,* S. 410–422. (2) Kasser, T., und Ryan, R. M. (1996). »Further examining the American dream: Differential correlates of intrinsic and extrinsic goals«. *Personality and Social Psychology Bulletin, 22,* S. 280–287. (3) Sheldon, K. M., und Kasser, T. (1995). »Coherence and congruence: Two aspects of personality integration«. *Journal of Personality and Social Psychology, 68,* S. 531–543.

8 Einen ausgezeichneten Überblick finden Sie in (1) Sheldon, K. M. (2002). »The self-concordance model of healthy goal-striving: When personal goals correctly represent the person«. In E. L. Deci und R. M. Ryan (Hg.), *Handbook of self-determination theory* (S. 65–86). Rochester, NY: University of Rochester Press. (2) Sheldon, K. M., und Elliot, A. J. (1999). »Goal striving, need satisfaction, and longitudinal well-being: The self-concordance model«. *Journal of Personality and Social Psychology, 76,* S. 546–557.

9 (1) Elliot, A. J., und Sheldon, K. M. (1998). »Avoidance personal goals and the personality-illness relationship«. *Journal of Personality and Social Psychology, 75,* S. 1282–1299. (2) Elliot, A. J., Sheldon, K. M., und Church, M. A. (1997). »Avoidance personal goals and subjective well-being«. *Personality and Social Psychology Bulletin, 23,* S. 915–927.

10 Elliot, A. J., und McGregor, H. A. (2001). »A 2 X 2 achievement goal framework«. *Journal of Personality and Social Psychology, 80,* S. 501–519.

11 Strachman, A., und Gable, S. L. (2006). »What you want (and do not want)

affects what you see (and do not see): Avoidance social goals and social events«. *Personality and Social Psychology Bulletin, 32*, S. 1446–1458.

12 Dieses Phänomen tritt bei einem »rebound effect«, auf, wenn Sie sich so sehr anstrengen, etwas nicht zu denken oder zu tun, dass Sie es schließlich denken oder tun. Siehe Wegner, D. M. (1994). »Ironic processes of mental control«. *Psychological Review, 101*, S. 34–52.

13 (1) Ebda., Sheldon und Kasser (1995). (2) Emmons, R. A., und King, L. A. (1988). »Conflict among personal strivings: Immediate and long-term implications for psychological and physical well-being«. *Journal of Personality and Social Psychology, 54*, S. 1040–1048.

14 Cantor und Sanderson (1999).

15 Carstensen, L. L., Isaacowitz, D. M., und Charles, S. T. (1999). »Taking time seriously: A theory of socioemotional selectivity«. *American Psychologist, 54*, S. 165–181.

16 Fredrickson, B. L., und Carstensen, L. L. (1990). »Choosing social partners: How old age and anticipated endings make people more selective«. *Psychology and Aging, 5*, S. 335–347.

17 Sheldon, K. M., und Lyubomirsky, S. (2006b). »Achieving sustainable gains in happiness: Change your actions, not your circumstances«. *Journal of Happiness Studies, 7*, S. 55–86.

18 Die Anweisungen stammen aus Kaiser, R. T., und Ozer, D. J. (1997). »Emotional stability and goal-related stress«. *Personality and Individual Differences, 22*, S. 371–379.

19 Kahneman, D., Krueger, A. B., Schkade, D., Schwarz, N., und Stone, A. A. (2004). »A survey method for characterizing daily life experience: The Day Reconstruction Method«. *Science, 306*, S. 1776–1780.

20 Csikszentmihalyi u. a. (1993).

21 Diese Vorschläge basieren auf zwei Interventionen von Martin Seligman und Tracy Steen.

22 Das Zitat stammt von Robert Peter Tristram Coffin.

23 Sheldon, K. M., Kasser, T., Smith, K., und Share, T. (2002). »Personal goals and psychological growth: Testing an intervention to enhance goal attainment and personality integration«. *Journal of Personality, 70*, S. 5–31.

24 Bearman, P. S., und Brückner, H. (2001). »Promising the future: Virginity pledges and first intercourse«. *American Journal of Sociology, 106*, S. 859–912.

25 Greenwald, A. G., Carnot, C. G., Beach, R., und Young, B. (1987). »Increasing voting behavior by asking people if they expect to vote«. *Journal of Applied Psychology, 72*, S. 315–318.

26 Norcross, J. C., Mrykalo, M. S., und Blagys, M. D. (2002). »Auld Lang Syne: Success predictors, change processes, and self-reported outcomes of

New Year's resolvers and nonresolvers«. *Journal of Clinical Psychology, 58,* S. 397–405. Siehe auch Brunstein (1993).

27 Norcross, J. C., Ratzin, A. C., und Payne, D. (1989). »Ringing in the New Year: The change processes and reported outcomes of resolutions«. *Addictive Behaviors, 14,* S. 205–212.

28 Einen ausgezeichneten Überblick finden Sie in David Myers Fachbuch: Myers, D. G. (2005). *Social psychology.* New York: McGraw-Hill.

29 Sheldon und Houser-Marko (2001).

30 Norcross, J. C., und Vangarelli, D. J. (1989). »The resolution solution: Longitudinal examination of New Year's change attempts«. *Journal of Substance Abuse, 1,* S. 127–134.

31 Brandtstädter, J., und Renner, G. (1990). »Tenacious goal pursuit and flexible goal adjustment: Explication and age-related analysis of assimilative and accommodative strategies of coping«. *Psychology and Aging, 5,* S. 58–67.

32 Heckhausen, J., und Schulz, R. (1995). »A life-span theory of control«. *Psychological Review, 102,* S. 284–304.

33 Lepper, M. R., Greene, D., und Nisbett, R. E. (1973). »Undermining children's intrinsic interest with extrinsic reward: A test of the ›overjustification‹ hypothesis«. *Journal of Personality and Social Psychology, 28,* S. 129–137.

34 Gollwitzer, P. M. (1999). »Implementation intentions«. *American Psychologist, 54,* S. 493–503.

35 Dubé, M., Lapierre, S., Bouffard, L., und Alain, M. (2007). »Impact of a personal goals management program on the subjective well-being of young retirees«. *European Review of Applied Psychology, 57,* S. 183–192. Siehe auch Green, L. S., Oades, L. G., und Grant, A. M. (2006). »Cognitive-behavioral, solution-focused life coaching: Enhancing goal striving, well-being, and hope«. *The Journal of Positive Psychology, 1,* S. 142–149.

36 Dubé u. a. (2007).

9. Kümmern Sie sich um Leib und Seele

1 Einen ausgezeichneten Überblick finden Sie in Ellison, C. G., und Levin, J. S. (1998). »The religion-health connection: Evidence, theory, and future directions«. *Health Education and Behavior, 25,* S. 700–720. Siehe auch Myers (2000).

2 McIntosh, D. N., Silver, R. C., und Wortman, C. B. (1993). »Religion's role in adjustment to a negative life event: Coping with the loss of a child«. *Journal of Personality and Social Psychology, 65,* S. 812–821.

3 Untersuchung, die den Zusammenhang zwischen Religion und Gesundheit darstellen, sind unter anderem: (1) Oman, D., und Reed, D. (1998). »Religion and mortality among the community dwelling elderly«. *American Journal of*

Public Health, 88, S. 1469–1475. (2) Koenig, H. G., Hays, J. C., George, L. K., Blazer, D. G., Larson, D. B., und Landerman, L. R. (1997). »Modeling the cross-sectional relationships between religion, physical health, social support, and depressive symptoms«. *American Journal of Geriatric Psychology, 5,* S. 131–144. (3) Oxman, T. E., Freeman, D. H., und Manheimer, E. D. (1995). »Lack of social participation or religious strength and comfort as risk factors for death after cardiac surgery in the elderly«. *Psychosomatic Medicine, 57,* S. 5–15. (4) Strawbridge, W. J., Cohen, R. D., Shema, S. J., und Kaplan, G. A. (1997). »Frequent attendance at religious services and mortality over 28 years«. *American Journal of Public Health, 87,* S. 957–961.

4 Oxman u. a. (1995).

5 Koenig u. a. (1997).

6 Ellison und Levin (1998).

7 Diese Zahl stammt vom National Opinion Research Center General Social Survey. Myers (2000).

8 Ellison und Levin (1998).

9 Pollner, M. (1989). »Divine relations, social relations, and well-being«. *Journal of Health and Social Behavior, 30,* S. 92–104.

10 Koenig, H. G., George, L. K., und Siegler, I. C. (1988). »The use of religion and other emotion-regulating coping strategies among older adults«. *Gerontologist, 28,* S. 303–310.

11 Zitiert in Pargament, K. I., und Mahoney, A. (2002). »Spirituality: Discovering and conserving the sacred«. In Snyder und Lopez (S. 646–659).

12 Jenkins, R. A., und Pargament, K. I. (1988). »Cognitive appraisals in cancer patients«. *Social Science and Medicine, 26,* S. 625–633.

13 Baumeister, R. F. (1991). *Meanings of life.* New York: Guilford Press.

14 McCullough, M. E., und Worthington, E. L. (1999). »Religion and the forgiving personality«. *Journal of Personality, 67,* S. 1141–1164.

15 Vaillant, G. E. (im Druck). *Faith, hope, and joy.* New York: Morgan Road Books.

16 Saucier, G., und Skrzypińska, K. (2006). »Spiritual but not religious? Evidence for two independent dispositions«. *Journal of Personality, 74,* S. 1257–1292.

17 Pargament, K. I. (1999). »The psychology of religion and spirituality? Yes and no«. *International Journal for the Psychology of Religion, 9,* S. 3–16.

18 Pargament und Mahoney (2002).

19 Pollner, M. (1989). »Divine relations, social relations, and well-being«. *Journal of Health and Social Behavior, 30,* S. 92–104.

20 Pargament und Mahoney (2002).

21 Poloma, M. M., und Gallup jun., G. H. (1991). *Varieties of prayer: A survey report.* Philadelphia: Trinity Press International.

22 Einen Überblick über den Stand der Forschung finden Sie in Compton, W. C. (2004). »Religion, spirituality, and well-being«. In *An introduction to positive psychology* (S. 196–216). Belmont, CA: Wadsworth.

23 Freud, S. (2005). *Die Zukunft einer Illusion.* Fischer, Frankfurt am Main. (Erstveröffentlichung 1927).

24 Siehe unter anderem Klonoff, E. A., und Landrine, H. (1996). »Belief in the healing power of prayer: Prevalence and health correlates for African-Americans«. *Western Journal of Black Studies, 20,* S. 207–210.

25 Siehe unter anderem Koenig, H. G., Pargament, K. I., und Nielsen, J. (1998). »Religious coping and health status in medically ill hospitalized older adults«. *Journal of Mental and Nervous Disease, 186,* S. 513–521.

26 Glock, C. Y., und Stark, R. (1966). *Christian beliefs and anti-semitism.* New York: Harper & Row.

27 Altemeyer, B., und Hunsberger, B. (1992). »Authoritarianism, religious fundamentalism, quest, and prejudice«. *International Journal for the Psychology of Religion, 2,* S. 113–133.

28 Compton (2004).

29 Nach einer Umfrage der Gesellschaft für Konsumforschung (GfK) im Auftrag der *Apotheken Umschau* beten insgesamt 26,8 Prozent aller Deutschen (31,9 Prozent der Frauen und 21,3 Prozent der Männer) regelmäßig. In schwierigen Situationen schicken 40,4 Prozent (48,7 Prozent der Frauen und 31,5 Prozent der Männer) ein Stoßgebet zum Himmel. *Apotheken Umschau,* September 2006.

30 *Der Spiegel* 33/2005. In einer Umfrage aus dem Jahr 1997 waren es noch 57 Prozent. *Katholische Nachrichtenagentur,* 18. Juni 1997.

31 Shapiro, S. L., Schwartz, G. E. R., und Santerre, C. (2002). »Meditation and positive psychology«. In Snyder und Lopez (S. 632–645).

32 Kabat-Zinn, J. (1990). *Full catastrophe living.* New York: Delacorte Press.

33 Viele der hier beschriebenen Untersuchungen werden gut zusammengefasst in Shapiro u. a. (2002).

34 Davidson, R. J., Kabat-Zinn, J., Schumacher, J., Rosenkranz, M., Muller, D., Santorelli, S. F., Urbanowaki, F., Harrington, A., Bonus, K., und Sheridan, J. F. (2003). »Alterations in brain and immune function produced by mindfulness meditation«. *Psychosomatic Medicine, 65,* S. 564–570.

35 Smith, W. P., Compton, W. C., und West, W. B. (1995). »Meditation as an adjunct to a happiness enhancement program«. *Journal of Clinical Psychology, 51,* S. 269–273.

36 Ein 16-wöchiges Trainingsprogramm in transzendentaler Meditation führte zu einem verbesserten Blutdruck, Insulinresistenz und einer Verringerung von Risikofaktoren für koronare Herzerkrankungen. Siehe Paul-Labrador,

M., Polk, D., Dwyer, J. H., Velasquez, I., Nidich, S., Rainforth, M., Schneider, R., und Merz, N. B. (2006). »Effects of a randomized controlled trial of transcendental meditation on components of the metabolic syndrome in subjects with coronary heart disease«. *Archives of Internal Medicine, 166*, S. 1218–1224.

37 Fredrickson, B. L., Cohn, M. A., Coffey, K., und Finkel, S. (2007). *Positive emotions induced through meditation practice build consequential personal resources*. Unveröffentlichtes Manuskript.

38 Blumenthal, J. A., Babyak, M. A., Moore, K. A., Craighead, E., Herman, S., Khatri, P., Waugh, R., Napolitano, M. A., Forman, L. M., Appelbaum, M., Doraiswamy, P. M., und Krishnan, K. R. (1999). »Effects of exercise training on older patients with major depression«. *Archives of Internal Medicine, 159*, S. 2349–2356.

39 Babyak, M. A., Blumenthal, J. A., Herman, S., Khatri, P., Doraiswamy, M., Moore, K., Craighead, W. E., Baldewicz, T. T., und Krishnan, K. R. (2000). »Exercise treatment for major depression: Maintenance of therapeutic benefit at 10 months«. *Psychosomatic Medicine, 62*, S. 633–638.

40 Siehe unter anderem (1) Biddle, S. J. H., Fox, K. R., und Boutcher, S. H. (Hg.) (2000). *Physical activity and psychological well-being*. London: Routledge. (2) Kahn, E. B., Ramsey, L. T., Brownson, R. C., Heath, G. W., Howze, E. H., und Powell, K. E., Stone, E. J., Rajab, M. W., Corso, P., und Task Force on Community Preventive Services. (2002). »The effectiveness of interventions to increase physical activity – a systematic review«. *American Journal of Preventive Medicine, 22*, S. 73–107. (3) Centers for Disease Control and Prevention. *Physical activity and health: A report of the Surgeon General*. 17. November 1999. http://www.cdc.gov/nccdphp/sgr/sgr.htm.

41 Motl, R. W., Konopack, J. F., McAuley, E., Elavsky, S. Jerome, G. J., und Marquez, D. X. (2005). »Depressive symptoms among older adults: Long-term reduction after a physical activity intervention«. *Journal of Behavioral Medicine, 28*, S. 385–394.

42 (1) Thayer, R. E., Newman, J. R., und McClain, T. M. (1994). »Self-regulation of mood: Strategies for changing a bad mood, raising energy, and reducing tension«. *Journal of Personality and Social Psychology, 67*, S. 910–925. (2) Biddle, S. J. H. (2000). »Emotion, mood, and physical activity«. In S. J. H. Biddle, K. R. Fox und S. H. Boutcher (Hg.), *Physical activity and psychological well-being* (S. 63–87). London: Routledge.

43 (1) Bahrke, M. S., und Morgan, W. P. (1978). »Anxiety reduction following exercise and meditation«. *Cognitive Therapy and Research, 2*, S. 323–333. (2) Harte, J. L., Eifert, G. H., und Smith, R. (1995). »The effects of running and meditation on beta-endorphin, corticotrophin-releasing hormone, and cortisol in plasma, and on mood«. *Biological Psychology, 40*, S. 251–256.

44 Carter-Morris, P., und Faulkner, G. (2003). »A football project for service users: The role of football in reducing social exclusion«. *Journal of Mental Health Promotion, 2,* S. 24–30.

45 Meeusen, R. ,und De Meirleir, K. (1995). »Exercise and brain neurotransmission«. *Sports Medicine, 20,* S. 160–188.

46 Biddle, S. J. H., und Ekkekakis, P. (2006). »Physically active lifestyles and well-being«. In F. A. Huppert, N. Baylis und B. Keverne (Hg.), *The science of well-being* (S. 141–168). New York: Oxford University Press.

47 Mutrie, N., und Faulkner, G. (2004). »Physical activity: Positive psychology in motion«. In A. Linley und S. Joseph (Hg.), *Positive psychology in practice* (S. 146–164). Hoboken, NJ: John Wiley & Sons.

48 Um Ihre Pulsfrequenz während Ihrer sportlichen Betätigung zu messen, ohne sie allzu lange zu unterbrechen, halten Sie kurz inne und messen Sie sechs Sekunden die Pulsfrequenz am Handgelenk oder am Hals. Multiplizieren Sie die Anzahl Ihrer Pulsschläge mit zehn, und Sie haben Ihre ungefähre Pulsfrequenz. Um die Genauigkeit zu erhöhen, messen Sie zehn Sekunden lang und multiplizieren Sie mit sechs oder 30 Sekunden lang und multiplizieren Sie mit zwei.

49 Bailey, C. (1994). *Smart exercise.* New York: Houghton Mifflin.

50 Dement, W. C., und Vaughan, C. (2000). *The promise of sleep.* New York: Dell.

51 Lyubomirsky, King u.a. (2005).

52 Darwin, C. R. (1896). *The expression of emotions in man and animals.* New York: Appleton. (S. 365).

53 Strack, F., Martin, L. L., und Stepper, S. (1988). »Inhibiting and facilitating conditions of the human smile: A nonobtrusive test of the facial feedback hypothesis«. *Journal of Personality and Social Psychology, 54,* S. 768–777.

54 Levenson, R. W., Ekman, P. ,und Friesen, W. V. (1990). »Voluntary facial action generates emotion-specific autonomic nervous system activity«. *Psychophysiology, 27,* S. 363–384.

55 Cole, J. (1998). *About face.* Cambridge, MA: MIT Press.

56 Finzi, E., und Wasserman, E. (2006). »Treatment of depression with botulinum toxin A: A case series«. *Dermatologic Surgery, 32,* S. 645–650.

57 Fromm, E. (1956). *Die Kunst des Liebens.* Berlin: Ullstein. Die anderen in diesem Absatz beschriebenen Untersuchung sind zusammengestellt in Lyubomirsky, King u.a. (2005).

58 Keltner, D., und Bonanno, G. A. (1997). »A study of laughter and dissociation: Distinct correlates of laughter and smiling during bereavement«. *Journal of Personality and Social Psychology, 73,* S. 687–702.

59 Berk, L. S., Tan, S. A., und Westengard, J. (2006, April). *Beta-Endorphin*

and HGH increase are associated with both the anticipation and experience of mirthful laughter. Paper presented at the annual Experimental Biology meeting, San Francisco, CA.

Teil III: Wie Sie lebenslanges Glück finden

10. Die fünf Schlüssel zu lebenslangem Glück

1 (1) Diener, E., Sandvik, E., und Pavot, W. (1991). »Happiness is the frequency, not the intensity, of positive versus negative affect«. In F. Strack, M. Argyle und N. Schwarz (Hg.), *Subjective well-being: An interdisciplinary perspective* (S. 119–139). Elmsford, NY: Pergamon Press. (2) Urry, H. L., Nitschke, J. B., Dolski, I., Jackson, D. C., Dalton, K. M., Mueller, C. J., Rosenkranz, M. A., Ryff, C. D., Singer, B. H., und Davidson, R. J. (2004). »Making a life worth living: Neural correlates of well-being«. *Psychological Science, 15,* S. 367–372.

2 Fredrickson (2001).

3 Proust, M. (1982). *Auf der Suche nach der verlorenen Zeit. Band 1: Unterwegs zu Swann.* Frankfurt am Main: Suhrkamp (Erstveröffentlichung 1913).

4 (1) Davidson, R. J. (1993). »The neuropsychology of emotion and affective style«. In M. Lewis und J. M. Haviland (Hg.), *Handbook of emotion* (S.143–154). New York: Guilford Press. (2) Watson, D., Clark, L. A., und Carey, G. (1988). »Positive and negative affectivity and their relations to anxiety and depressive disorders«. *Journal of Abnormal Psychology, 97,* S. 346–353.

5 (1) MacLeod, A. K., Tata, P., Kentish, J., und Jacobsen, H. (1997). »Retrospective and prospective cognitions in anxiety and depression«. *Cognition and Emotion, 11,* S. 467–479. (2) MacLeod, A. K., Pankhania, B., Lee, M., und Mitchell, D. (1997). »Depression, hopelessness and future-directed thinking in parasuicide«. *Psychological Medicine, 27,* S. 973–977. (3) MacLeod, A. K., und Byrne, A. (1996). »Anxiety, depression and the anticipation of future positive and negative experiences«. *Journal of Abnormal Psychology, 105,* S. 286–289. Siehe auch MacLeod, A. K., und Moore, R. (2000). »Positive thinking revisited: Positive cognitions, well-being, and mental health«. *Clinical Psychology and Psychotherapy, 7,* S. 1–10.

6 Joormann, J., Siemer, M., und Gotlib, I. H. (2006). *Mood regulation in depression: Differential effects of distraction and recall of happy memories on sad mood.* Unveröffentlichtes Manuskript.

7 Brown, G. W., Lemyre, L., und Bifulco, A. (1992). »Social factors and recovery from anxiety and depressive disorders: A test of specificity«. *British Journal of Psychiatry, 161,* S. 44–54.

8 (1) Fredrickson, B. L., und Levenson, R. W. (1998). »Positive emotions

speed recovery from the cardiovascular sequelae of negative emotions«. *Cognition and Emotion*, *12*, S. 191–220. (2) Fredrickson, B. L., Mancuso, R. A., Branigan, C., und Tugade, M. M. (2000). »The undoing effect of positive emotions«. *Motivation and Emotion*, *24*, S. 237–258.

9 (1) Fredrickson und Levenson (1998), (2) Fredrickson u. a. (2000).

10 Dickerhoof (2007).

11 Fredrickson (2001). Siehe auch Ong, A. D., Bergeman, C. S., Bisconti, T. L., und Wallace, K. A. (2006). »Psychological resilience, positive emotions, and successful adaptation to stress in later life«. *Journal of Personality and Social Psychology*, *91*, S. 730–749.

12 Namentlich die kognitive Theorie und die Theorie der Hoffnungslosigkeit.

13 Dickerhoof (2007).

14 Die kognitive Verhaltenstherapie, die darauf abzielt, dem depressiven Menschen zu mehr positiven Erfahrungen zu verhelfen, ist die Ausnahme.

15 Keyes (2005).

16 Lyubomirsky, King u. a. (2005).

17 King, L. A., Hicks, J. A., Krull, J. L., und Del Gaiso, A. K. (2006). »Positive affect and the experience of meaning in life«. *Journal of Personality and Social Psychology*, *90*, S. 179–196.

18 Lyubomirsky, Sheldon u. a. (2005).

19 Leaf Van Boven von der University of Colorado hat herausgefunden, dass wir glücklicher werden, wenn wir Geld und Mittel in Erfahrungen investieren statt in Besitzungen. Er nennt drei Gründe: 1. Es ist wahrscheinlicher, dass sich Erfahrungen im Laufe der Zeit verbessern. 2. Es ist unwahrscheinlicher, dass wir unsere Erfahrungen mit denen anderer Menschen vergleichen und zu negativen Schlüssen kommen. 3. Erfahrungen haben größeren sozialen Wert und fördern Sozialbeziehungen. Ich würde dem noch hinzufügen, dass Erfahrungen sich weniger durch hedonistische Anpassung abnutzen. Siehe Van Boven, L. (2005). »Experientialism, materialism, and the pursuit of happiness«. *Review of General Psychology*, *9*, S.132–142.

20 (1) Berlyne, D. (1970). »Novelty, complexity, and hedonic value«. *Perception and Psychophysics*, *8*, S. 279–286. (2) McAlister, L. (1982). »A dynamic attribute satiation model of variety-seeking behavior«. *Journal of Consumer Research*, *9*, S. 141–150. (3) Ratner, R. K., Kahn, B. E., und Kahneman, D. (1999). »Choosing less-preferred experiences for the sake of variety«. *Journal of Consumer Research*, *26*, S. 1–15. (4) Berns, G. (2005). *Satisfaction: The science of finding true fulfillment.* New York: Henry Holt & Co. Deutsche Ausgabe: *Satisfaction. Warum nur Neues uns glücklich macht.* Frankfurt/New York: Campus Verlag (2006).

21 Tkach, 2005.

22 Robert Jeffery, Division of Epidemiology and Community Health, University of Minnesota. Personliche Mitteilung, 17. Juli 2006.

23 Eugenides, J. (2003). *Middlesex*. New York: Picador. Deutsche Ausgabe: *Middlesex*. Reinbek bei Hamburg: Rowohlt (2003).

24 Brown, G. W., und Harris, T. (1978). *Social origins of depression: A study of psychiatric disorder in women*. New York: Free Press.

25 Dubé u. a. (2007).

26 Gladwell, M. »The cellular church: How Rick Warren's congregation grew«. *New Yorker*, 12. September 2005.

27 Friedman, H. S. (2002). *Health psychology* (2.Ausg.). Upper Saddle River, NJ: Prentice Hall.

28 Caplan, R. D., Robinson, E. A. R., French jun., J. R. P., Caldwell, J. R., und Shinn, M. (1976). *Adhering to medical regimens: Pilot experiments in patient education and social support*. Ann Arbor: Research Center for Group Dynamics, Institute for Social Research, University of Michigan.

29 Norcross und Vangarelli (1989).

30 Wing, R. R., und Jeffery, R. W. (1999). »Benefits of recruiting participants with friends and increasing social support for weight loss and maintenance«. *Journal of Consulting and Clinical Psychology, 67*, S. 132–138.

31 Dickerhoof (2007).

32 Sheldon und Lyubomirsky (2006a).

33 Seligman u. a. (2005). (2) Sheldon und Lyubomirsky (2006a).

34 Dieses Zitat wird dem Gelehrten und Mathematiker Isaac Barrow (1630–1677) zugeschrieben: »Nothing of worth or weight can be achieved with half a mind, with a faint heart, and with a lame endeavor.«

35 Oishi, S., Diener, E., und Lucas, R. E. (2006). *Optimum level of well-being: Can people be too happy?* Unveröffentlichtes Manuskript.

36 (1) Lyubomirsky, King u. a. (2005). (2) Fredrickson (2001).

37 Vgl. Wood, W., Tam, L., und Witt, M. G. (2005). »Changing circumstances, disrupting habits«. *Journal of Personality and Social Psychology, 88*, S. 918–933. Siehe auch Neal, D. T., Wood, W., und Quinn, J. M. (2006). »Habits – a repeat performance«. *Current Directions in Psychological Science, 15*, S. 198–202.

38 Shiffrin, R. M., und Schneider, W. (1977). »Controlled and automatic human information processing: II. Perceptual learning, automatic attending and a general theory«. *Psychological Review, 84, S.* 127–190.

39 (1) Centers for Disease Control. (1993). »Smoking cessation during previous year among adults – United States, 1990 and 1991«. *MMWR, 42*, S. 504–507. (2) McGuire, M., Wing, R., und Hill, J. (1999). »The prevalence of weight loss maintenance among American adults«. *International Journal of Obesity, 23*, S. 1314–1319. (3) Kassirer, J. und Angell, M. (1998). »Losing weight –

an ill-fated New Year's resolution«. *New England Journal of Medicine, 338,*
S. 52–54.

40 Schachter, S. (1982). »Recidivism and self-cure of smoking and obesity«.
American Psychologist, 37, S. 436–444.

41 Klem u. a. (1997).

Nachwort: Wenn Sie unter Depressionen leiden

1 American Psychiatric Association. (2000). *Diagnostic and statistical manual of mental disorders* (4., überarbeitete Auflage). Washington, DC: American Psychiatric Association.

2 Kessler, R. C. (2005, August). *Population perspectives on the epidemiology and use of services for behavioral health disorders.* Paper presented at the Annual Convention of the American Psychological Association, Washington, DC.

3 Schatzberg, A. F. (2000). »New indications for antidepressants«. *Journal of Clinical Psychiatry, 61,* S. 9–17.

4 Kessler, R. C., Michelson, K. D., Barber, C. B., und Wang, P. (2001). »The association between chronic medical conditions and work impairment«. In A. S. Rossi (Hg.), *Caring and doing for others: Social responsibility in the domain of the family, work, and community* (S. 403–426). Chicago: University of Chicago Press.

5 Greenberg, P., Kessler, R. C., Nells, T., Finkelstein, S., und Berndt, E. R. (1996). »Depression in the workplace: An economic perspective«. In J. P. Feighner und W. F. Boyer (Hg.), *Selective serotonin reuptake inhibitors: Advances in basic research and clinical practice* (S. 327–363). New York: Wiley.

6 Dies ist das sogenannte Diathese-Stress-Modell. Diathese ist die genetische Veranlagung, Stress der Umweltauslöser.

7 Kendler, K., Neale, M., Kessler, R., Heath, A., und Eaves, L. (1992). »Major depression and generalized anxiety disorder«. *Archives of General Psychiatry, 49,* S. 716–722.

8 Sullivan, P. F., Neale, M. C., und Kendler, K. S. (2000). »Genetic epidemiology of major depression: Review and meta-analysis«. *American Journal of Psychiatry, 157,* S. 1552–1562.

9 Thase, M. E., Jindal, R., und Howland, R. H. (2002). »Biological aspects of depression«. In Gotlib und Hammen (S. 192–218). Siehe auch Carlson, P. J., Singh, J. B., Zarate, C. A., Drevets, W. C., und Manji, H. K. (2006). »Neural circuitry and neuroplasticity in mood disorders: Insights for novel therapeutic targets«. *The Journal of the American Society for Experimental NeuroTherapeutics, 3,* S. 22–41.

10 Mayberg, H. S., Lozano, A. M., Voon, V., McNeeley, H. E., Seminowicz,

D., Hamani, C., Schwalb, J. M., und Kennedy, S. H. »Deep brain stimulation for treatment-resistant depression«. *Neuron, 45*, März 2005, S. 651–660.

11 Monroe, S. M., und Hadjiyannakis, K. (2002). »The social environment and depression: Focusing on severe life stress«. In Gotlib und Hammen (S. 314–340).

12 (1) Abramson, L. Y., Alloy, L. B., Hogan, M. E., Whitehouse, W. G., Donovan, P., Rose, D., Panzarella, C., und Raniere, D. (1999). »Cognitive vulnerability to depression: Theory and evidence«. *Journal of Cognitive Psychotherapy: An International Quarterly, 13*, S. 5–20. (2) Alloy, L. B., Abramson, L. Y., Whitehouse, W. G., Hogan, M. E., Tashman, N., Steinberg, D., Rose, D. T., und Donovan, P. (1999). »Depressogenic cognitive styles: Predictive validity, information processing and personality characteristics, and developmental origins«. *Behaviour Research and Therapy, 37*, S. 503–531.

13 National Institute of Mental Health. Depression. Bethesda (MD): National Institute of Mental Health, National Institutes of Health, US Department of Health and Human Services; 2002 (NIH Publication Number: 02–3561). http://www.nimh.nih.gov/publicat/depression.cfm.

14 (1) Nolen-Hoeksema (2003). (2) Lyubomirsky und Tkach (2003).

15 Hollon, S. D., Haman, K. L., und Brown, L. L. (2002). »Cognitive-behavioral treatment of depression«. In Gotlib und Hammen (S. 383–403).

16 (1) DiMascio, A., Weissman, M. M., Prusoff, B. A., Neu, C., Zwilling, M., und Klerman, G. L. (1979). »Differential symptom reduction by drugs and psychotherapy in acute depression«. *Archives of General Psychiatry, 36*, S. 1450–1456. (2) Weissman, M. M., Prusoff, B. A., DiMascio, A., Neu, C., Goklaney, M., und Klerman, G. L. (1979). »The efficacy of drugs and psychotherapy in the treatment of acute depressive episodes«. *American Journal of Psychiatry, 136*, S. 555–558. (3) Elkin, I., Shea, M. T., Watkins, J. T., Imber, S. D., Sotsky, S. M., Collins, J. F., Glass, D. R., Pilkonis, P. A., Leber, W. R., Docherty, J. P., Fiester, S. J., und Parloff, M. B. (1989). »National Institute of Mental Health Treatment of Depression Collaborative Research Program: General effectiveness of treatments«. *Archives of General Psychiatry, 46*, S. 971–982.

17 Whisman, M. A. (2001). »The association between depression and marital dissatisfaction«. In S. R. H. Beach (Hg.), *Marital and family processes in depression: A scientific foundation for clinical practice* (S. 3–24). Washington, DC: American Psychological Association.

18 Lovejoy, M. C., Gracyk, P. A., O'Hare, E., und Neuman, G. (2000). »Maternal depression and parenting behavior: A meta-analytic review«. *Clinical Psychology Review, 20*, S. 561–592.

19 Die Theorie der Stressverstärkung stammt von Constance Hammen von der University of California, Los Angeles. Hammen, C. (1991). *Depression runs*

in families: The social context of risk and resilience of children of depressed mothers. New York: Springer-Verlag.

20 Beach, S. R. H., und Jones, D. B. (2002). »Marital and family therapy for depression in adults«. In Gotlib und Hammen (S. 422–440).

21 Markman, H., Stanley, S., und Blumberg, S. I. (1994). *Fighting for your marriage.* San Francisco: Jossey-Bass.

22 Patterson, G. R. (1982). *Coercive family processes.* Eugene, OR: Castilia.

23 (1) Beach, S. R. H., und O'Leary, K. D. (1992). »Treating depression in the context of marital discord: Outcome and predictors of response for marital therapy versus cognitive therapy«. *Behavior Therapy, 23,* S. 507–528. (2) Jacobson, N. S., Dobson, K., Fruzzetti, A. E., Schmaling, K. B., und Salusky, S. (1991). »Marital therapy as a treatment of depression«. *Journal of Consulting and Clinical Psychology, 59,* S. 547–557.

24 Beach und Jones (2002).

25 IMS Health, Inc. (2006, Februar). »2005 Year-end U.S. prescription and sales information and commentary«. Februar 2006. http://www.imshealth. com/ims/portal/front/articleC/0,2777,6599_18731_77056778,00.html.

26 Klein, D. F., Gittelman-Klein, R., Quitkin, F. M., und Rifkin, A. (1980). *Diagnosis and drug treatment of psychiatric disorders.* Baltimore: Williams und Wilkins.

27 Gelenberg, A. J., und Chesen, C. L. (2000). »How fast are antidepressants?« *Journal of Clinical Psychiatry, 61,* S. 712–721. In der jüngsten veröffentlichten Untersuchung stellte sich bei der Hälfte Patienten erst nach acht bis zehn Wochen die Wirkung ein. Siehe: Rush, A. J., Trivedi, M. H., Wisniewski, S. R., Stewart, J. W., Nierenberg, A. A., Thase, M. E., Ritz, L., Biggs, M. M., Warden, D., Luther, J. F., Shores-Wilson, K., Niederehe, G., Fava, M., und STAR*D Study Team. (2006). »Bupropion-SR, Sertraline, or Venlafax-ine-XR after failure of SSRIs for depression«. *New England Journal of Medicine, 354,* S. 1231–1242.

28 (1) Moffitt, T. E., Caspi, A., und Rutter, M. (2006). »Measured gene-environment interactions in psychopathology«. *Perspectives on Psychological Science, 1,* S. 5–27. (2) McMahon, F. J., Buervenich, S., Charney, D., Lipsky, R., Rush, A. J., Wilson, A. F., Sorant, A. J., Papanicolaou, G. J., Laje, G., Fava, M., Trivedi, M. H., Wisniewski, S. R., und Manji, H. (2006). »Variation in the gene encoding the serotonin 2A receptor is associated with outcome of antidepressant treatment«. *The American Journal of Human Genetics, 78,* S. 804–814.

29 Nur zugelassene Ärzte beziehungsweise Psychiater können Antidepressiva verschreiben, Psychotherapeuten dürfen dies nicht.

30 Die Entwicklung der Antidepressiva verläuft mit geradezu schwindelerregender Geschwindigkeit. Umso mehr sollten Sie darauf achten, dass Ihr Arzt auf dem neuesten Stand ist.

31 Rush u. a. (2006). Siehe auch Trivedi, M. H., Fava, M., Wisniewski, S. R., Thase, M. E., Quitkin, F., Warden, D., Ritz, L., Nierenberg A. A., Lebowitz, B. D., Biggs, M. M., Luther, J. F., Shores-Wilson, K., Rush, A. J., und STAR*D Study Team. (2006). »Medication augmentation after the failure of SSRIs for depression«. *New England Journal of Medicine, 354,* S. 1243–1252.

32 (1) Frank, E., Kupfer, D. J., Perel, J. M., Cornes, C., Jarrett, D. B., Mallinger, A. G., Thase, M. E., McEachran, A. B., und Grochocinski, V. J. (1990). »Three-year outcomes for maintenance therapies in recurrent depression«. *Archives of General Psychiatry, 47,* S. 1093–1099. (2) Kupfer, D. J., Frank, E., Perel, J. M., Cornes, C., Mallinger, A. G., Thase, M. E., McEachran, A. B., und Grochocinski, V. J. (1992). »Five-year outcome for maintenance therapies in recurrent depression«. *Archives of General Psychiatry, 49,* S. 769–773.

33 (1) Keller, M. B., Gelenberg, A. J., Hirschfeld, R. M. A., Rush, A. J., Thase, M. E., Kocsis, J. H., Markowitz, J. C., Fawcett, J. A., Koran, L. M., Klein, D. N., Russell, J. M., Kornstein, S. G., McCullough, J. P., Davis, S. M., und Harrison, W. M. (1998). »The treatment of chronic depression: Part 2. A double-blind randomized trial of sertraline and imipramine«. *Journal of Clinical Psychiatry, 59,* S. 598–606. (2) Kocsis, J. H., Friedman, R. A., Markowitz, J. C., Leon, A. C., Miller, N. L., Gniwesch, L., Parides, M. Kupfer, D. J., und Frank, E. (1996). »Maintenance therapy for chronic depression: A controlled clinical trial of desipramine«. *Archives of General Psychiatry, 53,* S. 769–774.

34 Linde, K., Ramirez, G., Mulrow, C. D., Pauls, A., Weidenhammer, W., und Melchart, D. (1996). »St. John's wort for depression: An overview and meta-analysis of randomized clinical trials«. *British Medical Journal, 313,* S. 253–258.

35 Shelton, R. C., Keller, M. B., Gelenberg, A., Dunner, D. L., Hirschfield, R., Thase, M. E., Russell, J., Lydiard, R. B., Crist-Christoph, P., Gallop, R., Todd, L., Hellerstein, D., Goodnick, P., Keitner, G., Stahl, S. M., und Halbreich, U. (2001). »Effectiveness of St. John's wort in major depression: A randomized controlled-trial«. *JAMA, 285,* S. 1978–1986.

36 (1) National Institute of Mental Health. (2) Covi, L., und Lipman, R. S. (1987). »Cognitive behavioral group psychotherapy combined with imipramine in major depression«. *Psychopharmacology Bulletin,* 23, S. 173–177.

37 Hough, R. L., Landsverk, J. A., Karno, M., Burnam, M. A., Timbers, D. M., Escobar, J. I., und Regier, D. A. (1987). »Utilization of health and mental health services by Los Angeles Mexican-Americans and Non-Hispanic Whites«. *Archives of General Psychiatry, 44,* S. 702–709.

38 Bundesministerium für Bildung und Forschung. »Bündnis gegen Depression«. www.bmbf.de/de/7061.php. September 2007

39 Seligman, Rashid und Parks (im Druck).

40 Fava, G. A., Rafanelli, C., Cazzaro, M., Conti, S., und Grandi, S. (1998). »Well-being therapy: A novel psychotherapeutic approach for residual symptoms of affective disorders«. *Psychological Medicine, 28,* S. 475–480. Siehe auch Fava, G. A., und Ruini, C. (2003). »Development and characteristics of a well-being enhancing psychotherapeutic strategy: Well-being therapy«. *Journal of Behavior Therapy and Experimental Psychiatry, 34,* S. 45–63.

41 (1) Lucas u. a. (2003). (2) Masten, A. S. (2001). »Ordinary magic: Resilience processes in development«. *American Psychologist, 56,* S. 227–238.

42 Edwards, J. (2004). *Four trials.* New York: Simon & Schuster.

Register

Micael Dahlén
Nextopia
Freu dich auf die Zukunft –
du wirst ihr nicht entkommen!

2013. 248 Seiten

Auch als E-Book erhältlich

Willkommen in der Zukunft!

Was haben Analsex, das iPad und Barack Obama gemeinsam? Sie sind Produkte von Nextopia: der Erwartungsgesellschaft. Sie ist unsere Zukunft. Leben, Glück und Geld – nichts bleibt in ihr, wie es war! Das nächste Smartphone, der nächste Partner, der nächste Job: Es kommt immer etwas noch Besseres. Weil wir es erwarten. Doch wer soll dieses Wettrennen überleben? Micael Dahlén verblüfft mit seiner Analyse der Herausforderungen, denen sich Individuen, Gesellschaft und Unternehmen stellen müssen. Nextopia ist keine Dystopie, Nextopia ist die Zukunft. Eine Zukunft, in der wir nicht auf Dauer, aber immer wieder neu glücklich sein können.

campus.de

Frankfurt. New York